大英帝国のなかの「反乱」

第二版

アイルランドのフィーニアンたち

高神信一［著］

同文舘出版

第二版へのはしがき

一九九九年（平成一一年）の七月に本書の初版を出してから、本書にかんするいくつかの書評を手にすることができた。本書に好意的だったのが、高橋哲雄氏（『大阪産業大学経済論集』第一巻、第三号、二〇〇〇年）、斎藤英里氏（『社会経済史学』第六六巻、第二号、二〇〇〇年）、上野格氏（『エール』第二〇号、二〇〇〇年）である。一方、本書に批判的だったのが、森ありさ氏（『史学雑誌』第一一〇編、第一号、二〇〇一年）と小関隆氏（『歴史学研究』第七四六号、二〇〇一年）である。私は、森氏と小関氏の批判が的確なものであったとは考えていない。両氏は本書の内容を正確に読むという態度を欠いたうえに、アイルランド史における「修正主義史観」およびフィーニアン運動史研究を理解していないという共通点を持っている。

両氏の書評は、修正主義史観とは、まるで私がつくりあげたフィクションであるかのような印象を与えている。そうではない証拠として、本書が批判を加えている修正主義史家R・V・カマフォードにたいしてO・P・ラファティもまた批判している事実を指摘しておきたい（O. P. Rafferty, *The Church, the State and the Fenian Threat 1861-75*, London, 1999, pp. 13-4）。また、小関氏は、本書がフィーニアン運動史研究にかんする新しい歴史像を提示してはいないと述べた。このことについて、私は「実証史学否定への反論—小関隆氏の拙著『大英帝国のなかの「反乱」』の書評を読んで—」（『歴史学研究』第七五三年、二〇〇一年）を書き、反論を試みた。本書を読まれる読者は、これらを参考にしていただければ幸いである。

アイルランド人研究者は、本書のもととなったダブリン大学に提出した博士論文や『アイルランド歴史学研究』に掲載された論文を好意的に受け入れている。たとえば、フィーニアン運動について筆者とは異なる解釈をする、修正主義史家カマフォード教授は、私の博士論文にたいして次のような評価を下している。

ダブリン城の史料を詳細に調査した高神は、ダブリン市のフィーニアン組織にかんする多くの知識を明らかにした。首都であるダブリンの研究は必然的に、より広がりを持つ多くの点、たとえばジョセフ・P・マクドネルのような二流の指導者の役割をより鮮明にしている。とくに価値があるのは、一八六七年三月五日から六日の蜂起を再構成したことであり、このことはそれ以前の解釈を修正した。天候はそれほどひどくはなかったし、タラの警察バラック付近の衝突は、タラ・ヒルに指導者が集合しなかったことに比べれば、たいした問題ではなかったのである（R. V. Comerford, *The Fenians in Context: Irish politics & society 1848-82*, Dublin, 1998, p. 9)。

本書を出版したあとに痛感したことは、アイルランド史研究における本書の意義を、日本人の読者に理解していただくことの難しさだった。そこで、第二版では、ダブリン大学のL・M・カレン名誉教授に、「序文」を書いていただき、アイルランド史研究における本書の位置づけを明解に解説していただいた。初版と第二版の大きな違いである。その他の違いは、誤字や脱字などの修正であり、内容に大きな変更はない。

序文を書いていただいたカレン名誉教授に、この場を借りて心からの感謝を表しておきたい。また校正に協力していただいた小澤耕氏そして第二版を出版する機会を与えてくださった同文舘出版と青柳裕之氏に謝意を表したい。

二〇〇五年三月

高神信一

はじめに

アイルランドへの関心が高まっている。アイルランドといえば、日本では「文学の国」といった印象が強いが、W・B・イエーツやジェームズ・ジョイスをはじめとする有名な文学者を多く生み出していることを考えればそれも当然のことであろう。最近では音楽、映画、ケルト美術というように関心の裾野がしだいに広がり、多様なアイルランド像が語られるようになってきた。(1)

そしてアイルランドについて語るときに忘れてならないのは、「北アイルランド紛争」である。「北アイルランド」とは、一九二二年にアイルランドの南部二六州がイギリスから独立したときに、イギリス領としてそのまま残された北部六州のことで、いうまでもなく、そこではイングランドとスコットランドからのプロテスタント植民者である「ユニオニスト」と、先住民であるカトリックの「ナショナリスト」とのあいだに対立が続いている。近年(一九九八年)、北アイルランドではイギリスのT・ブレア首相、アイルランド共和国のB・アハーン首相、北アイルランドの政治指導者たちのあいだで「和平合意」が成立し、北アイルランド紛争は解決へと順調に動き出したようにみえる。だが、その前途には数多くの困難がいまだに横たわっており、そのひとつが、カトリックの武装組織IRA(Irish Republican Army)の武装解除をどのようにすすめていくのかということである。周知のように、IRAとは北アイルランドのイギリスからの分離とアイルランド共和国との統一を武力闘争によって獲得しようとしている秘密組織である。

本書で扱う「アイリッシュ・リパブリカン・ブラザーフッド（Irish Republican Brotherhood）」（以下、IRBと略す）は、このIRAの原点ともいえる秘密組織である。[2] じじつ、IRAという用語が最初に使用されたのは一八七〇年頃のことであり、当初はIRBの軍隊（Army）という意味だった。

IRBの目的はイギリス（「大英帝国」）からの独立を武力闘争によって獲得し共和国を作ることとされ、その設立はいまから一世紀以上前の一八五八年にさかのぼる。組織はアイルランドの都市や町だけでなく、イギリスに移民したアイルランド人のコミュニティにもしだいに浸透していき、一八六〇年代半ばには五万名のメンバーを擁するまでになっている。IRBのメンバーは「フィーニアン（Fenian）」とも呼ばれたのだが、これはアメリカ合衆国に移民したアイルランド人がIRBに資金と軍事指導者を提供するために組織した「フィーニアン・ブラザーフッド」という名に由来している。[3] さらに一言つけ加えておくと、そもそもこのフィーニアンという名はアイルランドの古代の戦士にちなんでいる。

本書は、このIRBの活動を一八六〇年代を中心にして、ダブリンに作られた組織を通して可能なかぎり詳細に解き明かしていく。なぜダブリンかといえば、IRBは各地に下部組織を作り上げていったが、そのなかでもダブリンの組織は一万名以上のメンバーを誇る最大規模のものだったからである。さらに、ダブリンにはイギリスの統治機関である「アイルランド総督府」[4]があり、ここを攻略することが運動全体の成功の鍵を握っていたからでもある。

IRBは一八六七年三月五日に蜂起した。蜂起そのものは失敗したが、「フィーニアン蜂起」としてアイルランド民族運動史のなかに深く刻印された。この他に、過去二〇〇年間においてアイルランド人が決行したものを紹介しておくと、それらは全部で五つあり、一七九八年の「ユナイテッド・アイリッシュメン」の蜂起、[5] 一八〇三年のR・エメットの蜂起、[6] 一八四八年の「青年アイルランド」の蜂起、[7] 一九一六年の「イースター蜂起」、一九一九年からの「独立戦争」である。[8] IRBはイースター蜂起や独立戦争においても中心的な役割を果たしており、アイルランドの独立に関係したことになる。

本書の第一の目的は、第6章でみるように一八六七年蜂起に焦点を当てることによって、ダブリンの蜂起の経過やその失敗の原因を詳細に追うことである。さらに、その準備過程、つまりダブリンのフィーニアンが軍事訓練をおこなったり、武器を密輸するなど積極的な準備をすすめていたことや、イギリスの組織とアメリカのフィーニアン・ブラザーフッドが蜂起決行を支援するためダブリンにメンバーを送り込んでいった様子も合わせて明らかにする（第3章参照）。さらにIRBは、アイルランドの治安維持に当たっていたイギリス軍兵士のなかにもメンバーを獲得し、彼らを蜂起に動員しようとする大胆な作戦を展開した。これが第4章のテーマである。

本書の第二の目的は、どのような人びとがフィーニアンになり、彼らがどのような日常生活を送っていたのかを明らかにすることである。蜂起に参加した者たちがごく「普通の人」であり、彼らが自分たちの住むコミュニティから強烈な支持を受けていたことを示したい。このことは、「アイルランド国立公文書館」に所蔵されているフィーニアンの逮捕者リストや警察の報告書をつぶさに検証することによって可能となる。ダブリンのフィーニアンは後にみるように熟練工を中心とした労働者階級で、ダブリン市の産業地域に住みながら、いわば「フィーニアンの世界」を作り上げていったのである。そこではフィーニアンになることが自然であった。

ダブリンに出現した世界が「ミクロの世界」だとすれば、フィーニアンにはもうひとつ、アメリカ合衆国とカナダという「マクロの世界」があった。フィーニアン運動をこのマクロ的なコンテクストのなかに位置づけることが、本書の第三の目的である。なぜこうした地域的広がりのなかで運動をみていくかといえば、一八四〇年代半ばにアイルランドで起こった「大飢饉」は約一〇〇万人のアイルランド人を海外に追いやったが、その移民先の中心だった北米とくにアメリカ合衆国で、アイルランド系アメリカ人が母国の独立のために重要な役割を果たしたからである。彼らは先にふれたフィーニアン・ブラザーフッドを結成している。

一九世紀半ば以降、アイルランド民族運動におけるアイルランド系アメリカ人の影響力は無視できないものになっていくが、とくに彼らの資金援助は重要な意味を持っていった。民族運動指導者は資金カンパのためアメリカ各地をたびたび遊説して回った。いまもなおアイルランド系アメリカ人のなかには積極的にＩＲＡに資金援助をおこなったり、さらに北アイルランド問題を解決させるためにアメリカ政府に様々な圧力をかけている人びとが多数存在している。


意外に思われるかもしれないが、フィーニアンたちの活動が契機となって、カナダは一八六七年にイギリスの植民地から自治領へ移行した。(9) アイルランドの独立とカナダの独立は一見無関係にみえるけれども、背後では関連していたのである。両者がどのように関連していたのかを説明しておこう。アメリカの支援組織フィーニアン・ブラザーフッドは、ＩＲＢの活動を側面から援助していくはずだった。ところが、その組織の内部にアイルランドでの蜂起準備がすすまないことに業を煮やし、アイルランド本国の独立闘争を後回しにして、カナダに侵攻することを計画したグループが台頭したのである。一八六五年一二月のことだった。(10) 彼らは、「セネイト派」（後に「ロバーツ派」）と呼ばれ、カナダ領内に「アイルランド共和国」を設立し、そこを拠点にアイルランドに大規模な遠征軍を送ることを企てた。じっさい一八六六年から七〇年にかけて三度にわたってカナダへの侵攻計画を実施する。セネイト派の企てそのものは失敗したが、イギリスの植民地であるところのカナダはフィーニアンの侵攻にたいして、統一的な防衛行動をとる必要性を認識し、自治領へと移行していく。このようにアイルランドの独立を目指す闘争が、アメリカ合衆国、カナダにも大きな影響を与えたことを考えれば、フィーニアン運動をアイルランドというヨーロッパの小国だけに限定することができないことが明らかになろう。

それでは、日本から遠く離れたアイルランドの民族運動を現地での史料収集をもとに語っていくことにしよう。

序文

ダブリン大学トリニティ・カレッジ名誉教授　L・M・カレン

フィーニアンとは、一八六七年に革命を企てた一八六〇年代の革命組織のメンバーのことである。一七九八年や一八四八年、一九一六年の反乱が多くの歴史研究の対象となっているのにたいし、フィーニアンを扱っている歴史書はわずかである。そしてその扱い方となると、フィーニアンの反乱は組織されておらず、けっして脅威ではなかった（政府のスパイが潜入している）と切り捨てられている。反乱は主として不熟練工や農村労働者に依存しており、それゆえにアイルランド人全体のイギリス支配への反感を表したものではなかったと主張されている。フィーニアンの反乱と他の反乱がこうした対照をなす理由のひとつは、一八四八年や一九一六年の反乱が、「文学的な反乱《リテラリー・リベリオンズ》」であったということだ。すなわち、これらの反乱自体あるいは、反乱の前後の事件に関わった主要な人物が、文筆業に携わった人《リテラリー・フィギュアー》びとだったということだ。

こうして一八四八年すなわち青年アイルランドの反乱（軍事的には取るに足らない事件）は、『ネイション』という新聞の周辺から生まれた。後になると、何人かの生存していた指導者たちが、ナショナリズムにかんする文献の主流となるものを生み出していった。一九一六年蜂起もまた、文学者やジャーナリスト、新聞編集者、大学教授の蜂起であり、蜂起について多くの著作が生まれた。イギリス支配への極めて重大な脅威となった一七九八年反乱についてみると、反乱が決行される以前は、新聞（一七九〇年代にもっとも多くの販売部数を誇った『ノーザン・スター』や一七九七年から九八年のより革命的な『プレス』）は、世論の形成に大きな役割を果たした。反乱後になると、一八二六年に出版された、ウルフ＝トーンという有名な蜂起参加者の日記や、詩人トーマス・ムーアが書いた、軍事指導者エドワード・フィッジェラルド卿の伝記が蜂起に魅力を与え、一七九八年反乱の評判を高めた。これとは対照的に文学的な巨人が一八六七年蜂起には魅力を与えなかったので、一八六七年蜂起は一七九八年や一八四八年、一九一六年に比較するとアイルランド史から切り捨てられることが容易となったのである。

さらにフィーニアン蜂起が重視されない理由は長年の論争と関わっている。その論争とは、平和的なアジテーション・変革という、暴力に代わるもうひとつの選択肢が最善の方法かどうか、という論争である。この論争は、もともと一八四〇年代にダニエル・オコンネルによってはじめられた。オコンネルは合法的運動を信奉する政治家で、青年アイルランド運動が影響力を拡大しつつあることを危惧し、反乱はどのような状況にあっても正当化されないと論じた。これにたいし青年アイルランドは、常に反乱に立ち上がるべきではないが、反乱はひとつの選択肢であって排除すべきではないと反論した。オコンネルの伝統を支持する人びとは、アイルランドのすべての革命運動は意味をもっておらず、またスパイに潜入されたとその後主張し続けた。彼らは、フィーニアンをまさに非難されるべき典型とした。そのため、警察はフィーニアン運動のすべてを把握し、運動はけっして深刻な脅威ではなかったということになった。そしてフィーニアン運動では、何人かが死亡し多数の若者が投獄されたにすぎなかったと主張されたのである。

合法的運動か武力闘争かという論争は、二〇世紀に入ってさえも議論され続け、いわば〝未解決の問題〟となった。一九二二年以降のアイルランドは、二つの領土すなわち独立国家となったアイルランド自由国と、イギリス支配下にあり続けた北アイルランドに分割された。そこでナショナリストのなかには、アイルランド南北の統一そして暴力によるその達成ということを、自分たちの任務であると考える者が現れた。近年においても、三〇年間にわたる北アイルランドの紛争とテロリズムによって論争が再び息を吹き返した。したがって、暴力を支持するナショナリストと社会秩序に則った行動を主張する人びとの間には大きな溝がある。

このことを示す一例をあげると、一九九五年、当時のアイルランド共和国の野党党首だったバーティー・アハーンは、壁に飾られているパトリック・ピアース（一九一六年反乱のなかでもっともカリスマ的な指導者）の肖像画を背景に座っているところを写真におさめられたとき、当時の首相ジョン・ブルートンを非難した。非難の理由は、ブルートンが一九一六年前後に合法的運動の指導者だったジョン・レッドモンドの肖像画を執務室に飾っていたということだ。ブルートンをめぐる論争は二〇〇四年にも新たな装いのもとで展開された。このとき、ブルートンはイギリスに共感を持つ人びとの集会において次のような演説をおこなった。合法的政治家レッドモンドは、アイルランドの将来にとって理想的な人物であり、もし一九一六年反乱の参加者が第一次世界大戦（一九一四年—一八年）終結まで平和的解決を待ち続けるほど忍耐強かったならば、すべてのアイルランド問題は平和的に解決されただろうと述べたのだった。この発言は人びとの関心を集め、膨大な数の投書や記事が『アイリッシュ・タイムズ』に掲載された。こうした一連の出来事が示していることは、過去においても現在においても、武力闘争か合法的運動かという論争は、政治的色彩を強く帯びており、歴史の解釈に大きな影響を与えているということである。

こうした意味においてフィーニアンたちは犠牲者だった。フィーニアン運動には〝文学的巨人〟がおらず、いたとしてもそれほど影響力のある巨人ではなかったので、一八四八年や一九一六年蜂起に比べると容易にアイルランド史から切り捨てられてきた。この結果、フィーニアン運動は詳細には研究されてこなかったのである。いまだに歴史書では、次のように語られている。警察のスパイは運動の中心部に潜入し、フィーニアン運動に多くの人びとが参加したというのはフィクションにすぎず、一八六七年蜂起が決行された三月五日にタラ・ヒルに集合したフィーニアンは数えるほどだった。こうして一九世紀中葉のアイルランド史の権威者リチャード・カマフォードは、フィーニアン運動は本質的に若者の運動であり、軍事訓練に参加したフィーニアンたちの意図は、他の若者との社会生活に参加することだった、と解釈している(修正主義史観)。

高神教授は、ダブリンのフィーニアンを豊富な史料を用いて詳細に研究した博士論文を最初に書いた。彼はロンドンやダブリンにある史料を広範に使用した。彼が示したことは、フィーニアン運動は高度に組織され、警察は運動の指導層に潜入できなかったということである。フィーニアン指導者ジェームズ・スティーブンスは、警察の昼夜を問わない努力にもかかわらず、長期間にわたって逃走し続け（このことは一九二〇年―二一年の伝説的なマイケル・コリンズを先取りしている)、何カ月にもわたる警察の執拗な追跡にもかかわらず、フランスに逃亡した。

また、とくに注目に値するのは、ダブリン首都警察の刑事部門のトップだったライアン警視の報告書を高神教授が使用したことである。ライアン警視はフィーニアンの活動を監視し続けた責任者であり、これは近代警察の草創期の活動の一例である。警察はダブリンのフィーニアン容疑者を注意深く観察し、フィーニアンにかんする大まかな情報をつかんではいたけれども、ダブリンのフィーニアン指導者レヴェルの情報や彼らの計画を知る手段を持ってはいなかった。さらにいえば、ライアン警視は、冷静で偏見がない専門的な情報収集活動をおこない、事件を公平に扱うことに注意を払っていた。これとは対照的に、一七九八年反乱のときには治安活動は稚拙で、その蛮行や残虐行為によって、人びとの心は政府から離れていった。この稚拙な治安活動を革命家は効果的に宣伝し、そのことはじっさい運動の広がりに役立った。

一八六七年、フィーニアン蜂起は失敗した。失敗の理由はいくつかあるが、ひとつには警察にとって最後の土壇場で、まれなこととはいえ、幸運なことがおこったことだ。つまり、ダブリンの警察は、三月五日にフィーニアンたちが二方面に分かれ蜂起を計画しているという情報をつかんだのだった。さらに、警察がフィーニアン運動をその初期の段階から注意深く観察していたということも理由のひとつである。運不運は常に人間活動になんらかの役割を果たすものだが、フィーニアン蜂起の場合は警察に運があった。とはいえ、警察がイギリス軍当局に軍隊の配置を助言することを可能にした土壇場での情報以上に、蜂起失敗を考えるうえで重要な要因がある。すなわち、フィーニアンたちの失敗の直接の原因は、アイルランド人である一般メンバーと、アイルランド系アメリカ人の軍事指導者が密接な連携を欠いていたことだった。

アイルランド系アメリカ人はアメリカ軍を退役しアイルランドにやって来たが、一般メンバーから独立した集団を形成していた。アメリカ人将校たちはアクセントや服装、居住地域によって〝よそ者〟であることが一目瞭然としていたこともあって、ダブリン市の一般メンバーよりも容易に注意を引き、尾行された。そのため、彼らは隠れていなければならなかったし、少なくとも行動をおこしてはならなかった。アメリカ人将校という軍事指導者が自らひき起こした失敗が、土壇場での警察の幸運以上にフィーニアンにとって致命的となった。すなわち長い間活動せず、動員可能な一般メンバーたちと交渉がなく、戦場の地形もよくわからなかった軍事指導者が、反乱がはじまる予定だった夜に集合場所に姿を現すことに失敗したのである。その結果、多数のフィーニアンが集合場所のタラ・ヒルにたどり着いたが、彼らを指揮する軍事指導者がその場にいなかったのである。

平和時には反乱が成功することはほとんど不可能であることを考えると、フィーニアン蜂起を考えるうえで、一八六七年のイギリスは平和であったということが重要な意味を持ってくる。一七九八年反乱が成功しそうだったのは、フランスとイングランドが戦闘状態（反乱に先立って、フランス軍は猛烈な冬の嵐のためアイルランドに上陸できなかったが）にあったからである。一九一六年反乱が決行されたのは第一次世界大戦中だったがゆえに、反乱は成功すなわち独立へとアイルランドの状況を導いていった。指導者の処刑、ヨーロッパ戦線でのイギリス軍の人的損害をなんとしてでも埋め合わせたかったイギリス政府の努力は、アイルランド人の心を政府から離反させてしまった。外国の事例をみても違いはない。フランス革命が成功した理由のひとつは、一七九二年以降、近隣諸国が新生フランス国家を破壊しようとしたからだった。一八六八年の日本の王政復古（明治維新）がおこったのは、日本という国家を統一する必要性があったためである。つまり、武力を行使し、そして武力を再行使する準備ができていた外国人を阻止するためであったからにほかならない。一九一七年のロシアのボルシェヴィキ革命が成功したのは、ドイツ人に屈辱的な敗北を喫した体制が信用を失い、前線から幻滅した兵士たちが帰還してきたからだった。

フィーニアンたちもまた、もちろん平和時に蜂起を計画するという難題に直面しなければならなかった。彼らはひとつの可能性に期待していた。つまり、ゲリラ戦がアイルランドで開始されれば、南北戦争終了後にアメリカ軍を退役したアイルランド系アメリカ人たちが、アイルランドに大挙してやってくるということだった。だが、ここで問題となるのはゲリラ戦が成功するかどうかということである。ゲリラ戦が成功するという見込みは、アイルランドに駐留するイギリス軍のなかに存在する多数のアイルランド人兵士をフィーニアンのメンバーにすることにかかっていたともいえる。この当時イギリスは他国とのあいだで戦闘状態にはなかったので、イギリス軍首脳部がアイルランドで何が起こりつつあるのかを十分に理解しさえすれば、自分たちに有利に事態をすすめることができた。すなわちフィーニアンが侵入している可能性のある、アイルランドに駐留する部隊を、そうした可能性のない部隊をイギリスから新たに投入することによって置き換えることができたし、じっさいそうしたのである。したがって、たとえフィーニアンたちが、三月五日の夜に混乱することなく、ゲリラ戦を開始したとしても、すなわちフィーニアン指導者が集合場所に現れ、初期の目的を達成したとしても、ゲリラ戦が成功することはかなり難しかったのではないだろうか。というのも、イギリス軍は常に戦闘態勢にあり、必要とされる場所に容易に動員できたからである。短期間人びとをおおいに驚かせたかもしれないということはあるだろうが。

しかし、フィーニアン運動は蜂起後に人びとの共感を集めた。その理由は、それまで運動を支持してこなかった人びとでさえもフィーニアンの理想主義を賞賛し、反乱者に科せられた厳罰に憤ったからである。そのため、フィーニアン運動は革命的思考を継続していく土台を作り上げた。運動はその当時でさえも、カトリック教会には手ごわい脅威とみられていた。カトリック教会は、教会のリーダーシップへの異議申し立てに成功したヨーロッパの〝反聖職者の運動〟のコンテクストのなかで、フィーニアン運動をみていた。フィーニアン運動はまた穏健な政治家たちを恐れさせた。したがって、彼らはフィーニアン運動の効果をあざけり、はじめから失敗を運命づけられた運動としてみようとした。高神教授が示そうとしたことは、どのようにフィーニアン運動の成長が手ごわいものだったのか、そして一八六七年三月五日の状況が単なる絶望的な失敗だったのではなく、複雑なストーリーだったのかということである。このことを穏健な政治家やカトリック教会の聖職者は認めたくはなかった。

高神教授の博士論文やその後『アイルランド歴史学研究』に掲載された論文を読んだアイルランド人研究者は、論文で展開された議論に感銘を受けている。彼の研究は、フィーニアン研究において、フィーニアンを単純に英雄化する一般化（民族主義史観）から、豊富な史料を駆使する詳細な実証研究への移行の先駆的研究である。フィーニアン運動研究には依然として我々が十分には理解していない側面があるが、その理由は、警察がその当時それらに気づいていなかったので、警察や政府の記録には残らなかったためである。フィーニアン運動の持つ意味を理解するには一八六〇年代の運動を研究しなければならない。現在のフィーニアン運動の皮肉は、フィーニアンの唯一の詳細な研究が日本語で出版されているということである。本書を英訳するときがいまや待たれている。

二〇〇四年一一月

もくじ

デリー
ベルファスト
アルスター地方
スライゴー
コナハト地方
ゴールウェー
ダブリン
ブレイ
レンスター地方
ウィックロー
リムリック
キルケニー
マンスター地方
ウォーターフォード
コーク
スキバリーン
0 Miles 80
0 Kms 50

大英帝国のなかの「反乱」——アイルランドのフィーニアンたち

序章　フィーニアンは英雄か反逆者か

1　アイルランド史における修正主義史観

『アイルランド歴史学研究』の創刊

アイルランドの過去はそのときどきの政治状況によって何度も書き換えられてきた。イギリスによる植民地支配を長いあいだ被り、いまだに北アイルランド紛争という困難な問題を抱えているアイルランドにおける歴史研究は、じつに複雑な様相を呈している。一九世紀におけるアイルランド最大の歴史家W・E・レッキーは、イギリスとの併合を維持する立場から歴史を叙述しているが、[1]こうした立場からすれば、IRBなど秩序を乱す弾圧すべき反逆者の組織でしかない。ところが、独立を志向するナショナリストからすれば、その評価は一転してしまう。

フィーニアンを英雄として扱う歴史観を「民族主義史観《ナショナリスト》」という。この歴史観の特徴はアイルランド人の抵抗運動を賛美する一方で、イギリス支配の苛烈さを徹底的に批判する。カトリックを差別するために制定された「異教徒刑罰法」に代表されるイギリスによる支配政策は全面的に否定され、貧困などのアイルランドが抱える問題はすべてイギリス支配の結果であると短絡的に主張される。たとえば、一八四五年のジャガイモの胴枯れ病に端を発する「大飢饉」は「天災」ではなく、十分な救済策をとらなかったイギリス政府に責任の所在があり、つまり「人災」であると解釈するのだった。(2) こうした歴史観は「客観性」という点からすると問題がないわけではなかったけれども、民族運動の思想的バックボーンになり、一九二二年にアイルランドが独立した後には、民族主義史観こそがアイルランドの正式な歴史解釈とされ、アイルランド政府は学校教育のなかで教えるよう積極的に指導した。(3)

ここで民族主義史家がアイルランド民族運動史をどのように解釈したのかを少し詳しく説明しておこう。彼らは一九一六年のイースター蜂起とそれに続く一九年からの独立戦争という武力闘争を重視する。そのため、一七九八年に大規模な反乱を起こした「ユナイテッド・アイリッシュメン」の指導者T・W・トーンの思想を民族運動の原点とみなした。すなわちフランス革命に共鳴したトーンは、アイルランドの諸悪の根源はイギリス支配にあると考え、イギリスとの関係を武装蜂起によって断ち、共和主義をアイルランドに確立しようとしたとされる。そしてこのようなトーンの考え方は、一八六七年に蜂起したフィーニアンをへてイースター蜂起の指導者P・ピアースに継承される。また、アイルランド民族運動には、イギリス議会への働きかけによって独立や自治を獲得しようとする「自治運動」のような合法的な性格を持つものもあったが、それはあくまでも武力闘争を補完するものであって、民族運動の中心はフィーニアンのような武力闘争によって独立を獲得しようとする運動だとした。(4)

アイルランド史研究が民族主義史観によって一色に塗りつぶされようとしていったなかで、この歴史観による解釈は「真実」を反映していないと主張するグループが歴史家のなかに現れた。彼らはT・W・ムーディーとR・D・エドワーズを中心とする人びとで、一九三八年に『アイルランド歴史学研究』を創刊し、この雑誌を中心にして民族主義史観を「修正」しようとした。彼らの歴史観は後に「修正主義史観《リヴィジョニズム》」と呼ばれることになる。(5)

ロンドンのヒストリカル・インスティテュートで歴史家としての研鑽を積んだムーディーとエドワーズは民族主義史観のなかにある「非科学性」を見抜き、ランケ流の史料批判の方法にもとづく「科学的な」アイルランド史を叙述しようとした。さらに彼らは、イギリス史を漸進的な議会主義の発展という観点から叙述する「ホイッグ史観」を批判したH・バタフィールドからも大きな影響を受け[6]、「価値自由」の原則をアイルランド史にも適用しようとする。つまり、アイルランド独立を頂点とし、すべてがそれに向かって収束していくという、いわば「アイルランド版ホイッグ史観」ともいえる民族主義史観を書き換えようとしたのである。

修正主義史家は民族主義史観によるアイルランド史解釈を、客観的でよりバランスのとれたものに置き換えようとした。彼らの影響は雑誌の創刊にとどまらず、ムーディーはダブリン大学トリニティ・カレッジ、エドワーズはユニヴァーシティ・カレッジ・ダブリンといったアイルランドを代表する大学でそれぞれ歴史学部の教授としてアイルランド史研究をリードするとともに、多数の研究者を育成していった。

では修正主義史家はフィーニアン運動をアイルランド史のなかでどのように位置づけたのだろうか。それを知る好材料がある。一八六七年蜂起の一〇〇周年に当たる一九六七年にフィーニアン運動が、アイルランド史を一般向けに解説する「トマス・デイヴィス講演」というラジオ放送番組で取り上げられたが、この放送内容からその当時の修正主義史家のフィーニアン運動解釈を知ることができる[7]。この講演はムーディーが編者となって一九六八年に『フィーニアン運動』という一冊の本にまとめられている。

ところで執筆者の顔触れをみると意外な事実がわかる。それはムーディーなどの修正主義史家にまじって、民族主義史観にもとづいてアイルランド民族運動史を叙述してきたD・ライアンが名を連ねていることである。フィーニアン運動解釈にかんしてライアンとムーディーたちのあいだに違いがあったにもかかわらず、ムーディーたちはライアンがおこなってきた研究を評価し、彼の論文を『フィーニアン運動』のなかにおさめたのだった。ライアンのフィーニアン運動解釈の特徴はフィーニアン指導者たちの性格や行動を無条件に賞賛し、彼らを英雄視しているところにある[8]。後になると修正主義史家は、このようなライアンの解釈をフィーニアン運動を客観的に叙述するというよりも、その指導者たちの言動を「神話化」しているとして徹底的に批判するようになるが、この時点ではまだこうした批判をおこなってはいなかった。[9] それではライアンのようなフィーニアンを英雄視する解釈にたいして、修正主義史家ムーディーはどのような解釈を提示したのだろうか。

ムーディーがもっとも強調した点は、フィーニアン運動のような武力闘争によって独立を獲得しようとした運動を過大評価してはならないということだった。その代わりに、同じ独立を獲得するといっても、合法的手段によって独立を達成しようとするような運動にも光を当てなければならないと主張した。じっさい民族主義史家はこうした合法的運動を重視せず、十分な叙述の対象としてこなかったのである。さらに、ムーディーは、アイルランド民族運動を「合法的なもの」と「武力闘争によるもの」に区別することが難しいことを指摘し、合法的なナショナリストが、ある出来事によって容易に武力闘争を支持するようになったり、その逆に武力闘争支持者が合法的な運動に参加するようになるという事例が見出されるとしている。[10]

だが、ムーディーらは、フィーニアン運動の重要性を見直そうとはしたが、けっして否定することはなかった。『フィーニアン運動』のなかで、ムーディーはフィーニアン運動の本質的な役割を、「自己犠牲と非妥協的な民族意識の精神」がアイルランド人のあいだに存在していたことを証明し、アイルランド民族運動において重要な足跡を残したとしている。[11] だが、彼らの解釈に大きな変化が訪れた。

北アイルランド紛争の激化

史料批判をおこない「科学的な」アイルランド史を叙述しようとしたムーディーたちの研究は、バランスのとれたアイルランド史を叙述することに一定の成功を収めた。ところが、一九六九年からの北アイルランド紛争の激化、すなわちプロテスタントとカトリック系住民との武力衝突やそれを鎮圧するためのイギリス軍の投入は、彼らの歴史研究とくに政治史や民族運動史研究を大きく変えたのである。[12]

北アイルランド紛争に直面した修正主義史家は、ＩＲＡやユニオニスト過激派のテロリズムの応酬を非難し、彼らを学問・思想的に支援するような歴史解釈を積極的に否定するようになった。というのもＩＲＡがみずからの武力闘争を正当化するために持ち出したのが、民族主義史観だったからである。そのためＩＲＡの活動を嫌悪する修正主義史家は、ＩＲＡを非難することを目的としてアイルランド史を叙述するようになった。

ムーディーが北アイルランド紛争にはじめて言及したのは、紛争の激化からしばらくたった一九七七年におこなわれた講演のなかでだった。彼が長いあいだ北アイルランド紛争についてかたくなに沈黙を守っていた理由は、歴史家というものは現実問題について発言すべきではないと禁欲的に考えていたからである。つまり歴史家はあくまでも厳密な史料を必要とし、史料が十分に整っていない現実問題には関与すべきでないということだった。[13]もはやそうした態度に甘んじていられなくなったムーディーは、講演のなかで北アイルランドのプロテスタントとカトリックの武力組織を徹底的に批判し、カトリックの武力組織すなわちＩＲＡについてはフィーニアンとだぶらせながら次のように非難している。

彼ら［ＩＲＡ］は、フィーニアンのように、アイルランド人の名のもとに、イギリスに戦争を仕掛けることを当然の権利だと思っている。彼らは戦うように頼まれたわけでもなく、一九二一年以来、アイルランド人の多くが属するアイルランドという独立国家が存在し、フィーニアンが活躍していたときとは状況が根本的に変化したということを考えようともしない。人びとの苦しみ、混乱、破壊、物質的損害の犠牲をまったく無視して、アイルランドの過去を自分たちで勝手に解釈し、北アイルランドでの軍事行動を正当化している。[14]（傍点は引用者）

あらためていうまでもないかもしれないが、「アイルランドの過去を自分たちで勝手に解釈し」とあるのは、イギリス支配を全面的に否定する民族主義史観のことを指している。

ムーディーは講演のなかでフィーニアン運動にもふれている。フィーニアン運動は、その当時のアイルランド人の少数派を形成したにすぎず、一九世紀後半の民族運動は、イギリス議会に働きかけることによって自治を獲得しようとした合法的な運動が主流だったと述べている。[15] 北アイルランド紛争が激化する前にムーディーは、武力闘争による運動と合法的運動をバランスよく記述すべきだと主張していたが、いまや合法的運動を重視する立場に変わった。ムーディーは後にM・ダヴィットというフィーニアン指導者の伝記を著わすのだが、武装蜂起を指導するフィーニアンとしてよりも、アイルランドの抱える土地問題を解決しようとした社会主義者としての側面を強調するようになる。[16] こうして修正主義史家によるフィーニアン運動解釈は、北アイルランド紛争という現実の政治問題から大きな影響を受けたのだった。

2　レジャー活動

ムーディーを修正主義史家の第一世代とすれば、第二世代に当たるのがR・F・フォスターである。フォスターは一九世紀の政治・文化史を専門とし、現在オクスフォード大学でアイルランド史を講義している。彼が著わした『近代アイルランド、一六〇〇～一九七二年』（一九八八年）という通史は、現在の修正主義史家のアイルランド史解釈の集大成といえるものである。修正主義史観に立つ評者は、この著書の出版によってフォスターは「アイルランドのもっとも偉大な歴史家のひとり」になったとしている。[17]

フォスターはフィーニアン運動をどのように記述しているのだろうか。彼は、「文学的《リテラリー》なフィーニアン運動」という用語を使っている。これをみただけではフィーニアン運動と文学とがどのような関係にあるのかわからないのだが、フォスターが意図したのは、数多くのフィーニアンが回想録を執筆し、なかには小説を書いている者がいたという事実を強調することだった。こうすることによって、武力闘争を志向したフィーニアン運動という従来の解釈に修正を加えようとした。(18)

フォスターは、「文学的なフィーニアン運動」という観点から、マルクス主義者のフィーニアン運動解釈にも再検討を加えている。K・マルクスは、一八六〇年代後半から七〇年代にかけて、フィーニアンたちの活動をきっかけとしてアイルランド問題に取り組み、イギリス社会主義革命の「槓杆《こうかん》」はアイルランドに据えなければならない、という認識を得たとされている。(19)これにたいして、フォスターは次のようにいう。

フィーニアン運動をイギリスのシステムを不安定化させるメカニズムとしてみていたマルクスと第一インターナショナルの熱烈な支持者たちは、フィーニアンの力を正しく認識していない。フィーニアン運動の影響は道徳的な面に限定され、その影響とて大きいものではない。強いてその重要性をあげれば、一九世紀中葉のアイルランドの政治言語において共和主義的な分離主義という言語を際立たせ、ある意味において、それをリスペクタブルなものにしたということである。(20)

フォスターはマルクスの見方を批判し、フィーニアン運動を「共和主義的な分離主義」という言語との関連でみているのだった。

「文学的なフィーニアン運動」という独自の解釈とともに、「フィーニアン運動はレジャー活動だった」という、民族主義史家では考えられない解釈をフォスターは提示している。すなわち警察の注意を引くことを極度に恐れたフィーニアンはピクニックや偽のクリケット試合を装って、会合や軍事訓練をおこなったが、これらはすべて活発なレクリエーション文化の形成として解釈される。[21] さらに彼によれば、一八六七年蜂起とは、「宣伝を目的としたクーデター」であり、蜂起自体よりもそれに続く逮捕、裁判、被告席での発言などの方が、その後の独立運動に影響があったとされている。

ところでフィーニアン運動がレジャー活動であったという解釈はフォスターのオリジナルではなく、R・V・カマフォードの研究にもとづいている。カマフォードはフィーニアン運動を精力的に研究している修正主義史家である。彼のフィーニアン運動解釈の根幹にあるのは、この運動は政治・軍事的性格をもった民族運動ではなく、アイルランド人の若者たちの社交的な集まり、つまりレジャー活動であるということだった。カマフォードは次のようにいっている。

> フィーニアンは、パブで一緒に酒を飲むだけでなく、様々なスポーツや娯楽に参加し、あるいはそれらを観戦して楽しんだ。多くのフィーニアンは軍事訓練に参加したが、唯一の真剣な軍事的な活動であるはずの訓練でさえも典型的な娯楽となってしまった。……フィーニアン運動が人びとを引きつけた理由は、何万人ものアイルランド人がアイルランド共和国のために「銃を持って立ち上がった」のではなく、何万人ものアイルランド人の若者が運動に参加することによって自己実現を求め、それを社会的なはけ口にしたということである。[22]

このようにフィーニアン運動はアイルランド独立のために「銃を持って立ち上がった」のではなく、娯楽であり、「社会的なはけ口」をメンバーに与えたものだとしている。カマフォードによれば、一八六〇年代のアイルランド社会は大飢饉から復活した豊かな社会であり、教育はあるが財産がないために自己表現の手段や社会移動の自由が完全に与えられていない若者にフィーニアン運動はそのチャンスを与えたとしている。[23]

フィーニアン運動をレジャー活動として解釈するカマフォードが、ＩＲＢの軍事組織としての側面を否定することは容易に推測できよう。じっさい彼は次のように述べている。

ＩＲＢはアイルランドの治安当局からみて、対応に困るほどの手強い軍事的脅威ではなかった。ＩＲＢの勢力がその絶頂にあった一八六五年においてさえそうである。ＩＲＢは、統制の取れた軍事組織というより、緩やかで規律の取れていない社交的な組織である。その命令系統は不完全で、その武装状態はきわめて貧弱であった。[24]

この解釈はフォスターが蜂起を「宣伝を目的としたクーデター」だったとしていることと相通じるものがあることが理解できよう。こうしてカマフォードはフィーニアン運動の持つ政治的・軍事的側面を認めようとしないのである。[25]

ＩＲＢは軍事組織ではなかったと解釈する背景には、たんに歴史観の相違によるものだけでなく、一八六七年蜂起の研究状況が密接に関係するという複雑な状況があり、一概にカマフォードのみに責任を帰することはできないかもしれない。蜂起の代表的な研究は、Ｌ・オブロインの著作である。[26] 彼は修正主義史家ではなく、民族主義史家に分類される歴史家であるが、彼によれば、フィーニアンはアイルランド政府をパニック状態に陥れたけれども、十分な武器を持たず軍事訓練も満足に受けていなかったので、蜂起は「惨めな失敗」に終わったとしている。

ところが筆者がダブリンの蜂起に焦点を当ててフィーニアン運動をみていくと、そこから浮かび上がってくるのは、フィーニアン運動がレジャー活動にすぎないという修正主義史家の解釈や、オブロインの研究では説明がつかないフィーニアンたちの姿であった。筆者自身フィーニアン運動をレジャー活動としてとらえることは魅力的な解釈であると思い、また運動にそうした側面があることも認めている。だが、じっさいに現地で史料を読みすすみ、ダブリンの蜂起の全体像が明らかになるにしたがって、カマフォードの解釈があまりに一面的であることに気づいたのである。ダブリンの蜂起は三月五日に決行され、一日で終わってしまった。しかし、たとえフィーニアンの蜂起は失敗に終わったとはいえ、それは従来考えられていた以上に綿密に仕組まれたものであり、蜂起に向けて周到な準備がなされていた。IRBはやはり軍事組織なのである。

　修正主義史家は、フィーニアンの活動がその後のイギリスによるアイルランド支配に与えた影響にかんしても見直しを加えようとしている。一八六八年の総選挙で政権を獲得した自由党のW・E・グラッドストンは、一八六九年にアイルランド教会法（アイルランドにおけるイギリス国教会の国教としての地位を廃止した）、一八七〇年には土地法を成立させた。彼のアイルランドとの関わりはその後も続き、成立するには至らなかったが、一八八六年に第一次自治法案、一八九三年には第二次自治法案を議会に提出している。[27]グラッドストンがアイルランド問題に取り組んだのは、フィーニアン運動にはじまるといわれてきた。つまり、フィーニアンの武力活動によってアイルランド問題の解決の必要性を痛感したというのである。

W・E・グラッドストン

　ところが、修正主義史家はこれに異議を唱えた。フィーニアン運動のような武装蜂起を志向する運動がアイルランド問題の解決に貢献したという主張は、IRAが北アイルランド紛争の解決に貢献するということにつながるのである。そこでカマフォードは、グラッドストンがアイルランド問題に取り組んだのは、選挙のさいにアイルランド人の票が欲しかっただけで、けっしてフィーニアンの活動のためではないと主張する。[28]ここにもまた彼の意図を的確に読み取ることができよう。

以上、修正主義史家のフィーニアン運動史解釈をみてきたが、彼らは北アイルランドでの紛争の激化以来、IRAの活動に支持を与えるような民族主義解釈を否定することに積極的に取り組んできた。そのさい彼らは、歴史を客観的に分析するというよりも、フィーニアン運動のような武力闘争を手段とする民族運動を否定することに主眼を置き、ひと昔前に民族主義史家がおこなったようなバランスを欠いた歴史を叙述するといった同じ誤りを犯すようになったのである。こうした脈絡のなかでIRBを軍事組織として認めない修正主義史家の解釈を理解しなければならない。修正主義史家のIRB解釈には、IRAへの非難が込められ、さらに暴力は北アイルランド問題をけっして解決しないというメッセージが隠されているのである。[29]

さて、最後に史料にかんして説明しておこう。従来のフィーニアン運動史研究は、主にフィーニアン指導者たちの回想録を史料としてすすめられてきた。[30]だが、その利用にはおのずから限界がある。まず、一般的な問題として、その執筆者が自己の行為を誇張したり正当化したりする場合がしばしばみられるからだ。また、じっさいに起こった出来事を、その直後ではなくしばらくたってから記述することが普通であるために、執筆者がいくら正確に記述しようとしても、記憶のあいまいさによる誤りが生じることもある。さらにフィーニアン指導者の回想録だけが持つ欠点を指摘しておかなければならない。それは、一八六六年以降の運動、とくに六七年蜂起にかんする記述が不十分であるということだ。というのも、回想録を残したほとんどの指導者は六六年二月までに逮捕されており、それ以降の運動の状況を直接知る立場にはもはやなかったからである。

では、どのような史料がこうした欠点を補ってくれるのだろうか。アイルランド国立公文書館に所蔵されている膨大な政府文書が、フィーニアン運動史にかんする貴重な情報を提供してくれる。これらの政府文書は、治安当局という、運動を弾圧する側からの証言であり、この文書を使用することによって、フィーニアンの回想録のなかで述べられていなかった事実が浮かび上がってくる。こうした重要な史料であるのにもかかわらず、驚くべきことに、いまだにそのごく一部しか参照されていない。この史料にもとづくフィーニアン運動史研究が公表されはじめたのは、ようやく一九七〇年代に入ってからのことで、筆者が日本でフィーニアン運動の研究をはじめたときから、その存在についてはある程度の知識は持っていた。だが、じっさいに文書館にいき、係員《アーキビスト》からその使い方を教えられたときには、あまりの史料の多さに途方にくれてしまったことをいまだに鮮明に覚えている。

フィーニアン運動関係史料は、「アイルランド担当相局の登録文書」(以下、「登録文書」と略す)と「フィーニアン文書」という二つに分けることができる。(31) 登録文書は、一九二二年の独立までアイルランド総督府の中枢ともいえる「アイルランド担当相局」で作成されたり、ほかの部署からこの局宛に送付されてきた報告書によって構成されている。この文書は縦約三〇cm×横約七〇cm×高さ約三〇cmの箱に納められ、それはじつに三七七〇箱にもおよんでいる。このように膨大であるのは、この文書が財政、教育、警察などアイルランド総督府の活動をすべて網羅しているからである。登録文書には詳細なインデックスが作成されていないので、研究者は、これらの文書のなかから、フィーニアン運動に言及している文書をいちいち探し出さなくてはならないという、骨の折れる作業が要求される。筆者はIRBが設立された一八五八年から組織が衰退する一八七〇年代はじめまでの数百個の箱を開けて、ダブリンのフィーニアンにかんする報告書を見つけ出した。この作業には二年が費やされた。

次に、フィーニアン文書について説明しよう。この文書はすべてフィーニアン運動に関係する文書であり、登録文書のようにフィーニアン運動に関係する史料をわざわざ探し出す必要がなく、利用は容易である。さらにこの文書は登録文書に比べると量が大幅に少なく、一二巻のファイルと三九箱にすぎない。そもそもフィーニアン文書は、一八六五年九月に逮捕された指導者たちの裁判に提出された証拠物件として収集されたから、ある程度のまとまりを持つ史料なのである。このような国立公文書館の史料を使用することによって、フィーニアン指導者の回想録の不正確な記述を修正することができる。さらに権力者の側からの記述という制約があるとはいえ、これまで明らかにされていない事実が見えてくるのである。

本書は、この史料を中心にして、フィーニアン指導者や同時代人の回想録を批判的に検討しながら、より真実に近いフィーニアン像を明らかにする試みである。フィーニアン運動史は、フィーニアンの側と治安当局の側という両面から再構築しなければならない。本書では民族主義史観と修正主義史観の対立という多分に政治的な意味あいを持った論争にとらわれずに、一次史料を丹念に読み解くことによって、フィーニアン運動を語っていきたいと思う。

第1章　ダブリンの組織

1　アイルランド共和国の建設へ

組織の成立

時は一八五八年三月一七日、所はダブリン、五人の男が波止場近くのロンバート通りの家に集まり、ひとつの組織を結成した。その中心人物の名はJ・スティーブンス。彼をとりまく顔触れは、イギリスからの独立を武力によって獲得するという考えに共鳴した男たちであった。その場にいた者たちの名は、T・C・ルービー、P・ランガン、G・オシャネシー、J・デニーフである。(1) 彼らは聖書の上に手を置いて、スティーブンスが起草した次のような宣誓を順番におこなっていった。

私は、いままさに建国されたアイルランド共和国に厳粛なる忠誠を誓う。その領土と独立を守るために、命令によって直ちに武器を手に取り、上官の命令には絶対的に服従する。そして最後に私は、自由のために戦う真の兵士という精神を持つことを誓う。神よわれを助けたまえ。(2)

この宣誓文にみられるように、彼らはダブリンで密かに「アイルランド共和国」を建国し、武力闘争によってこの共和国をじっさいに作り上げることに着手しはじめた。(3)

彼らの道のりはけっして平坦なものではなかった。この日集まった者の多くは逮捕されたり、アメリカへ逃亡したりするなど革命家としての人生を歩むことになる。アイルランドが独立したのは、この日から半世紀以上たってからのことだったので、彼らの志は、生きているあいだについぞ達成されることはなかった。とはいえ、この日設立された組織は、ダブリンからアイルランド各地やイギリス、アメリカ、カナダへと拡大していき、アイルランド民族運動のなかでも忘れることができないほど大きな足跡を残すことになったのである。

ＩＲＢの最高指導者《ヘッド・センター》となったスティーブンスは、ダブリン市から南東へ一〇〇キロほど離れたキルケニー市で一八二四年に生まれ、組織を結成した当時は三〇代半ばだった。数名ではじめたＩＲＢを巨大なものに仕立て上げていったのは、なんといってもスティーブンスという指導者の存在なくしては考えられず、彼は組織者として抜群の能力を持っていたのである。演説こそうまくはなかったが、たいへんな自信家だった彼の言動には、人を引きつける何かが備わっていたという。(4)スティーブンスの容貌はといえば、次にあげる一八六六年の警察の手配書からうかがい知ることができる。

Ｊ・スティーブンス

身長は五フィート七インチ（約一七〇cm）、がっしりとして肩幅が広く、引き締まった体つきで、活動的な印象を与え、金髪で、頭の上部が禿げている。髭は少し灰色がかった砂色をし、……話すときには左目を閉じるという癖があり、ほお骨が高くかなり男まえである。手足は小振りで、整っており、彼は普通黒い服を着ている。[5]

土木技師であったスティーブンスは、二四歳のときに青年アイルランドの蜂起に参加し、企てが失敗すると命からがらフランスに逃亡する。彼はじつに用意周到な男で、フランスへの逃亡を容易にするため、自分が蜂起で死亡したという追悼記事を新聞に書かせ、噂をまことしやかに流させた。フランスでの亡命生活は七年におよんだが、彼は、パリで英語の翻訳や家庭教師をして生活費を稼ぎながら、ソルボンヌ大学で聴講生として論理学や哲学の講義を聞いたりもした。しかし、革命家としての志をけっして忘れたわけではなく、暴力革命を唱えたL・A・ブランキの組織にも加わっている。[6]

スティーブンスの最大の協力者はルービーで、事実上IRBのナンバー2といえる。ルービーはスティーブンスと違って演説がうまく、それは低い声でささやきかけるようにはじまり、しだいに声の調子を上げ雄弁になるのだった。[7] 彼はスティーブンスより二つ年上で、アイルランドの支配層を育成したダブリン大学トリニティ・カレッジを卒業している。彼の父親はトリニティ・カレッジの評議員もつとめるプロテスタントの聖職者で、彼自身フィーニアン

T・C・ルービー

Ｊ・オマハニー

運動などに身を投じなければ栄達が約束されていたに違いない。ルービーもやはり、スティーブンスと同じようにかつて青年アイルランドに加わり、運動が消滅した後、一時オーストラリアに渡っている。

　ゼロから組織を立ち上げねばならなかったスティーブンスにとってもっとも心強かったのは、アメリカに移民したアイルランド人のなかからＩＲＢを全面的に支援することを約束した者たちが現れたことだった。彼らの中心となったのがＪ・オマハニーである。彼はスティーブンスと同じく青年アイルランドに参加し蜂起が失敗した後、パリに一時亡命し、それからアメリカに渡った。彼は一八一九年生まれで、若いときに雄牛を素手で倒したという武勇伝を持ち、さらに家柄の良さもあってアイルランドでは一種の英雄だった。機知やユーモアには欠けていたが、事務処理能力には優れていたといわれる。(8)

　オマハニーはＩＲＢを効果的に支援するため、アイルランド系アメリカ人の組織化をすすめ、フィーニアン・ブラザーフッドという強力な組織を一八五九年に作り、その最高指導者《ヘッド・センター》となった。先にみたようにフィーニアン・ブラザーフッドは、アイルランド本国での蜂起を後回しにしてカナダへ侵攻することを目指したグループの台頭によって二派に分裂してしまったが、もし分裂せずに支援体制が維持できていれば、ＩＲＢはより強力な組織になっていただろう。

　アメリカからの支援を約束されたスティーブンスたちは、自分たちの計画に協力してくれる者たちをアイルランドのなかに探し出すことから仕事をはじめた。後に詳しくみるように、ＩＲＢの組織構造は八二〇名から構成される「サークル」という単位を基本とし、このサークルを統轄するリーダーを「センター」または「A」と呼ぶが、スティーブンスは各地にこのセンターとなりうる人物を見つけ出そうとした。

ダブリンに組織を作る仕事は、IRBを結成するため集まった五名のひとりランガンを中心にすすめられた。じつはIRBの宣誓をおこなったロンバート通りの家とは、彼のものだったのである。ダブリンにはもうひとり役に立つ人物がおり、それはランガンの友人であり、ダブリン市郊外のキングスタウン（現在のダンレアリー）に住むJ・ヒッキーである。彼はIRBの結成の場にこそ居合わせなかったものの、キングスタウンのメンバーを組織するだけではなく、レンガ工の現場監督という自分の地位を利用して、ダブリンの建築労働者をもフィーニアン運動に引き入れることに成功するという重要な働きをした人物だった。(9)

ダブリンの組織ははじめから順調に成長していたわけではなかった。青年アイルランドの運動の洗礼を受けて、アイルランド独立の理想に強く共鳴していたランガンやヒッキーをもってしてもダブリンに組織を作ることは容易なことではなかった。組織が設立されてからしばらくのあいだメンバー数は数十名にすぎず、それもキングスタウンのヒッキーの小グループを中心としたものだったのである。(10)ところが、この組織がしばらくしてIRBのなかで最大のメンバー数を誇る下部組織に変貌していく。

ダブリンの組織とは対照的に組織化が順調にすすんでいった地域がある。アイルランド南部のマンスター地方である。それというのもスティーブンスはマンスター地方を重視し、ダブリンでIRBを設立した翌日に早くも、ルービーをともなってこの地方に出かけていった。スティーブンスは著名なナショナリストたちを訪れ、自分たちの計画を説明して運動への参加を積極的に呼びかけた。(11)このときの最大の収穫は、一八五八年五月に、コーク州のスキバリーンにある「フェニックス・ナショナル＆リタラリー・ソサエティー」の指導者J・オドノヴァン＝ロッサをメンバーに引き入れるのに成功したことである。

年　表

1858年	3月	IRBの設立
	5月	フェニックス・ナショナル＆リタラリー・ソサエティーのオドノヴァン＝ロッサがメンバーとなる
	12月	オドノヴァン＝ロッサらの逮捕
1859年		アメリカでIRBの支援組織フィーニアン・ブラザーフッドが設立
1860年	秋	若手メンバー加入によるIRBの拡大
1861年	3月	ナショナル・ブラザーフッド・オブ・聖パトリックの設立
	11月	マクマナスの葬儀
1863年	11月	IRBの機関紙『アイリッシュ・ピープル』の創刊
1864年	4月	P・ネーゲルが警察のスパイとなる
	8月	警察が『アイリッシュ・ピープル』事務所の監視をはじめる
	9月	スティーブンスが蜂起決行を宣言
	12月	アイルランド民族協会の設立
1865年	4月	アメリカ南北戦争の終結
	7月	顧問会の設立 ストラートネアン卿がアイルランドにおけるイギリス軍最高司令官に就任
	8月	フィーニアン・ブラザーフッドが「最終招集」を通達（アメリカ人将校がアイルランドへ）
	9月	『アイリッシュ・ピープル』事務所の捜索 軍事委員会の設立
	10月	デヴォイがフィーニアン兵士組織の最高組織者に就任
	11月	スティーブンスの逮捕と逃亡 フィーニアンの裁判がはじまる
	12月	フィーニアン・ブラザーフッドがオマハニー派とセネイト派に分裂 イギリスからフィーニアンが派遣される
1866年	2月	人身保護法の適用停止
	3月	スティーブンスがアイルランドを脱出
	5月	スティーブンスがアメリカに渡り、フィーニアン・ブラザーフッドの最高指導者に就任 セネイト派がカナダに侵攻する
	11月	J・コリドンが警察のスパイとなる
	12月	多数のダブリンのセンター（パワー博士を含む）の逮捕 スティーブンスがフィーニアン・ブラザーフッドの最高指導者から降格（ただし、IRBの最高指導者の地位は保持）
1867年	2月	アイルランド共和国臨時政府の樹立 チェスターの兵器庫の襲撃計画
	3月	蜂起
	4月	裁判

オドノヴァン＝ロッサは一八三一年生まれで、コーク州のスキバリーンで雑貨店を経営していた。彼はアイルランド語を自由に操ることができたので、南部のアイルランド語地域を組織するにはなくてはならない人物だった。一九世紀に入りアイルランド語を話す人口がしだいに減少していったとはいえ、アイルランド南部や西部ではアイルランド語しか通じない地域がいまだ存在していたのである。彼は五フィート一一インチ（約一八〇㎝）あり、がっしりとした体つきをし、髪は金髪、瞳はブルーで、女性にとって魅惑的な人物であったらしく、生涯に三度の結婚をしている。[12] 彼の活動はアイルランド国内にとどまらず、イングランドやスコットランドにもおよび、フィーニアン指導者のなかで誰よりも多くのメンバーを集めたといわれる。

オドノヴァン＝ロッサはひとたび運動に参加すると精力的に活動し、自分が住むスキバリーンはもとより、その周辺にあるケンメアーやキラーニーなどにつぎつぎと組織を作り、わずか数カ月のあいだに「南部の大部分は組織化された」といわれるまでになった。[13] だが、こうした活発な活動は「不幸にも」治安当局の注意を引いてしまい、

J・オドノヴァン＝ロッサ

一八五八年一二月と翌年一月にオドノヴァン＝ロッサを含む二〇名ほどのフィーニアンが逮捕されてしまった。[14] フィーニアンの最初の逮捕者である。しかし治安当局は、彼らがアイルランドを独立させようとしている組織のメンバーだったとは夢にも思っておらず、ただ不穏な動きをしているという理由で彼らを逮捕したのだった。そのため彼らには重い処罰は科せられていない。

逮捕は少人数にすぎなかったが、オドノヴァン＝ロッサらの逮捕は組織を拡大していく足場をこれから築こう

としていたＩＲＢには大きな打撃だった。おそらく事態をもっとも深刻に受けとめていたのはスティーブンスであろう。組織を設立してから一年もたたないうちに逮捕者が出てしまったのだから。スティーブンスはＩＲＢの前途を危ぶむとともに、今度は自分が逮捕されるのではないかと不安にかられ、かつての亡命の地パリにふたたび逃亡した。彼はそこで一八五九年と六〇年の大半を過ごすことになる。

だが、ＩＲＢの組織化が中止されたわけではなかった。スティーブンスに代わってルービーが中心となって、以前よりも慎重におこなわれていく。ルービーは組織を発展させるというよりも、それを維持することに専念したようである。たとえ組織化された地域であっても、組織が強固なものではなかったこの当時においては、絶えずメンバーを訪れて鼓舞しなければ組織は消滅してしまうという運命にあった。(15) また、オドノヴァン＝ロッサらの逮捕とともにフィーニアン指導者を悩ました問題があった。アメリカのフィーニアン・ブラザーフッドがＩＲＢに潤沢な資金援助を約束したにもかかわらず、それが実行されず、ＩＲＢの資金は恒常的に不足していたのだった。(16)

こうした困難にもかかわらず、ルービーらの努力によって一八六〇年三月までにＩＲＢは、アイルランド国内に三二名のセンター（サークルの指導者）を擁するまでになる。とはいってもその後のＩＲＢの発展を考えると、当時の組織がいかに小規模であったかがよくわかる。しかも、それ自体も規律のとれたものではなく、緩やかに結びついているにすぎず、スティーブンスはセンターたちと定期的な連絡網さえ持っていなかった。(17) つまり、各地にいわば拠点のようなものを作ったにすぎなかったのである。だが、こうした拠点作りが後の発展につながっていく。フィーニアンの人数について詳しい数字は不明だが、少数であったことはたしかで、じっさいダブリンの組織のメンバー数はわずか五〇名を数えるだけだった。

若者たちの活躍

ＩＲＢが拡大できなかった理由には、オドノヴァン＝ロッサたちの逮捕や資金不足と合わせて、青年アイルランドを知らない「若い世代」を組織になかなか取り込むことができなかったということがある。すでにみたように、スティーブンスたちは、青年アイルランドに参加したことのある民族運動の「経験者」をＩＲＢのメンバーにしていったが、これだけでは組織を大きく発展させることができなかったのである。

ルービーが数名の有能な若者たちを一八六〇年秋に勧誘することに成功し、これを契機としてＩＲＢは飛躍的に拡大した。この若者たちとは、後にダブリンのセンターとなるＪ・オキャラハンやＮ・ウォルシュ、コナハト地方の組織者となるＥ・ダッフィーだった。オキャラハンとウォルシュの活躍によって、ダブリンの組織はこれ以降成長し続けることになる。[18] 彼らはこの当時いずれも二〇代半ばで一八四〇年前後に生まれており、一八四八年の青年アイルランドの蜂起のときには子供であった。こうした年齢層をメンバーにすることによって、ＩＲＢは拡大することができたのである。青年アイルランドのメンバーを再組織化しただけでは、とても発展は望めなかったということになる。

オキャラハンたちはきわめて有能な組織者であったとはいえ、彼らがフィーニアンとなった一八六〇年秋は、アイルランドのナショナリズムが高揚しており、組織を拡大させるのに都合のよい時期だったことを見落としてはならない。民族自決にかんする国民投票を要求する「国民請願運動」が同年春からすでにはじまっており、アイルランド独立の問題が人びとを賑わしている最中であった。翌六一年の春までには国民投票を支持する約四〇万の署名が集められたが、イギリス政府は国民投票を実施させなかった。[19] だが、この請願運動は目的を達成することはできなかったけれども、青年アイルランドの蜂起の失敗以降、沈静化していたナショナリズムの火を再燃させ、フィーニアン運動を人びとに受け入れさせる下地を作り出した。[20]

請願運動がナショナリズムを高揚させたなかで、「ナショナル・ブラザーフッド・オブ・聖パトリック」（一八六一年三月に設立）という組織が姿を現している。この組織の目的は、あくまでもナショナリストたちのあいだに社交的・知的ネットワークを作ることで、IRBとはまったく性格の異なるものだった。(21) ところが、フィーニアンたちはナショナル・ブラザーフッド・オブ・聖パトリックの集会に頻繁に出かけていき、そのメンバーを強引に引き抜いてしまった。一見したところ武力闘争とは無縁なところから多数のメンバーを獲得することができたのである。フィーニアンは最終的にはナショナル・ブラザーフッド・オブ・聖パトリックの主導権をも握り、もはやこの組織の利用価値がなくなるとわかると、解散に追い込んだ。

オキャラハンらの活躍によってダブリンの組織は順調にメンバーを増やしていったが、さらに多くのメンバーを獲得する機会が訪れた。一八六一年一一月におこなわれたT・B・マクマナスの葬儀である。マクマナスは青年アイルランドの指導者のひとりで、運動が弾圧されるとアメリカに逃亡し六一年一月にその生涯を終えた。アメリカのフィーニアン・ブラザーフッドの指導者はマクマナスの葬儀をアイルランドでおこない、彼を民族運動の英雄に祭り上げて、アイルランド人の民族運動への関心を高めようとするアイディアを思いついた。IRBは即座にこの提案を受け入れ、その準備を着々とすすめていった。

アイルランドへ移送されたマクマナスの遺体は、一八六一年一一月四日、ダブリンにある職工学校に安置された。ダブリンでは、ルービーが勧誘したオキャラハンら若者たちが、組織委員会を作り、綿密な準備にすでに取り掛かっていた。(22) 同月一〇日、七〇〇〇名から八〇〇〇名の人びとが参加した行列が整然とおこなわれ、その行進はダブリンの職工学校から、遺体を埋葬するグラスナヴァンの共同墓地まで延々と続いた。これほど多数の人びとが参加した葬儀はアイルランド史上数えるほどしかない。

マクマナスは青年アイルランドの指導者のひとりだったとはいえ、このような規模で葬儀がおこなわれるほど人びとから崇拝されていた人物ではなく、その成功はなんといってもＩＲＢの組織力の成果だった。ところでこの葬儀に参加した多数の人びとが、すべてフィーニアンあるいはその支持者たちであったと断定することはできないだろう。そうはいっても、国民請願運動で高揚したアイルランドのナショナリズムが、このことでひとつの頂点を迎えたことは事実である。マクマナスの葬儀の前後にフィーニアンとなった者の数は、それより前の二年間よりも多かったといわれる。(23)ＩＲＢのメンバーを増やしただけでなく、さらに組織した者たちの士気を鼓舞することにもなったことは注目しておきたい。

フィーニアンがマクマナスの葬儀を首尾よく終わらせ、その成功に酔っているうちに、一八六一年は終わった。このときからダブリンの組織はさらに発展していくと思われた。ところが、ダブリンの組織は停滞もしくは衰退してしまったのである。ルービーは、この当時のことを「われわれは厳しい試練と不活発な活動の、長く退屈な時期を過ごさなければならなかった」(24)と後年回想している。じじつ、フィーニアンは見るべき活動をしておらず、蜂起を決行するなど夢のようなものだった。なぜこうした事態が生じたのだろうか。

Ｔ・Ｂ・マクマナス

それには二つの理由があった。ひとつは、資金協力を約束したフィーニアン・ブラザーフッドが十分な活動資金を送ってよこさず、フィーニアン指導者が思いどおりに活動をおこなえなかったことであり、もうひとつは、次に詳しくみるようにカトリック教会が「反フィーニアン」という態度を明確に打ち出したので、フィーニアンの活動に制約が加わったということである。こうした状況のもとで、メンバーのなかには組織の停滞の原因はすべて最高指導者スティーブンスにあると考え、公然と彼を非難する者が出るなど、ＩＲＢの内部に亀裂が生じはじめていた。(25)

カトリック教会の非難

フィーニアンらの大部分は敬虔なカトリックであったから、教会は彼らの信仰のよりどころであり、聖職者にたいする尊敬心も今日の私たちの想像を超えるものであった。だから、教会による非難は、敬虔なカトリックであればあるほど骨身にこたえたはずである。

イギリス政府は、一六世紀の宗教改革以来、アイルランドのカトリック教会に様々な弾圧を加えてきたが、この時代になると融和政策をとるようになっていた。そのため教会の方でもフィーニアン運動を支持することはイギリス政府との良好な関係を損なうと考え、運動を弾圧する側にまわったのである。さらに、一八六〇年代のアイルランドのカトリック教会の頂点にあったダブリンのＰ・カレン大司教の個人的な経験も、教会のフィーニアンにたいする態度に色濃く反映されている。カレン大司教は大陸で革命が起こった一八四八年に、ちょうどローマに滞在しており、青年イタリア党のＧ・マッチーニたちがローマ教皇を追い出して共和国を樹立した革命の騒乱を身をもって体験していたのである。そのためもあってか、彼は革命というものを極度に嫌悪し、フィーニアン運動と青年イタリア党の運動とはまったく同じであると決めつけ、その危険性を常日頃人びとに説いていた。(26)

カトリック教会とフィーニアンが最初に対立したのは、先にみたマクマナスの葬儀を巡ってであった。カレン大司教はこの葬儀を秘密組織の企てに違いないとうすうす気づき、ダブリンの教会で葬儀のミサをおこなうことを許可しなかった。これ以降彼はことあるごとにフィーニアン運動を非難し、聖職者たちにたいしては信徒が運動に加わらないよう警戒を促すことをしばしば命じている。(27)カレン大司教はフィーニアン運動について、たとえば司教教書のなかで次のように告発している。

秘密組織、フィーニアンあるいはブラザース・オブ・聖パトリックにたいして、私はいまだ一言つけ加えておく。……彼らは武力抵抗・暴力、実現することがないユートピアを計画しているのだ。(28)

カレン大司教による告発は執拗に続く。一八六三年八月にはアイルランド司教たちの会合で、ナショナル・ブラザーフッド・オブ・聖パトリックが名指しで非難され、フィーニアン運動が糾弾された。(29)さらにルービーによると、この当時ダブリンを含めて、アイルランドのほとんどすべての教会の告白室がフィーニアンたちの前には閉ざされていた。(30)

P・カレン大司教

カトリック教会がフィーニアン運動を非難するという方針を打ち出しているからといって、すべてのカトリック聖職者がその方針におとなしく従っていたわけではない。カレン大司教をもっともいらだたせたのが、P・ラヴェル神父である。彼がフィーニアンであったかどうかはわからないが、支持者だったことは否定のしようがない。ラヴェル神父は、一八六二年二月にはダブリンで「革命の権利にかんするカトリックの教義」という講演をおこない、同年三月には、先にみたフィーニアンの「草刈り場」となったナショナル・ブラザ!フッド・オブ・聖パトリックの副会長に就任している。(31)ラヴェル神父はアイルランドのカトリック教会のヒエラルキーのなかでは下位に位置する聖職者で、こうした立場にはフィーニアン運動に共感を示す者たちがいたのである。このことからして、フィーニアン運動にたいするカトリック教会の態度を考えるうえでは、上位と下位の聖職者を区別しておかなければならないことがよくわかる。

P・ラヴェル神父

ともあれ、アイルランド人の精神的支柱であるカトリック教会がフィーニアン運動を非難したため、フィーニアン運動から離れた人びともいたであろうし、新たにメンバーを獲得することがどんなに難しかったかも想像することができよう。[32] ところが教会からの非難にもかかわらず、後にみるように一八六四年から六五年にかけてIRBのメンバー数は大幅に増加しはじめ、この勢いを食い止めることは、もはや誰にもできなくなっていった。たとえば一八六四年一二月に、IRBという危険な思想を持つ人びとの集団を苦々しく思っていた合法的ナショナリストが「アイルランド民族協会」を作りフィーニアン運動に対抗したが、勢力を伸ばすことはできなかった。[33] ここで注目しておきたいことは、アイルランド民族協会をカレン大司教が積極的に応援したことであり、教会が全面的な支援をした組織でさえも、フィーニアン運動の拡大を阻止することはできなくなっていたのである。とはいってもこの協会にも問題があり、それはフィーニアン運動への対抗ということにあまりに主眼を置きすぎたため、自分たちの特徴を積極的に示すことができなかったということだ。いずれにせよ、教会の非難に耳を傾けてIRBへの参加をためらうアイルランド人は少数派に転落してしまったのである。それではなぜIRBがこれほどまでに拡大したのか、その理由を明らかにしてみよう。

2　組織の拡大

『アイリッシュ・ピープル』の創刊

カトリック教会の非難を受けるなどして組織が停滞状態にあったとき、スティーブンスはひとつの計画を実行に移そうとしていた。[34]それはＩＲＢの機関紙『アイリッシュ・ピープル』を創刊することだった。そもそもこの思いつきはＩＲＢの活動資金不足を解消することを目的としており、新聞の発行が順調にすすめば、組織に自動的に活動資金が転がり込むという算段だった。スティーブンスにとって発行の目的は何よりも資金を調達することにあり、運動の主義主張を広く喧伝することではなかったことに注意しておきたい。彼は次のようにいう。

われわれが受け取った額［フィーニアン・ブラザーフッドから］は、年平均二五〇ポンドを超えない。どうしてこれに満足することができようか。新聞がひとたび創刊されれば、どう見積もっても、われわれのもとには確実にその五倍から六倍が、もしかすると一五倍から一八倍［の額］が入るようになるかもしれない。[35]

スティーブンスが新聞を発行する計画をフィーニアン指導者に打ち明けたのは、マクマナスの葬儀が終わってから一年半以上もたった一八六三年七月である。彼の計画は、多くのセンターたちによって反対され、一時暗礁に乗り上げた。ダブリンのセンターたちは、ただでさえ乏しい活動資金を新聞発行のために使わなければならないことに我慢がならず、また秘密組織は新聞を発行すべきではないとの一致した意見を表明していた。ところが、詳しい

J・オリアリー

理由はわからないが、アイルランドの南部のセンターたちは新聞の計画を積極的に支持し、一八六三年一一月に『アイリッシュ・ピープル』は発行される運びとなった。新聞がフィーニアン運動を拡大させる起爆剤となるのである。そこで『アイリッシュ・ピープル』は何を人びとに訴えたのかをみることにしよう。

編集を担当したのは、J・オリアリー、C・J・キッカム、ルービーだった。(36)フィーニアンのなかでこの三人ほど新聞の編集に適切な人物はいなかった。オリアリーは一八三〇年に裕福な商人の子として生まれ、ダブリン大学トリニティ・カレッジにすすんだが、青年アイルランドの運動に参加したために中途退学し、ゴールウェイのクイーンズ・カレッジに転じて医学を学んだ。(37)整った顔に黒い素晴しい髭をはやしていたオリアリーは、イギリス文学はいうにおよばずフランス文学にも造詣が深く、詩人W・B・イエーツにも大きな影響を与えている。

キッカムは一八二八年生まれで「もの静かなチャールズ」と呼ばれ、文学をこよなく愛していた。彼は一三歳のときに事故で聴力と視力をほとんど失っていたので、本や新聞は目から数インチ離したところでかろうじて読めるという程度であり、会話は「らっぱ型補聴器」を使わなければならず、晩年には手話法のアルファベットを利用しなければ、人とのコミュニケーションがとれなくなってしまった。しかし、こうした障害にもかかわらず、いろいろな新聞を幅広く読み、イギリスだけでなく国際情勢にも精通し、さらに詩人や小説家としての才能に恵まれ、ア

C・J・キッカム

イルランド農村の生活を描いた素晴しい小説を残している[38]。オリアリーやキッカムの書いた論説記事がやや哲学的であったり文学的であったのにたいして、ルービーの書いたものはきわめて簡潔・直接的で、教育のない者にも容易に理解できた[39]。新聞は毎週土曜日に発行されたが、オリアリーは、ルービーとキッカムが木曜日に自分の下宿に集まり編集会議をおこなったことを懐かしげに回想している[40]。

オリアリーら編集者は、移民・貧困・製造業の衰退といったアイルランドの抱える問題はイギリスの支配の結果であり、独立することによってすべてが解決されるというきわめて簡潔な主張を繰り返した[41]。それではどのように独立を達成するのか。蜂起こそがアイルランド独立の唯一の手段であると、彼らはなんの迷いもなく主張した。だが、こう主張するには彼らなりの理由づけがあった。それは、イギリス議会に働きかけることによってイギリスとの併合を撤廃しようとした民族運動指導者D・オコンネルは何も成果を上げられなかったということで、イギリス議会というものは所詮イギリス人の利益だけを追求するのだから、アイルランド人には百害あって一利なしとしている[42]。さらに、新聞は小規模自作農制の創設といった当時としてはじつに進歩的な主張もしていた[43]。

さらにカトリック教会が政治に介入する権利を繰り返し否定した。とくに教会からの非難にたいして新聞が言論をもって応じたことは重要である。先にみたように、カトリック教会はフィーニアン運動を徹底的に非難したが、

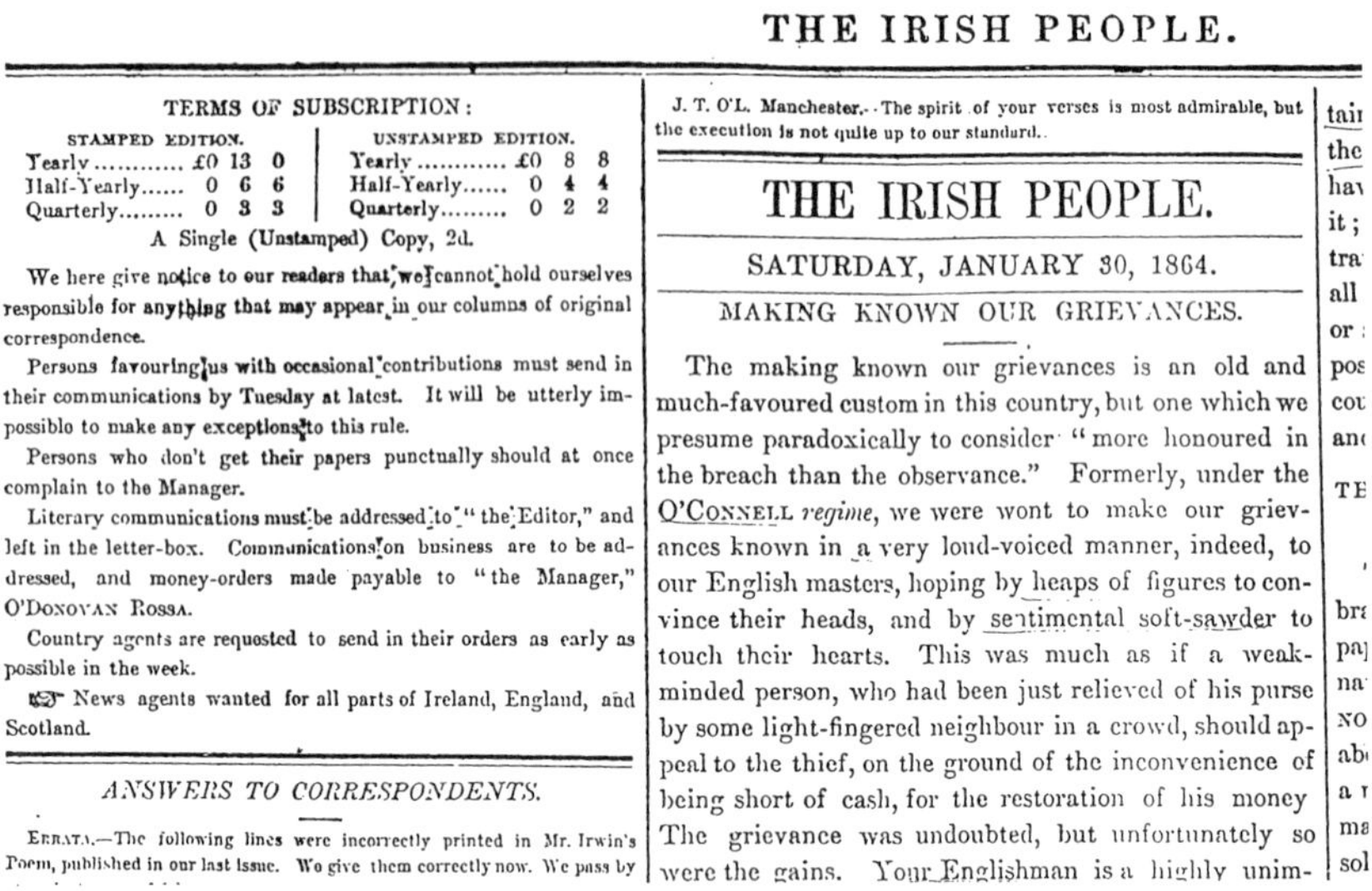
THE IRISH PEOPLE.

TERMS OF SUBSCRIPTION:

STAMPED EDITION.				UNSTAMPED EDITION.			
Yearly	£0	13	0	Yearly	£0	8	8
Half-Yearly	0	6	6	Half-Yearly	0	4	4
Quarterly	0	3	3	Quarterly	0	2	2

A Single (Unstamped) Copy, 2d.

We here give notice to our readers that we cannot hold ourselves responsible for anything that may appear in our columns of original correspondence.

Persons favouring us with occasional contributions must send in their communications by Tuesday at latest. It will be utterly impossible to make any exceptions to this rule.

Persons who don't get their papers punctually should at once complain to the Manager.

Literary communications must be addressed to "the Editor," and left in the letter-box. Communications on business are to be addressed, and money-orders made payable to "the Manager," O'Donovan Rossa.

Country agents are requested to send in their orders as early as possible in the week.

☞ News agents wanted for all parts of Ireland, England, and Scotland.

ANSWERS TO CORRESPONDENTS.

Errata.—The following lines were incorrectly printed in Mr. Irwin's Poem, published in our last issue. We give them correctly now. We pass by

J. T. O'L. Manchester.—The spirit of your verses is most admirable, but the execution is not quite up to our standard.

THE IRISH PEOPLE.

SATURDAY, JANUARY 30, 1864.

MAKING KNOWN OUR GRIEVANCES.

The making known our grievances is an old and much-favoured custom in this country, but one which we presume paradoxically to consider "more honoured in the breach than the observance." Formerly, under the O'Connell *regime*, we were wont to make our grievances known in a very loud-voiced manner, indeed, to our English masters, hoping by heaps of figures to convince their heads, and by sentimental soft-sawder to touch their hearts. This was much as if a weak-minded person, who had been just relieved of his purse by some light-fingered neighbour in a crowd, should appeal to the thief, on the ground of the inconvenience of being short of cash, for the restoration of his money The grievance was undoubted, but unfortunately so were the gains. Your Englishman is a highly unim-

『アイリッシュ・ピープル』

これにたいして編集者のひとりキッカムが紙上で論陣を張り、カトリック教会の活動は宗教にのみ限定すべきであり、アイルランドの独立といった政治問題に関与すべきではないと応戦した(44)。キッカムは無神論者ではなく敬虔なカトリックで、教会そのものをけっして否定したのではなかった。キッカムの主張は多くのフィーニアンを励まし、彼らが組織から脱落することを防ぎ、教会の非難にたいする有効な防御線を築いたといえる。教会による非難がしだいに意味のないものになっていった。

『アイリッシュ・ピープル』は二ペンスという、労働者でも手軽に手に入れることができるような安い価格で販売された。その発行部数は時期によって様々だったが、すくなくとも五〇〇〇部は発行されており、ときには一万部近く発行されることもあった(45)。これだけの数が発行されたのには理由があり、大部分がアイルランドではなくアメリカで流通していたのである。つまり、フィーニアンはアメリカに新聞を送り、その見返りに資金援助を期待したのだった。ダブリンでの正確な販売部数については不明だが、数百部ほどではなかったかと考えられる。しかし、パブなどで一部の新聞が多くの人びとによって回し読みされたり、様々な場所での話題の中心とされたであろうから、新聞の効果はたんに販売部数が示す以上のものがあり、じっさいそうなっていった。

『アイリッシュ・ピープル』はフィーニアン指導者の主張を広く宣伝し、メンバーの獲得をいっそう容易にし、IRBの勢力を飛躍的に拡大させた。(46) じじつ、ダブリンのような停滞していた組織を拡大させたのみならず、それまでまったく組織がなかった地域にも組織を根づかせたのである。アイルランド北部のアルスター地方や西部のコナハト地方、イギリスにフィーニアン運動が広まったのは、まさに『アイリッシュ・ピープル』の創刊以降だったのはけっして偶然の一致ではない。(47) 新聞の影響があったからこそ、それまで組織化の遅れたこうした地域に組織を設立することができたのである。とくにロンドン、シェフィールド、マンチェスター、バーケンヘッド、リヴァプールなどのアイルランド人移民によるコミュニティへのフィーニアン運動の浸透には目を見張るものがあった。第3章でみるように、一八六五年おわりまでにイギリスからダブリンに四〇〇名から五〇〇名のフィーニアンたちが派遣されたことは、強力な組織が存在していたことの動かぬ証拠である。(48) 六五年、スティーブンスはイギリスに五週間滞在し、六五名のセンターたちを任命するまでになった。(49)

こうして一八六〇年代半ばまでにIRBのメンバー数は、アイルランドで五万三〇〇〇名（レンスター地方に一万六〇〇〇名、マンスター地方に一万六〇〇〇名、アルスター地方に一万一〇〇〇名、コナハト地方に一万名）で、ダブリンの組織も八〇〇〇名から一万名ほどが活動するようになったのである。(50)

フィーニアンは『アイリッシュ・ピープル』を刊行することによって組織を拡大させることはできたけれども、それと同時にダブリンのセンターがすでに危惧していたように、組織にやっかいな問題を持ち込んだ。まず、フィーニアンは組織武装化のための乏しい資金のなかから、新聞を発行していくための資金を捻出しなければならなくなった。スティーブンスは、新聞の販売は利益を生み出すと確信していたのだが、じつのところフィーニアンたちは各号の発行のために毎週資金面で悪戦苦闘するという状況に追い込まれたのである。たとえば一八六四年には、新聞の発行を請け負っていた印刷工たちが賃金不払いに抗議して、ストライキを起こすという有様だった[52]。こうした資金難にもかかわらず、オドノヴァン＝ロッサのような指導者は自分たちは金儲けのために新聞を発行しているのではないといって運動の拡大のために無料で新聞を配ったりもしており、指導者のなかには運動の拡大を第一とし、資金の獲得を二義的なものとみなす者が多くいた[53]。

新聞の発行は組織の財政を悪化させたのみならず、さらに、第5章で詳しくみるように、警察は、『アイリッシュ・ピープル』を発行しているのがイギリス支配を打倒しようとしている者たちであることにうすうす気づきはじめ、一八六四年八月からパーラメント通りにある新聞事務所を常時監視するようになったのである。フィーニアン指導者デニーフは、警察による監視の模様を次のように述べている。

> 最初から事務所は様々な人びとのくつろぎの場となった。好奇心や向学心のある者たち、あるいは用事のある者たちが絶えず出入りしていたが、まもなく数名の刑事が餌食を捜すかのように辺りをうろつくようになった[54]。

この事務所のあった建物は現存しているが、アイルランド総督府が置かれたダブリン城から歩いて二、三分のところにあり、フィーニアンはじつに大胆な場所に事務所を設けたものである[55]。

フィーニアンは新聞を発行し、そのなかでアイルランド独立の必要性を訴えることによって人びとのあいだにナショナリズムを高揚させ、ひいては組織を拡大させることができた。このようなＩＲＢの拡大を治安当局は手をこまねいて傍観していたわけではなかった。弾圧のときはしだいに迫っていた。

3　治安当局による弾圧

『アイリッシュ・ピープル』事務所の捜索

ＩＲＢは一八六四年に入るとそれまでとは比較にならないほどの勢いで拡大し、スティーブンスは蜂起の決行を口にするようになった。それまでの彼はいつ蜂起するかについてはかたくなに沈黙を守っていたのである。彼は、六五年は「行動の年《ザ・イヤー・オブ・アクション》」であると、六四年九月についに宣言した。(56)この宣言は組織を大いに活性化させ、蜂起の準備は急速にすすめられていく。アイルランド担当次官Ｔ・ラーコムは、一八六五年夏のＩＲＢの状態を次のように述べている。

> アイルランド中とくに南部から受け取る警察の報告書によると、フィーニアン運動は急速に拡大し、フィーニアンは絶えず集会を開き、軍事訓練をおこなっているという。蜂起がつねに話題とされ、噂ではその決行の時期は秋の収穫が終わった後ということだ。キルケニー、コーク、ウォーターフォードといった場所で、男性の半数はフィーニアンであるともいわれている。(57)

もはや治安当局は事態を傍観しているわけにはいかなくなったのである。一八六五年九月、アイルランド総督ウッドハウス卿はフィーニアンの脅威が刻一刻と迫りつつあることを認め、「彼ら［フィーニアン］は災いをもたらす。もし彼らがアメリカから武器と指導者を手に入れるならば、流血と混乱を引き起こす反乱を試みるかもしれない(58)」との危機感をあらわにした。このときまで、治安当局は、前述した一八五八年おわりから翌五九年はじめにかけてのオドノヴァン＝ロッサたちの逮捕以外に、ＩＲＢを弾圧することはなく、きわめて慎重な態度をとり続けていた。なぜかといえば、フィーニアンを逮捕しても裁判を有利にすすめる証拠が手元になかった、というのがその理由である。

だが、治安当局がフィーニアンを有罪にできると確信させるだけの証拠を偶然に入手したことによって、事態は変わった。その証拠とは、フィーニアン・ブラザーフッドから送られてきたＩＲＢ宛の一通の手紙で、そのなかでＩＲＢが近々蜂起することが言及されていたのである。それからの治安当局の動きは素早く、ダブリンにある『アイリッシュ・ピープル』事務所を急襲することが決定された。ダブリン首都警察は、新聞事務所のスタッフを逮捕し大量の文書を押収する。[59] 一八六五年九月一五日午後一〇時のことである。

逮捕は新聞事務所のスタッフにとどまらず、アイルランド各地やイギリスのフィーニアンにもおよび、一〇月はじめまでにアイルランドで一七九名、イギリスで八名の計一八七名の逮捕者が出た。このうちダブリンでの逮捕者は四一名である。[60] スティーブンスは「警官にいっさい抵抗するな」という命令をメンバーに出していたので、誰ひとり抵抗する者はいなかった。逮捕者のなかには、ルービー、オリアリー、オドノヴァン＝ロッサというスティーブンスの側近たちが含まれていたので、フィーニアン運動の研究者はこれらの逮捕がＩＲＢに与えた影響を重視している。だが、ダブリンの組織にかんするかぎり、指導者であるセンターの多くは逮捕を免れており、それ自体は決定的な打撃を与えるものではなかった。[61] さらに警察は新聞事務所を捜索してから数日のあいだに主だったフィーニアン指導者を捕まえたものの、もっとも重要と考えていたスティーブンスを取り逃がしていたのである。

治安当局はフィーニアン運動への弾圧の手を緩めることなくすすめ、第5章で詳しく扱うが、事務所を捜索してから約二カ月ほどたった一一月一一日に、ようやくスティーブンスを捕らえることができた。彼の逮捕はそれまでのフィーニアン指導者の逮捕とは比較にならないほどの衝撃をＩＲＢに与え、とくにダブリンの組織にとっては一大事となった。その運営が一時的に麻痺する事態となったのである。というのも、ＩＲＢは、後に述べるようにスティーブンスの独裁体制をとっていたため、ダブリンのセンターへの命令はすべて彼から直接与えられるシステムになっていたからである。彼の逮捕は命令系統を混乱させ、はからずもＩＲＢの持つ弱点を露呈させたのであった。

スティーブンスが逮捕されたので、ダブリンではセンターをはじめとして、一般のメンバーの不安は筆舌に尽くしがたいものがあった。だが、ここで劇的なことが起こる。刑務所に収監されていたスティーブンスを救出する計画が練られ、刑務所内で働いていたフィーニアンの協力を得て、無事に彼を外に連れ出すことができたのだ。(62) これは一一月二四日、彼が逮捕されてから二週間ほどのことであり、混乱に終止符が打たれることになった。これほどフィーニアンを喜ばせた事件はなく、それと同時に日頃から治安当局に反感を抱いていた人びとはこの事件を喝采をもって受け止めた。一方、面目をつぶされた治安当局は彼の再逮捕のために全力を尽くしたが、うまくはいかなかった。

スティーブンスの脱獄によって失態を演じた治安当局ではあったが、逮捕したフィーニアンを裁く準備を着々とすすめていた。ダブリンで裁判が開かれたのは、一八六五年一一月と一二月のことで、裁判は治安当局にとって思わぬ結果を引き起こした。ルービー、オリアリーらのフィーニアン指導者たちが法廷で示した高潔な態度が、人びとの共感を呼び起こし、フィーニアン運動を宣伝する絶好の機会となってしまったのである。たとえば、ルービーは法廷で自己の行為にたいする釈明を求められたとき、毅然として次のように述べている。

あらゆる困難や危険に立ち向かい、囚われ死刑になることも気にかけない覚悟を持ったアイルランド人がいるということがこの裁判で明らかになったら、このような男たちがいるかぎり、アイルランドの運動は絶望的で

はなく、アイルランドは亡国ではないと人びとはいうだろう。私がいいたいのは、これだけだ。(63)

この時期のフィーニアン運動にかんしてフィーニアン指導者J・デヴォイは、「運動から逃げ出す者もいたが、大多数は臨機応変に対処し、以前よりも活動的となった。組織に関係がなかった多数の人びとが、そのなかには社会的地位のある者もいたが、組織に加わり、メンバーの勧誘が驚くほどの勢いですすんだ(64)」と述べている。じじつ、『アイリッシュ・ピープル』事務所の捜索やフィーニアン指導者たちの逮捕にもかかわらず、ＩＲＢは拡大していった。さらに、第3章で詳しくみるように年内の蜂起の決行に向けてアメリカとイギリスから多数のフィーニアンがぞくぞくとダブリンに集結し、いつ蜂起が決行されてもおかしくない体制が整えられていったのである。治安当局が一八六五年末のＩＲＢの状態を分析した報告書によれば、組織は急速に拡大しており蜂起はまもなく決行されるということであった。(65)これは、まさにデヴォイの記述を裏付けている。

一八六六年二月の人身保護法の適用停止

スティーブンスが一八六五年中に蜂起を決行することを宣言したことにはすでにふれたが、じっさいフィーニアン指導者は、第3章でみるように、蜂起について真剣に議論をたたかわしていた。治安当局の側も、フィーニアンへの弾圧が思ったほどの効果を上げなかったことに苛立ちを覚え、ふたたび行動を起こすことを考えていた。フィーニアンが蜂起するか、治安当局が再度弾圧を加えるかという、緊張した時が流れていく。

結局のところ先に行動を起こしたのは治安当局の方だった。イギリス政府はアイルランドにおいて人身保護法の適用を停止することを決断した。これはアイルランドの治安当局がフィーニアン運動を弾圧するための特別な権限を与えるよう、再三にわたって要求したことに応じるものだった。(66)イギリスでは、人身保護法によって国民の権利が擁護されており、正当な理由のない拘禁は禁じられていたが、イギリス政府はこの法の適用をアイルランドで停止させる特別立法を議会で可決させるよう動き出した。イギリス国内でこの適用を停止すると広範囲な反対を引き起こすことが予想され、とても実現可能なことではなかったが、「植民地アイルランド」では事情は別だったのである。

人身保護法を停止するという法案が二月一七日に議会に上程されると、アイルランド選出の一部の議員や急進主義者J・ブライトなどは強硬に反対した。しかし、法案はその日のうちに両院で可決され、夕方にヴィクトリア女王が署名するという慌ただしさのなかで成立した。[67] 法律が正式に発効するのは一八日からだったにもかかわらず、治安当局は議会で法案が審議される前からフィーニアンの逮捕をダブリン首都警察に命じ、警察は一七日のまだ夜が明けぬうちから一斉逮捕に向けて準備をはじめた。午前六時、刑事部門の四六名の警官たちは、警察署に集合し、あらかじめ用意された逮捕者リストを受け取り、フィーニアンが潜んでいる家々に向かっていった。

警察が一斉逮捕に乗り出すことを、多くのフィーニアンは知らなかったようで、ダブリンでは午前八時から正午までになんなく九一名が逮捕された。だが、その多くはダブリンのフィーニアンではなく、アメリカやイギリスから蜂起に参加するために派遣された者たちだった。ちなみに、九一名の逮捕者のうち三八名がアメリカから、三八名がイギリスからやってきた者たちである。[68] 警察の活動は一七日中には終わらず、その後も続き、三月二〇日までにダブリンだけで逮捕者は合計二〇〇名を超えた。[69] このように多くのフィーニアンが捕らえられ、いままで活発な活動をしていたフィーニアン運動はなりを潜めてしまった。

右のように二〇〇名を超える多くのフィーニアンがダブリンで捕えられたとはいえ、逮捕者を詳しくみてみると、その多くはアメリカやイギリスから渡ってきた者たちでダブリンのセンターはわずか三名にすぎなかった。だが、センターのなかには逮捕を逃れるために国外逃亡した者もおり、ダブリンの組織の指導者層にかんするかぎ

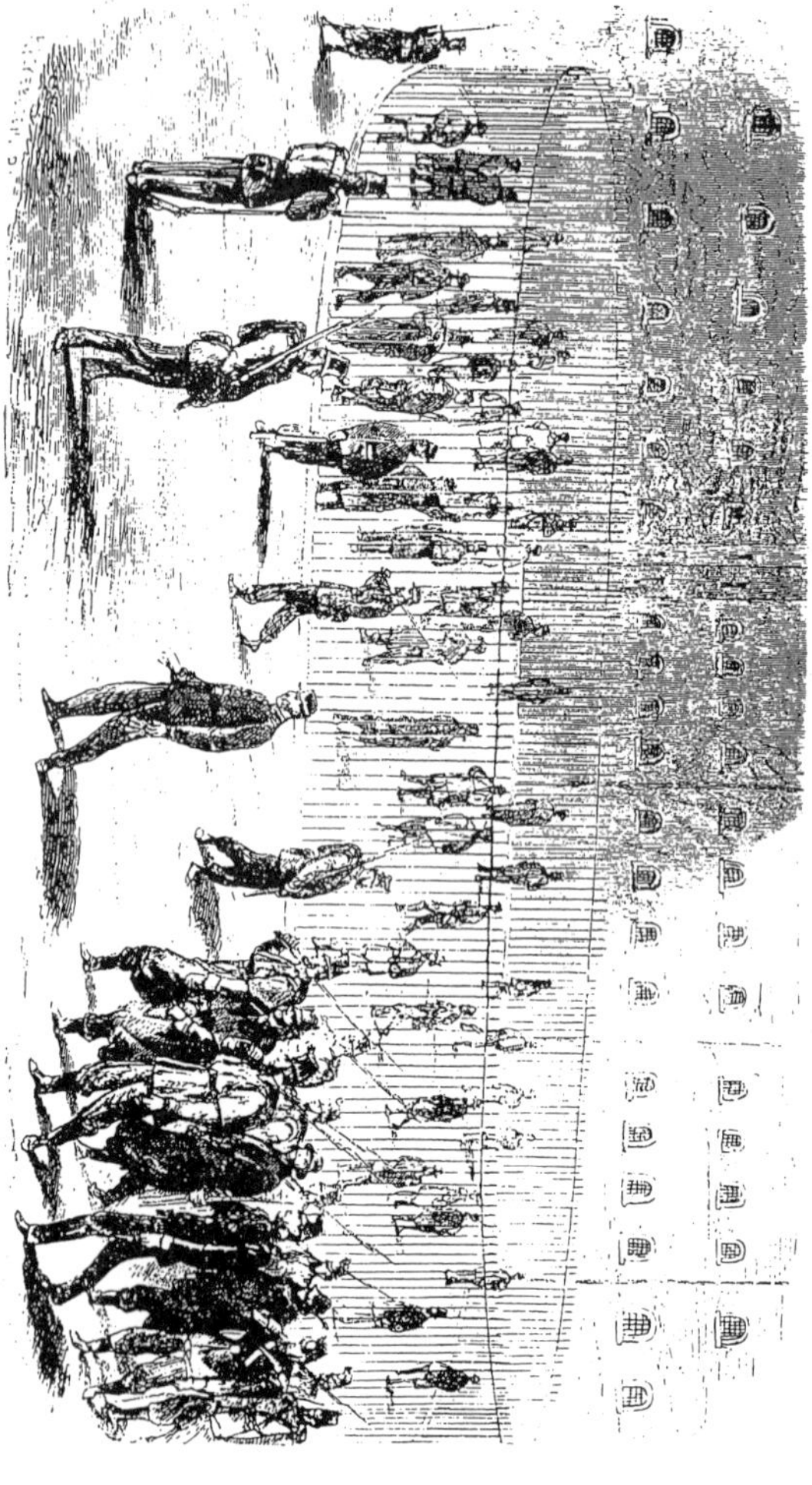

警察の監視のもとで戸外運動するフィーニアン囚人たち

り、逮捕者数が示す以上の弾圧効果があったことはたしかである。じっさいのところ人身保護法の適用停止は、『アイリッシュ・ピープル』事務所の捜索よりも効果があった。とはいっても、この弾圧もＩＲＢを壊滅させるところまではいかなかったことに、注目しておきたい[70]。

ダブリンのフィーニアンたちは早急に組織の修復をはかったが、彼らにとっての唯一の救いは、逮捕されたのがセンターをはじめとするダブリンの組織の上層部に限られ、一般のメンバーには追及の手がおよんでいなかったことである。逃亡あるいは逮捕されたセンターの代わりに新しい人物を選び出しさえすればよかった。だが、警察はフィーニアンよりも上手であり、選び出された者の逮捕に乗り出し、一八六六年四月と五月に六名のセンターを逮捕した。(71)

上層部に打撃が加えられたダブリンの組織はその活力を奪われ、その活動は停滞せざるをえなくなった。人身保護法の適用停止がじわじわとボディーブローのようにききはじめたのである。この当時の組織の状態をダブリン首都警察の警視総監は次のようにいっている。

その［人身保護法の適用停止］効果は驚くべきものであった。フィーニアンの会合は開かれず軍事訓練は中止され、フィーニアン運動の脅威を感じさせるような会話が以前には通りやパブでさかんに聞かれたが、いまやまったく聞かれなくなった。人びとは運動にたいする警戒をとき、何事もなかったかのように自分たちの仕事に戻っていった。五月末までに彼らのあいだではフィーニアン運動は忘れさられ、運動は消滅したのではないか、あるいはすくなくとも活発ではないと考えられた。(72)

警察は人身保護法の適用停止によってフィーニアン運動は消滅しその脅威は去った、と楽観的に信じ、勝利に酔うことになる。

この楽観的な見通しはこれ以降しばしば警察の報告書のなかで繰り返される。一八六六年七月と八月には、警察は、ダブリンは平穏でありフィーニアン運動は崩壊したのではないか、と述べている。(73)じじつ、治安当局は逮捕したフィーニアンを釈放しはじめた。だが、ダブリンの組織を弾圧する先頭に立ち、その状態をじかに知っていたダブリン首都警察のD・ライアン警視だけは、運動は衰退したという見方をしていたものの、彼らの釈放にかんしては慎重な態度をとるよう、警視総監に再三再四進言していた。ライアン警視の次の報告書はその証拠である。

現在、逮捕者の多くは自由の身となったが、逮捕と投獄が［治安当局にとって］有益な効果をもたらしたと考えることは誤りであろう。釈放された者たちを、汽船［アイルランドを出国することを条件にして釈放された］まで、私［ライアン警視］が見届けたときに、彼らの話や態度に特別の注意を払った。私の印象では、結婚している者や扶養しなければならない家族を持っている者たちだけが、フィーニアンになったことを後悔していた。[74]

ライアン警視の懸念は杞憂に終わらなかった。警察の度重なる弾圧にもかかわらず、ＩＲＢは強靭な生命力を持ち組織の再生につとめていくのであった。

一八六六年一二月の逮捕

ダブリンの組織が警察の前にふたたび脅威となって現れたのは、一八六六年秋口になってからだった。フィーニアンたちは六六年内に蜂起を決行しようと活発な準備を開始し、じっさいフィーニアンの活動が警察の情報網にひっかかりはじめた。[75]フィーニアンの活動にかんする、より詳しい情報が警察の知るところとなったのは、一一月になってからである。警察によれば、パブが不審者で満員になり、彼らが募金や富くじで活動資金を集めたり、武器の輸入・分配やイギリス軍兵士の運動への勧誘に積極的に関わっているという。[76]しかも、蜂起するという噂が町中でまことしやかにささやかれ、一般の住民のあいだに蜂起への恐怖が語られるようになった。そうこうするうちに銀行も襲撃の対象になるのではないかという不安から預金を引き出す人や、家畜を金に代えておこうとする農場主

まで現れたということである。(77)

蜂起に備えて、イギリス軍の増援部隊を至急送ることを治安当局はイギリス政府に要請し、ついに二万三〇〇〇名のイギリス軍兵士が配備されることになった。同時にダブリンではフィーニアンの逮捕がはじまった。一八六六年一二月一日、当時ダブリンの組織のなかでもっとも活躍していたE・パワー博士が捕らえられた。彼は薬剤師であったが、後にみるように武器の輸入やイギリス軍兵士の勧誘など蜂起への準備を精力的にすすめていた。警察はこのパワー博士を含む一一名のセンターと、博士のサークルの主だったメンバーをつぎつぎと容赦なく逮捕していった。(78)警察はダブリンの組織の指導層を排除しただけではなく、そのもっとも活動的であった博士のサークルを解体に追い込んだのである。逮捕されたセンターの人数から考えると、それまでの警察による弾圧（六五年九月、六六年二月、四月、五月）よりも効果のあるものだった。フィーニアンは、会合、武器輸入、活動資金の収集などすべての活動を中止した。(79)

このときから数カ月後にフィーニアンは蜂起を決行したが、組織の混乱はどれほど収拾されたのだろうか。ダブリンのフィーニアンがこのような短期間で組織を完全に建て直すことが不可能であるのは、容易に想像がつく。しかし、後にみるように、逮捕されたセンターに代わって新しい指揮官が現れ、フィーニアンの再建はうまくいったようにみえる。(80)

ここまでダブリンの組織を中心にしてＩＲＢの設立から蜂起までの盛衰を明らかにしてきたが、ダブリンの組織は順調に発展したのではなく、拡大・停滞・衰退を繰り返した。しかし、一八六五年までにダブリンの組織がひとたび強力なものとなった後には、どのように治安当局が弾圧を加えようとも、それは一時的に組織から活力を奪ったにすぎず、それらは絶えず克服されていった。この過程のなかにＩＲＢの内部からけっして枯れることがない泉のように湧き出る活力とその永続性の表れをみることができる。なぜこのようにフィーニアン運動は弾圧されながらも復活したのだろうか。その答えを組織構造をみることによって解き明かし、運動の実態にさらに迫ってみよう。

4　組織構造

スティーブンスの独裁体制

ＩＲＢの成功は、組織者としてのスティーブンスの力量にかなりの部分を負っていた。彼は最高指導者として独裁体制をしき、絶対的な権力を持つカリスマ的な指導者であった。彼はアイルランドとイギリスで任命した多数のセンターを直接に掌握しようとし、自分とセンターのあいだにはいかなる人物も介在させなかった。じっさい、警察のスパイは、彼の承認なしにどのような決定もなされなかったと報告している。[81] フィーニアン指導者のなかには、スティーブンスが独裁体制をしいていた理由を彼の性格のなかに求め、人から命令されるのを嫌う「御山の大将」だったと批判する者がいるほど、彼はつねに絶対的な権力を保持していた。[82] こうした状況のなかで彼に意見がいえたのは、アメリカの支援組織フィーニアン・ブラザーフッドの最高指導者オマハニーだけだった。彼は援助という切り札をちらつかせながら、スティーブンスの独裁体制を改革しようと、様々な圧力をかけることができたのだ。[83]

オマハニーはスティーブンスの独裁体制を改め、ＩＲＢをより「民主的な」組織に変えようとした。オマハニーを最高指導者とするフィーニアン・ブラザーフッドはＩＲＢと異なり、最高指導者は重要事項の決定については「セネイト」と呼ばれる委員会と協議しなければならず、より「民主的な」組織だった。オマハニーはＩＲＢをフィーニアン・ブラザーフッドのような構造に改革したかったわけである。スティーブンスはオマハニーの提言をなかなか聞き入れようとはせず、ようやくそれが実現したのは一八六四年三月にスティーブンスがアメリカへ出発するときのことだった。彼は「協議会」という機関を設立することに同意し、ルービー、オリアリー、キッカムをそのメンバーに任命した。[84] だが、協議会はスティーブンスの不在期間中これといった活動をすることもなく、彼の帰国後に即座に廃止されたので、協議会の設立はオマハニーにたいする一時的な譲歩にすぎなかったということになる。

オマハニーはその後も、スティーブンス個人ではなく常設の委員会がＩＲＢを指揮することを執拗に提案し続けた。[85] スティーブンスは、アメリカからの大量の資金援助を切望していたから、アメリカ側の意向を完全に無視し続けることはできず、一八六五年七月には、オマハニーが新たに提案した「顧問会」を設立することに同意し、オリアリー、ルービー、オドノヴァン＝ロッサという腹心の部下たちをそのメンバーに任命した。だが、会のメンバーによれば、スティーブンスの行動に同意を与える機関にすぎなかったという。[86] 一八六五年九月に『アイリッシュ・ピープル』事務所が捜索されたさいに、オリアリーら会のメンバーが逮捕されると、スティーブンスは彼らに代わる新たなメンバーを任命することなく、顧問会を消滅させてしまった。

アメリカからの援助をなんとしてでも引き出したいスティーブンスは、新たな機関を設立せざるをえず、第３章でみるようにアメリカ人将校を主要メンバーとする「軍事委員会」を創設した。これまで作られた機関と同じようにこの委員会もまたスティーブンスの意向をくつがえすことができる権限を持たず、たんなる彼の付属機関にすぎなかった。[87] スティーブンスは七月に顧問会、九月に軍事委員会をそれぞれ設立したが、自分の持つ権力をこれらの機関が侵害することをけっして許さなかったのである。なお、いずれの機関のメンバーも、スティーブンスの腹心といえるごく限られた指導者であり、サークルのセンターといえども組織の運営に参加することはできなかった。とにかくＩＲＢは個々のメンバーの意見が反映するという民主的なものではなく、権力が彼ひとりに集中するという組織だったのである。[88]

一八六六年二月に人身保護法の適用が停止され、IRBが混乱状態に陥ったことは、先にみたとおりである。組織の存亡をかけたこの重要なときにスティーブンスはIRBを再建しようとせずに、アメリカへ出発してしまった。この行動にかんしてスティーブンスはフィーニアン・ブラザーフッドからの援助を引き出すということを理由に正当化していたが、じっさいは逮捕を免れるためであったと考えた方が適当かもしれない。いずれにせよ、彼は、同年三月にアメリカへ向けて出発した。

スティーブンスは出発にさいして、E・ダッフィーを自分の代理に立て、彼を通じて命令を伝達したり、活動資金を送金することを約束する。[89]だが、ダッフィーは組織のなかで活動的な役割を果たすことなどとても無理だった。というのは、このとき彼は病気を理由に保釈中の身の上で、結核の末期状態だったからである。スティーブンスははじめからダッフィーに何も期待していなかったようで、約束したはずの指令や活動資金をアメリカから送らなかった。一八六六年八月、ダッフィーは「活動資金が不足しているので、われわれは九週間以上地方［の組織］と連絡をとっていない。たとえ資金があったとしても、われわれにはなんの知らせるべき指令もない」[90]とその当時の休眠状態を嘆いている。彼は自分の健康状態が悪化していくなかで、センターとの会合にも出席できなくなり、数名の信頼できる部下を通じてセンターたちとのあいだの連絡をとっているにすぎなかった。[91]要するにスティーブンスはこの時期IRBにはほとんど注意を払わなかったのである。それにもかかわらず、アイルラン

E・ダッフィー

ドのフィーニアンはスティーブンスの命令を従順にひたすら待ち続けたのだった。

ところで、このときスティーブンスはアメリカで何をしていたのだろうか。彼がフランスを経由してアメリカに到着したのは、一八六六年五月のことである。アメリカに到着してからの活動は華々しかった。フィーニアン・ブラザーフッドは、IRBへの援助を続けていたオマハニー派と、カナダ侵攻によって大英帝国に打撃を与えようとしていたセネイト派に分裂していたが、スティーブンスは直ちにオマハニー派の最高指導者となり、アメリカでの権力基盤を確立した。[92] また、彼はこのアメリカ滞在中に「第一インターナショナル」にも参加し、マルクスは彼の参加をエンゲルス宛の書簡のなかで「われわれの不確かな成功のひとつ」と評している。[93]

IRBは共和国の建設を目的にうたいながらも、組織自体はスティーブンスの「独裁国家」といえる代物だった。しかし、その結束は固く、組織が混乱したなかで彼がアメリカに出発した後も、彼に代わって最高指導者の地位に就こうとする者はいなかった。治安当局の度重なる弾圧にもかかわらず、IRBが再生し続けたこともうなづける。次にIRBの組織構造を指導体制からサークルのレヴェルまで深化させて詳しく示してみよう。

サークル・システム

IRBは、サークルという「細胞組織」の集合体であった。繰り返しになるが、サークルの構造を説明しておこう。サークルのリーダーをセンターまたはAという。各センターはスティーブンスの直接の支配下にあったが、それぞれが独立した存在でもあり、自分のサークルの運営に責任を持ち、蜂起の準備やメンバーの勧誘などに全力を注いだ。センターもしくはAの下にはB（大尉）、C（軍曹）、D（兵卒）という階級があった。Bの人数は九名で、それぞれのBが九名のCを配下に置くのでCの合計人数は八一名となる。同じようにCは九名のDを持つので、Dの人数は七二九名となり、サークルの総数はA、B、C、Dすべて合わせて八二〇名となる。だが、これは

図1　IRBのサークル・システム

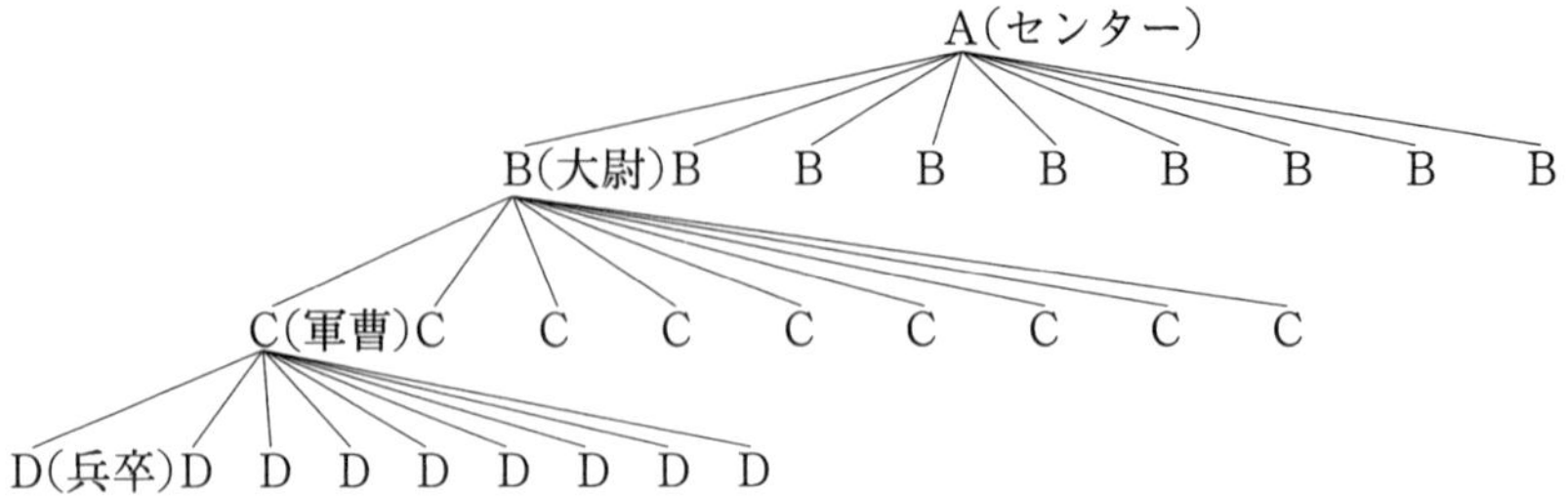

あくまで理論上の話であり、じっさいにはこのようなサークルは存在せず、後にみるようにサークルによって人数は様々であった。また、ひとつのサークルの人数が八二〇名を大きく超えると、「細胞分裂」を起こし、新しいサークルが生まれるということになっていた。

　ダブリンではランガンを中心に組織化がすすんでいったことは、先にみたとおりである。一八五八年のＩＲＢの設立当時、ランガンは少数の仲間とともにダブリン市の郊外キングスタウンやキラーニー近郊の丘陵地帯で軍事訓練をおこなっていたが、このグループからダブリンの組織は生まれたといえる。[94] スティーブンスはランガンをセンターに任命し、さらにランガンが数名の部下をＢに任命するかたちで、彼らはダブリンの最初のサークルとして誕生したのである。

　この当時、ダブリンにはもうひとりのセンターがいたが、それはスティーブンスの腹心ルービーである。だが、彼は名目上のセンターにすぎず、そのサークルにはほとんどメンバーがいなかった。だから、設立からしばらくのあいだ、ダブリンの組織はランガンのサークルのみから構成され、そのメンバーは約五〇名を数えるだけであった。[95] サークルは理論上八二〇名のメンバーを擁することになっていたが、ランガンとルービーのサークルの人数はこれにはるかにおよばず、サークルの実態と理論が乖離していたことがみてとれる。しかし、この組織が数年後には一万名に達するメンバーを擁するまでに急成長する。

ルービーが有能な若者たちをＩＲＢに勧誘し、このことがダブリンの組織を著しく発展させたことはすでにふれたが、ルービーは彼らをまず自分のサークルのＢに任命したのである。[96] スティーブンスは、ルービーとランガンのサークルの人数が増加したところで、彼らのサークルのＢたちをセンターに昇進させ、新しいサークルを作らせた。ルービーのサークルのオキャラハン、ランガンのサークルのＭ・ムーアとＭ・オニールがセンターとなっている。[97] これが、ダブリンの組織における最初の「細胞分裂」である。

これらの新しいセンターのなかでも、オキャラハンの活躍は群を抜いていた。一八六〇年と六一年の国民請願運動の集会で、彼は「後にダブリンのセンターとなった者たちの大部分[98]」をメンバーに獲得することに成功している。オキャラハンの勧誘によって運動に加入した者たちは、まず最初は彼のサークルのＤとして働き、部下の人数を増やすことによってＣへ、そしてＢに昇進する。Ｂとなった時点で部下の人数がひとつのサークルを維持することが可能となった場合、新たなサークルを作り、センターとなる。だが、これはあくまで原則であって、いきなりセンターやＢとして勧誘された者もいた。いずれにせよ、ダブリンの組織は「細胞分裂」を繰り返しながら拡大していったのである。

一八六五年夏におけるＩＲＢの組織状態を示す史料によれば、ダブリンの組織は一六のサークルから構成され、メンバー数は八〇三〇名であった。[99] この数字はフィーニアン指導者デヴォイがその回想録のなかで述べている情報ともある程度一致している。デヴォイは、六五年のサークル数は一五であり、一万五〇〇名のメンバーを擁していたと述べている。デヴォイの情報によるセンターと各サークルの人数は表1-1のようになっている。

表1-1は、サークルの実態が理論とは完全には一致していないことをはっきりと示している。というのは、一五のサークルは一万二三〇〇名のメンバーから構成されるはずであったが、じっさいの人数は一万五〇〇名であっ

表 1-1　15名のダブリンのセンターたち，1865年

センター	サークルの人数
N・ブレスリン	500
H・ブロフィー	1,600
J・クック	700
D・クローミアン	800
J・ヒッキー	1,500
P・カーニー	450
J・キルウェン	500
M・ムーア	600
J・オキャラハン	900
J・オクロヒシー	600
J・オコンナー	400
E・オドノヴァン	200
M・オニール	1,100
G・オシャネシー	500
N・ウォルシュ	150
合　計	10,500

出典）National Library of Ireland, Devoy Papers, MS 18025 より作成.

たからだ。さらに、いくつかのサークルはそのメンバー数が八二〇名に遠くおよばず、細胞分裂してまもない段階と推定できる。その一方、この理論的な最大人数を大きく上回るサークルもあり、いつ新たなサークルが生まれてもおかしくはない状態にあった。全般的にみると、三つのサークルは八二〇名を大きく上回り、五つのサークルは六〇〇名から九〇〇名という理論的人数に近く、他の七つのサークルはそれを下回っていた。

オキャラハンは、ランガンとルービーのサークルが作られた後に任命されたセンターのひとりであるが、九〇〇名のメンバーを持つサークルを統轄していた。また、同じ時期にセンターに任命されたムーアとオニールのサークルは、それぞれ六〇〇名、一一〇〇名のメンバーを擁していた。これらのサークルはすでに数年間存在しており、いわば「成熟した」サークルといえる。また、ウォルシュのサークルのようにわずか一五〇名のメンバーしか存在しないものもあったが、これはその人数から考えて最近作られたサークルであり、これからの発展を期待されていたものであろう。

デヴォイの情報は、一八六六年二月に人身保護法の適用が停止される前のダブリンの組織を明らかにしているが、その後ダブリンの組織はセンターの逃亡や逮捕を経験して新しく生まれ変わった。この組織の状態を示してい

表 1-2　17名のダブリンのセンターたち，1867年2月

W・ブラディー	J・ケリー
B・ブラディー	J・キルウェン
N・ブレスリン	P・ノット
G・コノリー	M・ランバート
J・ダーシー	J・P・マクドネル
J・ヘイズ	E・オバーン
J・ヘンリー	M・オニール
H・ヒューズ	D・トゥール
J・ケリー	

出典）National Archives of Ireland（以下 NAI と略す），Fenian Briefs, 8 より作成.

るのが、警察のスパイの情報にもとづいて作成した表1-2である。蜂起直前の六七年二月、ダブリンの組織には二三のサークルが存在し、そのうち一七名のセンターの氏名が判明している。

この情報が正確であるとすれば、デヴォイが示唆した一五のサークルから構成されるダブリンの組織が蜂起直前までに拡大していたことがわかる。[100]『アイリッシュ・ピープル』事務所の捜索にはじまるフィーニアン運動の弾圧以降、多くのセンターが逮捕されたり逃亡したため、新たなセンターを組織は擁立しなければならなかった。このような事態にもかかわらず、サークルは蜂起前までに経験不足の新しいセンターによって維持されていただけでなく、増加さえしたということである。厳しい弾圧を加えられたにもかかわらず、組織は再生し続けたのである。

ところで、蜂起のさいにダブリンの組織はどれくらいの規模だったのであろうか。一八六七年二月のダブリンのセンターの会合に出席したアメリカ人将校G・マッセーは、フィーニアンの総数が一万四〇〇〇名であることを知らされた。[101]もっとも正確なメンバー数をとらえることはかなり難しい。センターのなかにはみずからの有能さを誇示するためにメンバー数を誇張する者がいたり、また、じっさいの人数と八二〇という理論的数字がかならずしも一致しないからである。したがって、ダブリンのフィーニアンの総数は、二三のサークルが存在したとして、計算上は一万八八六〇名となるはずが、確実にこれを下回り、右の一万四〇〇〇名という人数をさらに下回る可能性さえある。だが、六五年の一五あるいは一六あったとされるサークル数が六七年に二三まで増加したことから判断すると、じっさいのメンバー数は、先にみた八〇三〇名や一万五〇〇〇名を上回ると推定してもよいだろう。それゆえ、蜂起前のダブリンのフィーニアンの総数は、一万名を超えていたという結論を導き出すことが可能である。

蜂起前のダブリンのセンター

次に蜂起前に誰がダブリンのセンターだったのかをあらかじめ特定しておこう。アイルランド国立公文書館の史料から、一八六五年から蜂起直前までの四八名のセンターの氏名が判明したが、それを示したのが表1-3である。一八六五年以前のセンターについては、断片的な情報しかないために、ここでは省くことにする。

一八六五年から六七年の蜂起直前にかけて、ダブリンのセンターの地位に就いたことが明らかになったのは四八名である。全サークル数が一五から二三のあいだとすると、約二〇カ月間にひとつのサークル当たり二名ないし三名のセンターが交代したことになる。なぜこのように頻繁にセンターが代わったかといえば、彼らが逮捕されたり逃亡したからにほかならない。そこで次に誰が逮捕されたのかをみてみよう。

表1-4のリストからわかるように二五名のダブリンのセンターが蜂起前に逮捕された。表1-3と表1-4を比較すると、二三名が逮捕を免れたという結論を引き出すことができる。また、一八六六年一二月に、治安当局は一一名のセンターを逮捕し、ダブリンの組織に大打撃を与えた。(102) これら一一名のセンターのうち、ヒッキーとウォルシュの二人だけがデヴォイ作成のリスト（表1-1）に記載されていたが、他の九名のセンターは、デヴォイのリストにあげられたセンターの後継者、あるいはその後に作られたサークルのセンターのいずれかである、と推定できる。一八六五年以来の警察の弾圧の成果の表れであろう。

表 1-3　48 名の蜂起前のダブリンのセンターたち，1865-67年

1. R・ブラッケン	25. J・ケリー*
2. ブラディー	26. J・キルウェン
3. B・ブラディー	27. P・ノット
4. S・ブラディー	28. M・ランバート
5. W・ブラディー	29. J・マッケイベ
6. N・ブレスリン	30. J・P・マクドネル
7. H・ブロフィー	31. M・ムーア
8. J・バーン	32. E・オバーン
9. D・キャッシュマン	33. J・オキャラハン
10. S・クランペット	34. J・オクロヒシー
11. L・クランシー	35. J・オコンナー
12. G・コノリー	36. P・オコンナー
13. W・コノリー	37. S・オドノフー
14. J・クック	38. E・オドノヴァン
15. D・クローミアン	39. M・オニール
16. J・ダーシー	40. G・オシャネシー
17. B・キブニー	41. E・パワー
18. J・ヘイズ	42. W・シーディー
19. J・ヘンリー	43. M・スタンリー
20. J・ヒッキー	44. J・トムキンス
21. H・ヒューズ	45. D・トゥール
22. P・カーニー	46. S・トレーシー
23. J・ケリー*	47. J・ウォルシュ
24. J・ケリー*	48. N・ウォルシュ

注）　＊三名は同性同名である。

出典）　表 1-1 と表 1-2 および NAI, 'Habeas Corpus Suspension Act, Abstracts of Cases, 1866-8' より作成.

人身保護法の適用が停止されて以降、ダブリンの組織は一時的に停滞したけれども、一八六六年後半には復活したことはすでにふれた。このときに中心的な役割を果したパワー博士の名が、デヴォイのリストにあげられていないことは、注目に値する。彼はその当時、地位の低いフィーニアンであったか、あるいは運動にまったく参加していなかったと考えられるからだ。そうすると、たとえ経験のあるセンターが逮捕されても、博士のような有能なセンターがBから昇格したり、新たにサークルに加わったりして、サークルが維持されていったということになる。

次に、センターが逮捕あるいは逃亡した場合、サークルがどのように運営されるのかを述べてみよう。センター

表 1-4　蜂起までに逮捕された 25 名のダブリンのセンターたち

名	逮捕された日	
1. R・ブラッケン	1866 年 12 月 3 日	
2. S・ブラディー	1866 年 5 月 4 日	
3. ブラディー	1866 年 12 月 8 日	
4. H・ブロフィー	1865 年 11 月 11 日	
5. J・バーン	1866 年 12 月 8 日	
6. D・キャッシュマン	1867 年 1 月 12 日	
7. L・クランシー	1866 年 12 月 27 日	
8. G・コノリー	1866 年 5 月 3 日	(67 年 3 月再逮捕)
9. W・コノリー	1866 年 12 月 4 日	
10. J・クック	1866 年 11 月 25 日	
11. B・ギブニー	1866 年 5 月 29 日	
12. J・ヒッキー	1866 年 2 月 17 日	(66 年 12 月 3 日再逮捕)
13. P・カーニー	1866 年 5 月 3 日	
14. J・ケリー	1866 年 12 月 5 日	
15. J・P・マクドネル	1866 年 2 月 20 日	
16. M・ムーア	1865 年 9 月	
17. J・オキャラハン	1866 年 4 月 5 日	
18. J・オクロヒシー	1865 年 9 月	
19. J・オコンナー	1865 年 9 月	
20. P・オコンナー	1866 年 12 月 4 日	
21. E・オドノヴァン	1866 年 3 月 14 日	
22. E・パワー	1866 年 12 月 3 日	
23. W・シーディー	1866 年 5 月 18 日	
24. M・スタンリー	1866 年 12 月 15 日	
25. N・ウォルシュ	1866 年 12 月 3 日	

出典)　表 1-3 を参照.

の地位が空白になったとき、そのサークルのBのひとりが昇進してサークルを維持するのがもっとも一般的であった。とはいっても小規模のサークルのなかには消滅したものもある。Bたちによる新たなセンターの選出は、容易にいくときがある一方で、なかなか決まらないこともあった。センターという地位は多くのメンバーに命令を下すことから一種の憧れを持たれ、はじめはそのなり手には困らなかった。だが、警察が弾圧をはじめると、逮捕される危険がもっとも高かったので、今度は誰もその地位に就こうとしなくなった。以下具体的な事例をみてみよう。

ムーアは、一八六五年九月の逮捕前に、O・レオナードを自分の後継者として指名した。[103] しかし、レオナードが要請を拒否したのであろうか、あるいは逮捕を免れるためにアイルランドから逃亡したのであろうか、逮捕されていないことはわかっているが、D・トゥールがセンターとなっている。[104] 一八六六年五月四日、W・シーディーが逮捕された後に、サークルのBたちが後継のセンターを選び、B・ギブニーが指名された。ところが、ギブニーはセンター就任直後の五月三一日に逮捕されてしまったのである。ふたたびBたちはセンターを選出しなければならなくなったが、今回の選出は困難をきわめた。というのも、警察の報告によれば、サークル内にスパイがいることを恐れた残りのBたちが、その地位に就くことに難色を示したからである。[105] このように、センターになるということは、多くのフィーニアンにとって魅力であったものの、いつ逮捕されるかわからないという危険と隣り合わせだった。

四つのサークルの型

サークルをその構成メンバーから分析してみると、フィーニアンの職業や居住地域と密接な関係を持っていることがわかる。同じ職業に従事する人びとがひとつのサークルを作ったり、近隣に住む人びとが職業などに関係なく同じサークルのメンバーになったりしているのだ。職業と居住地域という観点からサークルを次にあげる四つの型に分類することができる。

まず第一は、商店や工場など仕事場を同じくする労働者が、同じサークルのメンバーになったことである。ガス会社の労働者などは、彼らだけでひとつのサークルを作っていた。[106] また、いくつかの異なる職場で働く労働者がひとつのサークルを構成していた例もある。その典型的な例はパワー博士のサークルである。このサークルを具体的にみてみよう。

先にみたように、パワー博士は一八六六年後半のダブリンでもっとも活躍したセンターであった。彼のサークルには八名のＢがいた。そのひとりＭ・スタンリーは、ウォルポール・ウェッブ＆ビューリィー造船所で働き、同造船所の労働者のうちすくなくとも二〇〇名から三〇〇名を組織していた。(107) 彼らがパワー博士のサークルの中核である。また、衣料品店マックスウィニー・ディレイニー＆カンパニーでは、同じくＢであったＬ・クランシーがある部門の責任者として働き、この店の店員を組織していた。こうして、博士のサークルは造船所と衣料品店という二つの大きな職場で働くフィーニアンをメンバーとしていたのである。

第二は、同じ職種の労働者がひとつのサークルを形成していたことである。第一の型のように、職場がサークルの重要な構成要素であったことを示している。長時間ともに働くうちに自然とフィーニアン運動に引き入れられたのだろう。この第二の型は、主に建築業でみられた。たとえば、Ｍ・オニールのサークルのメンバーは、だいたいが建築労働者である。(108) ひとつの建築現場で働く大工やレンガ工などがサークルを作っていったのだ。また、建築業に従事していたセンターたちの多くは、それぞれの現場では責任のある立場、たとえば雇用主や現場監督であり、仕事のうえでも多数の労働者を指図していたことは注目しておきたい。(109) 他に、建築業以外では、質屋の店員がひとつのサークルを形成していた例もある。(110)

第三としては、近隣に居住する者が、職種に関係なく、交際や血縁関係を通じてサークルあるいはその一部を構成していた。あるフィーニアンは、ムーアのサークルの集会でフランシス通りに居住する数名のフィーニアンと出会ったことを法廷で証言しているが、(111) 彼らは同じサークルのメンバーだったと思われる。じじつ、ケヴィン通りに住んでいる者のあいだにサークルが組織されていたし、さらに、クロンダーキン、フォックス＆ジーズ、クラムリンに住んでいる者たちは、ひとつのサークルのメンバーだったことが史料から裏付けられる。(112) このことは、フィーニアンがじっさいに居住し、日常生活を送っていたコミュニティの分析が、フィーニアン運動をみていくうえで欠かすことのできないものであることを端的に示している。

第四の型は、きわめて例外的なものとして、同職種に従事する者たちが隣接地域に住みながら形成されたサークルである。職場と居住地域が一致していたといえよう。これはキングスタウンのサークルだけに当てはまる特殊な例である。一八六〇年代のキングスタウンでは、中産階級がダブリン市内から移り住んだので、彼らの家を建てるため建築ブームが起こり、多数のレンガ工、大工、塗装工が移住し、現場で働いていたのである。彼らは、レンガ工の現場監督ヒッキーをセンターとするサークルの構成メンバーになった。[113]

メンバーの生活に密着したかたちでサークルができ、まさにこの点こそが組織が強固なものとなっていく理由である。そのためダブリンの組織はいくら弾圧されても、絶えず復活してきた。一八六六年一二月のパワー博士をはじめとするダブリンの主要なセンターが逮捕されても、新たな者が現われ、サークルを維持した。センターとなりうる「優秀な」人材に恵まれていたともいえる。なぜこのようなことが可能になったのか。その理由は、ダブリンにはＩＲＢにメンバーを供給し続ける「フィーニアンの世界」とも呼ぶべき場が存在していたのである。次章では、逮捕されたフィーニアンの職業と居住地域を分析することによって、フィーニアンの世界の実像に迫っていくことにしよう。

第2章　フィーニアンの世界

1　植民地社会

ナショナリズムの源泉

フィーニアンの蜂起が失敗した直後に、J・ロバーツなる人物が企てに参加したことを罪状に捕らえられたが、彼は週三〇シリングも稼ぐ高収入の樽工だった。[(1)] また、同じ日にM・ハートも逮捕された。ハートは善良でもの静かな人物と近所でも評判だったので、彼を知る者たちは一様に驚きを隠しきれなかった。[(2)] なぜこのような高収入を得ていた熟練工や平凡な市民が武力闘争によって独立を達成するという過激なIRBのメンバーになったのだろうか。

ここでまず指摘しておかなければならないことは、アイルランド社会には、植民地が持つ固有の不平等が厳然として存在していたということである。すなわちプロテスタント植民者が支配層を形成し、先住民であるカトリックのアイルランド人は彼らの支配を受けていたということである。カトリックにたいする差別が法的に確立していったのが、一六九二年以降、様々なかたちで制定されていった「異教徒刑罰法」である。この法律は、カトリックの政治的・経済的権利を剥奪することを目的とし、カトリック聖職者の登録制、国会議員選挙権・被選挙権の剥奪、軍隊・行政機関・法曹界からの排除、土地売買・借地契約の禁止（三一年以内の借地契約は例外）、イギリス国教会による学校の管理などを規定している。最近の研究によれば、政治的な世界から締め出されたカトリックは商人としてその活躍の場を見出していったということであるが、差別されていたという事実は否定しようがない。一八二九年には「カトリック解放法」が制定され、カトリックに庶民院議員、閣僚、判事、陸海軍の将官への道が開かれたけれども、この恩恵に浴したのは少数にすぎない。

一九世紀半ばになっても植民地としての差別構造は基本的には変わらなかった。ダブリン市の職業構成でこのことを具体的にみてみると、一八七一年のセンサスによれば、ダブリン市の七万九〇三〇名の男子就業人口のうちわずか二〇％あまりのプロテスタントが、上流および中産階級を形成していた。たとえば、資産家階級の五六％、公務員と専門的職業階級の四四％はプロテスタントで、その一方、カトリックは製造業・輸送業・商取引に従事する者の八〇％、そして一般労働者の九七％を占めていた。つまり下層階級、いわば労働者階級の多くがカトリックなのである。さらに、一八六五年のダブリン市の有権者の職業を分析してみても、多くの労働者に選挙権が与えられていなかったこともわかる。(3) この労働者たちがフィーニアンになっていたのである。

体制から締め出されたダブリンの労働者たちの世界には、反英的要素が色濃く根づき、一定の刺激を与えれば爆発する可能性をつねに持ち続けるという、支配者からみると不気味な世界となった。そこでは日常の些細な出来事にたいする不満でさえもイギリス支配のせいにされ、絶えずそれにたいする憤りが存在していた。そしてこの憤りは、容易にアイルランド独立を推進するナショナリズムに転化していく。このナショナリズムは、ユナイテッド・アイリッシュメンの蜂起などのアイルランド人の抵抗運動や、イギリスによる弾圧といった過去からの「記憶」を媒介にして、風化させられることなく、何世代にもわたって継承されていった。

アイルランド史研究者T・ガーヴィンはそれを次のように説明している。

家族の記憶は百年あるいはそれ以上さかのぼることができ、明らかに選び抜かれたものであるが、驚くべきほどに詳しく正確である。アイルランドとイギリスとのあいだで起こった事件が、家族の歴史の延長としてしばしば考えられ、個人と家族がアイルランド全体の歴史に心理的に直接結びつくようになるのだった。(4)

こうした記憶としてアイルランド人に脈々として伝えられていったもののひとつが、一七世紀のO・クロムウェルのアイルランド征服の話である。

クロムウェルがアイルランドに攻め入ったのは一六四九年のことで、アルスター地方からアイルランド全土に広がった蜂起を鎮圧するためだった。彼は一万二〇〇〇名の将兵を率いてダブリンに上陸し、ドロハダでは四〇〇〇名、ウェクスフォードでは二〇〇〇名の人びとを無差別に虐殺したといわれている。さらにアイルランド人の土地没収をすすめ、それをイギリス政府の債権者と軍隊の兵士に分け与えたので、カトリックが土地を所有する割合は著しく減少した。蜂起に参加しなかった者にまでその災禍はおよび、それまでの所有地を取り上げられ、その代りに西部コナハト地方の荒地が与えられることとなった。このことから、アイルランドでは「地獄か、さもなければコナハト地方へ」という言葉《フレーズ》が生まれている。こうしたイギリス人のアイルランド人にたいする残虐行為は、民間伝承というかたちをとりながら語り伝えられていった。

ここに、クロムウェルを巡るアイルランド人の思いを垣い間みさせてくれる興味深いエピソードがある。アイルランド独立戦争中の一九二一年七月一四日、イギリス首相D・ロイド＝ジョージは、アイルランドとの平和条約の締結交渉のさいに独立運動の指導者E・デ＝ヴァレラ（後に首相や大統領となる）と会見した。ロイド＝ジョージはその模様を次のように秘書に語った。

私は自分の意見をいうことができなかった。クロムウェルがアイルランドでおこなった悪事についての長時間にわたる講義を彼［デ＝ヴァレラ］から聞かされたのだ。私が現実に引き戻そうとすると，彼はクロムウェルにふたたび話を戻すのだ。(5)

将来の条約にかんして話し合おうとするイギリス首相にとって，一七世紀のクロムウェルのことなどどうでもよかった。ところが，デ＝ヴァレラにとってはそうではなく，イギリス人がおこなった不法行為は，たとえ一七世紀のことであっても，忘れ去るべきことではなかった。(6)

もっともダブリンの労働者は過去の記憶だけにたよって生きていたのではなく，現実問題にも強烈な関心を持ち，彼らの知識欲は私たちの想像を超えるほど高いものだった。その証拠に，第1章でみたように，フィーニアンの機関紙『アイリッシュ・ピープル』が創刊されたことによって，運動が急速に拡大している。この背景には，一九世紀半ばまでに五〇％を超えた識字率（英語）の上昇と，それにともなう政治意識の高さがあったことを忘れてはならない。(7)一八七一年のセンサスを詳しく調べると，職業別男子労働者の識字率が明らかになる。センサスには write or read としか記載されていないので，じっさいどの程度読み書きができるのかは明確ではないが，商店員の識字率は一〇〇％，熟練工は九〇％程度，一般労働者はほぼ七〇％であった。後にみるように，ダブリンのフィーニアン組織の約七〇％は商店員と熟練工であり，彼らの大部分は読み書きができたのである。

なぜこれほど労働者階級の識字率が高かったのかというと，アイルランドにはイギリスにさきがけて「国民学校制度」が一八三一年に導入されたからである。この制度はアイルランド人を「良きイギリス人」として教育し，反英的傾向が増長することを防ぐことを目的として導入されたのであった。しかし、この教育がアイルランド人の識字率を上昇させ、政治意識を高めさせたことを考えると、なんとも皮肉な結果を招いたといえよう。(8)

さらにここで注目しておきたいことは、アメリカの影響である。一八五八年にアイルランド西部の港ゴールウェイとニューヨークのあいだに定期蒸気船が運行を開始し、六六年には大西洋を横断する海底ケーブルによって、アメリカでの出来事が数時間でアイルランドに伝わるようになった。(9) そのためヨーロッパとは異なるアメリカという新しい国の政治や思想が、ヒトの往来や情報によってアイルランド人に身近なものになったのである。このような新しい時代の流れが、過去の記憶に引きずられてきたダブリンの労働者の世界を大きく変貌させようとしていた。まさにこのようなときに、フィーニアン運動は拡大したのである。

反英感情に彩どられた労働者の世界は、仕事場と彼らがじっさいに居住し日常生活を送っていたコミュニティによって構成されていたが、フィーニアンたちはこの世界を自分たちのもの、すなわち「フィーニアンの世界」に転換してしまった。(10) ここで生活していくためには、誰もがフィーニアンにならざるをえず、もしそれを拒否すれば排除と迫害が当然のように待っていた。じじつ、フィーニアン運動への参加を拒否した若者が市場で迫害を受けやむをえず移民していったという警察の報告さえある。(11) そのために、たとえフィーニアン運動のような革命的な民族運動に関心のない者であっても、運動に参加せざるをえない状況が作り出された。彼らは「受動的参加者」として、フィーニアン運動にみずからの意思で積極的に参加する「能動的参加者」に促されながら、フィーニアンとしてしぶしぶ活動する場合もあったであろう。とはいえ、受動的参加者でさえもフィーニアン運動を受け入れる下地を持っていた。(12) それではまずダブリンの労働者の仕事場にフィーニアン運動が侵透していった様子からみてみよう。

仕事場

仕事場は雇用主でも容易に入り込めない世界であり、同じ仕事場で働く労働者が一団となってフィーニアンになっていた。こうした労働者がひとつのサークルを形成したことは、第1章で述べたとおりである。ここでは仕事場にフィーニアン運動が入り込んでいった様子を、職長《フォアマン》、現場監督《オーヴァーシーア》、事務員《クラーク》といった仕事場のなかで労働者を雇用したり、解雇する権限を持つ者たちの存在を通してみてみる。

職長などの地位にあったフィーニアンは仕事場での権力を行使して、仲間の労働者をメンバーに引き入れたり、いくら勧誘してもフィーニアンになろうとしない者を職場から無理やり追い出そうとした。じじつ、ジョンズ・レインにある聖アウグスティウス教会の修復工事の現場監督だったクローミアンや、マクドウェル製材所の職長T・イーガンは、「非フィーニアン」あるいはフィーニアンになろうとする意志のない者を雇用しようとはしなかった(13)。また、マンダース&カンパニー(醸造所)では、センターであった事務員R・ブラッケンが多数の従業員たちを運動に引き入れている(14)。

このように、仕事場で労働者の雇用にかんして権限を持っている職長、現場監督、事務員が、彼らが働く職場へフィーニアン運動を浸透させられるかどうかの鍵を握っていたわけである。そこでフィーニアンは、職長などの地位にある人物が「非フィーニアン」であれば彼を組織に取り込んだり、それが無理であるとわかるとその職場からあらゆる手段を使って追い出そうとした。いくつかの具体例をみてみよう。

ロス&マーレーを経営するロス氏は、ある日、仕事場から二人のスコットランド人の職長を解雇するよう促す脅迫状を受け取った。ロス氏はこの問題を自分で解決することができず、密かに警察に調査を依頼した。ダブリン首都警察のライアン警視は内偵の結果、次のような結論を出した。

スコットランド人の職長がフィーニアン運動に知らぬふりをしたり、それに関係することを見逃すように仕向けることができないことを、フィーニアンは悟った。そこで彼らを、もし可能ならば仕事場で弾丸を製造することを黙認する者に置き換えようとしてその手紙を書いた。(15)

フィーニアンはスコットランド人の職長を職場から追い出し、自分たちの仲間をその職に就けるため懸命に工作したのだった。

その一方で雇用主が反撃に出て、フィーニアンやその疑いのある者を解雇することによって運動が職場に入り込むことを阻止した例がないわけではなかった。たとえば、J・パワー醸造所の事務員C・ムーアハウスは、組織に関係していたことを理由に解雇されている。(16) 雇主や職長がフィーニアン運動に敵対した場合には、その職場に組織を作り上げることはきわめて難しかったのである。ギネスの醸造所はその好例であり、その状況についてライアン警視は警視総監に次のような報告をおこなっている。

多数の樽工たちが秘密結社に関わっていました。しかし、ギネス氏はあらゆる部門の職長とともに、フィーニアン運動に断固として反対していたので、彼の工場にはフィーニアンがいません。(17)

じじつ、一八六六年一二月、ギネス醸造所の五一五名の従業員たちが、フィーニアン運動に反対するという意向を文書で表明している。(18)

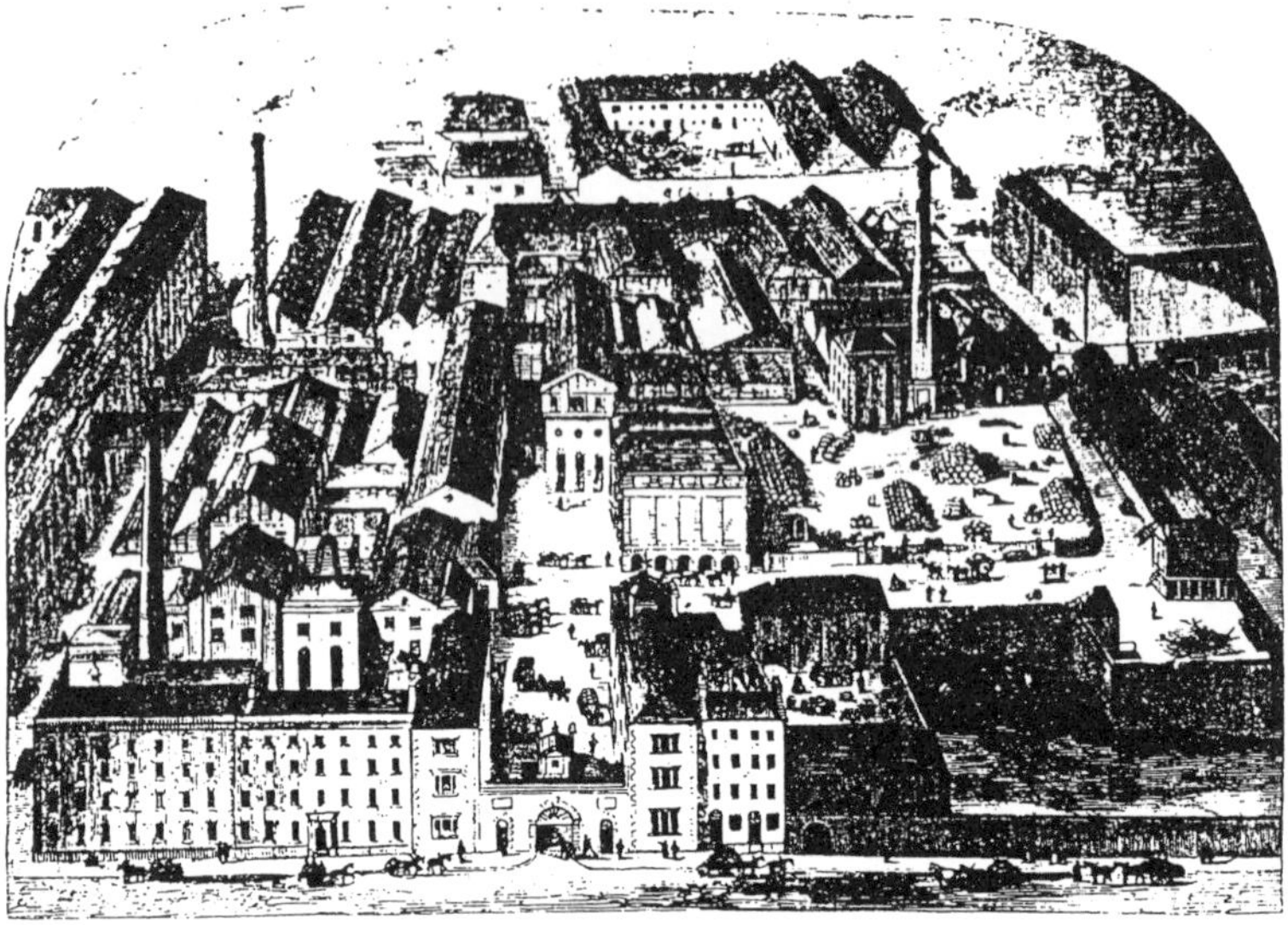

ジェームス・ゲートにあるギネス醸造所

コミュニティ

仕事場と同じようにフィーニアン運動の拡大にとって重要だったのが、労働者がじっさいに居住し日常生活を送っていたコミュニティだった。この当時の労働者文化の中心はパブだったが、フィーニアンもパブという空間で好んで集会を開き、ここを中心にして地域の運動を展開させていく。フィーニアン指導者Ｊ・デヴォイはパブでの集会の模様を次のようにいう。

誰もが自分のサークルのすべてのメンバー、そしてじっさいのところ、その町の他のすべてのサークルのメンバーを知っていた。……公のデモで仲間のメンバーと袖をすり合わせ、仲間と「一杯」飲むことは、フィーニアン運動を成功に導いた主要な要因であった。(19)

ここで集会の一例をＬ・オトゥールというフィーニアンの証言から再現してみよう。(20)オトゥールはマルボロー通りにあるフィーラーンのパブにいた。テーブルの上には飲み物が用意され、外から内部の様子がわからないように窓と雨戸はしっかりと閉められていた。センターであるコノリーが欠席していたため、T・クラークが議長を代行した。彼は「ハープと太陽」が刺繍された大きな緑の旗を広げながら、五〇名ほどのフィーニアンに向かって仕事が順調にいっていることを告げ、この緑の旗はダブリン城に掲げてあるユニオン・ジャックにとって代わるだろうと宣言した。集会の一般的な特徴として、たいていの場合センターや指導的立場にある者は、メンバーの士気を鼓舞するため、蜂起はまもなく決行されるだろうという趣旨の演説をおこなったのである。こうした演説が終わった後、フィーニアンたちはビールを飲みながら反英感情を鼓舞する歌を高らかに歌い、武器購入のための募金を集めている。集会は夜八時から開かれ一〇時には終わった。

このようにパブでの集会は一日の労働が終わった後で開かれた。一部の指導者は別として、多くのフィーニアンは都市労働者として一日一四時間ちかく働いていたので、彼らが労働から解放されるのは、週日は夜七時あるいは八時、そして日曜だった。(21) 同じ地域に居住した仲間たちが特定のパブに集合し、蜂起の準備をしながら、アイルランドの独立を夢見ていたのである。こうしてダブリンの労働者は仕事場とコミュニティからなる中産階級とは一線を画する世界を持っていたが、この独自の世界に運動は浸透していった。それではフィーニアンの世界の住人の様子を、逮捕された者たちの職業と居住地を明らかにすることによってより詳しく語ることにしよう。

2　職　業

熟練工の重要性

指導者とは違い、回想録などを書き残すことがなかった一般のフィーニアンが、どのような仕事場で働き、どのような地域に住んでいたかを明らかにすることは容易ではない。ところが、逮捕された者たちのリストを分析すると、彼らの職業と居住地域を具体的に知ることができる。逮捕者リストをみる前に、まず指導者の記述からフィーニアンの職業の検討に入ることにしよう。たとえば、回想録を残しているJ・オリアリーは、熟練工や商店員などの労働者階級がフィーニアン運動の推進者であったことをはっきりと述べているが、そのなかでも熟練工の重要性を次のように強調した。

この層［熟練工］に、私はいつも最高のアイルランド人の姿を見出した。熟練労働者は、専門的職業階級や教養があると自分で考えている階級を除くと、一般的にいってもっとも聡明であり、多くの場合教養がある。中産階級や上流階級に属する専門的職業階級、教養があると自分で考えている階級は、自分自身のために、あるいは物質的利益のために、知識の習得になんらかのかたちで専念している。ところがこの中産階級というものは、アイルランドを含めてあらゆる国において明らかに道徳的には最下層の階級、つまり最低の動機によって動く階級なのである。(22)

一八六〇年代にIRBにかんする情報収集に携わっていたR・アンダーソンは、アイルランドやイギリスで逮捕されたすべてのフィーニアンのなかから一〇八六名を任意に抽出し、彼らの職業を分析した。それによると、熟練工が全体の四七・八％（五二〇名）を占め、農業従事者（借地農など）は全体の一〇％程度（一一八名）を占める小グループにすぎなかった。(23)この数字から、IRBが農村の秘密結社ではなく、都市型の組織だったことがよくわかる。また、専門的職業階級などの中産階級に属するフィーニアンがごくわずかだったことも考え合わせてみると、IRBは都市や町の「最下層ではないが下層の階級(24)（＝労働者階級）」にその支持者を見出していたのである。

逮捕者リストの職業分析

ではアイルランド国立公文書館所蔵のフィーニアンの逮捕者リストのなかからダブリンのフィーニアンを選び出してみよう。ところで逮捕された者たちは全体からみればわずかであるために、このリストには限界があることはあらかじめ断わっておきたい。ここから四〇〇名以上のダブリンのフィーニアンの職業と居住地域が明らかになったが、以下にみるようにダブリンの組織は典型的な都市型である。(25)

ダブリンの組織は、熟練工の占める割合がきわめて高かったとはいっても、肉体労働者から事務員までの様々な階層からメンバーを獲得しているのが特徴である。組織のなかでは、メンバーは職業や社会的地位にかかわりなく全員が平等であった。たとえば、煙突掃除夫E・オサリヴァンは、法律事務所の事務員という彼らからみれば「貴族」のような仲間と交際していたが、このようなことは当時の社会生活のなかではけっしてありえないことである。(26)こうした交際を可能にしたIRBという組織は、上昇志向のある下層階級の若者の目には魅力あるものに映ったに違いない。さらに、仕事の上では部下である者が、組織ではその立場を逆転させ、上司に命令する立場にあることもあった。文房具店の清掃夫にすぎなかったW・シーディーが、その店の店員P・ブレスリンにたいして組織では上位にあったのは、その一例である。(27)

表2-1は四七四名の逮捕されたダブリンのフィーニアンの職業を示したものであるが、そのうち四四九名（九五％）がダブリン市に住んでいた。そのなかで最大のグループを形成していたのが熟練工で、その人数は二八〇名にのぼり、全体の約六割を占めた。熟練工は、一八六〇年代におけるダブリン市の男子就業人口の約二五％（約二万名）にすぎなかったのであるが。

熟練工の職種は様々だったが、製靴工が三七名で熟練工全体の一三・二％を占め、以下、大工（三三名）、仕立工（二六名）、レンガ工（二〇名）、塗装工（一〇名）、鍛冶工（九名）、コルク工（九名）、パン工（八名）、樽工

表 2-1　474名の逮捕されたダブリンのフィーニアンたちの職業，1865-71年

職　業	人数（%）
熟練工	280（59.0）
不熟練工	54（11.4）
商店員	45（ 9.5）
事務員	20（ 4.2）
商店主	18（ 3.8）
パブ店主およびウェイター	15（ 3.2）
学　生	8（ 1.7）
専門的職業人	6（ 1.3）
その他	18（ 3.8）
無　職	10（ 2.1）
合　計	474（100）

出典）NAI., 'Habeas Corpus Suspension Act, Abstracts of Cases, 1866-8'; 'Fenianism, Index of Names, 1866-7'; 'Dublin Special Commission, April, 1867' より作成.

（七名）と続く。これらの職種をながめてみると建築業に属する職種（大工、レンガ工、塗装工など）が多いことに気がつく。第1章でサークルの構成を示したさいに建築労働者がひとつのサークルを作っていたことを思い出してもらいたい。そこで建築業に分類される職種を選び出してみると、じつに全体の三〇%を占める八四名であった。

様々な職種を熟練工としてひとまとめにしてみたが、熟練工は、親方・ジャーニーマン・徒弟という階層に分かれている。そこで、フィーニアンが熟練工のどの階層に属していたのかという分析をおこなってみよう。残念ながら逮捕者リストには、熟練工の職種が記載されているだけで、彼らが親方、ジャーニーマン、徒弟のどの地位にあるのかはわからない。そのために他の史料をみる必要がある。ダブリンの商工人名録には親方の氏名が記載されているので、その一八六六年版を照合してみると、親方であると判明したのはわずか七名にすぎない。そうすると、フィーニアンは、主としてジャーニーマンか徒弟だったと考えられる。

さらに、この問いにたいするもうひとつの手掛かりは、蜂起直後に逮捕されたダブリンのフィーニアンの年齢である。二二七名の年齢が明らかになっている。それによると、彼らの年齢は一六歳から七二歳まで幅広く分布しているが、より詳しくみていくと、一六歳から三〇歳の年齢層に大部分の者（二〇二名、八九・〇％）が分布し、平均年齢二四・二歳という結果が得られる[28]。こうした若者たちが親方だったとは考えられない。一〇代の少年はまず徒弟となり、数年の徒弟奉公後に、ようやくジャーニーマンに昇進し、そしてその一部しか親方にはなれないのだから。

熟練工に続いて第二のグループを形成するのが、一般労働者などの不熟練工で、全体の一一・四％を占める五四名であった。ダブリン市の不熟練工の総数は約一万名で熟練工の半分だったから、もっと不熟練工出身のフィーニアンがいてもよさそうなものである。このように不熟練工の参加の割合が低いということは、労働者階級と一口にいっても熟練工と不熟練工のあいだには、賃金や教育程度も含めて超えられない溝があったことの証明となろう。

就業人数が少ないにもかかわらず、フィーニアンとなった人数が多いのが、商店員である。彼らは四五名（九・五％）で不熟練工に続いて第三番目に位置する。そのなかでも衣料品店員はとくに重要で、ダブリンの三大衣料品店、つまりキャノック・ホワイト&カンパニー、トッド・バーンズ&カンパニー、マックスウィニー・ディレイニー&カンパニーの店員たちはダブリンの組織の発展に多大な貢献をしている。先にみたように一八六〇年秋からダブリンの組織が拡大していった理由は、ルービーが有能な若者たちを勧誘したことにあった。このとき組織に加わり、その後目ざましい活躍をしていったオキャラハンは、キャノック・ホワイト&カンパニーで働く衣料品店員で、彼は多くの衣料品店員を組織に引き込んでいったのである。デヴォイによれば、彼らは「礼儀正しく、非常に聡明」であり、このような資質が優秀な指導者には必要だったかもしれない[29]。

第四のグループは事務員（二〇名、四・二％）で、以下、商店主（一八名、三・八％）、パブの店主とウェイター（一五名、三・二％）、学生（八名、一・七％）、専門的職業人（六名、一・三％）と続く。

このように、フィーニアンの職業分布から、ダブリンの組織は主として労働者階級によって構成されていたこと

表 2-2　37 名の逮捕されたダブリンのセンターたちの職業，1865-71 年

職　業	人数（%）
熟練工	22（59）
商店員	5（14）
商店主	3（8）
事務員	3（8）
不熟練工	2（5）
学　生	1（3）
その他	1（3）
合計	37（100）

出典）表 2-1 を参照.

がわかるが、彼らはけっしてそのなかの最下層（不熟練工や浮浪者）ではなく、それよりも上層に位置する熟練労働者であったという傾向が明らかになる。この事実を十分に把握していたダブリン首都警察の警視総監は、ＩＲＢが労働者階級のなかでも教育のある層にメンバーを見出していたという事実を重視し、そのために組織は永続するだろうと考え、次のように述べている。

　農民が、共感という点を除いて、この運動にほとんど関わっていないということは、まことに注目すべきことである。農民よりも、教育があり革命的精神によって浮かれている、より上層の階級の若者たちが、この運動の担い手である。それゆえ、私はこの運動が短命には終わらないだろうということを懸念している。(30)

警視総監の予想は的中し、フィーニアン運動は息の永い運動となった。

　ところで、一般のフィーニアンとセンターとでは職業構成に違いがあるのだろうか。これを次にみてみよう。逮捕者リストからセンターだけを選び出し、その職業を明らかにしたのが表２-２である。これを表２-１と比較してみよう。

　センターの職業構成の比率をみると、不熟練工が減少し、それにたいして商店員、事務員、商店主の比率が増加していることがわかる。三七名のセンターの半数以上が熟練工であるが、そのなかでも仕立工が五名のセンターを出しており、職種別にみた場合には最大のグループを形成している。熟練工のカテゴリーに分類される職種は、他に鍛冶工（二名）、レンガ工（二名）、大工（二名）などである。これらの熟練工のセンターは、仕事場のなかで労働者よりも上の地位にあった可能性があり、すくなくとも三名のセンターは職長であることがわかっている。[31]

第二のグループは、一般メンバーの場合には不熟練工であったが、センターの職業構成では商店員（五名）で、続いて第三位は商店主と事務員である。商店員のうち、二名のセンターを出している衣料品店員の存在にとくに警察は関心を抱いていた。ライアン警視は、衣料品店員は「将校の制服を着ようと身を焦がすほどの熱望を持っていた」[32]と述べている。つまり彼らはフィーニアン指導者になりたがったのである。上位者になることによって、自己表現の場を見出し、植民地社会の閉塞感を打ち破ろうとしたのかもしれない。このことは、先にみたように、多くのメンバーを組織に引き入れることによって、みずからのサークルを持とうとしていた野心的なBたちの存在を裏付ける証拠でもある。

このように一般メンバーとセンターの職業構成を比較すると、熟練工がもっとも多かったということは両者に共通の特徴だった。だが、センターの場合には、一般メンバーのなかで第二のグループを形成していた不熟練工の順位が下がるというひとつの結論が得られる。

ダブリン市の男子労働者に占める割合

逮捕されたフィーニアンの職種別の人数をみてきたが、ここでひとつの疑問が生じる。熟練工のなかでは製靴工の人数がもっとも多かったが、このことから製靴工がフィーニアンになるという傾向がもっとも強かったと結論づけていいものだろうかということである。つまり、製靴工に続いてフィーニアンの人数が多かったのは大工だが、大工の就業人数が製靴工より著しく少なければ、大工という職種の方がフィーニアンを生み出す傾向が強いといえよう。そこで、逮捕されたフィーニアンの職種別の人数と、ダブリン市の男子労働者の職種別総数を比較してみ

表 2-3　ダブリン市におけるフィーニアン逮捕者たちの主要職種

職　種	逮捕者数	1861年の男子就業者数	1871年の男子就業者数	1861年の就業者数にたいする逮捕者数の割合	1871年の就業者数にたいするカトリック教徒の割合	1861年から71年の男子就業者数の増減率
製靴工	37	3,975	3,288	0.9%	82%	−17%
大　工	31	2,294	2,117	1.4%	85%	−8%
仕立工	25	2,125	1,661	1.2%	87%	−22%
レンガ工	13	700	674	1.9%	91%	−4%
鍛冶工	9	593	911	1.5%	92%	+54%
コルク工	9	252	181	3.6%	93%	−28%
パン工	7	898	812	0.8%	93%	−10%
樽　工	7	485	653	1.4%	92%	+35%
衣料品店員	22	1,102	1,283	2.0%	56%	+16%
食料品店員	9	996	1,782	0.9%	90%	+79%
商店員	8	-	468	1.7%*	81%	-
質屋店員	3	133	210	2.3%	92%	+58%
パブ店主	9	191	-	4.7%	-	-
一般労働者	27	12,686	11,488	0.2%	97%	−9%

注）センサスは店の所有者と店員の区別をしていない．　＊ 1871 年の人数で計算．
出典）表 2-1 および *Census Ireland,* 1861, 1871 を参照．

る。さらに、なぜ特定の職種に就いていた人びとがフィーニアンになる傾向が強かったのか、その理由についても考えてみたい。

表2-3は多数のフィーニアンが属した一四の職種を選び出し、ダブリン市に住んでいるフィーニアンの逮捕者数、一八六一年と七一年の職種別男子就業者数、六一年の男子就業者数にたいするフィーニアンの割合、七一年の男子就業者におけるカトリックの割合、六一年と七一年の一〇年間の就業者数の増減率を示したものである。

就業者数にたいするフィーニアンの割合がもっとも高いのは、意外なことに熟練工に分類される職種ではなく、パブ店主である。(33)その逮捕者は九名で製靴工の四分の一以下であるのに、割合からいうと五倍以上にもなっている。フィーニアンが集会を好んでパブで開いたために、警察が運動の弾圧のためにパブ店主の逮捕にとくに力を入れたともいえるが、フィーニアンが彼らを積極的に勧誘したことも事実である。フィーニアンは自分たちの集会を自由に開かせてくれるパブ店主を必要としていたのだった。このことについて、ライアン警視は次のようにいっている。

もしフィーニアンとその支持者が、自分たちがおこなっていることに口出しをせずに場所を提供するパブの店主を見つけ出すことができたら、……そのパブで集会を開くためにあらゆる努力をするであろう。パブでの集会は、私が信じるところ、陰謀を広めるのにもっとも成功した手段だった。(34)

また、パブ店主にとっても、自分の店にフィーニアンが集まるということは、営業上の利益から考えて好ましいことであった。だが、フィーニアンがひいきにしていたパブは、警察の弾圧がはじまった後にはその代償を払わねばならなくなり、彼らがパブでの集会を中止したため、経済的な打撃を受ける。なかには経営が成り立たず売却されるパブさえあった。(35)

パブ店主の次にフィーニアンの割合が高いのはコルク工（三・六％）である。そしてコルク工に続くのは、熟練工に分類される職種ではなく、質屋の店員や衣料品店員という商店員である。ダブリンのフィーニアンの約六割は熟練工であり、彼らの重要性を繰り返し述べてきたが、じつは質屋の店員や衣料品店員という商店員がフィーニアンの人数はそれほど多くはないにもかかわらず、就業者数にたいする割合からすると、熟練工よりもフィーニアンになりやすかったのである。

ところでコルク工は表2-3のなかで就業者数の減少が著しいことがみてとれるが、就業者数の減少とフィーニアンの割合には何か相関関係があるのだろうか。すなわちコルク産業が不況だったためコルク工はフィーニアンになっていったのだろうか。このことを一般化していえば、産業が衰退したために、失業やその危機に直面していた労働者がフィーニアンになった、という仮説が成立するかどうかということである。衰退していく製造業で働く熟練工がフィーニアンになっていったという説明は、じつに明解で説得力に富んだもののようにみえる。

「世界の工場」という地位を築いたイギリスから入ってくる安価な工業製品に、アイルランド製品は対抗できず、製造業は衰退していった。[36]じっさい、ダブリンでは一八六一年から七一年にかけて、製靴工、大工、仕立工、レンガ工、コルク工、パン工は就業者数が減少し、なかでも製靴工、仕立工、コルク工は他の職種に比較して就業者数の減少は著しい。[37]これらの産業は衰退していったと考えられ、この時期に、製靴工は一七%、仕立工は二二%の就業者数の減少が生じているのだ。ダブリンの製靴業と仕立業は、イギリスの同業者がミシンを製造過程に導入し、アイルランドの製品よりも安価なものを製造することができたために競争に敗れていった。[38]産業が衰退したためにフィーニアンになったという仮設は、製靴工、仕立工、コルク工には当てはまるようにみえる。フィーニアンは、産業の衰退はアイルランドが独立することによって解決すると再三再四説いていたが、彼らの目には、それが真実に映ったに違いない。

ところが、多くのフィーニアンを出している金属産業や樽製造業は、一八六〇年代に生産水準を維持あるいは増加させており、不況産業だったとはいえない。そして衣料品店員などの商店員は就業者数を増加させており、とても不況業種と呼べるものではなかった。じっさい、アイルランドのすべての製造業が衰退したわけではなく、北部アルスター地方のリネン工業や造船業、ダブリンを中心としたギネスの醸造業は成長しているのだ。[39]さらに、一八六〇年代は「大飢饉」の記憶がまだ生々しく思い出されていたとはいえ、アイルランド経済は繁栄を謳歌していたのである。ちなみに大飢饉とは、一八四五年に発生したジャガイモの胴枯れ病に端を発し、これによって一〇〇万人が移民を余儀なくされ、一〇〇万人が伝染病や飢えから死亡するという、まさにアイルランド社会を根底から揺さぶった大事件である。[40]アイルランド経済は一八五〇年代に入ると、この未曾有の大惨事から徐々に立ち直りはじめ、六〇年代はじめに不況を経験したものの、六〇年代半ばまでには好況に転じ、それ以降七〇年代おわりまで続いたのである。[41]とはいってもこの繁栄は家畜を中心とする農業生産物をイギリス市場へ輸出することによって得られたものだったことには注目しておきたい。

このようにみてみると失業やその危機に直面していた労働者がフィーニアンになったという仮説は、衣料品店員などの商店員や鍛冶工・樽工などの熟練工の場合には当てはまらないことがわかる。つまり、産業の衰退や失業だけでは人びとのフィーニアン運動への参加の原因の一部しか説明できないのだ。そこでコミュニティの分析にその助けを借りてみたい。それでは人びとがなぜフィーニアンになったのかという理由を含めてフィーニアン運動と居住地域の関係を探ってみよう。

3　居住地域

ダブリン

これから述べる一九世紀半ばのダブリン市の特徴のひとつは、上流階級や中産階級が市内から郊外へと良好な環境をもとめて流出していったことにあった。[42]表2-4のように、一八五一年から八一年までの三〇年間に、市郊外の人口は増加している。あとに残されたのは労働者階級だった。一八世紀のダブリン市は、アイルランドの地主貴族たちがタウン・ハウスと呼ばれる屋敷を建てたり、その周辺に公園を整備したりするなど「ファッショナブルな」都市だったが、一九世紀半ばともなると、労働者階級だけが住む都市へと変貌していく。労働者たちは自分たちの仕事場に隣接した地域に住むことを理想としていたので、市内に住み続けることになんら抵抗はなかったのである。こうして労働者階級は、上流階級や中産階級とは異なったコミュニティを作り上げていった。

表 2-4　ダブリン市郊外の人口の増加，1841-81 年

	ダブリン市の人口（人）	10年間の変化率	郊外の人口（人）	10年間の変化率	全人口（人）	10年間の変化率
1841年	232,726		48,480		281,206	
1851年	258,369	＋1.1%	59,468	＋2.27%	317,837	＋1.42%
1861年	254,808	－0.14%	70,323	＋1.78%	325,131	＋0.25%
1871年	246,326	－0.33%	83,410	＋1.86%	329,736	＋0.14%
1881年	249,602	＋0.13%	95,450	＋1.45%	345,052	＋0.35%

出典）Daly, *Dublin,* Cork, 1984, p. 3.

ダブリンの伝統産業は市の西部を中心にして発展していったが、西部とひと口にっても、リフィー川の南に当たる南西地域に製造業がもっとも集中していた。[43]南西地域はダブリンの製造業の中心で、ここには一九世紀後半に活況を呈したギネスの醸造業の大工場や、製靴業と仕立業の小規模な作業場が無数にあった。リフィー川をはさんで南西地域の反対側に当たる北西地域も程度は劣るとはいえ、金属産業の仕事場が数多くある産業地域だった。またこの地域は南西地域とは異なる特徴を持っており、それは大きな衣料品店が立ち並ぶ商業地域が立地しているということだった。

ダブリン市の東部は新しく産業が発達していった地域だが、西部に比べるとその規模はあまり大きくはなかった。東部の代表的な産業地域は、北東地域にあるノース・ウォールと南東地域にあるリングスエンドである。ノース・ウォールは、蒸気機関の導入によって発展した地域で、輸入財に依拠した製材所や肥料工場などがあり、リングスエンドには、港に隣接しているという地理的利点を生かして造船所などがあった。このような産業の立地とフィーニアンの居住地にはどのような関係があったのかを、逮捕されたフィーニアンのリストを参照することによって明らかにしてみよう。

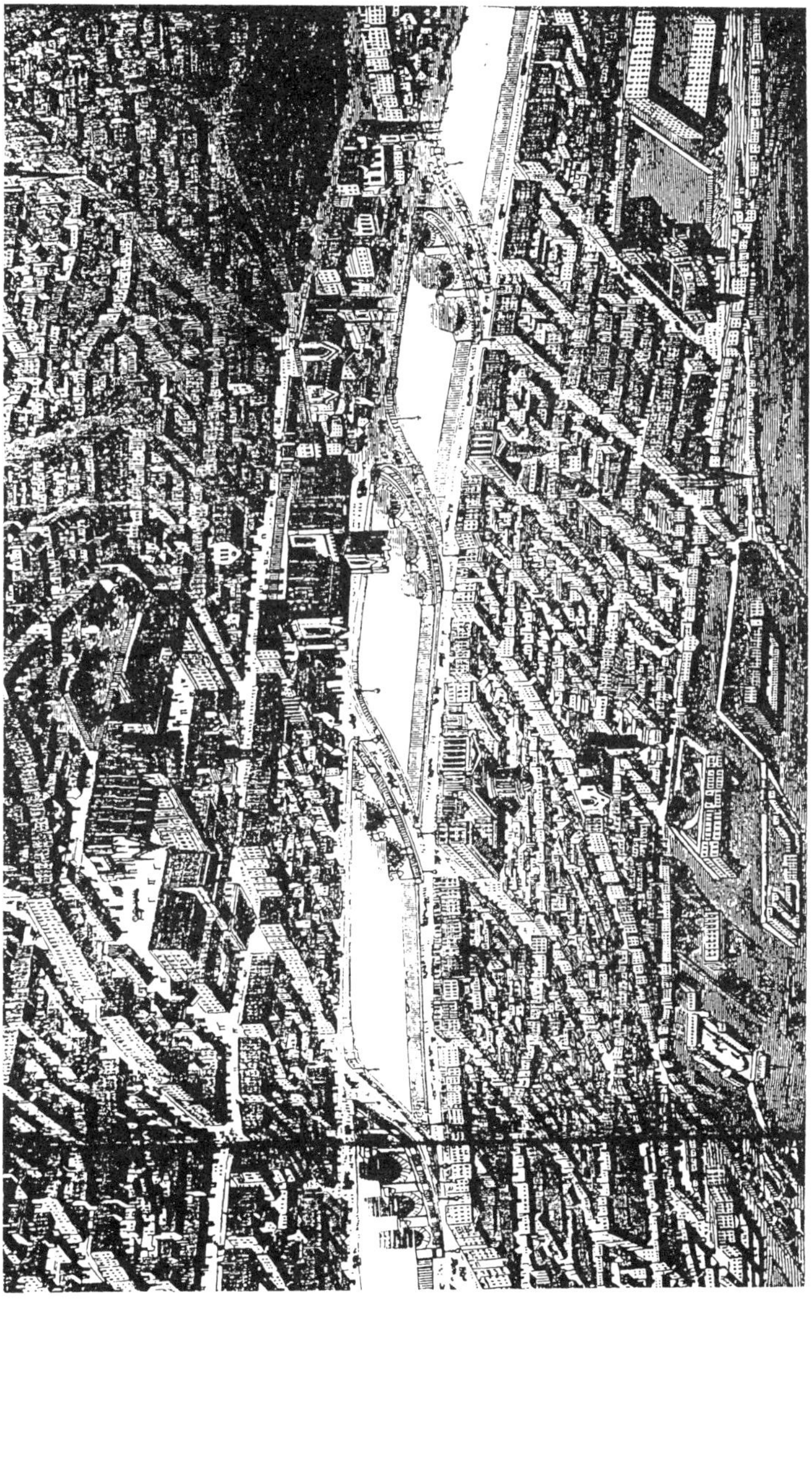

リフィー川を中心としたダブリン市の風景

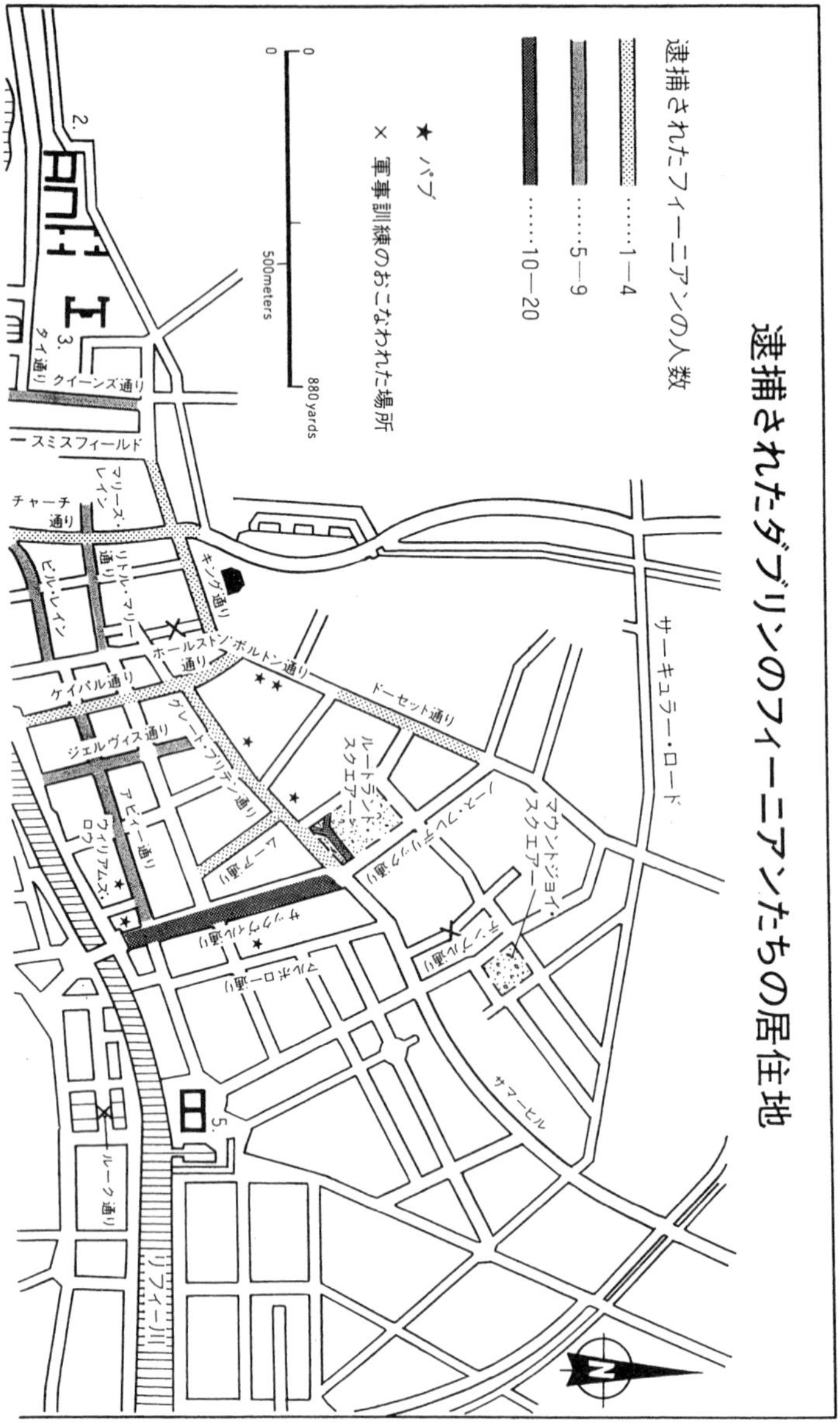
逮捕されたダブリンのフィーニアンたちの居住地
逮捕されたフィーニアンの人数
……1―4
……5―9
……10―20
★ パブ
× 軍事訓練のおこなわれた場所
0
0
500meters
880 yards
サーキュラー・ロード
ドーセット通り
マウントジョイ・スクエアー
ルートランド・スクエアー
ノース・フレデリック通り
キング通り
ホールストン通り
ボルトン通り
ケイパル通り
ジェルヴィス通り
グレート・ブリテン通り
ムーア通り
アビィー通り
ウィリアムズ・ロウ
サックヴィル通り
マルボロー通り
サマーヒル
チャーチ通り
マリーズ・レイン
リトル・マリー通り
ビル・レイン
スミスフィールド
クイーンズ通り
タイ通り
ルーク通り
リフィー川
2.
3.
5.

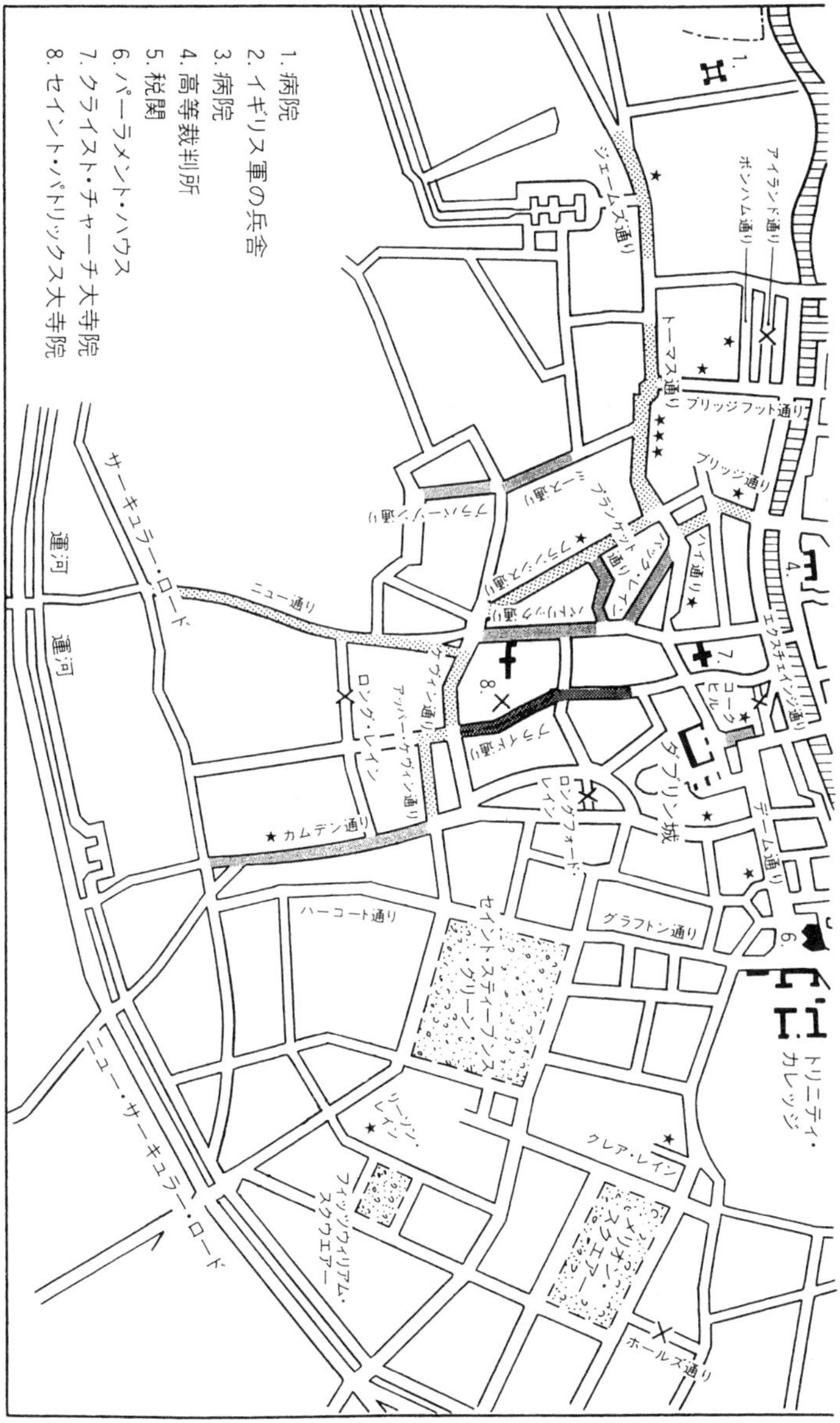
1. 病院
2. イギリス軍の兵舎
3. 病院
4. 高等裁判所
5. 税関
6. パーラメント・ハウス
7. クライスト・チャーチ大寺院
8. セイント・パトリックス大寺院
ジェームズ通り
アイランド通り
ボンハム通り
トーマス通り
ブリッジフット通り
ブリッジ通り
ハイ通り
エクスチェインジ通り
コーク・ヒル
ダブリン城
デーム通り
ニュー通り
ロング・レイン
アッパー・ケヴィン通り
カムデン通り
ハーコート通り
セイント・スティーブンス・グリーン
グラフトン通り
トリニティ・カレッジ
クレア・レイン
メリオン・スクエアー
フィッツウィリアム・スクウエアー
ホールズ通り
サーキュラー・ロード
ニュー・サーキュラー・ロード
運河
運河

表 2-5　441名の逮捕されたダブリンのフィーニアンたちの居住地域，1865-71年

地域	人数	ダブリン市のフィーニアンに対する割合	合計（郊外を含める）にたいする割合
北東	41	10.3%	9.3%
北西	135	33.8%	30.6%
南東	22	5.5%	5.0%
南西	202	50.5%	45.8%
郊外	41		9.3%
合計	441	100.1%	100.0%

出典）表2-1を参照.

逮捕者リストにみるフィーニアンの居住地分析

ダブリン市内とその郊外に住むフィーニアンを逮捕者リストからそれぞれ数え上げてみると，両者を合わせた人数は四四一名で，そのうちの約九〇％に当たる四〇〇名が市内に居住していた。ダブリン市はリフィー川で南北に分割されるので，まずフィーニアンの住所を南北に分けてみると，リフィー川の北側に一七六名（四四％），南側に二二四名（五六％）であった。さらに，フィーニアンの住所の分析を厳密におこなうために，東部と西部を分ける線を便宜上，設定してみよう。(44)

こうした作業から明らかになったことは，約半数のダブリンのフィーニアン（二〇二名，五〇・五％）が南西部に住んでいたことである。そして，北西（一三五名，三三・八％），北東（四一名，一〇・三％），南東（二二名，五・五％）の順となる。この南西部と北西部を合わせた人数はなんと八割を超え，フィーニアンの多くはこの市の西部に居住していた。こうした多数のフィーニアンたちが同じ地域に住んでいたという居住地の緊密性こそが，フィーニアン運動拡大の理由のひとつだったのである。

先にみた四〇〇名の市内に住む逮捕されたフィーニアンのうち，三四四名にかんしては，その職業も同様に明らかとなっているので，職業と居住地域の相関を検討することができる（表2-6参照）。

この表からわかることは，南西地域に住んでいるフィーニアンの約八〇％

表 2-6　344 名の逮捕されたダブリン市のフィーニアンたちの職業と居住地域

	北東	北西	南東	南西	合計
熟練工	15（46.9%）	63（55.3%）	6（42.9%）	126（68.5%）	210
不熟練工	5（15.6%）	12（10.5%）	2（14.3%）	19（10.3%）	38
商店員	3（ 9.4%）	23（20.2%）	2（14.3%）	6（ 3.3%）	34
商店主	4（12.5%）	4（ 3.5%）	2（14.3%）	6（ 3.3%）	16
事務員	3（ 9.4%）	7（ 6.1%）	0	3（ 1.6%）	13
パブ店主およびウェイター	1（ 3.1%）	0	0	8（ 4.3%）	9
学生	0	1（ 0.9%）	0	1（ 0.5%）	2
その他	1（ 3.1%）	1（ 0.9%）	2（14.3%）	4（ 2.2%）	8
無職	0	3（ 2.6%）	0	11（ 6.0%）	14
合計	32（100%）	114（100%）	14（100.1%）	184（100%）	344

出典）表 2-1 を参照.

が熟練工と不熟練工であったことである。製靴工にかんしては、職業と居住地域の両方が判明している二八名のうち、じつに七五%を占める二一名が南西地域に住んでいた。さらに多くのフィーニアンを出した仕立工の六八・二%（二二名のうち一五名）や、大多数のパブ店主とウエイターも南西地域に住んでいた。まさに労働者地域である。

同じような特徴が北西地域にもみられ、熟練工と不熟練工の割合（六五・八%）が高いのである。この地域に金属産業が立地していたことは先に述べたが、はたして鍛冶工や鋳物工の約半数がこの地域に住んでいた。だが、南西地域にはみられないひとつの特徴があり、それは商店員と事務員の割合が高いことである。三四名の商店員のうち二三名がケイパル通りからサックヴィル通りにかけてもっとも繁盛した商業地域に住んでいたのである。ダブリン市の東部にも産業地域があったが、この地域に住んでいたフィーニアンの人数が少ないことからわかるように、この地域にある産業の規模はそれほど大きくないのである。このように、フィーニアンの居住地域とダブリンの産業地域はまさに一致していたのである。

ダブリン市の特定地域、とくに西部の産業地域に多くのフィーニアンが住み、自分たちのコミュニティを形成していたことが明らか

表 2-7　フィーニアン蜂起の当日と翌日（1867年3月5日と6日）に欠勤した労働者数

職　　場	人数
ブワロー・ボイド（薬局、ブライド通り）	2
ブース・リチャーズ&カンパニー（製材所、ブライド通り）	1
コートニィー&スティーブンス（鉄鋳物業、ブラックホール・プレイス）	15
ドーソン（パン屋、スティーブンス通り）	1
ディクソン（薬局、アッパー・アーン通り）	4
ダブリン&ドロハダ鉄道会社	1
エドマンドソン&カンパニー（金物屋、ケイパル通り）	2
ギネス（醸造所、ジェームズ・ゲイト）	6
グレート・サザン&ウエスタン鉄道会社	28
Ｊ・アーノット&カンパニー（衣料品店、ヘンリー通り）	3
ジェイコブズ&サンズ（ビスケット工場、ピーターズ・ロウ）	2
マックマスター&カンパニー（薬局、ケイパル通り）	2
マックスウィニー・ディレイニー&カンパニー（衣料品店、ローワー・サックヴィル通り）	14
マンダース&カンパニー（醸造所、ジェームズ通り）	1
マーティン&サンズ（製材所、ノース・ウォール）	15
ミード（建築業、グレイト・ブランスウィック通り）	5
ノース・ウォール鉄工所（ノース・ウォール）	2
ペリー&カンパニー（パン屋、ストアー通り）	9
ピム・ブロス（衣料品店、サウス・グレート・ジョージ通り）	3
パワー（工場、アミアンズ通り）	6
スペンサー（質屋、ザ・クーム）	1
トッド・バーンズ&カンパニー（衣料品店、メアリー通り）	1
計	124

出典）Supt Ryan to CP, 10 Mar. 1867（CSO, RP 1867／4715）より作成.

になった。それでは、ダブリンのフィーニアンが居住していた地域を、住んでいた人数の多い順（南西、北西、北東、南東）から説明してみよう。

そのさい重要となるのが、フィーニアンが働いていた仕事場、住んでいた街区である。仕事場にかんして警察の貴重な報告書がある。一八六七年三月五日の蜂起直後、ライアン警視は蜂起参加者を特定するため、五日夜と翌六日朝に職場を欠勤した労働者の人数を調査している。(45) 警視によると、この報告書は雇用主の積極的な協力が得られなかったため、蜂起に参加した人数を正確に表したものではないが、どのような職場にフィーニアンが働いていたのかを示す手掛かりにはなる。

表 2-8　蜂起前のフィーニアンたちの 24 店のパブ

J・バーギン	（トマス通り 65 番地）
J・ベリー	（別名トリニティー・タヴァン、トリニティ通り 14 番地）
クリアリィ	（ウィリアムズ・ロウ）
J・クローミアン	（サウス・ジョージ通り 57 番地）
P・カラン	（クレア・レイン 1 番地）
E・ホイ	（ボナム通り 1 番地）
E・ホイ	（ブリッジフット通り）
ケニー	（フランシス通り）
P・リンチ	（トマス通り 143 番地）
J・マッキー	（ローワー・ジョージ通り、キングスタウン）
C・マッカードル	（ローワー・ブリッジ通り 12 番地）
マッコーミック	（カムデン通り）
モーラン	（コーク・ヒル 10 番地）
マレー	（クロンダーキン）
D・F・オローク	（ハイ通り 13 番地）
M・オキャラハン	（ボルトン通り 43 番地）
R・パーカー	（トマス通り 86 番地）
ピルズワース	（ジェームズ通り 132,133 番地）
ライアン	（ミドル・アビィー通り 79 番地）
J・スラッタリー	（コーク・ヒル 7 番地）
J・ウォード	（ブリテン通り 160 番地）
J・フィーラン	（マルボロー通り 97 番地）
ザ・ホワイト・ベイト	（ボルトン通り）
ビール店	（リースン・レイン 11 番地）

出典）NAI の警察史料から作成.

この報告書を頼りにしながら、居住していた地域の様子を浮き彫りにしてみよう。

南西地域

ダブリン市に居住していた逮捕者の約半数がこの地域に住み、ダブリンの組織はこの地域を中心として展開していた。パブがフィーニアン運動の重要な拠点であったことはすでにふれたが、警察の報告書とフィーニアンの裁判記録から明らかになったダブリンのフィーニアンが通ったパブは二四店にのぼる（表2-8を参照）。これらのうち、一六店がダブリン市の南側に、六店が市の北側に、二店が市外に位置している。(46) よく利用されたパブの多くが市の南側に集中していることがすでにわかるが、その所在地を詳しく検討してみると、南西地域にその六割ほどが集中し、とりわけ総督府のあるダブリン城からジェームズ通りにかけてのコーク・ヒル、ハイ通り、トーマス通りには、たびたび集会が開かれた七店ものパブが集中していた。夜の通りは、近隣に住むフィーニアンだけでなく、遠くからやってくる者たちも行きかい賑わいをみせたに違いない。この地域は、ダブリンのフィーニアン運動の中心なのである。

逮捕者数がもっとも多かったのはブライド通りの一一名であり、以下、ケヴィン通り（九名）、トマス通り（九名）、フランシス通り（七名）、ニュー通り（七名）、ブリッジ通り（六名）などの順となっている。[47]これらの通りに居住していたフィーニアンが、住居に隣接する仕事場で働いていたことは明らかである。表2-7で二二のフィーニアンの仕事場が明らかになったが、このうち八つがこの地域にある。それらは、ボイド（薬局、ブライド通り）、ブース・リチャード&カンパニー（製材所、ブライド通り）、スペンサー（質屋、ザ・クーム）、ピム・ブロス（衣料品店、サウス・グレート・ジョージ通り）、ギネス（醸造所、ジェームズ・ゲイト）、マンダース&カンパニー（醸造所、ジェームズ通り）、ジェイコブズ&サンズ（ビスケット工場、ピーターズ・ロウ）、ドーソン（パン屋、スティーブンス通り）である。この他へザー（靴工場、ブリッジ通り）も警察が注目していた仕事場だった。[48]

ブライド通りからは一一名の逮捕者を出し、南西地域では最多であるが、警察の報告書のなかにはこの通りに多数のフィーニアンが住んでいたという記述は見当たらない。そのために、この逮捕者数から、ブライド通りがこの地域のなかでもっとも多くのフィーニアンが住んでいたと類推することは、かならずしも正しいとはいえないかもしれない。

これにたいして、ブライド通りに次ぐケヴィン通りには、じっさいに多数のフィーニアンが住み、ひとつのサークルを作っていた。[49]表2-7にはケヴィン通りにある仕事場は記載されてはいないが、警察の報告書のなかにこの通りにふれたものがある。それによると、一八六五年一二月にこの通りにあるフライ・ウィリアム・カンパニー（レース製造業）が、フィーニアン運動に参加しないよう労働者にたいして警告を出していたのだ。[50]このことは運

テネメントの部屋の様子

動がすでにこの仕事場に浸透していることを示しているかもしれない。ダブリンの商工人名録を調べてみると、ケヴィン通りには、二つの石炭工場、四つのバター工場、一三の馬具屋があり、[(51)]これらの職場で働く労働者が先にみたサークルのメンバーであった可能性が高い。

さらに、商工人名録を照合しながらこの地域の特徴を探ってみよう。逮捕されたフィーニアンの住所を調べてみると、その大部分が持ち家に住んでいないことがわかり、借家や「テネメント」といわれる集合住宅に住んでいた。ここでテネメントについて若干説明しておこう。地主たちがダブリンに屋敷を建てたことはすでに述べたが、彼らがもはや住まなくなった屋敷がテネメントになっていく。三階や四階建の古い家を多数の家族と共有する住宅の形式であり、その居住環境は劣悪なものであった。地主が住んでいたときには高級住宅街であったところが、いまや労働者街になっていた。そうしたダブリンのテネメントの状態を、警察裁判所判事は、一八七七年の議会特別委員会で次のように証言している。

私が公衆衛生の判事として得た結論は、不健康な混み合ったテネメントのいまわしい状態・不潔さ・汚らしさ・どうしようもない悲惨さは、他のどこにも比べようがないほどひどいということである。……多数の家々の不快な状態は、警察裁判所判事でなければ想像することはできない。家の庭は汚物とゴミで悪臭を放ち、ホールと階段は修繕されず、木摺としっくいははげ落ち、……ホールのドアは一晩中開いている。(52)

このようなテネメントが、南西地域のとくにトマス通り周辺に集中していた。一例をあげるならば、四名のフィーニアン逮捕者を出したプランケット通りにある家の八二％もがこのテネメントであった。(53)

南西地域はダブリンに居住するフィーニアンだけのものではなかった。蜂起参加のためにイギリスからダブリンに派遣されたフィーニアンの多くもやはりこの地域を宿泊先に選んだのである。彼らの活動については第3章で詳しく扱う。一八六六年二月に人身保護法の適用が停止された後、彼らの多くが逮捕されたが、そのうち九一名のダブリンでの住所を明らかにすることができた。このうち七四名（八一％）が市の南部、とくに南西地域（六三名、六九％）に、北部には一七名（一九％）、北東地域には一六名（一八％）が住んでいた（表2-9を参照）。ダブリン在住のフィーニアンの三三・八％が住んでいた北西地域には、イギリスからのフィーニアンのわずか一％しか宿泊していなかったのである。

警察はイギリスからやってきた者たちの行動を注意深く監視し、彼らが南西地域でダブリンのフィーニアンと接触していた様子を明らかにしている。たとえば、製

表 2-9　逮捕された91名のイングランドからのフィーニアンたちのダブリンの滞在先

	人数（人）	割合
北東	16	18%
北西	1	1%
南東	11	12%
南西	63	69%
合計	91	100%

出典）CSO, RP1866／4852より作成.

靴工は、同じ職種ということでなんらかの関係があったのだろうか、ダブリンの多数の製靴工が住んでいるトマス通りやフランシス通りに下宿し、これらの通りにあるパブの常連客となっていた。(54)また、ここには安下宿が集中していた。デヴォイはこれらの通りを回想録に記述しているのだが、それによれば「その当時フランシス通り、パトリック通り、ニコラス通り、ブライド通りのあいだに、いまはなく、私は名前も覚えていないのだが、多数の短い細い通りがあった。そこには四ペンスで宿泊できる下宿が多数あった」。(55)ちなみに、デヴォイが指摘した地域に何名のイギリスからやってきたフィーニアンが滞在していたのかを計算してみると、全体の約三〇％だった。

北西地域

北西地域には、ピル・レインという多くのフィーニアンが住んでいた街区があり、警察からすると一種の「無法地帯」であった。警察がピル・レインでおこなった捜査の模様を、次の報告書でみてみよう。

私［ライアン警視］は、ここ数日間、鍛冶工、鋳物工、鍛冶屋の労働者からなるもっとも無法で大胆不敵な、すくなくとも二〇〇名のフィーニアンが住んでいるこの地域に注意を向けている。現在の私の印象では、昨日逮捕された四名はこの地域の運動を支えているリーダーである。昨日警官がこの場所に現れたとき、すべての者たちが警官の任務を知っていたかのように、五分もたたないうちに五〇〇名以上の男女や子供たちが、家宅捜索をしている警官を取り囲み、彼らを襲い、逮捕者を奪い返そうとした。……この群衆のなかに約二〇〇名の明らかにフィーニアンとみなされる者たちがいた。……もし暗闇のなかで逮捕しようものならば、私は確信しているのだが、警官は殺害されたであろう。［C・］オニール巡査はこの付近で殺されたのだが、犯人の手掛かりはまだ見つかっていない。(56)

このようにピル・レインは「よそ者」が入る隙間がないほどに連帯したコミュニティとなっており、とくに警官などの体制の擁護者にたいしてはあからさまな敵意をみせたのだった。

この報告書によれば、この辺りには鍛冶工や鋳物工からなる二〇〇名のフィーニアンが住んでいたとされている。商工人名録を調べてみると、二つの金物屋と二つの鉄鋳造所があり、金属労働者が住んでいたことが十分に納得できる。(57) さらに、蜂起の当日と翌日に欠席した労働者数を示した表2-7をみると、コートニィー&スティーブンス（鉄鋳物業）、エドマンド&カンパニー（金物屋）がこの近くにあったこともわかる。ここでは、金属産業に従事する労働者が互いに近隣に住みながらフィーニアンとして活動していたのである。

このように北西地域には金属産業が集中していたが、もうひとつの特徴は商業地域が存在していたということである。逮捕者の居住地を分析してみると、サックヴィル通りというファッショナブルな商店が立ち並ぶ地域に、北西地域のなかでもっとも多くのフィーニアンが住んでいたことがわかる。すなわち、逮捕されたダブリン市のフィーニアンの約三割（一三五名）が北西地域に住んでいたが、サックヴィル通りに一七名が住んでいたのである。以下ドーセット通り（七名）、ブリテン通り（七名）、チャーチ通り（六名）などとなっている。(58)

サックヴィル通りに住んでいた一七名のうち、一六名までがマックスウィニー・ディレイニー&カンパニーに住み込みで働く衣料品店員だった。この当時、衣料品店員は地方出身者が多く、店に下宿するのが普通だった。さらに、フィーニアンが働いていた衣料品店トッド・バーンズ&カンパニー、キャノック・ホワイト&カンパニー、J・アーノット&カンパニーもまたこの北西地域にあった。金属産業の労働者が多いだけでなく、衣料品店員を含む商店員の割合が高いのがこの地域の特徴である。

さらに北西地域には逮捕されたセンターのうちもっとも多くの者が住んでいた。二四名のセンターの住所を明らかにすることができたが、二〇名がダブリン市内に、そのうち一一名が北西地域に住んでいた。ダブリン市のなか

サックヴィル通り（現在のオコンネル通り）

でフィーニアン運動の中心だった南西地域に住むセンターは四名にすぎなかったのである（北東地域に三名、南東地域に二名）。大部分のセンターが西部に住んでいたことは一般メンバーと同じであるが、センターにかんしては北西地域と南西地域の順序が逆転している。ただし、サンプル数が少ないためこの分析には限界があるかもしれない。なぜ一般のメンバーとセンターとでは居住地域にこのような違いが生じたのであろうか。考えられることは、両者の職業構成の違いである。つまり、先にみたように、商店員、事務員、商店主などがセンターのなかに多く、それだけ商店員などが多く住んだ北西地域の重要性が増したのである。

ダブリンの多数のフィーニアンが西部の産業地域を中心に住んでいたことが明らかになったが、次に東部地域をみてみよう。

北東地域

ダブリン市の東部は、西部に比べて産業がそれほど発達していなかったために、労働者の住む割合は低く、北東地域にはダブリン市のフィーニアン逮捕者の約一割に当たる四一名が居住していたにすぎない。

フィーニアンたちは代表的な産業地域ノース・ウォール周辺を中心に活動していた。ノース・ウォールには船着き場があり、ダブリンあるいはアイルランドの玄関口ともいえ、ヒトやモノがここから入ってきた。警察は船着き場に警官を常駐させ、絶えず不審者や不審物の侵入に目を光らせていた。また、船着き場から少し離れたところに鉄道の駅があったので、安ホテル（たとえば、マルボロー通りにあるモデル・ロッジング・ハウス）などもあり、ダブリンにやってきたアメリカ人将校やイギリスからのフィーニアンが滞在していた。

ノース・ウォールには輸入財を利用した材木工場や肥料工場、造船所などがあったが、フィーニアンが働いていると警察が警戒していたのは、ノース・ウォール鉄工所、マーティン&サンズ製材所、ウォルポール・ウェッブ&

ビューリィー造船所だった。このなかでもとくにウォルポール・ウェッブ&ビューリィー造船所は重要である。ここでは先にみたように、一八六六年後半にダブリンでもっとも活動的だったパワー博士のサークルのメンバーが働いていた。博士自身もノース・ウォールから少し離れたアッパー・テンプル通りに家を所有し、ここを中心にして彼のサークルは活動していた。サークルは彼の家とノース・ウォールのあいだにあるマルボロー通りのフィーランのパブを集会場所とし様々な会合を開いている。(59) また、北東地域は市の商業の中心地であるサックヴィル通りに隣接しているために、たんなる労働者の居住地域ではなく、商店主や事務員の割合が他の地域よりも高くなっている。

南東地域

ダブリン市に居住していたフィーニアンの人数がもっとも少なかったのが南東地域であり、全体の五・五%(二二名)にすぎない。だが、たとえ人数が少ないとはいえ、IRBが結成されたロンバート通りはこの地域にあり、初期のフィーニアン運動にとって重要な集合場所であった。なぜこの地域に住むフィーニアンは少なかったのだろうか。

全般的にいえることは、この辺りがリフィー川周辺を除いて中産階級の居住地域であったということである。労働者地域は、リフィー川、グレート・ブランズウィック通り、サウス・カンバーランド通り、ローワー・マウント通りに囲まれた川に近い、あまり環境の良くない地域に限定され、じっさい二二名の逮捕者のうち一三名までがここに居住していた。その一方で、公園を中心にしてその回りを屋敷が囲むという構造の高級住宅街であるメリオン・スクウェアーとセイント・スティーブンズ・グリーンは中産階級の居住地域で、労働者階級を中心とするフィーニアン運動と無縁な場所であったわけだ。中産階級は市内を去っていく傾向があったとはいえ、この地域にはまだ居住していたのである。

このように逮捕者リストからわかることは、フィーニアンは産業が集中していたダブリン市西部を中心にして住んでいたということである。さらに、市では労働者階級と中産階級の住み分けがなされており、フィーニアンの組織と労働者地域は明確に重なり合っていた。

郊外地域

ダブリンのフィーニアンは市内を中心にして活動をおこなったが、郊外にも十分に組織された地域があった。だが、郊外の住宅地は良好な環境を求めて市内から流出していった中産階級のもので、労働者が住んでいたのは郊外のなかでもごく限られた地域だった。そのなかでもフィーニアン運動にとって重要だったのは、南の郊外キングスタウンである。この地域には建築業に従事する労働者から構成されているサークルがあったことは、すでに述べたとおりである。港があり、風光明媚な場所で中産階級が好んで市内から移住していった。一八六一年に二四四八戸であったキングスタウンの住宅数は二年後には二九六四戸に増加している。[60] こうした建築ブームのために多数のレンガ工、大工、塗装工が市内からわざわざ建築現場まで通うことを煩らわしく思い、ここに住みついたのである。

次にダブリン市と運河を境界にして南に接するラスマインズをみてみよう。ここに居住していたフィーニアンの活躍が明らかになるのは蜂起のときであるが、彼らはじつによく組織されており、第6章でみるように、ステップサイドなどの警察バラックを攻略したグループである。また、ラスマインズの周辺にあるダンドラム、キャリックマインズにも多くのフィーニアンが住んでいた。[61] 警察の監視はこれらの地域に蜂起前から向けられ、ラスマインズのフィーニアンは、蜂起の決行のはるか前から蜂起参加がいつでも可能な態勢を整えていたといわれていた。さらに、ダンドラム、キャリックマインズにかんしても、警察は人数と武器の点からこれらの場所はダブリンの組織に

表 2-10　ダブリンで逮捕された41名のアメリカ人将校たちの滞在先

住所	人数（人）
ベイビュー・アベニュー37番地	1
ローワー・ブリッジ通り（シティ・マンション・ホテル）	8
コールズ・レイン12番地	1
カレンスウッド20 番地	5
ドーリア通り（スター&ガーター・ホテル）	1
アッパー・ドミニック通り73番地	5
ローワー・グロースター通り7番地	1
マルボロー通り（モデル・ロッジング・ハウス）	5
モス通り32番地	1
マウント・プレザント・スクウェア33番地	3
パーマストン・プレイス19 番地	3
フィブスボロー64番地	2
ラネラ25 番地	2
サマーヒル27番地	2
タウンゼント通り番地156	1
合計	41

出典）CSO, RP 1866／4852より作成.

とって重要であることに気づいており、集会がダンドラムのある家で開かれているという情報を一八六六年一二月に入手していた。(62) ダブリンの組織のメンバーの大部分は市内に住んでいたが、市外にも以上のような組織された地域があり、蜂起のさいに重要な役割を果たすことになる。

ラスマインズには労働者の居住地域があったのにたいし、その東側にあるラネラは中産階級の居住地区でフィーニアン運動とはなんの関係もないようにみえる。ところが、蜂起との関連で重要な意味を持ってくる。第3章で詳しく論じるが、一八六五年後半に、南北戦争後にアメリカ軍を退役した将校たちが、フィーニアンの蜂起のためにアイルランドへ派遣された。彼らの多くは六六年二月に逮捕され、そのうち四一名の住所が明らかになったのだが、このうちの一〇名がダブリン市の南の郊外にある中産階級の居住地域であるこのラネラに滞在している（表2-10を参照）。

また、アメリカ人将校たちは、イギリスからやってきたフィーニアンよりも良い宿泊先を提供され、九名の将校たちは、二つのホテル（シティ・マンション・ホテルとスター＆ガーター・ホテル）に宿泊していた。ここで明らかになるのは、この将校たちの滞在先がダブリンのフィーニアンの居住していた労働者地域から離れていたことである。ここから蜂起の決行以前にすでにアメリカ人将校は一般のメンバーたちと接触する機会が少なく、彼らとの連絡が不十分となる可能性をみてとれるのである。後にみるように、このことがダブリンの蜂起を絶望的な状態に導いていく。

以上、職業と居住地域を分析することによって、一般メンバーの姿が多少なりとも明らかになった。また同時に、従来アイルランド史研究において等閑視されてきた、都市に住む労働者の生活状態の一面も浮かび上がったであろう。ダブリンのフィーニアンの多くは熟練工であり、市の特定の地域に居住し、彼らの世界を形成していたのである。こうした世界に住む熟練工たちはフィーニアンにならざるをえなかったのである。

フィーニアンたちは、表向きはごく普通の市民生活を送ってはいたが、裏では蜂起に向けて着々と準備をすすめていた。次章では、彼らが蜂起するためにどのような準備をしていたのかを、アメリカ合衆国とイギリスから派遣されたフィーニアンたちの活動と合わせて検討しよう。彼らは警察の目を盗みながら武器の調達や軍事訓練をおこない、そのときのために専念していたのである。

第3章　蜂起への準備

ＩＲＢが設立されてから、一八六七年に蜂起が決行されるまで、およそ九年間の歳月が流れていった。にもかかわらず、ダブリンの蜂起自体はたったの一日で終わり、フィーニアンによるそれまでの準備は水泡に帰することになる。蜂起が完全に失敗したことから、修正主義史家たちは、ＩＲＢはアイルランド人の社交的な集まりであり、軍事訓練のような活動も蜂起に向けての準備ではなく、レジャー活動にすぎないと主張する。つまりＩＲＢは軍事組織ではなかったと彼らは解釈するのである。はたしてそうだろうか。ここでは、ダブリンのフィーニアンが蜂起に備えて、軍事訓練をおこない、武器を密輸するなど活発な活動を展開していた姿をみていく。

そうはいってもＩＲＢの蜂起準備には限界があったことは事実である。そのひとつの理由は再三述べているように、資金が不足していたことで、フィーニアン指導者は、組織の設立以来、資金不足につねに悩まされ、どのように活動資金を捻出するかは大問題だった。組織が拡大するにつれて、武器の購入・新しい地方組織の設立・職に就かずに運動に専従しているフィーニアンたちへの生活援助など様々な目的のために、ますますより多くの資金が必要となっていったことはいうまでもない。[(1)]

フィーニアン・ブラザーフッドはＩＲＢに資金を提供することをその設立の目的にしていたにもかかわらず、アメリカからの送金は十分な額に達してはいなかった。[2] 一八六一年からはじまった南北戦争によるアメリカ国内の混乱、そしてカナダ侵攻を計画したグループの台頭によってフィーニアン・ブラザーフッドが二派に分裂してしまったことが、IRBへの潤沢な資金援助を実現させなかったのである。いずれにしてもアメリカからの送金の少なさのために、IRBもみずから資金を調達せざるをえず、メンバーから寄付金を募ったり、富くじをおこなったりしたが、国内で十分な資金を集めることは結局できなかった。[3] だが、フィーニアンは資金不足に悩まされながらも、蜂起に向けてできるかぎりの準備をしている。

これから詳しく述べることになるが、蜂起の準備はたんにアイルランド一国にとどまるものではなかった。アイルランドでの蜂起のために、フィーニアン・ブラザーフッドとイギリスの組織がそれぞれメンバーを派遣したのである。フィーニアン・ブラザーフッドは一八六五年に南北戦争が終わると、アメリカ軍を退役した実戦経験の豊富なアメリカ人将校を蜂起の軍事指導者としてアイルランドに送り込んだ。さらに、イギリスの組織はフィーニアンの兵力を増強させるためにとくに選抜したメンバーを送ってきたのである。まず蜂起の指導者であるアメリカ人将校の姿を追っていくことにしよう。

1　アメリカ人将校たち

アイルランドへ

一八六一年から六五年のアメリカ南北戦争のさいに北軍および南軍に多数のアイルランド系アメリカ人が従軍したが、その数は、北軍に一五万人、南軍に四万人といわれている。[4] この退役軍人のなかから、フィーニアン・ブラザーフッドに参加し、蜂起の軍事指導者としてアイルランドに渡ってきた者たちがいた。彼らは、アイルランドの

南北戦争に参加したアイルランド系アメリカ人

治安維持に当たっていたイギリス軍兵士よりもはるかに戦闘経験が豊富で、その存在は治安当局にいいようのない危機感を与えたのである。

まずフィーニアン・ブラザーフッドがアメリカ人将校たちをアイルランドへ派遣するまでの過程をみてみよう。一八六一年からはじまった南北戦争という内乱の渦中にあったアメリカでは、アイルランド独立のために物的・人的援助を集めることは困難であったが、六五年四月に戦争が終結すると事態は変わった。フィーニアン・ブラザーフッドは、IRBが年内に蜂起を決行するのは可能かどうか、さらにIRBは援助するに値する組織かどうかをあらためて検討する意図もあって、三名のアメリカ人将校を順次アイルランドへ調査のために派遣した。(5) T・ケリー大佐、F・ミレン将軍、W・ハルピン将軍（彼らの階級はフィーニアン・ブラザーフッドに

T・ケリー大佐

より与えられた）がそうであるが、この三人の軍人はいずれも、後にIRBのなかで重要な役割を担うことになる。

ケリー大佐は一八三三年にゴールウェイ州の農家に生まれ、父親は彼を聖職者にしようと思っていたが、それを嫌って一八歳のときにニューヨークに渡った。南北戦争が勃発すると彼は北軍に加わり、北軍の参謀将校をつとめるまでになり、その作戦能力や判断力にフィーニアンはおおいに期待していた。ところが、後にみるようにIRBを「無謀な」蜂起の決行へと導いていった張本人だった。[(6)] 二番目に派遣されたミレン将軍は米墨戦争のときにメキシコ軍側の将軍となって戦ったという経歴を持ち、後にみるように「軍事委員会」の議長となる。彼の顔は長い卵形で、長い手足を持った痩せた男であり、話をするときはゆっくりと穏やかに話したという。[(7)] ダブリンの蜂起との関連でいうと、三番目のハルピン将軍がもっとも重要で、蜂起ではダブリンのフィーニアンたちを率いた司令官に任命されたのである。ハルピン将軍はアイルランドの独立闘争に尋常ならぬ意義を見出したとみえ、南北戦争が終わった後に、シンシナティで手に入れた高給のとれる土木技師という職を投げうってフィーニアン運動に加わっている。[(8)]

この三名全員が、アイルランドでの蜂起の準備が整っているとの報告書をアメリカに書き送った。だが、フィーニアン・ブラザーフッドは彼らの報告を再度確認するという慎重な態度をとり、同年七月にさらに二人の使者をアイルランドに派遣した。この使者も蜂起の準備が着実にすすんでいる旨を報告したので、フィーニアン・ブラザーフッドは「最終招集」を同年八月五日に通達し、年内にアイルランドで蜂起が決行できるように支援態勢を整えて

表 3-1　23名のアメリカ人将校たちのリスト

氏　名	階級	ダブリンで支給された手当 £.s.d	アメリカで支給された手当 £.s.d	出航日 1865年
バーク	大佐	2. 0.0.	48. 0.0.	9月 1日
オコンナー	中佐	1. 0.0.	37.10.0.	9月 9日
ドヘニー	大尉	2.10.0.	37.10.0.	9月 4日
ライアン	大尉	2.10.0.	37.10.0.	9月 1日
ブッチャー	大尉	4. 0.0.	37.10.0.	7月15日
マクダーモット	大尉	4. 0.0.	25. 0.0.	8月 7日
マイカンス	大尉	4. 0.0.	37.10.0.	8月26日
コステロ	大尉	3. 0.0.	25. 0.0.	8月 7日
ダン	大尉	2. 0.0.	25. 0.0.	8月 7日
P・H・オブライエン	大尉	2. 0.0.	37.10.0.	8月19日
P・L・オブライエン	軍曹	2. 0.0.	0.	9月10日
ガブリエル	大尉	1. 0.0.	5. 0.0.	9月10日
ダッフィー	軍曹	1. 0.0.	0.	9月10日
マックギネス	大尉	4. 0.0.	0.	8月16日
バーンズ	大尉	2. 0.0.	37.10.0.	9月10日
L・マックギネス	兵卒	2. 0.0.	12. 0.0.	8月20日
スミス	兵卒	2. 0.0.	12. 0.0.	8月20日
ケラー	大尉	2. 0.0.	37.10.0.	8月19日
ダッフィン	軍曹	1. 0.0.	0.	9月10日
オコンナー	兵卒	1. 0.0.	10. 0.0.	8月12日
モーラン	大尉	2. 0.0.	37.10.0.	8月26日
バーク	大尉	1. 0.0.	70. 0.0.	8月16日
M・オブライエン	不明	1. 0.0.	0.	8月16日

出典） *Report of Dublin Special Commission for the Trial of T. C. Luby, 1865,* p. 1083.

いく。(9)そこで派遣されたのがアメリカ人将校たちだった。

この将校たちの動きを治安当局はすぐさま察知した。ニューヨークのイギリス領事E・アーチボールドは、武器を所持した男たちが少人数のグループに分かれて、汽船でアイルランドへ向けてニューヨークを出発している、とイギリス外務省に報告している。(10)また、ダブリン首都警察のライアン警視によれば、ダブリンでは数名の北軍兵士の姿が目撃され、多くの将校が郵便船でぞくぞくとダブリンに向かっており、蜂起がまもなく決行されるという噂がまことしやかに流れているということだった。(11)

表3-1は警察が押収したリストで、ここには二三名のアメリカ人将校の氏名、階級（アメリカ軍でのものと推定される）、ダブリン到着後にIRBから支

給された手当、アメリカ出発前にフィーニアン・ブラザーフッドから支給された手当、出航日が書かれてある。ここにあげられたアメリカ人将校は、アイルランドに派遣された者の一部であることに注意しておきたい。

このリストからわかることは、これらの将校は、それぞれの階級に応じて異なる額の手当が支給されており、一般的に階級の高い者ほど高額であったということである。アメリカで支給された金額に比較すると、ＩＲＢはそれに匹敵する額を支給できなかったことも明らかで、ここにも組織の厳しい財政状態の一端をうかがうことができる。さらに、将校のすべてがアメリカ軍のなかで将校の階級を得ていたのではないこともわかる。[12] ともあれ、二三名の将校のうち、一三名が八月に、九名が九月にアメリカを出航し、七月に出航したのは一名だけであるように、多数の将校たちが一八六五年八月と九月にアイルランドにつぎつぎと上陸してきたのである。

将校は、リヴァプールあるいはクィーンズタウン（アイルランド南部の町）経由でダブリンにやってきた。彼らがダブリンで最初に訪れる場所は、フィーニアン指導者デニーフが経営している洋服店で、ここがアメリカ人将校の本部の役割を果たした。デニーフはこの店を開く前にダブリンの上流階級相手の店に勤めていたこともあって、警察に疑われることのない彼の店は絶好の集合場所だった。[13] 将校はデニーフの店で自分たちの到着を告げると、スティーブンスらのフィーニアン指導者たちから「各地の組織に赴き、蜂起の準備を指導せよ」という指令を受けた。[14]

だが、ダブリンの組織にアメリカ人将校は配属されなかった。スティーブンスは一八六六年三月にアイルランドを去るまでダブリンの組織を特別に重視し、自分の直接の支配下に置いたからである。そうだからといって、ダブリンにアメリカ人将校がいなかったわけではない。派遣された将校の人数が地方の組織に配属されるべき人数を上回っていたので、彼らのなかには任務を与えられないまま、到着地ダブリンで無為に過ごす者たちもいたのである。不思議なことに彼らはアメリカ人であることを隠そうとはしなかった。彼らは、先が四角になっている靴を履き、ダブルのベストを着るという、一見してアイルランド人とは異なる服装をし、アメリカなまりの英語で話したのである。[15] もちろん、彼らの姿が警察の目にとまったことはいうまでもない。

警察はアメリカ人将校が蜂起の軍事指導者であることを十分に理解していたので、彼らの行動を徹底的に監視した。それにもかかわらず、彼らの行動の多くはヴェールに包まれていた。その理由は、将校たちが接触したのはスティーブンスなどの一部の指導者だけで、第5章でみるようにその指導層に入り込めなかった警察のスパイが容易に接近できなかったからである。将校の多くはフィーニアンの一般メンバーの集会に参加したことなどなく、ルービーやオドノヴァン＝ロッサといった上層部の者と会合する機会を持つだけであった。[16] その一方で、彼らは互いに密接な連絡を取り合い、ひとつの集団を形成していたことがわかる。将校が滞在していたヨーロピアン・ホテルの経営者は、彼らが四、五名のグループで一週間ほど滞在し、出発にさいしては次のグループとの連絡のために一名を残していく、と警察に証言している。[17] さらに、ライアン警視は、彼らが二、三名の単位で同じ場所に滞在し、互いに訪問し合っていることを突き止めていた。[18] このようにアメリカ人将校は一般の組織から独立した集団を作り、一般の組織のようにサークル・システムをとってはいなかったのである。

軍事委員会

スティーブンスは、先にみた顧問会のメンバーが一八六五年九月に逮捕されると、それに代わるものとして軍事委員会を創設したが、軍事委員会の主要な任務は、アメリカ人将校を管理し、彼らに指令を与えることだった。軍事委員会のメンバーは、ミレン将軍、ハルピン将軍、ケリー大佐という、フィーニアン・ブラザーフッドがＩＲＢ調査のために送り込んできた三人に加えて、Ｍ・キルウェン大佐、Ｄ・Ｆ・バーク大佐、マーフィー大尉という合わせて六人のアメリカ人将校と、一般メンバーから抜擢されたＪ・ノーランだった。[19]

軍事委員会は警察の尾行をかわしながらビリヤード場やメンバーの下宿先で一日置きに会合を開いたが、その主要な任務は四つあった。[20] 第一は、軍事委員会が作られる前はフィーニアン指導者がおこなっていたことであるけれども、各地における蜂起の準備を指導するアメリカ人将校たちの配属先を選定することだった。

第二に、ダブリンに滞在するアメリカ人将校の宿泊場所を斡旋した。一見したところ、これは重要な仕事にはみえないが、こうすることによって彼らの所在をつねに把握でき、必要とあらばいかなるときでも彼らを即座に動員できたのである。

第三は、アメリカ人将校の抱いていた不満を静める役割を軍事委員会が負わされたことである。彼らには二つの不満があった。ひとつは、彼らはアイルランドに到着した後にＩＲＢから定期的に手当を支給されることになっていたが、財源の乏しさゆえに満足な生活費を与えられなかったことである。もうひとつは、スティーブンスが蜂起の決行をいつになっても決断しないことにたいする不満である。将校たちは蜂起が即座に決行されると信じてアイルランドにやってきたのに、蜂起の決行命令がなかなか下されず、ＩＲＢの指導部に苛立ちを覚えるようになった。軍事委員会のメンバー自身も同じ不満を持っていたにもかかわらず、このような仕事をしなければならなかったとはじつに皮肉なことである。

軍事委員会の第四の役割は、蜂起の決行についてスティーブンスの諮問に応じることであった。一八六五年おわりから六六年はじめにかけて、彼は計三回の協議を軍事委員会とおこなっている。この時期、フィーニアン指導者たちは蜂起の決行について真剣に議論していた。この協議の模様を順番にみていこう。

まず第一回は、スティーブンスが一八六五年一一月二四日に刑務所から救出された直後に開かれたが、場所はダブリン市内にある理髪店の二階にある広々とした部屋だった。この会合には軍事委員会のメンバーとともに、ダブリンのセンターも召集された。アメリカ人将校を含めて出席者の多くが即座に蜂起を決行することを強硬に主張した。しかし、準備が不十分であると考えたスティーブンスはその延期を主張し、自分の意見を押し通したのである。[21]

年内に蜂起することを確約していたので、それを守らなかった彼を憶病者だと非難する者もあったが、その声は黙殺されたのである。

それから一カ月ほどたった一八六五年一二月の最後の週に、第二回の会合がケリー大佐の下宿で開かれ、スティーブンスと軍事委員会のメンバーがふたたび集合した。彼は蜂起をまたもや延期しようとしたが、今回の反対理由は前回よりも説得力のあるものだった。それは、この時期にフィーニアン・ブラザーフッドが分裂したため当面IRBは十分な支援を受けることができず、蜂起など成功するはずがないということだった。これにたいして軍事委員会は彼の考えに猛烈に反対し、早期に行動を開始することを主張したが、その意見は受け入れられず、蜂起は延期されている。[22]こうしたやりとりをみると軍事委員会はスティーブンスの諮問機関にすぎず、蜂起をいつ決行するかについての決定権はつねに彼にあったことがよくわかる。

スティーブンスが第三回の会合を開いたのは、人身保護法の適用が停止され（一八六六年二月一七日）、多くのアメリカ人将校が逮捕されるという事態が生じていた二月二〇日だった。治安当局は、二月一七日と一八日の二日間にダブリンに潜伏していたアメリカ人将校の多くを逮捕し、逮捕を免れた将校は一二名にすぎなかった。[23]逮捕されたなかには軍事委員会のメンバーも含まれており、第三回の会合に軍事委員会から出席できたのは、ケリー大佐とハルピン将軍の二人だけという有様だった。[24]

この会合で蜂起決行を強硬に主張したのは、アイルランドに駐留するイギリス軍内部にフィーニアン組織を作り上げていたJ・デヴォイである（イギリス軍兵士の組織については第4章で扱う）。デヴォイは、イギリス軍内部で活動していたフィーニアンの兵士を有効に利用することによって武装蜂起することを提案した。これまでの会合ではアメリカ人将校は蜂起する側につねにまわったが、今回は違いケリー大佐とハルピン将軍はデヴォイの意見に同意しようとはしなかった。二人の反対理由は筋の通ったもので、IRBは蜂起を成功させるだけの十分な武器を

J・デヴォイ

持っておらず、またアメリカ人将校の大部分が逮捕されたことによって蜂起の指導者が不足しているということであった。デヴォイの度重なる反対にもかかわらず、会合ではケリー大佐とハルピン将軍の意見が採用され、蜂起を延期することが最終的に決定された。[25]この結果にスティーブンスも異論はなく、むしろ会合の結論を蜂起延期に導いていった形跡さえある。

デヴォイはこの決定に納得できず、このとき蜂起を決行すればフィーニアンは勝利したと後年、回想録のなかで後悔の念をもって述べている。さらに、彼は、自分の意見に反対したケリー大佐とハルピン将軍を批判し、次のようにいう。

> しかし、われわれにとっての問題は「蜂起をすぐに決行するか、永久にやめるか」ということだった。われわれは、長年合衆国に住み、最近帰国したばかりのアメリカ人将校たちよりもアイルランド人というものをよく知っているのだ。[26]

このことから、フィーニアンたちは軍事指導者としてのアメリカ人将校に多くを期待しつつ、彼らは所詮アメリカ人であって自分たちとは違うのだという反発のあったことが読みとれる。じっさい、若いときに移民したり、あるいはアメリカで生まれた将校たちと、生粋のアイルランド人では英語のアクセントや生活習慣などが異なっており、意思の疎通を欠いたこともしばしばだった。ところでこの第三回の会合の後、軍事委員会には逮捕されたメンバーに代わって新たな人物は任命されておらず、軍事委員会自体も廃止された。また、この会合が開かれた一カ月後に、スティーブンスはケリー大佐をともなってアメリカへ出発していったのは、すでにみたとおりである。

アイルランドでの蜂起の準備が整っていると判断したフィーニアン・ブラザーフッドは、つぎつぎとアメリカ人将校を派遣したが、右にみたように、スティーブンスは一八六五年と六六年の蜂起の決行を延期した。一方、治安当局は、人身保護法の適用を停止することで多数のアメリカ人将校を逮捕し、IRBに大打撃を与えた。結局、アイルランドに派遣された将校たちは、蜂起に参加してみずからの軍事能力を示す機会が与えられることはなく、逮捕されるか、国外への逃亡を余儀なくされるという運命をたどったのである。

では、一八六六年はじめまでに何名のアメリカ人将校がアイルランドに派遣されたのであろうか。知りうる数値のなかで最大のものは、ニューヨークのイギリス領事アーチボールドが報告した五万名であるが、彼自身この数字があまりに実際の人数とかけ離れていることを十分に承知していた。[27] また、ダブリンの組織の指導者のひとりは、一八六六年二月までに五〇〇〇名ものアメリカ人将校たちがアイルランドに到着した、と述べている。[28] だが、これらの情報は様々な状況に照らし合わせてみると、明らかに誇張されていたことがわかる。

IRBの状態に精通していた軍事委員会の議長だったミレン将軍の情報は、アーチボールドなどの情報よりも真実に近いと考えられる。彼によれば、一八六五年一〇月にフィーニアン・ブラザーフッドがアイルランド行の志願者を募ったところ、一〇三七名が志願したということだったし、じっさいに一五〇名がアイルランドへ渡ったと述べている。[29] この一五〇名という数値は、デヴォイが回想録のなかで述べている人数と一致しているので、信頼に値するものだと結論してもよいだろう。[30] また、ダブリンに滞在していたアメリカ人将校の人数にかんして、デヴォイはその人数そのものを明らかにはしていないものの、ダブリンで逮捕を免れたアメリカ人将校は一二名であったと述べている。そこでダブリンでの逮捕者数を調べてみると、四一名だったので、この人数と先に述べた一二名を合わせた五三名、すなわち全体の三分の一がダブリンに潜伏していたと推定できる。

アメリカ人将校の逮捕は、アメリカとイギリスの両政府のあいだの外交問題にまで発展した。アメリカ政府はイギリス政府にたいして、自国の市民権を持つアメリカ人将校の逮捕に抗議したのである。もちろんアメリカ政府の行動の裏には、フィーニアン・ブラザーフッドをはじめとするアイルランド系アメリカ人の圧力があったことはいうまでもない。イギリス政府は仕方なく、一八六六年五月から将校たちを釈放しはじめたが、ダブリン首都警察のライアン警視はＩＲＢ内での彼らの重要性を考慮して、釈放することにつねに反対していた。[31] 最終的にはほとんどの将校が釈放され、アメリカに帰国した者が多かった。しかし、なかにはアメリカに戻らず、イギリスに渡って蜂起を決行する機会をうかがう者たちがおり、彼らが、第6章でみるように「ディレクトリー」を設立する中心となったのである。

イギリスに難を逃れた将校は自発的にそのような行動をとったわけではなく、それはスティーブンスの命令にもとづくものであった。一八六六年三月、スティーブンスが将校の手当支払係であったオローク大尉（通称ビーチャー）に、逮捕を免れた将校たちをイギリスに派遣するよう命じているのである。そして、軍事委員会のメンバーであったノーランもまたロンドンに渡り、彼らの世話をすることになった。[32] このようにして、アメリカ人将校は、アメリカに戻ったグループとイギリスに渡ったグループの二つに分かれた。いずれにせよ、彼らは蜂起に向けて再度活動を開始する。

ふたたびアイルランドへ

アイルランドを脱出したスティーブンスが一八六六年五月にアメリカに到着し、フィーニアン・ブラザーフッドのオマハニー派の最高指導者に就任したことはすでに述べた。彼は、その年の夏から秋にかけて年内にアイルランドで蜂起を決行するという、みずからの決意を演説のなかで繰り返したのだった。(33)

警察は、スティーブンスが公言したように蜂起が一八六六年中に決行されるのではないかという危機感を持ちつつ、六六年おわりから翌六七年はじめにかけてIRBへの警戒体制をいっそう強化し、蜂起の指導者となるべきアメリカ人将校の動向を執拗に追った。ライアン警視は将校たちの動きをなかなかつかむことができなかったが、ようやく一八六七年一月はじめになって多数の将校がデリー、グラスゴー、クィーンズタウン経由でアイルランドに到着し、そのなかの数名がダブリンのマルボロー通りにあるフィーランのパブとアビィー通りにあるボルガーの酒場を訪れている、という情報を入手した。(34)だが、多数の将校がアイルランドに到着しているという情報はこの警察の記録以外にはなく、信頼度はけっして高いものではなかった。とはいっても、これら将校たちがふたたび蜂起に向けて動き出したことだけはたしかだった。

第6章で詳しくみるように、一八六七年三月蜂起を指揮するアメリカ人将校は一月おわりまでに、アイルランドではなくイギリスに到着した。人身保護法の適用が停止されていないイギリスの方が自由に活動できたというのがその理由である。将校は蜂起の最終的な準備に取り掛かり、二月半ばにイギリスで待機していたすべての将校たちが蜂起での指揮をとるため、アイルランドへ向かった。

警察のスパイだったアメリカ人将校J・コリドンによると、二月一四日、リヴァプールで待機していた将校はビーチャーからアイルランドへ向かうようにとの最終命令を受けた。(35)ライアン警視は、二名の大将、四名の准将、二名の大佐がアイルランドに到着し、一七名のアメリカ人将校たちの乗船した帆船《スクーナー》がイギリスを出発した、という情報を二月一八日に入手している。(36)遅くとも二月二五日までには、彼らはアイルランドに到着したようである。このとき、警察は将校たちの動きについて次のように報告している。

多数のアイルランド系アメリカ人たちがすでにアイルランドに潜伏しており、ダブリンとその周辺にいる数名は、北部と南部の反乱の指揮を即座にとれるようにと、それぞれの地域に向けて今夜［二月二五日］出発することが決まった。アイルランド系アメリカ人たちは、髭を切ったりさもなければ変装し、彼らの多くが新しい型のフェルトの帽子をかぶっているといわれる。(37)

こうしてアメリカ人将校は蜂起に向けて動き出したのである。

三月の蜂起のためにアイルランドに到着した将校の人数は、一八六五年後半に到着した人数を下回った。アイルランド担当相メイヨー伯は、蜂起直前に四三名の将校が到着するはずであったが、そのうち三名が到着しなかったと後年になって述べている。(38)したがって六七年二月に四〇名がアイルランドにやってきたことがわかる。このうち蜂起後に逮捕されたのは、二〇名である。

このわずか四〇名ほどの小集団が数万名のフィーニアンを蜂起に動員していったのである。フィーニアン蜂起を考えるうえで彼らの存在ほど重要なものはない。将校は自分たちが指揮する各地の組織に配属されていった。ここで問題となるのは、蜂起を決行するに当たって将校の存在が各地の組織にどのような影響を与えたのかということである。一週間ほど前に軍事指導者として突然現れたアメリカ人将校の存在は、それまでの命令系統に混乱を引き起こしたとみるのが妥当ではないだろうか。じっさい、この混乱がダブリンの蜂起の失敗の一因となったことは後に述べるとおりである。

2　イギリスからのフィーニアンたち

アイルランドへ

イギリスのなかのアイルランド人といったとき、すぐに想起される彼らのイメージは、F・エンゲルスの著書『イギリスにおける労働者階級の状態』のなかに描かれているような、イギリス社会の底辺層に生きる人びとの姿である。彼らは生存するためだけに日々の生活を送り、とても政治運動に参加するような種類の人びとではなかった。だが、こうした人びととは対照的に、フィーニアン運動に加わり、アイルランドの独立に献身していった多数のアイルランド人がいた。

イギリスで生活していたアイルランド人がどのようにしてフィーニアンになっていたのかを、M・ダヴィットを例にしてみよう。[39] まずダヴィットのフィーニアンとしての経歴を簡単に紹介しておくと、彼がフィーニアンになったのは、一九歳のときだった。彼はランカシャーのローセンデールのセンターに抜擢され、有能な働きぶりからイングランドとスコットランドにおける武器仲介人という重要な役目を担った。しかし、こうした活動は治安当局の知るところとなり、一八七〇年五月に逮捕され懲役七年の刑に服する。釈放後のダヴィットは民族運動の表舞台に登場し、七九年からはじまったアイルランド農民の地主にたいする闘争すなわち「土地戦争」の指導者となっていった。

ダヴィットは、大飢饉渦中の一八四六年にアイルランド西部のメイヨー州に貧農の子として生まれた。彼の一家は地代を支払うことができなかったため「農民追放」の対象となり、ランカシャー東部にある小さな織物の町ハズリングデンに移民した。このとき大飢饉の影響もあり、メイヨー州からはダブリンやリヴァプール経由でぞくぞく

M・ダヴィット

と人びとがランカシャー、ヨークシャーの産業地域に移民していったのである。ダヴィットは家計を助けるためにわずか九歳のときから紡績工場で働きはじめたが、一一歳のときに右腕を機械にはさまれ失い、工場でもはや働くことができなくなってしまった。その後郵便集配人や簿記係として働き、仕事を終えた後には職工学校の夜間コースで勉強するようになった。彼がアイルランド独立に興味を持ちはじめたのはこのときからで、職工学校でアイルランド史などを学ぶ一方、マンチェスターに住んでいたチャーティストの指導者E・ジョーンズの講演会にも顔を出すようになった。ジョーンズはアイルランドの独立に多大な共感を持っており、アイルランドのナショナリズムとイギリスのデモクラシーは両立するものであるという意見の持ち主だったので、ダヴィットに与えた影響ははかり知れないものがあったろう。[40] こうした雰囲気のなかで彼はフィーニアンになっていったのである。

ダヴィットのようなアイルランド人がイギリスでフィーニアンとしてどのような活動をしていたのかについて残念ながら詳しくふれる余裕はない。ここでは蜂起に参加するためにアイルランドにやってきたフィーニアンの活動のみに焦点を当てることにする。彼らがアイルランドへ派遣された時期は、一八六五年おわりから六六年はじめにかけてと、六七年二月であった。

スティーブンスが一八六五年おわりに蜂起の決行を考えていたことにはたびたびふれたが、この時期彼はイギリスの組織にメンバーを送るようにと命じていた。デヴォイによれば、イングランド北部のフィーニアンはダブリンに、スコットランドのフィーニアンはアルスター地方を中心としてベルファスト、デリー、スライゴー、ゴールウ

農民追放の対象となった一家

ェイに向かうようにと命じられた。また、ロンドンの組織は、ダブリンとコークという二つの地域にそれぞれメンバーを送るようにという指令を受けた。(41)

彼らは、ダブリンの船着き場で不審人物の侵入を防ごうとしていた警察のチェックの網の目をかいくぐってやってきた。船着き場では乗客の荷物が徹底的に調べられるので、荷物のなかに疑われる物を入れないように細心の注意を払っていた。しかし、なかにはライフル銃を分解して荷物のなかに隠して持ち込むつわ者もいた。(42)こうした荷物検査はアイルランドだけでおこなわれ、「自由を重んじる」イギリスでは考えられない行為である。とはいえ、荷物のなかに不審物が見つからなければ、人身保護法の適用が停止される前においては、いかにアイルランドの警察とはいえ逮捕することはできず、彼らが入国してくることはそれほど難しいことではなかった。

アイルランドへ派遣された者たちは組織のなかでもとくに選抜された「精鋭部隊」だったようで、彼らの体つきから見てイギリス軍や民兵組織で軍事訓練を受けていたことが想像された。(43)ダブリンでは、彼らは自分たちだけでいくつかのサークルを編成し、各サークルではセンター、手当支払係、軍事訓練の指導者を選んでいた。イギリスでの職を捨ててやってきた彼らには、IRBから手当が支給され、支払係がメンバーの下宿を毎日正午頃に訪れ、一人当たり一シリング四ペンスを支給していたという。(44)

彼らは蜂起に参加するためにダブリンにやってきたが、蜂起決行の命令が出されなかったので、何もすることがなく、仕方なく日中はダブリンの通りを目的もなくうろついたりしながら時間をつぶしていた。当然のことながら警察は注意深く観察している。ときには四名から五名のグループで通りを「行進」することもあり、その人数が増加することさえあったという。(45)このように彼らは人目につかないように行動するという意図をまったく持ち合わせていなかったのである。(46)夜になるとパブに出かけることをつねとし、そこでダブリンのフィーニアンと接触していたが、とくにブリッジ通りにあるマッカードルのパブは、彼らが好んで立ち寄った場所であった。(47)

蜂起決行の命令が下されぬまま，彼らは一八六六年二月一七日を迎えた。このときアイルランドで人身保護法の適用が停止され，警察はイギリスからのフィーニアンを自由に逮捕する法的手段を手に入れた。警察はもはや手をこまねいて彼らを遠くから眺めている必要がなくなり，イギリスからやってきた一〇〇名以上をなんなく逮捕した。全体で何名のフィーニアンがイギリスからアイルランドにやってきたのかは不明だが，ダブリンには四〇〇名から五〇〇名が集合したといわれる。(48) 逮捕を免れた者は慌てて帰国し，彼らの姿はダブリンの通りから蜘蛛の子を散らすように消えたのである。このように多くがイギリスから派遣されてきたにもかかわらず，一八六六年二月までに蜂起が決行されなかったため，彼らの派遣はまったく意味のないものに終わってしまった。逮捕者が釈放されたのは，数カ月後のことである。

蜂起が決行される直前の一八六七年二月に，イギリスのフィーニアンがふたたびアイルランドに現れた。今回の彼らがアイルランドにやってきた背景は少し複雑である。詳しくは第6章で扱うが，人身保護法の適用が停止された後，イギリスに渡ったアメリカ人将校の一部がアイルランドの組織とは独立して蜂起を企てたのである。彼らはイングランド北部のフィーニアンを率いてリヴァプール近くにあるチェスターのイギリス軍の兵器庫から武器を強奪し，その武器を持ってアイルランドの東海岸に上陸し，蜂起するというじつに無謀な計画を立てた。しかし，作戦計画を事前にスパイから通報された治安当局が兵器庫の警備を厳重にしたため，作戦の遂行を不可能であると判断したフィーニアン指導者は，多くがチェスターに集合していたにもかかわらず，行動を中止した。そこで指導者が出した指令が，「アイルランドに渡り，蜂起決行の命令を待て」ということだった。こうしてイギリスからフィーニアンがホリーヘッドやリヴァプールから船でダブリンに渡ってきたのである。

第5章で詳しく述べるように，フィーニアンがアイルランドにやってくるという情報を事前に知らされていたダブリン首都警察に抜かりはなかった。警官はダブリンの船着場で彼らの到着を待ち受け，二月一二日から一九日に

チェスターに集合したフィーニアンを揶揄している

ダブリンの船着き場

かけて一七五名の身柄を拘束したのである。[49]一九日を最後としてこの日以降にイギリスからやってきた者が逮捕されたという警察の記録はなく、もはやアイルランドに渡ってくるフィーニアンはいなかった。[50]イギリスから蜂起のためにやってきたにもかかわらず、ダブリンの船着場で逮捕され三月の蜂起に加わることはできなかったのである。一八六五年から六六年、そして今回も彼らは、警察によって逮捕されたり、あるいは逮捕を免れるためにイギリスに帰国せざるをえず、じっさいに蜂起に加わることはなかった。つまり警察は、彼らが蜂起に参加することを効果的に阻止するのに成功したといえる。

逮捕者の分析

イギリスからやってきたフィーニアンがどのような人びとだったのかを逮捕者リストから分析してみよう。一八六六年二月に逮捕されたイギリスからのフィーニアンのうち、逮捕者リストから六八名のイギリスでの居住地が判明している。[51]ロンドンからやってきた人数が最大で一〇名となっており、以下、リヴァプール（九名）、チェスターフィールド（六名）、リーズ（五名）、アシュトン・アンダー・ライン（四名）、マンチェスター（三名）などとなっている。

また、翌一八六七年の二月にイギリスからダブリンに到着した後に逮捕された者のうち、一三三名のイギリスでの居住地が判明したが、リヴァプールの二六名が最大である。そして以下、リーズ（一六名）、ボルトン（一四名）、マンチェスター（一二名）、ブラッドフォード（七名）、オールダム（六名）、シェフィールド（六名）、バーケンヘッド（五名）、ランコーン（三名）、チェスター（二名）などとなっている。[52]

これらの数字をみると、ダブリンにはリヴァプール、ボルトン、リーズ、マンチェスターといったイングランド北部から派遣されてきた者たちが多かったことがわかる。この事実は、イングランド北部のフィーニアンがダブリンに派遣されたという、先に紹介したデヴォイの記述を裏付けている。

次にイギリスからやってきたフィーニアンの職業構成を検討してみよう。一八六六年二月に逮捕された者のうち九三名の職業が判明しているが、約半数が熟練工（四三名、四六％）だった。熟練工のうち人数の多い職種をあげてみると、製靴工（九名）、綿糸紡績工（六名）、塗装工（四名）、仕立工（三名）となる。熟練工に次いで不熟練工が第二のグループを形成し、全体の四二％（三九名）を占めている。

一八六七年二月に逮捕されたイギリスからやってきた者についても、六六年二月に逮捕された者の職業構成の分析がほぼそのまま当てはまる。すなわち、一三四名の逮捕者の職業が明らかになったが、全体の五九％を占めるのが熟練工であり、その主な職種は仕立工（七名）、製靴工（六名）、大工（六名）、レンガ工（五名）などである。肉体労働者などの不熟練工は全体の三八％（五一名）を占めている。先にみたダブリンのフィーニアンの職業構成と比較すると、不熟練工の割合が高く商店員がまったくいないことがわかる。このような職業構成の違いは、製造業が衰退しつつあるダブリンと、工業化が着実に進展していったイギリスの産業構造の違いを端的に物語っている。だがイギリスからやってきた者も熟練工を中心とした労働者階級であったという点においては、両者は一致していた。

さらに、イギリスからきたフィーニアンの出生地と年齢も明らかにすることができる。[53] 一八六七年二月に逮捕された一三二名の平均年齢は二六歳であり、大多数がイギリスではなくアイルランドで生まれ、移民した者たちであった。彼らの平均像は、ライアン警視の次の報告からうかがうことができる。

拘留されている者［イギリスからきたフィーニアンたち］は、すべて一八歳から三〇歳、あるいは三五歳までで、立派な身なりをしていた。彼ら自身の供述によると、イギリスでは二シリング八ペンスから五シリング、あるいは六シリング稼いでいたが、先週仕事をやめたといっている。彼らの所持金は一シリング二ペンスから二〇シリングの範囲であった。ほとんどすべての者が自分はダブリンから遠く離れた田舎の出身で、長年イギリスに住んでいたのでダブリンでとくに会うような友人もいないといっている。(54)

「世界の工場」として繁栄していたイギリス国内で、アイルランド人が反乱を起こすためにＩＲＢに組織されていたのである。そして後にみるように、フィーニアンは蜂起をリヴァプールで決行することさえ考えていた。これはじっさいにはおこなわれなかったとはいえ、イギリスの組織はアイルランドに多数のメンバーを派遣することができるほど強力なものだった。

3　軍事訓練

軍事訓練のおこなわれた場所

従来のフィーニアン蜂起の研究では、多数のフィーニアンは蜂起のさいに、十分に武装化された警官や兵士にたいして棍棒や素手で立ち向い、また、たとえ銃を持っていたとしても、その使い方などまったく知らなかったという解釈が一般的である。こうした解釈の根拠となっているのが、第６章で述べるタラの警察バラックで「大惨事」を引き起こしたグループの存在である。彼らはその規律のとれていない行動からみて、軍事訓練を十分に受けていたとはいえなかった。そのため、ＩＲＢをアイルランドの若者たちの社交的な集まりとしてとらえる修正主義史家は、軍事訓練などという蜂起に向けての準備でさえもレジャー活動だったと解釈している。

もちろん、この説にも同意すべき点はいくつかある。軍事訓練をレジャー活動として解釈するやり方は、アイルランドの修正主義史家に限らない。たとえば、この当時のイギリスに目を向けてみると、労働者がフランスの脅威に対抗するために創設された義勇軍に参加し、軍事訓練をおこなっていた。なぜイギリスの労働者がこのような義勇軍に参加したのかということについて、ある研究者は、義勇軍が彼らの「愛国心に訴えたというよりも、レクリエーションと友情の機会」[55]を提供したからであると主張している。

後に述べるように、ダブリンのフィーニアンは日曜日に軍事訓練を郊外でおこなっていたが、これはある意味ではレクリエーションともいえる。この当時のダブリンの熟練工は、日曜にしばしば山や海への散策を楽しんでおり、[56]こうした傾向が郊外での訓練を促進したかもしれない。じっさい、なかにはそのような者もいたであろう。そうであっても、フィーニアンのこれをたんにレジャー活動として片づけてしまっては、蜂起に勝利することを目的にして積極的に自己に訓練を課していた人びとの存在を説明できないのである。ダブリンの蜂起については、第6章で詳しくみるが、この蜂起のなかで真剣に戦闘活動を展開し、適切な訓練を受けていたとうかがえるグループがあった。それは、キルウェンが組織したグループで、彼らはステッパサイド、グレンカレンのふたつの警察バラックの攻略に成功している。

ダブリンのフィーニアンは、組織設立の当初からダブリン近郊の丘陵地帯で軍事訓練をおこない、軍事訓練は彼らの重要な活動のひとつであった。[57]フィーニアン側の史料によると、一八六一年一一月のマクマナスの葬儀まで一一のグループがダブリンで訓練をし、六三年には四つの「射撃クラブ」が結成され、さらに七つの軍事訓練の練習所が開設されていたという。[58]訓練は、第4章でみるIRBのメンバーとなったイギリス軍兵士をはじめとし、除隊兵士、民兵などの「専門家」によって指導された。じじつ、第六〇ライフル銃連隊の兵卒と第六一連隊の兵卒がそれぞれフィーニアンの訓練場所から立ち去るのを、警察は直接目撃している。[59]

フィーニアンが軍事訓練をおこなった場所は、屋内と野外の二つに大きく分類できるが、屋内はパブ、専用に借りた家、フィーニアン指導者の自宅などである。まず、屋内での訓練からみてみよう。

警察に悟られずにフィーニアンが訓練をおこなう最適な場所はなんといってもパブだった。(60)だが、そうしたことができるパブの数には限りがあったので、彼らは仲間うちで家賃を分担しながら、わざわざ訓練用に家を借りる場合があった。たとえば、ブライド通り二〇番地で訓練終了後、数名が二シリングずつ供出していた、と警察のスパイは語っている。(61)そして軍事訓練をすることが可能な広さをもつ家に住んでいたフィーニアン指導者は、自分の家をその場所として提供することもあった。センターだったムーアはロング・レインに家を持っていたが、その二階を自分のサークルの訓練用に使用していた。(62)

では、はたしてフィーニアンはどのような訓練をしていたのだろうか。ある警察のスパイは、屋内でおこなわれていた訓練の様子を次のように伝えている。

ライフル銃を担いだ四名の若者が行ったりきたりしていた。そしてフェンシングの剣を使い剣術の練習をする者もあれば、グローブでスパーリングの練習をしている者もあった。また、カード遊びに興じる者もいた。(63)

カード遊びをしている者たちは明らかに訓練のカモフラージュのためにやっていた。たとえ警察に踏み込まれても、いい逃れをすることができるからだ。この他にも警察の目をもっとも恐れていたフィーニアンは、訓練をあたかも体操やダンスをしているように偽装し、その目を絶えずくらまそうとした。警察の目を恐れていたフィーニアンではあったが、訓練のさい出る音には無神経だったようで、あまりのやかましさのために、隣人が抗議するということもあった。(64)

一方、野外での軍事訓練は、治安当局がフィーニアン運動を弾圧する前の、一八六五年夏の日曜日を中心におこなわれていた。警察の報告書によれば、ダブリンのフィーニアンが訓練をした場所は、市の南西にあるグリーン・ヒルズやモロイズ・フィールズ（運河とクラムリン・ロードで囲まれた地域）などの野原である。また、射撃訓練は、ブルー・ウォール、ブルー・ベルなどのダブリン湾に面した人気のない場所でおこなわれた。モロイズ・フィールズは、一八六四年から六六年にかけてフィーニアンが軍事訓練をおこなった「悪名高き」場所である。ライアン警視はモロイズ・フィールズを次のように説明している。

この野原は回りを塀で囲まれ、外からはなかで何がおこなわれているのか、知ることができなかった。塀の回りに立ったフィーニアンの見張りは、身を隠している者がいないか絶えず監視していたので、塀のそばに近寄ることさえできなかった。(65)

グリーン・ヒルズでもこうした警戒体制のなかで、一八六三年後半に一〇〇名のフィーニアンが軍事訓練を受けていたことが明らかになっている。また、六五年九月には、同じ場所で六〇名のメンバーが集合しているところを目撃されている。(66)

軍事訓練の程度

ダブリンのフィーニアンが軍事訓練を受けていたことは明らかになったが、はたして彼らは十分な訓練を受けていたのか、それとも気安め程度にすぎなかったのだろうか。一八六五年夏にIRBの軍事訓練を調査したフィーニアン指導者の書き残した記録があり、これをもとにまとめたのが表3-2である。この表が示しているように、訓練の程度はサークルによって様々で、適切に訓練されていたサークルがある一方で、そうでないものもあった。一

表 3-2　ダブリンのフィーニアンの軍事訓練，1865年夏

サークルの人数	軍事訓練の参加比率
900	一部
600	一部
900	1/3
500	1/2
20	1/2
1,000	全員
515	全員
290	3/4
300	3/4
500	3/4
450	2/3
200	1/2
950	1/4
470	全員
135	1/3，良く
300	1/2，良く

出典）NAI, A Files, A 124より作成.

六のサークルのうち、メンバーの半分以上が訓練を受けていたのが一一あったが、そのなかで三つのサークルだけがメンバー全員を訓練していた。だから、適切な訓練を受けていたサークルの方が少ない。

サークルによって程度に差があったのは、それがサークルを統轄していたセンターに負うところが大であったからだ。センターが熱心であればあるほど、それだけそのサークルの訓練がおこなわれるということになる。だが、センターが自分のサークルのメンバーに十分な訓練をほどこそうとしてもそれができない理由があった。警察がフィーニアンの活動を注意深く監視していたため、警察に知られずにサークルの多数のメンバーが集合することは難しく、センターが訓練をおこなうことをためらったのである。また、ひとつの場所で訓練を受ける人数が限られていたことにも注目する必要がある。表3-3は、訓練の場所に出入りしていた人数を数え上げた警察の報告書から作成したものである。ひとつのサークルは数百名のメンバーを擁していたが、この表からわかることは、一度に訓練を受けることができた人数は六〇名以下であるということだ。サークルの人数を考えれば、訓練をおこ

表 3-3 軍事訓練参加者の平均人数

場所	平均人数（人）	期間
ホールストン通り4番地	36	1864年11月 4日〜11月20日
アイランド通り	58	1864年11月26日〜12月13日
ブライド通り70番地	37	1865年 5月 5日と5月 8日
ローワー・エクスチェインジ通り14番地	28	1865年 7月17日〜 8月26日

出典） Supt Ryan to CP, 24 Nov. 1864 (NAI, FPR 84); Supt Ryan to CP, 2 Dec. 1864 (NAI, FPR 87); Supt Ryan to CP, 14 Dec. 1864 (CSO, RP 1864／22616); Supt Ryan to CP, 8 May 1865 (NAI, FPR 157); Supt Ryan to CP, 16 May 1865 (NAI, FPR 161); Supt Ryan to CP, 5 Sept. 1865 (NAI, FPR 218) より作成.

なうことができたのはまさにサークルの一部分だけであった。そこで、センターはサークルをいくつかのグループに分割して訓練をほどこさざるをえなかった。

一例をあげてみよう。ムーアのサークルに属していたP・キョーは、自分の直属の上官だったJ・ブライエンとともに、屋内での訓練に一八六四年六月から六五年三月まで参加していた。ムーアのサークルは複数のグループに分かれて毎晩訓練をおこなったが、キョーのグループが参加したのは日曜日だけである。(67)さらに、キョーは野外での訓練にも参加したが、屋内のそれに比べて参加人数が多く、その数は一〇〇名を超えていた。(68)だが、屋内での訓練が毎週開かれていたのにたいして、野外は二度おこなわれただけで、多くのフィーニアンが参加したものの、キョーの証言にかんするかぎり頻繁ではなかったようである。

一八六六年二月に人身保護法の適用が停止された後は、フィーニアンは軍事訓練を警察に気づかれないように以前にもまして秘密裡にしたか、あるいはしばらくのあいだ中止したようである。じっさい警察のもとには訓練の情報が届いておらず、六六年五月にライアン警視は、「現在ダブリンの市と州では軍事訓練がまったくおこなわれていない」(69)と警視総監に確信を持って報告している。ところが、同年九月になると、フィーニアンが市の南にあるランズダウン・ヴァレーで訓練もしくは集会を開いている、という情報を、さらに一〇月には疑わしい男たちがドリムナーとグリーン・ヒルズの周辺に集合していたという情報を警察は得た。(70)しかし、いずれの場合も、より詳しい情報を入手することができなかった。はたしてこれらの情報は、フィーニアンが軍事訓練を再開したことを示しているのだろうか。

警察がフィーニアンの軍事訓練にかんする明白な証拠をにぎったのは、一八六六年一二月になってからのことである。先にみたように、一二月には多数のセンターが逮捕されたが、そのうちN・ウォルシュ、パワー博士、P・オコンナーの三名のセンターたちが各人の家で訓練をおこなっていたことが明らかになる。彼らの家にはほとんど家具がなく、この不自然さは、フィーニアンが訓練のためのスペースを十分に確保するためだったとしか考えようがなかったからである。(71) この一連の逮捕によってフィーニアンはふたたび訓練を中止したようで、三月の蜂起の決行までのあいだにこうした活動についての情報を警察は入手していない。

これまで述べてきたように、すべてのダブリンのフィーニアンが十分な軍事訓練を積んでいたわけではなく、警察の弾圧はこれをしばしば中止に追い込んだ。この点を強調すると、通説が主張するようにフィーニアンの軍事訓練は不十分だったということになる。だが、ダブリンのセンターたちは警察の監視の目をくぐり抜けながら、自分のサークルに軍事訓練をほどこそうと、努力を積み重ねていたことは、いままでみてきたとおりである。じっさい、第6章で具体的にみるように、十分な訓練をしていたグループが存在した。ダブリンの組織が従来考えられていた以上にメンバーを訓練していたことは否定できない。

4　武　器

フィーニアン運動史研究では、フィーニアンはたいした武器も持たず、蜂起を決行したということが通説になっている。これは一面では真理を突いており、たしかに彼らの武装は不十分であった。しかし、フィーニアンは、警察の目にふれないように極秘のうちに武器を調達することに全力を尽くし、さらに製造までしたのである。それでは、いかにフィーニアンが武器を確保するために苦労したのか、そして蜂起のさいにダブリンのフィーニアンはどれほどの装備をしていたのかを検討してみよう。

武器の密輸と製造

スティーブンスの計画によれば、フィーニアン・ブラザーフッドが蜂起に必要な量の武器をＩＲＢに供給することになっていた。じっさいアメリカから武器が送られたという情報を治安当局はつかんでいる。一八六四年の一二月、ニューヨークのイギリス領事アーチボールドは、アメリカから密かに送られた武器を捜索するようにとアイルランドの治安当局に依頼した。彼によれば、多数の武器がアイルランドにすでに密輸出されており、現在もそれが続いている、ということだった。だがこの情報にもかかわらず、アメリカから密輸された武器は発見されてはいない。[72]そうするとアーチボールドは偽の情報を報告したようにみえるが、フィーニアンによると武器は少量ではあるけれども、じっさい密輸されていたのである。たとえば、一八六五年二月、一包みの小火器がアメリカのオマハニーから『アイリッシュ・ピープル』事務所宛に送られていることがわかっている。[73]

だが、フィーニアン・ブラザーフッドが十分な武器を送ることができず、その供給を含めて効果的な支援態勢がとれないことが明らかになって以来、ＩＲＢはみずから武器の調達を積極的におこなうことになる。[74]そこでＩＲＢは、武器をアイルランド国内で購入するか、イギリスから密輸しはじめた。一八六〇年代はじめから半ばまで、アイルランドでは法律で禁止された特定地域以外では武器の購入が可能だった。[75]じじつダブリンでも武器を買うことができ、フィーニアンは拳銃といった小火器を購入し、このことにライアン警視は危惧の念を表明している。[76]しかし、購入がいくら合法的ではあるといっても、すでに警察がＩＲＢにたいして警戒体制をとっていたため、フィーニアンたちが多数の小火器を購入することを差し控えていたことはいうまでもない。

H・ブロフィー

このような状態を打開するために、彼らはイギリスで合法的に購入した武器をアイルランドに密輸するという手段をとった。ダブリンのフィーニアンがイギリスから武器の密輸を開始したのは、一八六四年後半からだったが、警察は密輸にかんする情報をいち早く入手しており、H・ブロフィーという名が警察の報告書のなかにたびたびみられる。たとえば、一八六四年九月にブロフィーが三五シリングでシェフィールドからライフル銃を購入したという情報や、翌一〇月に、彼が一〇丁のライフル銃をすでに所有し、彼のもとに二五丁以上のライフル銃が同じくシェフィールドから密輸されつつある、という情報が警察に届いていた。(77) このことからすると、イギリスから武器をダブリンに密輸していた中心人物は、ブロフィーだったことがわかる。しかし、これらの情報にもかかわらず、警察はイギリスからブロフィーに送られた武器を発見することができず、それだけ武器密輸は巧妙におこなわれていたのである。

イギリスには、購入した武器を密輸出することを専門としていた武器仲介人が配置され、彼らは細心の注意を払って武器を調達した。そのなかでもアメリカ人将校R・バーク大尉の活躍は目ざましく、デヴォイによると、イギリス軍が装備していた最新式のエンフィールド・ライフル銃二〇〇〇丁がリヴァプールに貯蔵されていたといわれる。(78) だが、バークの仕事についての詳しい情報はなく、さらにはたしてこれほど多くの武器を貯蔵していたのかについても確証がない。彼がどのように武器を買い付けていたのかを明らかにする史料はないが、一八六七年一一月

R・バーク大尉

に逮捕されたバークの仕事を引き継いだ、ダヴィット（イギリスからのフィーニアンの項でふれた）については、それがわかっている。(79)

ダヴィットは、バーミンガムで銃の買い付けをおこない、それをアイルランドに密かに送っていた。バーミンガムは銃の製造では世界的に有名な場所で、無数の銃製造業者が仕事場をかまえており、金さえ払えば誰でも銃を買うことができた。これらの銃製造業者は業者から納入された部品を組み立て、旋条溝を施し照準装置を付けて完成品にしていたのである。ダヴィットは英語を話すさいにはアイルランドなまりを極力隠したり、偽名を使ったりするという用心さをもって銃を買い付けた。フィーニアンの活動がイギリス人のあいだに広く知れわたってしまった当時においては、業者に警戒感を引き起こさずに、アイルランド人が銃を買うことはそれほど容易なことではなかったのである。購入された武器は、アイルランドにおいて世間的に評判が高く、警察が疑いを抱かないような大きな商店宛の荷のなかにこっそりと隠されイギリスの港からアイルランドに送られた。その荷が受け取り人である商店に到着すると、そこで働くフィーニアンが密かに武器を取り出し、信用のおける仲間のあいだで即座に分配し、隠したのである。(80)

第1章でみたように、武器密輸の中心人物だったブロフィーがスティーブンスとともに隠れ家で一八六五年一一月に逮捕された後、ダブリンにおける武器の密輸の責任者という仕事を引き継いだのが、J・P・マクドネルである。マクドネルはブロフィーが逮捕される前から武器密輸で重要な役割を果たしており、すでに六五年四月に武器の密輸を人目を引かずにおこなうというだけの目的のために、ロープ会社をわざわざ設立していた。ロープの入った荷のなかに武器を隠したわけである。彼の仕事は当初順調にすすんでいたが、六五年おわり税関がマクドネルの会社宛に送られた箱のなかに五丁のライフル銃を偶然に発見した。(81) 彼がそれまでに何丁のライフル銃を密輸できたのかわからないが、六六年二月にはとうとう逮捕されてしまった。

マクドネルの逮捕や人身保護法の適用が停止されたことによるダブリンの組織の混乱によって、イギリスからの武器密輸はしばらくおこなわれなかったようであり、じっさい警察も情報を入手してはいない。フィーニアンが武器を密輸していることを警察がつかんだのはようやく一八六六年秋になってからで、パワー博士と彼のサークルのBであるスタンリーとクランシーが密輸を積極的にすすめていることを突き止めた。(82)

J・P・マクドネル

スタンリーとクランシーは武器を密輸するのに好都合な職場で働いていた。スタンリーはダブリンの港近くにあるウォルポール・ウェッブ&ビューリィー造船所内のある部門の責任者で、そこで働く一〇〇名以上のフィーニアンを指揮していた。だから彼は警察に気づかれることなく、イギリスから船積みされてきた武器の入った箱などに自由に接近し、その中味を手に入れることができたのである。またクランシーは衣料品店マックスウィニー・ディレイニー&カンパニーのある部門の責任者であったから、イギリスから輸入した衣料品のなかに隠された武器を誰にも疑われることなく受け取っていたのである。フィーニアンは細心の注意を払って武器を密輸していたので、警察といえどもそれを発見し阻止することは難しかった。しかし、そうであるとはいっても、やはり大量の密輸は警察の目に留まるため、少量の武器しか密輸できなかったことは事実であろう。そこで彼らは自分たちで武器を製造せざるをえなかった。

彼らが製造したのは、槍、弾丸、撃発雷管、剣、「グリーク・ファイアー」と呼ばれた放火装置だった。じっさい、ダブリンには槍や弾丸などを製造する武器工場がいくつかあった。(83)警察は、ブラックホール・ロウ、ロングフォード・レイン、グレート・ブリテン通り、ムーア通りにある四つの「大規模な」フィーニアンの武器製造工場を発見している。槍製造部門の責任者は鍛冶工ムーアで、彼の仕事場では槍の穂先が作られていた。(84)ところでライフル銃で武装したイギリス軍兵士に槍で戦いを挑むなど馬鹿げたことのように考えられるが、市街での接近戦ではこれを使うことが有効であることがその当時認められており、さらに、価格が安いことから槍は武装資金の乏しい彼らにとっては好都合な武器でもあった。(85)ライフル銃を製造することはできなかったものの、ダブリンのセンターだったE・オドノヴァンは銃についての知識が豊富で、ライフル銃用の弾薬の作り方を仲間に詳しく教え、その製造に励んでいた。(86)

このようにライフル銃を密輸し、槍などの武器を製造したことが明らかになったが、はたして蜂起のときにダブリンのフィーニアンはどれほどの武器を所持していたのだろうか。棍棒や素手で警察や軍隊に立ち向かったという通説は正しいのだろうか。

フィーニアンの武器数

蜂起の直前になってアメリカ人将校たちが大量の武器をアイルランドに輸送したという記録はないので、彼らはそれまでにイギリスから密輸したり、みずからが製造した武器で戦わなければならなかった。蜂起を決行する時点においてIRB全体では三〇〇〇丁のライフル銃や、拳銃、少量の弾薬を所有していたことを警察はつかんでいた[87]。ダブリンの組織に限定してみてみると、二つの情報があり、ひとつは、一八六五年の時点において八〇三〇名のダブリンのフィーニアンが一三八三の小火器と一三一五の他の武器を持っていたというものである[88]。もうひとつの情報によれば、蜂起直前の一八六七年二月、ダブリンの組織が準備していた武器の数は、あらゆるものを含めて三〇〇〇を超えないということだった[89]。これらのことから、組織は約三〇〇〇のなんらかの武器を所有していたと結論づけても間違いではなかろう。

また、この約三〇〇〇のうち、実戦にもっとも役立つライフル銃の数については、次の二つの史料から推察することができる。ひとつは、アメリカ人将校ケリー大佐が一八六六年二月にダブリンには八〇〇丁のライフル銃があると語っていたというものである[90]。もうひとつは、そのときから五年後の七一年のものであるが、ダブリンのフィーニアンは二六一丁の新式ライフル銃と五〇二丁の旧式ライフル銃の、計七六三丁を所有していたという情報である[91]。このように所持していたライフル銃は旧式のものが多く、イギリス軍が装備していた新式のエンフィールド・ライフル銃ではなかった。彼らは性能の劣る旧式ライフル銃で最新装備のイギリス軍と対峙しなければならなかったのである。だが、とりあえずダブリンでは一五〇〇名は拳銃やライフル銃などを、一五〇〇名が槍などの武器を所有していたことになる。

ダブリンの組織が所有していた武器数を三〇〇〇としメンバー数を一万名とすると、七〇〇〇名は武器を持っていなかったことになる。明らかにダブリンの組織の武装は満足のいくものではなく、武器の数や種類も不足していたことは否定できない。とはいっても、すべてのダブリンのフィーニアンが素手や棍棒で戦ったのではなく、従来考えられていた以上に武装化されていたことは事実である。武器をまったく持たない彼らが警察バラックを攻撃したというのは、たんなる作り話にすぎないのである。

ここまでダブリンの組織の蜂起への準備状態をみてきたが、フィーニアンの武装は不十分なものであり、アイルランド駐留のイギリス軍を正攻法で撃破することは不可能であったことがよくわかる。だが、その一方で、フィーニアンの軍事力を過小評価してきたこれまでの研究史は修正されなければならないことも明らかになったであろう。次章では、ＩＲＢを軍事組織としてさらに再評価しなければならない証拠として、イギリス軍内部に浸透した組織の様子を説明することにする。

第4章　フィーニアン兵士組織

1　イギリス軍兵士を組織せよ

イギリス軍のなかの「反乱」といえば、一八五七年に起きたセポイ（シパーヒー）と呼ばれるインド人兵士による大規模な反乱が有名である。彼らはデリーを占領するなどイギリスのインド支配に動揺を与え、結局イギリスは東インド会社を解散し、インドの直接統治に乗り出すことになった。ほぼ同じ時期にアイルランドでもイギリス軍のなかのアイルランド人兵士が反乱を企てた。彼らは、セポイのように武装蜂起するまでにはいたらなかったものの、その可能性は十分にあったのである。このアイルランド人兵士を反乱へと組織化したのが、フィーニアンたちだった。ここでは、IRBの反英闘争に加わったアイルランド人兵士を便宜上「フィーニアン兵士」、彼らが所属するイギリス軍の連隊を「フィーニアン連隊」と呼ぶことにする。

アイルランド人兵士

イギリスでは兵士という職業には人気がなかった。軍隊の生活には厳しい規律が要求され、ひとたび戦場に狩り出されれば命の保証などまったくなかったからである。さらに、イギリス軍兵士の給与は一九世紀半ば頃で日給一シリングほどであり（不熟練工の賃金よりも低い）、そこから様々な経費が差し引かれるために手元に残るのはごくわずかであるということも人気のなさの理由だった。ところが、アイルランドでは事情が異なり、アイルランド人はイギリス軍、東インド会社の軍隊、アメリカ軍、フランスの外人部隊などにすすんで志願していったのである。[(1)]これといった産業がないアイルランドでは軍隊は重要な就職先であったのだ。しかし、生活のためだけにアイルランド人が軍隊に志願していったのではなく、なかには兵士という職業にロマンを見出して安定した職をわざわざ投げうち、兵士になった者もいた。

このようにアイルランド人のなかにイギリス軍にすすんで志願する者が多かったので、イギリス軍兵士に占めるアイルランド人の割合は、イングランド人、スコットランド人、ウェールズ人よりも高く、一八六〇年代にイギリス軍の下士官と兵卒の約三割を占めていた。人数の多さだけでなく、アイルランド人兵士にはいくつかの特徴がある。ひとつは、イギリス陸軍は騎兵隊、歩兵隊、砲兵隊からなるが、アイルランド人兵士は歩兵、砲兵に多く、騎兵隊にはあまりいなかったということである。もうひとつは、イングランドやスコットランドからの入隊者の多くがロンドンなどの大都市などで食い詰めた貧民の出身であったのにたいして、アイルランドでは農村から人びとが軍隊に入っていったことである。農村出身者は都市の貧民出身者より肉体的にも精神的にも「優れて」いたので、アイルランド人は「優秀な」イギリス軍兵士となっていった。

アイルランドでは暴動も多く、さらに市場や政治集会での混乱を予防するということから軍隊の出動がたびたび要請された。だから、アイルランドに駐留するイギリス軍は警察とともに治安を維持していくという重要な役割を担っていたということになる。にもかかわらず、イギリス軍当局はアイルランド駐留の部隊を治安維持手段として利用することに一抹の不安を覚えざるをえなかった。というのも、軍隊内部のアイルランド人兵士がいつ「反乱者」となって、軍当局に反旗を翻すかわからなかったからである。ましてやセポイの反乱の記憶が強烈な印象を残していた一八六〇年代のことであり、その恐れは十分に認識されていたはずである。当時二万名ほどのイギリス軍兵士が約一〇〇の兵舎に分散して投入されていたが、アイルランド人兵士がイギリス軍の下士官以下の約三割を占めていたことからすると、この割合で単純に計算して、六〇〇〇名を超えるアイルランド人兵士が軍当局にとって不気味な存在だったということになる。

組織のはじまり

軍隊がイギリス政府に忠実であるかぎり、旧式ライフル銃や拳銃などでしか武装できなかったフィーニアンの蜂起は、重大な脅威にはなりえなかった。だが、フィーニアン運動がイギリス軍兵士たちのあいだに浸透したことから、事態は豹変を遂げてしまったのである。フィーニアン兵士の組織者だったデヴォイは、兵士の組織が弾圧される前に蜂起を決行していれば、彼らの働きによって蜂起は成功したに違いない、とまでいいきっている。[(2)]

もし蜂起のさいに兵士が動員できれば、たしかにデヴォイが主張するように、IRBにとって大いに役立ったに違いない。[(3)]彼らの武装では正攻法で兵舎を攻略することなどできなかったが、兵舎内のフィーニアン兵士が攻撃をはじめれば兵舎を攻略することも可能だったはずである。ひとたび兵舎が彼らの手に落ちれば、そこを戦略上の拠点とし、さらに兵舎に備えられている武器を外部の仲間に手渡し、IRBの武装化を強力に推しすすめることができる。また、じっさいに戦闘がおこなわれるときには、彼らは、自分たちよりも優れた軍事知識と豊富な戦闘経験を持つアメリカ人将校の指揮下で、一般のフィーニアンを統率する役目を果たしたであろう。

このように述べてみると、フィーニアン兵士の組織化はいいことずくめであったように思われよう。だが、フィーニアンははじめから積極的に兵士の組織化をおこなったのではない。IRBの最高指導者スティーブンスは、イギリス軍内部への組織を浸透させるという計画をあまりにも危険すぎると考え、当初は強硬に反対していたのである。[4] その後の経過をみてみると、反対していたことも十分うなづける。

ところでスティーブンスにこの計画を最初に持ちかけたのは、P・オリアリーであった。彼は一八二五（二六？）年の生まれだから、フィーニアン兵士を組織化しようとしていたのは、四〇歳に手が届こうとしていたときである。彼は軍隊にいたことがあり、一八四六年にアメリカとメキシコのあいだに勃発した米墨戦争での戦闘経験もあった。彼は小柄ながらもがっしりとした体格で、澄んだ青みがかったグレー色の目をし、ワシ鼻だった。そして髪の毛も髭もまっ白で年より老けて見えたという。[5] また、「異教徒《ペイガン》」というあだ名を付けられていたのだが、その理由は、彼がキリスト教を極端に嫌悪していたからだった。[6] 変わった考えの持ち主で、聖パトリックがアイルランドにキリスト教を布教したため、それまで勇敢だったアイルランド人が従順になり、ひいてはイギリス人に征服されたと信じ込み、そのためアイルランド人のキリスト教への改宗を、イギリス支配を許した根本原因と考えていた。

このオリアリーが激論のすえ、スティーブンスからイギリス軍兵士の組織化に同意を取り付け、フィーニアン兵士組織の最高組織者《チーフ・オーガナイザー》となった。オリアリーがいつ兵士の組織化をはじめたかについてはよくわからないが、おそらく一八六三年おわりか六四年はじめ頃だと推定できる。彼は六四年一一月には逮捕されたので、その活動は一年に満たなかったということになる。[7]

フィーニアン兵士の組織化は容易な仕事ではなかった。たとえば、当時のイギリスの軍隊はアイルランドに一定の期間駐留した後、イギリス本国や植民地に移動していったので、苦労して獲得した兵士が所属部隊とともにアイルランドを去っていくのである。オリアリーは第八四連隊の兵士たちを組織したが、後にみるようにデヴォイが組織者となった時点ではこの連隊はもはやアイルランドに駐留してはいなかった。[8] そうなると、オリアリーの努力は水の泡となってしまう。

こうした困難にオリアリーはあえて挑戦する。どのようにして彼がフィーニアン兵士組織を作り上げていったかというと、彼はまずイギリス軍兵士のあいだにフィーニアン運動を宣伝し、彼らの関心を引くことに主眼を置いた。その宣伝のやり方は一風変わっており、アイルランドが独立する必要性を論理的に説くのではなく、イギリス軍兵士のたどる悲惨な末路をしみじみと語るなどして兵士たちの感情に訴える方法をとった。若い健康な兵士が、知らず知らずのうちに乞食に身を落としたり、救貧院で孤独な死を迎えたりする話を聞かせ、さらに、イギリス軍が無情にアイルランドの小作人を追い立てる状況を切々と話すのだった。[9]こうしたやり方で確実にフィーニアン兵士の人数を増やしていったのである。

イギリス軍兵士をフィーニアン運動に引き入れる場所は、一般の組織と同じように主にパブだったが、その他兵舎の無料軍人接待所《カンティーン》などもしばしば利用された。[10]ダブリンにはフィーニアン兵士組織のための特定のパブが、兵舎近くにいくつかあり、そのなかでもとくに有名なのがスラッタリーのパブだった。そこではイギリス軍兵士をフィーニアンのメンバーにする能力を高く買われた除隊兵T・ケリーが、ウェイターとして働いていた。[11]ライアン警視は、「パブでの飲酒と集会を通じて多数の兵士がメンバーになるように勧誘され、悪影響が広がった」[12]と警視総監に報告している。

オリアリー自身はパブなどにいっても酒を一滴も飲まず、また日常生活でもそれは同じだったが、これには理由があった。反英感情が骨の髄まで浸みこんでいる彼は、酒税がイギリス政府の歳入を膨らませることに我慢がならなかったのである。また同じ理由から紅茶もコーヒーもいっさい飲まなかったという。[13]もっとも、勧誘のためイギリス軍兵士にはＩＲＢの資金から十分すぎるほどの酒を振る舞っていたのだが。[14]パブでは特殊活動家《エージェント》と呼ばれるフィーニアンがオリアリーを補佐して、イギリス軍兵士を接待した。特殊活動家はこうした活動だけでなく、フィーニアン兵士と定期的に連絡をとる役目も負わされ、組織の拡大にはなくてはならない存在だった。(15) オリアリー配下の特殊活動家だったことがわかっているのは、二名のダブリン消防署員（ひとりはT・ベインズ）と二名の石工の、合わせて四名である。(16)

はじめ困難だと思われていたイギリス軍兵士の組織化が、オリアリーの活躍によって思いの他順調にすすんでいった。ところが、好事魔多しというように、彼が一八六四年一一月にイギリス軍兵士にたいして不審な行動をとったという容疑で逮捕されてしまい、フィーニアン兵士の組織化に赤信号がともった。彼の個人的な活動に負うところが大きかっただけに、逮捕によって中止されてもおかしくはなかった。ところでオリアリーの逮捕は、イギリス軍当局がフィーニアン兵士組織の弾圧に動き出したということを意味しているのではない。(17) この時期軍当局はＩＲＢの活動を深刻に受け止めておらず、彼がフィーニアン兵士組織の最高組織者だったとは夢にも思っていなかったのである。

彼の逮捕にもかかわらず、フィーニアンたちは組織化を続行し、代わって、W・ローントリーがフィーニアン兵士の最高組織者となった。彼はキルデア州の生まれで、兄弟すべてがフィーニアンになったという反英感情が染みついた家庭環境のなかで育った。彼は鍛えられた体をし、まさに兵士そのものという雰囲気を持っていたが、それはアメリカ海軍での軍隊経験があったからだった。(18) ローントリーはフィーニアン兵士を組織するという困難な仕事だけでなく、キルデア州のいくつかの町とダブリンの一部の地域を含む、ひとつの大きなサークルの指導者すなわちセンターでもあり、一般のフィーニアンをも合わせて組織していたのである。

最高組織者となったローントリーは、オリアリーが勧誘した多数のフィーニアンをひとつの組織にまとめ上げていくことに全力を注いだ。オリアリーはたしかにフィーニアン兵士の人数を増やしたという点では目ざましい活躍をしたが、厳密にいうとイギリス軍内部にＩＲＢの支持者を増やしたというにすぎず、それはとても組織といえる

ダブリンにあるベッカーズブッシュ・バラックスの近衛歩兵第１連隊の兵士たち

ような状態ではなかった。そこでフィーニアン兵士が紛れこんだ連隊にそれぞれセンターを任命していき、連隊をひとつのまとまり、すなわち一般の組織との関連でいえば、サークルとみなして組織を作り上げていった。[19]

ローントリーはダブリンを中心に活動し、じっさい警察は、一八六五年六月から八月にかけて、彼がトマス通りにあるバーギンのパブで兵士たちと頻繁に会っているところを目撃している。[20] 警察の報告書やデヴォイの回想録から、彼を補佐した特殊活動家は計七名いたことがわかる。[21] それらは、ローントリーの兄（あるいは弟）、トマス通りのタバコ店主ヒッキー、ダブリン消防署員だったJ・リンドおよびベインズ、ダブリンのセンターのクローミアン、石工オコンナー、J・マレンだった。

デヴォイの組織

ローントリーは一八六五年九月に『アイリッシュ・ピープル』事務所の捜索にはじまる一連の警察による弾圧のさいに逮捕され、彼の活動もまたオリアリーと同じく一年も続かなかった。第三番目のフィーニアン兵士の最高組織者となったのが、J・デヴォイである。彼の任命たるやいかにも唐突なもので、IRBの最高指導者スティーブンスから、六五年一〇月二六日付の手紙を突然受け取り、そのなかで組織者に任命されたのである。

デヴォイは一八四二年生まれで、フィーニアン兵士の最高組織者に任命された当時若干二三歳だった。彼の父親はオコンネルのカトリック解放運動やリピール運動に参加していたので、彼自身幼い頃から民族運動に慣れ親しんでいたといえる。[22] それもあってか、きたるべきイギリスとの戦争で活躍するには軍事訓練を積んでおかなければならないと考え、当時世界最強の軍隊と信じられていたフランス軍の外人部隊に一八六一年に入隊し、アルジェリアに渡っていった。だが、翌六二年に部隊を脱走してアイルランドに帰国し、フィーニアンとなった。[23] デヴォイの性格はたいへん頑固であったといわれ、生涯独身を貫き、一九二八年に八六歳で亡くなるまでアイルランドの独立運動をつねにリードし続けた。

スティーブンスはデヴォイの組織者としての能力をかなり高く買っていたようで、週三ポンドの手当と八名の特殊活動家を任命する権限を与えるという、好条件を先にふれた手紙のなかで提示している。デヴォイは当初、任務の重要さのゆえにスティーブンスの任命を断固として拒否し続けたが、要請を断りきれないと考え最終的にこの任務を受け入れることにした。しかし彼は最高組織者に就任するに当たって、ひとつの条件を付けており、それはアメリカ人将校ケリー大佐が全面的に支援するということだった。

ケリー大佐はデヴォイに「兵士の組織を拡大させるよりもその態勢を整えよ」という助言を与えた。[24] ローントリーが各連隊にセンターを任命したことはすでにふれたが、デヴォイはこのセンターの下にさらにメンバーを統率する責任者を配置することにし、連隊の構成単位である中隊、さらに中隊を構成する分隊レヴェルまで責任者を任命したのである。[25] こうして彼はケリー大佐の助言に忠実に従い、フィーニアン兵士の組織を規律のとれた強固なものにしていった。

デヴォイは主としてダブリンや、イギリス軍の演習場があるカラ・キャンプで活動し、毎晩パブで兵士たちと会合を重ねていった。[26] 警察の監視を恐れてオリアリーやローントリーの使っていたパブには出向かず、しばしば使用するパブを代えるという用心深さをもってことに当たった。こうしたパブの利用のため、彼にかんする裁判と軍法会議の記録から、利用していたパブはダブリンにじつに一四もあったことがわかる。[27]

ときにはデヴォイはフィーニアン兵士たちと連絡をとるため、みずからの危険を省みずイギリス軍兵舎のなかに出入りするという大胆な行動もとった。自分の訪れたい兵舎に駐留している連隊の兵士からまず軍服を借り、髭をわざわざ兵士の規則に定められた長さにまで切って潜入するという念の入れ方だった。[28] 彼自身外人部隊の経験があったので兵士の振る舞いを熟知しており、さらに軍事訓練にときどき参加し、兵士のような体型を保っていたので、兵舎の歩哨の目をごまかすことなどたやすい仕事だったのである。こうした活動の成果を、デヴォイは暗号を使って定期的にスティーブンスに報告している。(29)

デヴォイが八名の特殊活動家に補佐されていたことは先にふれたが、彼は回想録のなかで、J・マレン、E・セイントクレアー、D・ダッガン、M・オニール、W・ハンプソンの五名をあげている。(30)それでは残りの三名の特殊活動家は誰だったのだろうか。一八六六年二月二二日、デヴォイはダブリンのパブで開かれたフィーニアン兵士の集会で逮捕されたが、そのとき五名の一般のフィーニアンと一一名のフィーニアン兵士、そして一名の脱走兵も逮捕者のなかに含まれていた。ライアン警視が彼らを「軍事部門」のメンバーであると報告していることに注目したい。警視がこのようにいうからには、彼らはフィーニアン兵士組織で相当な活躍をしていたに違いないのだ。残りの三名の特殊活動家とは、このとき逮捕されたS・オケリーとJ・バーン、そして逮捕はされなかったが、様々な状況から考えてベインズだった可能性が高い。(31)

デヴォイがイギリスの軍隊の構成単位である分隊、中隊、連隊に責任者を配置し、フィーニアン兵士組織を作り上げていったことはすでにふれたが、それでは連隊の責任者つまりセンターには誰を任命したのだろうか。表4-1は、フィーニアン運動が浸透したイギリス軍の連隊におけるセンターの氏名を示したものである。彼らはそのほとんどがそれぞれの連隊に属する兵士だったが、なかには第八七連隊のセンターだったW・カリーのような脱走兵が、もといた連隊とは異なる連隊のセンターにおさまることもあった。ところで、カリーはデヴォイのもっとも有能なアシスタントで、一八六五年おわり頃、自分の連隊の二〇名の仲間とともにポーツマスから休暇でダブリンにきたさいに連隊に戻らず脱走兵となる道を選び、その後フィーニアン兵士組織のために日夜活動することになる。彼は、ダブリンにあるイギリス軍兵舎を毎日訪れ、そこでデヴォイからのメッセージを伝え、集会を開くための準備をおこなった。さらに、フィーニアン兵士数などの組織状態や兵舎の見張りの人数などを調べ、その結果を逐一

表 4-1　フィーニアン連隊の 7 名のセンターたち

センター	連隊名
T・チェンバーズ	第 61 連隊
W・カリー	第 87 連隊
フェネシー	第 3 連隊
フリン	第 73 連隊
P・キーティング	第 5 騎兵連隊
J・モンタギュー	第 5 騎兵連隊
J・B・オライリー	第 10 軽騎兵連隊

注）キーティングはモンタギューの後継者である.
出典）CSO, RP 1866／5005; Devoy, *Recollections,* pp. 62, 110, 143, 148, 151-2 より作成.

デヴォイに報告している。また、フィーニアン兵士の集会のときには彼の補佐役として同席するのが常であった。(32)

こうして出来上がった組織を背景に、フィーニアンは蜂起計画を立てている。(33)先にみたように一八六五年おわりから六六年はじめにかけて、蜂起することを真剣に討議していたが、六六年二月の会合でデヴォイは以下にみるような計画を提案したのである。彼はイギリス軍のフィーニアン兵士の組織者であったので、それを有効に活用することに主眼を置いたのは当然であろう。(34)彼らの最初の攻撃目標は、リッチモンド・バラックスであった。この兵舎には、後にみるように第六一連隊と第六〇ライフル銃連隊というデヴォイがもっとも信頼していたフィーニアン連隊が駐留し、攻撃を開始するには最適なところだった。この兵舎を奪取した後、アイランド・ブリッジ・バラックス、ローヤル・バラックスをつぎつぎと攻撃することになっていた。デヴォイはこの計画を遂行することを熱心に説いたのであるが、ケリー大佐とハルピン将軍は、武器が不足していることや、また数日前に多数のアメリカ人将校たちが逮捕されたことを理由に反対し、結局計画は採用されなかった。彼は自分の計画が受け入れられなかったことを終生不満に思い続けた。

この会合の数日後にデヴォイは逮捕された。つまり、フィーニアン兵士組織の最高組織者として働いた期間はわずか四カ月にすぎなかったということになる。だが、彼の組織が人員および組織構造のうえで最高のものだった。

治安当局が人身保護法の適用を停止し、ＩＲＢへの弾圧を本格化させていったなかで、彼の逮捕後フィーニアン兵士の組織化は非常に困難な局面に入っていく。

デヴォイが最高組織者だったとき、ダブリンには何名のフィーニアン兵士が活動していたのだろうか。じつのところ彼らの正確な数を知ることは、以下に述べる三つの理由からかなり難しい。第一に、イギリス軍兵士のなかにはＩＲＢから酒と金を得るためにフィーニアンであることを装った者たちがおり、このような見せかけのフィーニアンと「本物」のとを区別することはほとんど不可能である。第二に、特殊活動家たちは、みずからの働きを強調するために兵士数を誇張した可能性がある（このことが組織全体の士気を高めたことはいうまでもない）。第三に、組織の秘密を保持するために、当時の兵士数を記録したフィーニアン側の文書がそもそも存在しないのである。

そのような制約はあるが、まずデヴォイの回想録からみることにしよう。彼によれば、アイルランドのフィーニアン兵士の総数は全部で八〇〇〇名で、その二割に当たる一六〇〇名がダブリンに駐留していたという。さらにこの一六〇〇名のうち、第五騎兵連隊に三〇〇名、第一〇軽騎兵連隊に八〇名、第六一連隊に六〇〇名、第六〇ライフル銃連隊に三〇〇名、第八連隊に二〇〇名というような詳細な人数を後年になって語っている。[35] はたしてダブリンには、一六〇〇名にものぼるフィーニアン兵士がいたのだろうか。

イギリス軍当局が残した文書のなかに、アイルランドのフィーニアン兵士数を五五〇〇名とした記録がある。それは一八六五年一二月三日付のメモで、ケリー大佐が軍当局のスパイに語っていた数字である。[36] ケリー大佐は、この当時デヴォイから組織の状態を正確に知らされていたので、この情報は十分信頼にたるものといえよう。ここであげられている五五〇〇名という数字は、デヴォイが主張していた八〇〇〇名を大きく下回っており、彼の回想録が兵士の人数を誇張する傾向にある可能性を示している。

デヴォイが人数を誇張していた可能性を指摘することができる例は、他にもある。たとえば一八六六年一月のときには、デヴォイは第五騎兵連隊のフィーニアン兵士数を一〇〇名であると語っていたのに、後年に書かれた回想録では三〇〇名として人数に食い違いを見せている。[37]もっとも兵士の人数が誇張されていることは事実だが、そうであるからといって、根拠のないものとして全面的に退けることもできない。[38]いずれにせよ、フィーニアン兵士数を確定することは難しく、確実にいえることは、デヴォイが記述している八〇〇〇名（ダブリン駐留は一六〇〇名）という人数を下回るということである。だが、少なからぬ兵士が指導者の号令のまま行動を起こす可能性があったということは、フィーニアンたちを勇気づけ、それとは逆に軍当局を怯えさせた。

2　イギリス軍当局による弾圧

ストラートネアン卿の着任

イギリス軍当局がフィーニアン兵士組織を深刻な問題として取り組みはじめたのは、ストラートネアン卿がアイルランドのイギリス軍最高司令官として赴任した一八六五年七月からだった。このとき各地でフィーニアンが活発に活動しているという情報が治安当局に届いていたものの、ＩＲＢへの弾圧はまだおこなわれていなかった。デヴォイは、ストラートネアン卿のことを「無情な厳格さを持つ彼は、性格上フィーニアン運動を弾圧するという仕事にもっとも適している」と述べた一方で、積極性に富んだ思慮深い司令官であるとも評している。[39]

ストラートネアン卿の軍人としての経歴は、一八二〇年にアイルランドの第一九連隊に入隊したことからはじまる。彼は二〇年代と三〇年代をアイルランドで過ごしたが、当時のアイルランドでは農民の秘密結社が活動し、さらに「反十分の一税」を掲げる集会が開かれるなど、とくに農村の治安が著しく乱れており、当然のごとくイギリス軍はこうした動きを封じるため多忙をきわめていた。ストラートネアン卿も第一線で活躍し、アイルランドという国やアイルランド人にかんして相当の知識を持つことになる。こうした経験を積んだ後、アイルランドを去り、ジブラルタル、マルタ、シリアへと海外の任地を転々としていった。

一八五七年にインドでセポイの反乱が起きると、この年の九月にストラートネアン卿はみずから志願してインドに渡り、ボンベイの一地域の司令官に就任し、反乱の鎮圧に明け暮れることになった。反乱が治まると彼はインドのイギリス軍最高司令官に抜擢され、混乱した軍の立て直しという重要な任務を負うことになり、その規律を改善することに精力を傾けた。じっさい彼の在任中にも第五ヨーロッパ連隊が反乱を企てたのだが、その連隊の一兵士には軍法会議で死刑判決がいい渡されている。(40) インドにおけるイギリス軍の立て直しに成功したストラートネアン卿は、「手強い」将軍としてフィーニアンの前に現れた。

彼がアイルランドに赴任した一八六五年七月といえば、ローントリーが最高組織者としてフィーニアン兵士の組織化に携さわっているときだった。着任早々フィーニアン兵士にかんする情報の収集をはじめ、アイルランド担当次官ラーコムに情報提供を依頼した。(41) このときイギリス軍当局よりもラーコムの方が警察を通じてより多くの情報をすでにつかんでいたのである。軍隊内部のフィーニアンの活動を十分に把握できなかったという、軍当局の「失態」は、ストラートネアン卿の前任者G・ブラウン卿の責任だった。ブラウン卿は、「イギリス軍兵士はけっして反逆者にはならない」という幻想を抱いていたため、部隊指揮官からあがってくる多数の情報を真剣にとり扱おうとはせず、こうした事態を引き起こしてしまったのである。(42) 一例をあげるならば、後にみるようなフィーニアン運動に「汚染された」第五騎兵連隊を指揮するカルソープ大佐からブラウン卿は情報を受け取っていたにもかかわらず、この種の情報を黙殺した。(43)

警察の方がイギリス軍当局よりもフィーニアン兵士について、より多くの情報を握っていたけれども、その情報とてけっして満足のいくものではなかった。そのためイギリス軍当局自身も積極的な情報収集に乗り出さざるをえず、一八六五年九月に、軍当局はアイルランド駐留の各部隊指揮官にたいし「連隊内のフィーニアン兵士にかんする情報をすみやかに報告せよ」という通達を出した。(44) 寄せられた報告の多くは、自分の連隊にはフィーニアン兵士がいないというもので、フィーニアン運動の存在を真っ向から否定するものだった。(45) じっさい、こうした運動がまったく浸透していない連隊があったことはたしかである。その一方で、連隊指揮官のなかには、フィーニアン兵士が連隊内で暗躍しているにもかかわらず、彼らの存在に気づいていない者や、さらにあえて目をつぶった者がいた。ここで後者の例として、フィーニアン運動にある種の共感を抱いていた、歩兵連隊のアイルランド人大佐を取り上げてみよう。

この大佐はセポイの反乱の鎮圧のさいに素晴しい軍功を立てたにもかかわらず、それに見合うだけの昇進を遂げられず、イギリス軍自体に不満を抱いていた。(46) 彼はこの不満の裏返しに、フィーニアン運動を弾圧する気になれなかったのである。当時のイギリス軍隊の制度を考えてみると、この大佐の置かれた状況も十分理解できる。軍の将校の地位は、金銭で売買されるという「買官制」で、豊富な資金を持つ貴族の次男・三男が、能力の有無にかかわらず軍隊内で高位に昇進していた。だからいくら戦場で活躍しても、資力がなかったこのアイルランド人大佐の前には、「正当な」昇進の道は閉ざされていたというわけである。

イギリス軍内の情報収集は困難をきわめたが、軍当局が情報収集の手段をまったく持っていなかったわけではない。第五騎兵連隊の兵卒P・フォーリーをスパイとしてフィーニアン兵士組織に放っていたのである。彼は一八六四年後半からすでにイギリス軍当局側のスパイとして活動していた。フォーリーはフィーニアン兵士の組織に加わったときから、フィーニアンとして活動する気などさらさらなく、メンバーとなった翌日に早くもその事実を部隊の軍曹に告げるという、フィーニアンにとってもっとも嫌悪すべき存在だった。それから約二カ月後、上官であるカルソープ大佐およびダブリン首都警察のライアン警視と面会し、スパイとして活動することを命じられたのである。[47] とはいえ、当時ブラウン卿が最高司令官だった軍当局が、情報の収集に熱心であろうはずはなかった。
フォーリーはどのような情報を軍当局に流したのだろうか。彼の情報がアイルランド国立公文書館に保存されているが、それらは一八六五年四月二〇日から六六年四月五日までのあいだに提供されたものである。[48] それらを分析してみると、フィーニアン兵士組織の機密事項にかんするものは明らかにできず、パブでイギリス軍兵士がフィーニアンと会合しているといったおおまかな内容で、その多くはすでに警察が他のスパイから入手していた。しかし、デヴォイの逮捕につながる重要な情報を提供している。彼は、六六年二月にダブリンのパブでデヴォイを含むフィーニアン兵士組織の指導者が集会を開いていると軍当局に知らせ、このことによって二七名が逮捕されたのであった。[49] 彼のスパイとしての最大の功積といえる。
スパイとして活躍したフォーリーのその後の人生はけっして幸福なものではなかった。裁判で検察側の証人として出廷した彼は、イギリス軍当局のスパイだったことが仲間のフィーニアンに知れわたり、それ以降生命の危険にさらされることになった。彼はもはやそのまま第五騎兵連隊の兵士であり続けることは不可能となり、スパイとして働いた代償として、イギリス軍兵士よりもはるかに安定した職を斡旋するよう軍当局に求めた。彼は自分は読み書きができるから政府の事務官として採用してくれるようにと申し出たが、軍当局の反応は冷たく、事務官として働くほどの能力を持ち合わせていないとの理由から、この希望はかなわなかった。軍当局はある程度の年金を与えたようだが、彼は貧困のなかでその人生を終えている。[50]
イギリス軍当局は、「フィーニアン問題」を処理するに当たって、警察の助けを借りようとした一方で、警察にたいして強力な対抗意識を持っていた。たとえば、ダブリン首都警察の刑事が事前の通告なしにイギリス軍兵舎に捜査のため派遣されたとき、ストラートネアン卿がアイルランド政府にたいして厳重な抗議をしていることは、その表れである。また、軍当局が、あるスパイから情報を聞き出そうとしたとき、警察はその場に刑事を同席させることを強く要望したにもかかわらず、それが認められなかったということもあった。[51] しかし、軍当局はみずからの力で解決することができない問題が生じたときには、警察の協力をしぶしぶ要請する。たとえば、一八六六年八月、ベッガーズ・ブッシュ・バラック駐留の近衛連隊の軍曹がダブリン首都警察を訪れ、部下がパブで見知らぬ者の接待を受けたことを説明し、警察の協力を求めている。[52]

ここにイギリス軍当局と警察のあいだに生じていた確執を垣間見させるもっとも興味深いエピソードがある。一八六六年四月のことだったが、軍当局のスパイだった第八連隊のJ・マー（彼については後に説明する）は、フィーニアン兵士組織の中心人物のひとりベインズと会う約束をとりつけたさい、その機会を利用して彼を逮捕することを軍当局に提案した。マーは刑事の助けを借りることを軍当局に助言したが、その理由は、「彼ら［警官］は兵士よりもはるかに賢く、自分たちの仕事や何をなすべきかということをよく知っている」[53] ということだった。そこでイギリス軍のフィールディング大佐は仕方なく警察に協力を要請した。だが、フィールディング大佐は警察と密接な連絡をとりながらベインズを逮捕する手はずを整えていたにもかかわらず、警察を出し抜いて予定の時間よりも早く「現場」に踏み込み、結局ベインズを取り逃がしてしまった。[54] この一件について、ライアン警視は次のように述べている。

私は刑事部門の警官にたいして、［イギリス］軍当局に誠心誠意の協力をすることが必要であることを、事あるたびごとに注意してきた。そこで今回もフィールディング大佐とともに行動するよう部下をわざわざ手配した……現在［イギリス］軍が警察にたいして嫉妬心を抱いているとすれば、それは非常に遺憾なことである。[55]

このように警察の援助を要請したときでさえ、軍当局は警察との対抗意識をつねに持ち続けていた。

軍法会議

先にみたようにストラートネアン卿は、一八六五年七月にアイルランドに着任した直後からフィーニアン兵士にかんする情報の収集を開始したが、翌六六年二月イギリス軍当局は具体的な行動をついに起こした。イギリス軍当局は情報にもとづいて、それまで野放しにさせておいたフィーニアン兵士を逮捕し、さらにフィーニアンが好んで立ち寄ったパブへのイギリス軍兵士の立ち入りを禁止するという手段に打って出たのである。

情報収集も引き続いて徹底しておこなわれ、二月一九日付の通達では、各部隊指揮官は連隊内のフィーニアン兵士組織について報告するよう再度求められている。(56) しかもイギリス軍当局は、組織についての情報を得るために、いったん逮捕したフィーニアン兵士（彼らのうち何人かは、後に軍法会議の証人となっている）をスパイとして組織のなかへ送り返し、情報を収集させるという巧妙な手段をとった。こうしたスパイとして重要な働きをしたのが、第八連隊のJ・マーおよび第六一連隊のJ・アブラハムである。マーとアブラハムは、軍当局の最初のスパイだったP・フォーリーとは異なり、軍当局に逮捕された後になってはじめて情報を提供するようになったのである。こうしてフィーニアン兵士から情報を直接入手した軍当局は、軍隊内のフィーニアン運動の脅威に対処する態勢を徐々に整えることができた。

軍当局は軍隊内でスパイを密かに活躍させる一方で、見せしめのために逮捕したフィーニアン兵士を軍法会議で厳しく裁いていった。じじつ、これは、彼らがとった手段のなかでもっとも効果が上がったものである。ダブリンでの軍法会議は、一八六六年二月から六八年二月までに計八回開かれ、フィーニアン兵士組織に関与した三〇名の兵士が裁かれた。(57) じっさいに逮捕された兵士は三〇名を超えていたが、証拠不十分等などからすべての兵士が軍法会議にかけられたわけではなかった。

軍法会議の開催に先立って、軍当局は逮捕したフィーニアン兵士のなかから証人を選び出した。彼らにたいして証人として法廷に立つ代わりに、罪を免責するという取引をしたわけである。証人たちはあらかじめ事細かに証言内容を教え込まれ、裁判が軍当局に有利にすすむように工作がおこなわれた。デヴォイは、軍法会議の訴追者となった第六一連隊のフィーラン大尉のやり方を痛烈に非難し、次のように述べている。

彼［フィーラン大尉］はアーバー・ヒルの軍刑務所の独房をひとつずつ訪れ、満足な食事も与えられていないフィーニアン兵士に向かって、他の者はすべてスパイになったし、私［デヴォイ］がすべてのフィーニアン兵士たちの名が記載されたリストを、すでにアイルランド政府に提出したと偽って話した。彼らのうち数名はフィーラン大尉のこのような作戦に屈し、法廷で軍当局に有利な証言をするようにあらかじめ証言内容を教え込まれた。(58)

こうして容易周到に準備された軍法会議が開催された。

表4-2はダブリンでの軍法会議で裁かれたフィーニアン兵士の判決リストである。軍隊の規律は市民生活よりも厳しくあるべきであるという信念を持っていたストラートネアン卿が、重い判決をフィーニアン兵士に言い渡したことを、この表からみてとることができよう。(59)

軍法会議にかけられた兵士の数は三〇名であったが、なかでも第六一連隊と第五騎兵連隊の兵士がもっとも多く、それぞれ六名が軍法会議にかけられた。これに次ぐのが第八五連隊（この連隊については後に詳しく述べる）の四名である。また、センターであったことがわかっているのは、第六一連隊のT・チェンバーズ、第八七連隊のW・カリー、第五騎兵連隊のP・キーティング、第一〇軽騎兵連隊のJ・B・オライリー、第八五連隊のT・シン

表 4-2　ダブリンの軍法会議，1866-8年

	氏　名	連隊名	判決
1.	J・フラッド	第9旅団砲兵連隊	禁固2年
2.	J・マルヴェヒル	第1バット	禁固2年
3.	J・フラッド	第9旅団砲兵連隊	禁固2年
4.	T・チェンバーズ	第61連隊	懲役終身
5.	R・クランストン	第61連隊	懲役終身
6.	M・ハーリントン	第61連隊	懲役終身
7.	J・マッコイ	第61連隊	懲役15年
8.	P・マックナルティ	第61連隊	禁固168日
9.	J・プリーストリー	第61連隊	禁固168日
10.	P・キーティング	第5騎兵連隊	懲役終身
11.	M・ホーガン	第5騎兵連隊	懲役終身
12.	J・ウィルソン	第5騎兵連隊	懲役終身
13.	T・ディレイニー	第5騎兵連隊	懲役10年
14.	J・リンチ	第5騎兵連隊	懲役5年
15.	W・フォーリー	第5騎兵連隊	懲役2年
16.	T・ハセット	第24連隊	懲役終身
17.	J・ドノヒュー	第24連隊	懲役終身
18.	J・B・オライリー	第10軽騎兵連隊	懲役20年
19.	J・シャイン	第60ライフル銃連隊	懲役4年
20.	W・カリー	第87連隊	禁固2年
21.	T・シンプソン	第85連隊	懲役終身
22.	J・カヴァナー	第85連隊	懲役7年
23.	P・マーサ	第85連隊	懲役5年
24.	C・リッチングズ	第85連隊	重労働2年
25.	P・キリーン	砲兵連隊	懲役7年
26.	J・フォーリー	砲兵連隊	懲役7年
27.	W・レオナード	軍需品輸送連隊	懲役5年
28.	T・ファレリー	第86連隊	禁固1年
29.	M・アイヴァース	第86連隊	無罪
30.	J・ローク	第86連隊	無罪

出典） National Archives of England, Wales and the United Kingdom, WO 91/44; 91/45 より作成.

プソンとJ・カヴァナーであった。他の兵士たちがセンターであったかどうかは不明だが、多くの者がフィーニアン兵士組織において高い地位を占めていたことはたしかである。

連隊の移動

このようにしてフィーニアン兵士は逮捕され、右に述べたように、そのうち三〇名がダブリンの軍法会議で裁かれたが、イギリス軍当局は、この人数自体は組織全体からみればほんの一部にすぎなかったことを十分に承知していた。そのため、もしフィーニアンが蜂起すれば、それに呼応してイギリス軍兵士のなかから蜂起に加わる者が出ることを懸念していたし、フィーニアンが紛れ込んでいる連隊を率いて蜂起を鎮圧することができないことも覚悟していた。この問題を解決するには、フィーニアン兵士が潜んでいると思われる連隊（アイルランド人兵士が多い連隊）を、アイルランドからイギリスや海外に移動させるのがもっとも手っ取り早い方法だった。デヴォイの回想録では、フィーニアンが潜入している連隊の存在を危惧した軍当局は、一八六七年の蜂起前にアイルランドから他の地域に移動させたことになっている。(60)だが、事実はデヴォイの主張よりも複雑である。この辺の経緯を詳しくみてみよう。

蜂起決行の二年ほど前の一八六五年四月、イギリス軍当局は、ダブリンに駐留していた第二九連隊、第四一連隊、第四九連隊のフィーニアン連隊を、マルタ、ベンガル、ボンベイにそれぞれ移動させることを命じた。(61)デヴォイによれば、この移動はフィーニアン運動の弾圧政策としておこなわれたということになっているが、事実はそうではないのである。それは当時のイギリス軍の制度によるもので、イギリスとアイルランドでの五年間の本国勤務を終えた連隊は、次の一〇年間は勤務条件が厳しい海外に駐留しなければならなかった。(62)しかも、このときイギリス軍の最高司令官であったブラウン卿が、フィーニアン兵士の組織にほとんど関心を寄せていなかったことを思えば、この連隊の移動がフィーニアン運動への危惧からくるものであったとはまったく考えられない。

ブラウン卿がフィーニアン兵士問題にたいして無関心だったのとは対照的に、フィーニアン兵士の反乱を憂慮したストラートネアン卿はフィーニアンが潜んでいる連隊を計画的に移動させた。そのやり方はじつに巧妙なもので、彼がもっとも苦心したことは次のようなことを世間にアピールすることだった。つまり、連隊を移動させたとしても、それはアイルランド人兵士にたいする信頼が揺らいだ結果ではなく、彼らは依然としてアイルランドの治安維持になくてはならない存在であり、軍当局は彼らに不信を抱いてはいない、ということだ。それは彼自身の次の記述から読みとることができる。

私はアイルランド人兵士全体に疑念を抱いたり、そのことを明らかにするということをけっしてしなかった。私は極力そのようなことを避けた。私はアイルランド赴任直後、第四騎兵連隊《ロイヤル・アイリッシュ》が多数のフィーニアンが活動している地域に派遣されたことを知った。この連隊はフィーニアンになる可能性があるアイルランド人兵士からなる連隊ではあったが、私はこの連隊を治安維持のため、その地域にそのまま駐留させることを命じた。(63)

じっさいストラートネアン卿はアイルランド人兵士にたいする信頼を全面的には失わなかったことは事実である。反乱の可能性を持つ兵士であってもその使い方によっては利用できることを、彼は経験によって知っていたのである。というのも、彼はセポイの反乱を鎮圧するさいに、イギリス人兵士ではなく主にインド人兵士からなる部隊を用い、つまりインド人兵士をもってインド人の反乱を鎮圧したからだった。(64)

そうではあっても、ストラートネアン卿は、反乱を起こす可能性があるフィーニアン連隊をアイルランドの戦略上の拠点にそのまま駐留させるのはあまりに危険な賭けだと考えた。そこで「疑わしい」連隊を移動させることにする。フィーニアンが潜んでいる可能性がある連隊をすべて海外に送り出せば、話は簡単であるが、一方ではアイルランド人兵士を信頼し、また一方では疑っていたストラートネアン卿は、じつに複雑な連隊の移動をおこなったのである。

ストラートネアン卿はあくまでも五年間の本国勤務と一〇年間の海外勤務という軍の制度を厳格に守りながら、本国勤務の連隊のあいだだけで移動をおこなった。彼がどのように連隊を移動させたかというと、ダブリンに駐留するフィーニアン連隊をいくつかのグループに分割し、反乱を起こす可能性を極力抑えたうえで地方に転出させた。それらの連隊は、アイルランド統治の中心であるダブリンの治安維持には不適切であると、結論づけられたわけである。アイルランド人兵士に信頼を失ったならば、彼らをアイルランド国外へ移動させればよいのだが、彼らをあくまで国内に留めおいたということである。本国勤務と海外勤務という原則を守り、フィーニアン兵士といえども使い方によっては利用できると考えた結果であろう。こうした反乱分子を含む連隊をダブリンから移動させた一方で、空白が生じたダブリンの警備のためには、軍当局はイギリスに駐留中の主にイングランド人とスコットランド人から構成される連隊（フィーニアン運動が浸透する危険性が低い）を派遣させたのである。

このことを具体的にみてみよう。第五騎兵連隊や第一〇軽騎兵連隊のようなダブリンに駐留していたフィーニアン連隊は、いくつかのグループに分割され、一八六六年おわりまでにダブリンからアイルランドの各地方に移動させられた。ストラートネアン卿は、第五騎兵連隊は、ダブリンの勤務に十分対応できると一往は述べていたにもかかわらず、移出させたのである。(65) 蜂起直前の翌六七年二月までに、第五騎兵連隊については、二三八名がニューブリッジに、六五名がカラに、五一名がカーローに、八九名がロングフォードに、四六名がキャッスルバーに分割された。第一〇軽騎兵連隊は四つのグループに分割され、三九二名はダンダークに、五四名はベルファストに、五一名はベルターベットに、三九名はアスローンに派遣された。(66) こうしてイギリス軍当局はフィーニアン連隊を分割し、地方に送りイギリス支配の拠点であるダブリンから追い払ったのである。

第五騎兵連隊と第一〇軽騎兵連隊の代わりに、ダブリンには第五二連隊と第九二連隊が送り込まれてきた。(67) 前者は主としてイングランド人兵士、後者はスコットランド人兵士からなる連隊で、フィーニアン兵士が潜む可能性がまったくないとはいえなかったけれども、その可能性が低かったことは明らかだった。後にみるように、ストラートネアン卿がダブリンの蜂起を鎮圧するためにタラ・ヒルへ向かったとき、彼にともなったのはこの第五二連隊だった。彼がフィーニアン兵士の問題を深刻に受け止めていたことが、このことからもわかろう。

3　フィーニアン兵士組織の復活

パワー博士の組織

イギリス軍当局の弾圧によって、フィーニアン兵士組織は壊滅的な打撃を受け、麻痺状態に陥っていた。しかし、一八六六年後半からフィーニアン兵士の組織化がふたたびおこなわれるようになる。ここで登場するのが、ダブリンのセンターだったE・パワー博士である。彼が一八六六年後半のダブリンでもっとも活躍したフィーニアンだったことは、すでに第1章でふれた。彼は、六六年二月に逮捕されたデヴォイの後を継いだ第四番目のフィーニアン兵士の最高組織者であり、彼の逮捕後にIRBはフィーニアン兵士を体系的に組織化した証拠はないので、「最後の」最高組織者でもあった。

パワー博士の組織については、デヴォイの逮捕後のことであるために、その回想録のなかではまったくふれられていない。したがって、警察の報告書や裁判記録から、彼の組織の実態を明らかにするしかない。[68]ここでまずいえることは、イギリス軍当局が弾圧を開始した後だったのでパワー博士のフィーニアン兵士の組織化は、彼の前任者デヴォイとは比較にならないほど難しいものだったということである。たとえば、一八六六年一二月、第八五連隊のあるイギリス軍兵士はフィーニアンのメンバーになるよう誘われたとき、彼は「メンバーになるなんてお断りだ。たくさんの兵士がフィーニアンになってマウントジョイ刑務所にぶち込まれているじゃないか」[69]といって、その誘いを拒否している。さらに、フィーニアン・ブラザーフッドが分裂し、フィーニアン兵士の組織化に必要な資金がアメリカから送金されてこなくなったことは、この状態に拍車をかけていた。

壊滅した兵士組織をゼロから建て直すという使命を負ったパワー博士は、新たな協力者を選ぶことからはじめなければならなかった。[70]デヴォイの組織で働いていた特殊活動家は逮捕されたり、すでに国外に逃亡していたのである。パワー博士を補佐する特殊活動家となり、フィーニアン兵士の組織化において重要な役割を果たしたのが、W・スタックとG・ブラウンである。両者とも博士のサークルのなかでセンターに次ぐBという地位にあり、そのサークルのなかでも重要な地位を与えられていたのである。[71]このことからすると、博士のフィーニアン兵士組織は彼のサークルの一部として機能していたことがわかる。

パワー博士の組織にとってもパブは重要な場であった。イギリス軍当局が弾圧を開始した後、しばらくのあいだフィーニアン兵士の姿はパブから消えていたが、一八六六年後半、ふたたびパブを会合の場所として使用しはじめた。[72]こうしてパブでフィーニアン兵士を接待するフィーニアンの姿がまたもや警察の目に留まることになり、なかでもE・バトラーという労働者の動きに警察は注目していた。彼は週一〇シリングしか稼げなかった労働者にすぎなかったが、毎晩パブで多くのイギリス軍兵士に酒を振る舞っていたのである。[73]

ところでデヴォイがいくつかの連隊にまたがって組織を作り上げていったのにたいして、パワー博士は第八五連隊というひとつの連隊のなかにしか組織を作ることができず、デヴォイが達成したレヴェルまで組織を回復させることはできなかった。第八五連隊の兵士のなかでじっさいにフィーニアン兵士だったことが判明しているのは、T・シンプソン、P・マーサ、J・カヴァナー、C・リッチングズの四名である。というのも、彼ら四名はいずれも一八六七年一月と四月に開かれた軍法会議の法廷で裁かれているからである。このうちセンターだったのは、カヴァナーとシンプソンであるが、とくにシンプソンは重要な役割を果たした。そもそも第八五連隊にフィーニアン運動を持ち込んだのは、彼だったのである。

シンプソンはロンドンでフィーニアンとして活動していたが、逮捕を免れるためにダブリンに渡り、一八六六年五月にまず第八連隊に入隊した。八月から一〇月にかけてシンプソンとパワー博士が行動をともにしていることが警察によって目撃されている。博士はシンプソンを第八連隊からわざわざ除隊させ、同年一一月一三日に新たに第八五連隊に入隊させ、この連隊の兵士をフィーニアンにしようとした。このときから第八五連隊の組織化がはじまることになるが、博士が同年一二月はじめに逮捕され、他のフィーニアン兵士組織の主だったメンバーも同じ運命をたどったので、第八五連隊の組織化は一カ月に満たない短命なものに終わった。こうした短期間のうちに博士とシンプソンがフィーニアン兵士たちを十分に組織化することは不可能であり、さらにイギリス軍当局がフィーニアン運動の脅威を感じとっていたため、イギリス軍内に組織を拡大させることが、デヴォイたちよりもはるかに困難だったことは想像にかたくない。

パワー博士のフィーニアン兵士組織の規模を検討してみよう。先にみたように、イギリス軍当局が弾圧を開始したことによって、彼の組織はそれまでのものと比べて規模は小さく、しかも第八五連隊内に限定されていた。問題は、この連隊に何人のフィーニアン兵士がいたかである。一八六六年おわりの段階で、ダブリンに駐留していた第八五連隊の兵士は約六〇〇名であったが、ライアン警視は、この連隊の三分の二に当たる四〇〇名がフィーニアンであり、博士が逮捕される直前の土曜日に新たに三六名がメンバーになった、と警視総監に報告している。(74)この警察の情報以外に、この連隊の兵卒は一〇〇名以上がフィーニアンであったとする情報もある。(75)第八五連隊のフィーニアンの人数については、デヴォイの回想録ではまったくふれられておらず、右の二つの情報以外にはない。また両者のあげている数字に大きな開きがあることから、正確な人数を特定することは不可能であるが、フィーニアン兵士が存在していたという事実だけは否定のしようがない。

フィーニアン兵士組織を復活させた博士は、先にみたように一八六六年一二月に逮捕され、せっかくの組織もふたたび解体に追い込まれた。博士のフィーニアン兵士組織はデヴォイのものと比較すると規模のまったく小さなものであったとはいえ、彼が一八六六年一二月に逮捕されなければ、デヴォイの組織に匹敵するものに成長したかもしれない。しかも、もしこの組織に弾圧が加えられる前に、フィーニアンが蜂起したら、フィーニアン兵士たちはなんらかの「活躍」をしたに違いない。

蜂起とフィーニアン兵士

一八六七年三月の蜂起のさい、フィーニアン兵士組織はどのような状態にあったのだろうか。デヴォイが作り上げた組織は六六年二月以降に弾圧され、それに代わって登場したパワー博士の組織も、その年のおわりに同じ運命をたどった。蜂起間近の翌六七年二月には、フィーニアンはふたたびイギリス軍兵士を仲間に引き入れようとしている。たとえば、二月一二日、騎兵砲兵連隊所属のひとりの兵士を勧誘した罪状でJ・コナーが逮捕された。コナーは、その兵士に向かって「われわれの仲間になれば二〇ポンドをやろう」[76]といっているが、これはイギリス軍兵士をメンバーにすることがいかに困難であったかを物語っている。なぜなら、二〇ポンドという大金を勧誘のために使うことなど、それ以前にはまったく考えられなかったからである。

このときフィーニアン兵士組織そのものは壊滅状態にあり、フィーニアン兵士とフィーニアン指導者とのあいだにはもはや効果的な連絡手段は存在しなかった。しかし、指揮系統は断絶していたとはいえ、フィーニアン兵士はイギリス軍内部には依然として存在していたのである。じっさい、一八六七年二月、ライアン警視は、蜂起の準備をすすめつつあったフィーニアンはイギリス軍内部の不満が爆発することに期待をかけていた、と警視総監に報告している。[77]

では、フィーニアン兵士は一八六七年三月五日の蜂起のさいにどのような行動をとったのであろうか。[78]ダブリンの蜂起にフィーニアン兵士が、参加したという証拠はないが、蜂起を鎮圧するため派遣されたイギリス軍のなかにいたフィーニアン兵士がダブリンのフィーニアンとともに行動を起こそうとしたとする証言がある。蜂起が決行された翌六日、第四騎兵連隊はダブリンのフィーニアンの集合地点であるタラ・ヒルに進軍する命令を受けた。この連隊のある兵士は後に「『仲間はいつやってくるんだ』とお互いにささやきあい、最初の銃声で彼らに加わる準備ができていた」(79)とデヴォイに語っている。しかし、この兵士を含む第四騎兵連隊がタラ・ヒルに到着したのは三月七日の夕方のことであり、後にみるように蜂起はすでに終わっていた。

ところで、ドラムクリフで決行された蜂起には、ひとりのイギリス軍兵士が参加し、イギリス軍当局を慌てさせた。蜂起直後にイギリス軍兵士が蜂起に参加していたらしいという情報をつかんだストラートネアン卿は、緊急に事態を調査させた(80)。その結果、第九連隊の兵士が武装したフィーニアンたちの集団の一員だったことが判明したのである(81)。結局、フィーニアンの蜂起に参加したイギリス軍兵士は、この人物ひとりであった。このように、一八六七年三月の時点でもまだイギリス軍内部にフィーニアン兵士は存在したが、すでに兵士の組織が崩壊していたので、フィーニアン指導者は彼らを有効に利用することができなかったのである。

フィーニアン連隊

ここでダブリンに駐留したイギリス軍のうち、どの連隊にフィーニアン運動が浸透していたかについて、軍法会議、デヴォイの回想録、警察の報告書をもとにまとめておこう。

先に掲げた表４-２より、第三連隊、第二四連隊、第六一連隊、第八五連隊、第八六連隊、第八七連隊、砲兵連隊、軍需品輸送連隊、第五騎兵連隊、第一〇軽騎兵連隊、第六〇ライフル銃連隊の一一の連隊に所属していた兵士が裁判にかけられた。軍法会議は、証拠不十分などの理由からすべてのフィーニアン兵士が出廷させられたわけではないが、彼らの存在を白日のもとにさらすことになった。また、デヴォイの記述はイギリス軍内部の組織の存在を誇張する傾向がみられるが、フィーニアン連隊を確定する手掛かりを与えてくれる。彼の回想録から拾い出してみると、第八連隊、第二四連隊、第六一連隊、第七三連隊、第六〇ライフル銃連隊、第五騎兵連隊、第九槍騎兵連隊、第一〇軽騎兵連隊に組織のあったことがわかるが、このうち第七三連隊はダブリンに駐留していなかったのでここでは除外する。(82)

軍法会議の記録はイギリス軍当局が弾圧をはじめた一八六六年当時のフィーニアン連隊を明らかにしており、デヴォイの記述も、彼がフィーニアン兵士組織の最高組織者になった六五年後半を中心としているので、これらの史料は初期の組織つまりオリアリーやローントリーのフィーニアン連隊については多くを語ってくれない。そこでこの欠点を補ってくれる警察の報告書を検討してみよう。

警察は一八六四年一〇月から六五年九月にかけて、モーランとバーギンのパブに出入りしていたイギリス軍兵士を克明に記録していた。この約一年間にわたる警察の報告書をもとにして、二つのパブに出入りしていた兵士数の合計をとってみると、第四一連隊の四八名、第二九連隊の三二名、第六一連隊の一九名、砲兵連隊の一二名、第六〇ライフル銃連隊の一〇名、第八連隊の一〇名、第四九連隊の九名、第五騎兵連隊の五名、第八四連隊の五名、第九槍騎兵連隊の二名、第四騎兵連隊の一名、という数が得られた。(83)

したがって、これら軍法会議、デヴォイの回想録、警察の報告書から、フィーニアン連隊だと推察できるのはじつに一八におよび、それらは、第三連隊、第八連隊、第二四連隊、第二九連隊、第四一連隊、第四九連隊、第六一連隊、第八四連隊、第八五連隊、第八六連隊、第八七連隊、第四騎兵連隊、第五騎兵連隊、第一〇軽騎兵連隊、第六〇ライフル銃連隊、第九槍騎兵連隊、砲兵連隊、軍需品輸送連隊である。

なぜフィーニアンになったのか

ここでイギリス軍兵士がフィーニアン運動に加わった理由を考えてみよう。彼らは軍隊という特殊な環境のなかにいたため、普通のアイルランド人がフィーニアン運動に加わるのとは、少しわけが違っていたことは容易に推察できる。ここで考えられる理由のひとつが、イギリス軍兵士の劣悪な生活状態――低い給与や兵舎の居住環境の悪さ、飲酒以外にはレクリエーションがなかったこと――である。[84]兵士は一日に一シリングの給与と一ペンスのビール代を支給されていたが、その給与から必要経費が差し引かれ、他の職種と比較するときわめて低い手当だった。ＩＲＢはフィーニアン兵士に手当を支給したので、フィーニアンになることは彼らにとって大きな魅力だったに違いない。

さらにパブなどで酒の接待を受けることができた。その当時、兵士の唯一のレクリエーションといえば酒を飲むことぐらいで、彼らの泥酔はつねにイギリス軍当局の頭を悩ませる大きな問題であった。デヴォイは、「パブではいくらかの酒を注文しなければならなかったが、それらはけっしてウイスキーのような強い酒ではなかった。飲んだビールの量は非常に少なかった」[85]と述べているが、この記述は疑わしい。彼らはじっさい金も払わず多量の酒を飲んでいたという証拠があり、[86]多数の兵士が酒飲みたさのためにＩＲＢに参加していたことはたしかである。しかし、このような手当や酒といった物質的理由だけからイギリス軍兵士がフィーニアンになったわけではないことも、注目しておかなければならない。次にこのことをみてみよう。

フィーニアン運動がイギリス軍に浸透したもうひとつの理由は、アイルランド人兵士たちが抱いていたイギリス支配にたいする憤り、つまりナショナリズムである。彼らと同じ劣悪な境遇に置かれていたイングランド人兵士やスコットランド人兵士は、フィーニアンにはならなかった。もし手当や酒が目的であれば、イングランド人兵士がフィーニアンになる例があってもおかしくはないであろう。ひとまとめにイギリス軍兵士といっても、アイルランド人兵士とイングランド人兵士のあいだには超えられない溝がつねにあり、たとえばアイルランドの連隊とイングランドの連隊の兵士間に衝突が起きることは日常茶飯事だったのである。[87]したがって、イギリス軍兵士の生活状態をいくら向上させても、彼らのなかにフィーニアンは存在したであろう。

このようにフィーニアン運動がアイルランド人兵士のナショナリズムに訴えたことを、ストラートネアン卿は十分に認識していた。彼は、イギリスによるアイルランド支配の本質を「聡明・熱情的・執念深い人種であるアイルランド人を、感情、性格、習慣がまったく異なったイングランド人が手荒に征服し、それに続くイングランドの厳格な宗教改革の結果」[88]とみなしていた。そこから彼は、フィーニアン兵士を処罰するだけではイギリス軍内部の「フィーニアン問題」の根本的な解決策にならず、アイルランドの社会的・政治的不満を平和的に鎮めることこそが重要である、と考えるにいたる。[89]イギリス軍兵士がなぜフィーニアン運動に加わったのかをみる場合には、生活状態といった物質的な問題と並んでナショナリズムという精神的な要因も考えなくてはならない。

ストラートネアン卿がアイルランドにおけるイギリス軍最高司令官として在任中（一八六五～七〇年）、アイルランド問題は解決をみなかった。しかし、イギリス軍当局のフィーニアン兵士組織にたいする弾圧策は功を奏し、フィーニアンたちはイギリス軍内部で組織を運営することにしだいに自信を失っていくようになる。また苦労して勧誘した兵士のなかには酒と金が目的だった者がいたことも明らかになり、こうした兵士の存在は組織の財政を悪化させるだけであったことをフィーニアンは理解したのである。スティーブンスがイギリス軍内部に組織を作ることにはじめ反対していたことからもわかるように、フィーニアン指導者にとってイギリス軍内部の組織はあくまでも一般組織の補助でしかなかった。そのため、ひとたびイギリス軍内部の組織存続が危機に瀕した場合には、この組織を放棄することにためらいはなかった。ともあれイギリス軍兵士をフィーニアンにすることはきわめて危険な任務であったことを彼らは経験から学んだのである。[90]

ＩＲＢは蜂起準備の一環としてイギリス軍のなかのアイルランド人兵士を組織化し、蜂起のさいに利用しようとしたが、イギリス軍当局の反撃に出会い、計画通りにことはすすまなかった。[91]軍当局がフィーニアン兵士組織を壊滅状態に追い込むことができたのも、警察の協力（軍当局は強烈な対抗意識を持ち、協力を要請することを潔しとはしなかったけれども）があったからである。そこで章をあらためて、警察がＩＲＢを弾圧するためにどのように情報を収集し、それにもとづいてどのような行動をとったのかを明らかにしてみよう。このことは、権力の側からＩＲＢの活動を再検討することにもつながる。

第5章　ダブリン首都警察

1　情報収集機関

ダブリン首都警察

現代のアメリカで凶悪犯罪に立ち向かっているＦＢＩ（連邦捜査局）の特別捜査官のことを「Ｇメン」と呼ぶことはよく知られているが、この語源はダブリン首都警察のＧ部門にあるといわれている。このＧ部門の責任者がＤ・ライアン警視で、その報告書でこれまでたびたび名が出てきたように捜査の最前線に立っていた。本章ではダブリン首都警察がどのようにＩＲＢを取り締まっていったのかを、Ｇ部門の捜査活動を中心にして明らかにしてみる。

ダブリン首都警察にはアルファベット順にＡからＧまで七つの部門があったが、そのなかでＧ部門は特殊な任務を遂行する部署であり、政治犯などを扱う刑事部門だった。刑事たちは警察の制服を着用せず、普通の市民と変わらぬ格好をして、市民生活に溶け込みながら捜査活動をおこなおうとした。(1) Ｇ部門の重要性は一八三七年にダブリン首都警察が創設されたときには十分認識されておらず、この部門は他の部門に遅れて四三年に設置され、しだいにその捜査活動は評価されるようになる。これからみるように、ダブリン首都警察がＩＲＢに有効な手立てを講じることができたのも、G部門があったらばこそのことだった。

Aから Fまでの部門は通常の警察業務をおこない、これらの部門の違いはそれぞれが担当する地区にあった。ダブリン市は四つの地区に分割され、A部門はダブリン市の南西地区、B部門は南東地区、C部門は北東地区、D部門は北西地区の治安維持に当たった。さらにダブリン首都警察はダブリン市に隣接する南部の郊外、つまりダブリン州の一部もその管轄区域に含めており、E部門がドニーブルック地区、F部門がブータースタウン・キングスタウン・ダーキー地区を担当していた。以上のAからGまでの七つの部門がお互いに協力しながらフィーニアン運動を取り締まっていったのである。

ダブリン首都警察は、イギリス政府の意向に忠実に従って任務を遂行した。警視総監は、イギリス内閣によって任命されるアイルランド担当相に直属するというかたちをとっていたので、ときの政府と対立するということは制度上からいってもできなかった。ところでアイルランド担当相はイギリス議会開催中はロンドンのアイルランド省に常駐する必要があったので、彼を補佐するアイルランド担当次官がダブリン首都警察の実質的責任者となる。一八六〇年代と七〇年代には、T・ラーコム（在任期間は一八五三年～六九年）とその後任T・バーク（在任期間は一八六九年～八二年）という二人の有能な次官がその責任を果たした。

T・ラーコム

ここでダブリン首都警察が作られたさいの経緯について説明しておこう。ダブリン首都警察のモデルとなったのが、一八二九年からロンドンの治安維持に当たっていた、イギリス

図2　ダブリン首都警察の階級

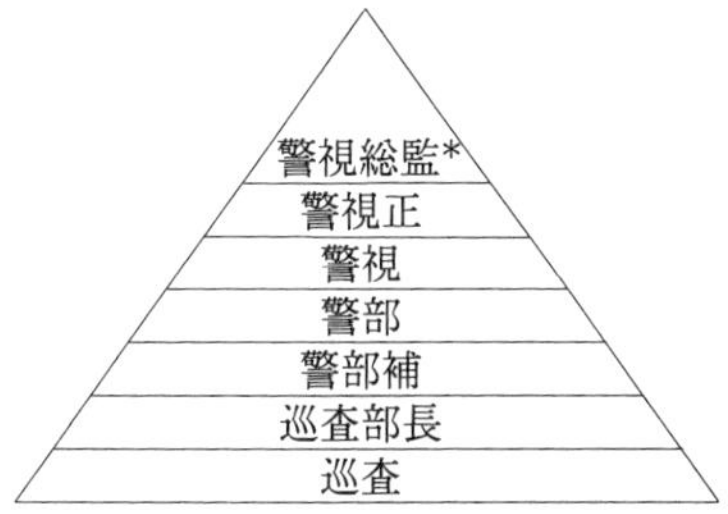

注）＊アイルランド担当相から任命される

最初の「近代的な」警察といわれる「ロンドン首都警察」である。[2] じっさい、巡査、巡査部長、警部補、警部といったダブリン首都警察の警官の階級制度や、警棒による軽装備などは、ロンドン首都警察から学ばれたものである（図2参照）。このように書くと、イギリスの警察制度がアイルランドにそのまま移入されたという印象を与えるが、じつはイギリスの近代的な警察制度の原型は、アイルランドでまず作られたのである。そもそもロンドン首都警察は、政府が直接に指揮し管轄区域を分割するという構造を、ダブリン首都警察の前身に当たる、一八〇八年に作られた「ダブリンの警察」から採用している。だから、アイルランドで生まれた制度がイギリス経由でふたたびアイルランドに導入されたという構図が成立するわけである。

イギリスにさきがけてアイルランドに近代的な警察制度が導入されたのには、それなりの理由があった。つまり、個人の自由を尊重するイギリスには、それを脅かす可能性がある警察制度はふさわしくない、と考えられたからである。その一方で、イギリスに比べて社会が不安定だったアイルランドでは、強力な治安維持機関が必要であることが早くから認識され、さらに「自由を尊重せよ」という意見など容易に封じ込めることができたのだった。

アイルランドにはもうひとつ「アイルランド警察」という、ひとりひとりの警官が兵士のように銃で武装するという軍隊のような強力な警察があった。[3] これは、ダブリン首都警察の管轄区域（ダブリン市とダブリン州の一部）以外のアイルランド全土の治安を担当したのだが、ここでは殺人や暴力事件がしばしば起こったので、武装した警察が必要とされた。[4] アイルランド警察はダブリン首都警察が創設される前年の一八三六年に作られたので、一八三〇年代おわりまでには、アイルランドには警察の網の目が張り巡らされ、「警察国家」ともいえるような状態が出現していたことになる。一八六〇年代にダブリン首都警察はアイルランド警察と密接な連携をとりながら、ダブリンのフィーニアン組織を徹底的に取り締まっていった。

一八七〇年はじめのダブリン首都警察の警官数は一一〇〇名で、このうちG部門は四四名の警官を擁していた。[5]人口一人当たりの人員と予算においてダブリン首都警察は、イギリスに設置されたすべての警察をはるかに上回るという本格的な治安維持機関だった。[6]とくに刑事部門がイギリスの警察と比べものにならないほど充実していた。ロンドン首都警察の刑事部門は、一八四二年つまりダブリン首都警察のG部門ができる一年前に設立されたが、当初の警官数はわずか八名にすぎない。それからしばらくたって人員が増やされたとはいえ、六〇年代おわりの人数はG部門の半数以下という有様だった。[7]イギリスでは刑事部門が警察のなかでもとくに個人の自由を脅かすと考えられ、この部門を強化することは好まれなかったのである。

ダブリン首都警察の警官

平和な時代には刑事部門など必要はなかったが、ひとたび事件が起こるとその必要性が認識される。ロンドン首都警察の刑事部門の弱点が明らかになったのは、奇しくもフィーニアンが引き起こした事件によってである。一八六七年一二月、ロンドンのクラーケンウェル刑務所に収監されていた仲間を救出するため、フィーニアンは刑務所の壁を爆破し、そこから彼らを救出しよ

アイルランド警察の幹部と植民地の警察官たち

うとした。ところが、必要以上の爆薬を仕掛けてしまい、刑務所周辺の住宅を破壊し、巻添えに一〇名を超える死者を出すという悲惨な結果を招いた。この事件はイギリス社会にいいようもない怒りと恐怖感を生み出し、「爆破事件の犯人を早急に逮捕せよ」という世論が急速に高まっていく。だが、この緊急時に刑事部門の機能が充実していなかったロンドン首都警察は、犯人逮捕に結びつく情報を収集することができず、有効な手段がとれなかった。そこでイギリス政府はロンドン首都警察を見限り、アイルランドからフィーニアン運動弾圧に関わっていた法廷弁護士Ｒ・アンダーソンを急遽呼び寄せて犯人逮捕に乗り出させたのである。これ以降アンダーソンはイギリス内務省内でフィーニアン運動対策の専門家として働くことになる。(8)

話は一八八〇年代のことになるが、フィーニアンがイギリスで爆弾闘争をはじめたとき、またもやロンドン首都警察は役に立たず、当時のアイルランド総督の個人秘書Ｅ・ジェンキンソンをアイルランドから呼び寄せてことに当たらせている。また、余談ではあるが、一八八八年から翌八九年にかけて世間を騒がせた「切り裂きジャック事件」を解決できなかったのも、ロンドン首都警察の刑事部門が十分な働きをしなかったことによるといわれる。

ダブリン首都警察はロンドン首都警察に比較して刑事部門が充実していたという制度的な側面だけでなく、ひとりひとりの警官の資質も高かった。一八五八年にダブリン首都警察は、「背が高く、体格の良い、教育程度の高い」多数の応募者のなかから警官を採用した、との記録が残っている。(9)背の高さについていえば、警官となるのに必要な身長は五フィート九インチ（約一七五㎝）でロンドン首都警察よりも二インチ（約五㎝）ほど高かった。(10)なぜアイルランドでは警官のなり手には困らなかったのかといえば、警官という職業が一般の労働者に比べて賃金も高く、年金も完備するという生活の安定したものだったからである。いかに人気のあった職業かを示すエピソードを紹介してみると、一八六五年に警官が女性奉公人のいる家を職務上の必要なく訪ねることを禁止する規則が出された。(11)この規則が導入された理由は、女性奉公人たちは、生活の安定した警官と結婚することを望んでいたので、巡回中の彼らを家に招き入れようとし、このことが職務に支障を来たすと考えられたからだった。

女性奉公人には人気があったかもしれないが、イギリス支配の手先となった警官に敵意を抱いたアイルランド人が多くいたことも事実である。とくに労働者階級は、警官が路上でおこなわれていた懸賞試合や酔っ払いを厳しく取り締まるなど、自分たちの生活空間に介入してきたので、いっそうの敵意をもって彼らを迎えた。だから、いくら生活が安定するからといっても、誰もがなりたがったわけではないことに注目しておきたい。そのため警官になった者のなかにも心の葛藤を覚えた者がいた。このことをJ・マロンという一八七四年にG部門の警視になった人物の告白を通じてみておこう。

マロンは北アイルランドのアーマー州の生まれで、ここはイギリスからの植民者であるプロテスタントの勢力が強く、先住民であるアイルランド人のカトリックとのあいだで宗派抗争が繰り広げられていた。カトリックであったマロンは、プロテスタントの脅威を日頃から肌で感じており、彼らの存在を保証しているイギリス支配に反発を感じていたから、彼が体制に反逆するフィーニアンになっても一向におかしくはなかった。にもかかわらず、なぜ彼が警官になったかというと、みずからいろいろ悩んだ末に「秩序を維持することが大切である」というカトリックの教えにもっとも忠実な職であると結論づけたからだった。[12]

ライアン警視

ＩＲＢがダブリンで設立されたのは一八五八年のことだったが、ダブリン首都警察がその存在を管轄区域に突き止めたのは、ようやく一八六四年になってからである。アイルランド国立公文書館に所蔵されているダブリン首都警察の報告書を調べてみると、フィーニアン運動についてはじめて報告されたのは一八六三年一二月のことであるが、このとき警察は、フィーニアン運動とはアイルランド系アメリカ人が遠くアメリカから母国を独立させようと

表 5-1 IRBについて書かれたダブリン首都警察の報告書数，1864-74年

年	数	年	数
1864	63	1870	153
1865	83	1871	93
1866	399	1872	56
1867	294	1873	3
1868	73	1874	43
1869	87		
		計	1, 347

出典） NAIの警察文書より作成.

している活動であって、アイルランドはこうした運動とは無縁であると楽観的に考えていた。[13] だが、六四年になると警察は、後にみるように『アイリッシュ・ピープル』事務所で働くP・ネーゲルの情報から、ダブリンのフィーニアン運動に神経をとがらさざるをえなくなる。

一八六三年一二月から組織が衰退した七四年までに刑事たちが書いたフィーニアン運動にかんする報告書数は、じつに一三四七通にものぼる。それを年次別に明らかにしたのが表5-1である。

このうち約半数が一八六六年と六七年に書かれている。この両年に大量の報告書が作成されたことは、フィーニアン運動が弾圧された過程と密接な関係にある。第1章で述べたように、一八六六年二月に人身保護法の適用が停止されて以降、多数のフィーニアンが逮捕され、これらの逮捕について膨大な量の報告書が書かれたのである。また、六六年おわりから六七年はじめにかけて警察が、復活したダブリンの組織に弾圧を加えるとともに、さらに蜂起にかんする情報の収集活動を活発に展開し、それを逐一報告していたことも多さの一因となっている。

もっとも多くの報告書を書いたのはライアン警視であり、その数は報告書全体の約八割に当たる一〇六一通におよんでいる（六六年には三三九通、六七年には二四三通を作成）。ライアン警視に次ぐのは、レイク警視総監であり、その報告書は一八七一年以降に集中している。以下、J・ライアン警部補の六五通、E・ヒューズ警視代理の五七通、J・マロン警部補（後に警視）の五一通と続く。

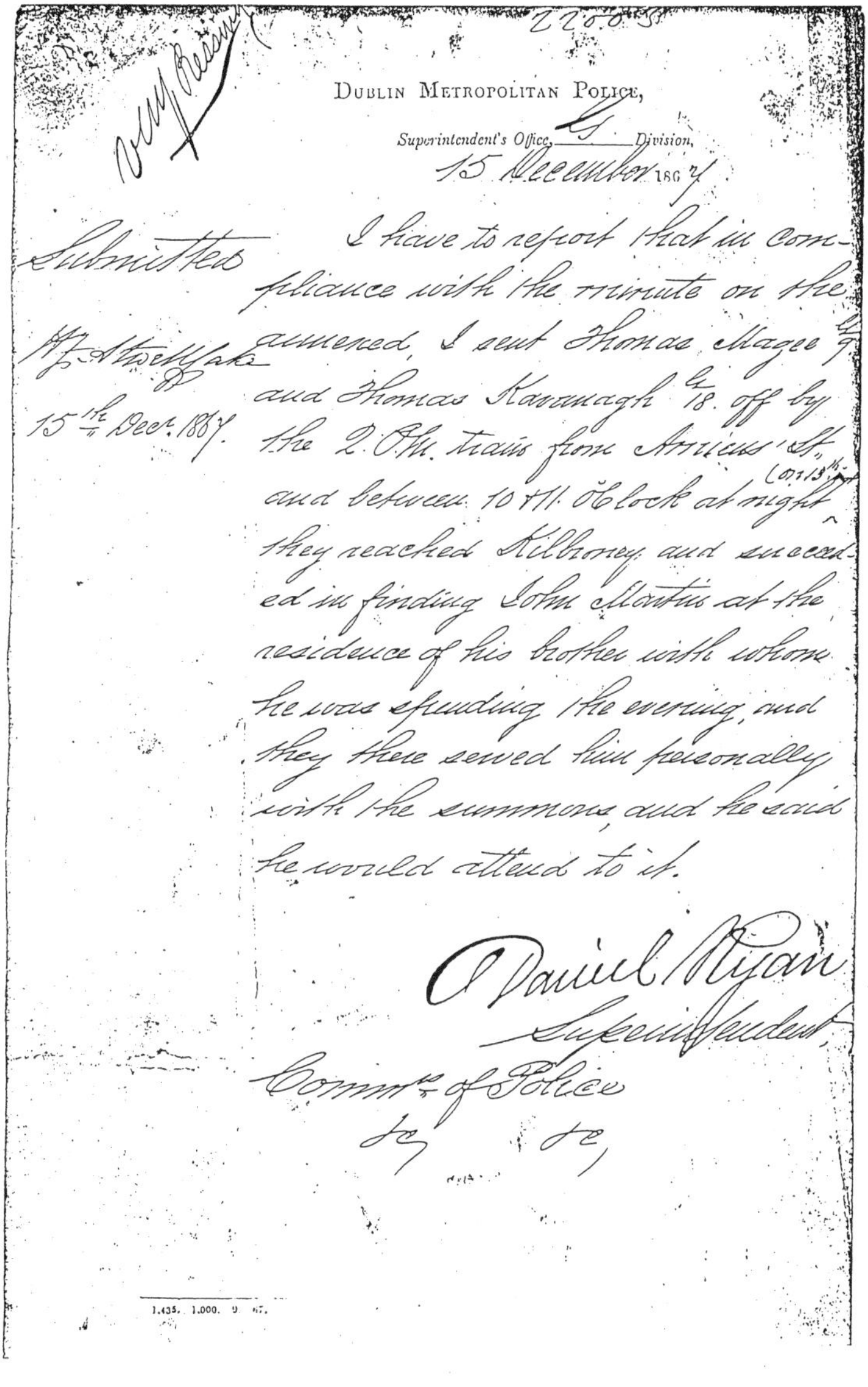

Very Pressing

22085

DUBLIN METROPOLITAN POLICE,

Superintendent's Office, G Division,

15 December 1867

Submitted

W. Atwell Lake

15th Dec. 1867.

I have to report that in compliance with the minute on the annexed, I sent Thomas Magee G 9 and Thomas Kavanagh G 18 off by the 2.0 p.m. train from Amiens' St., and between 10 & 11 O'Clock at night (on 13th inst.) they reached Kilbroney and succeeded in finding John Martin at the residence of his brother with whom he was spending the evening, and they there served him personally with the summons, and he said he would attend to it.

Daniel Ryan
Superintendent

Commr. of Police
&c &c

1,435. 1,000. 9. 67.

ライアン警視が書いた報告書

報告書の多さからもわかるように、刑事部門の責任者だったライアン警視はフィーニアンと直接対峙する「前線の司令官」であり、フィーニアン運動弾圧が成功するかどうかは、彼の双肩にかかっていた。警視は一八四三年に刑事部門が創設されて以来のヴェテランで、七四年に退職するまで刑事として働き続け、その最後の一〇年間はフィーニアン運動とともにあったといえる。[14] 彼は、高等教育を受けてはいなかったけれども「鋭い感覚を持ち、洞察力のある忍耐強い警官」であったという。[15] じっさい、一八六六年一二月のフィーニアン指導者が逮捕されたことによってダブリン市が平穏であったにもかかわらず、彼はこれは災いの前兆であるかもしれないと考え、気を緩めることなく情報収集に全力を尽くしていたのである。[16] フィーニアンたちにとっては恐るべき相手だった。

ライアン警視の捜査の鉄則を一言でいえば、それは情報の徹底的な分析にあったといえる。彼にとって信頼すべき確実な情報とは、複数の情報源から入ってきた同一の情報で、おおまかな内容さえ一致していればたとえ詳細にいたるまで同じではなくてもそれはそれでかまわなかった。いいかえれば、ひとつの情報源から入手した情報には全面的信頼を置くことはないという用心深さを持っていたのである。このことは、以下の警視の記述から明確に読みとることができる。

私は一個人からの確認のとれていない話をけっして信用することはない。あらゆる人びとからの情報を考慮し、そのことにかんして独自の調査や観察をおこない、さらに、二、三のグループの話がどの程度一致しているかが判明してから、はじめて行動をとる。[17]

彼は多数のスパイからの情報を分析し、それらのなかから信頼できるものを識別し、それを整理し判断を下したのだった。また判断できるだけの怜悧さも持っていた。

治安当局は、このようなライアン警視の捜査能力を高く評価し、彼の意見を採り入れることが多かった。たとえば、逮捕したイギリスからやってきたフィーニアンやアメリカ人将校を釈放するかどうかの判断は警視の手にゆだねられている。一八六六年四月、投獄されている彼らに改悛の情がまったくみられないことを理由に釈放を勧めなかった。(18)だが一カ月後にフィーニアン運動が衰退したという確信を得ると、彼は、イギリスからやってきたフィーニアンは母国への帰国という条件付きで釈放すべきだという考えに変わった。(19)この意見はイギリス政府に採用され、彼らの大部分が七月と八月に釈放されている。その一方、アメリカ人将校にかんしては、終始その釈放に反対していたにもかかわらず、先にみたようにアメリカ政府の圧力に屈服したイギリス政府が釈放をはじめたのである。

ライアン警視はスパイからの情報を収集する傍ら、フィーニアン指導者の動きやフィーニアンの集会を自分の部下に徹底的に監視させた。(20)そのため何人かの警官は、警視の指令によって、アイルランド国内はいうにおよばず、イギリス、アメリカ、フランスまで派遣されている。このような捜査体制から推測されるように、国内のフィーニアン指導者たちの監視体制はじつに綿密なもので、警察に執拗なまでに尾行された経験のあるケリー大佐は、その様子を次のように述べている。

　［ダブリンでは］異常な警戒体制が現在［一八六五年］とられており、刑事は疲れを知らないかのようにみえる。あるとき私は、隠れ家を知られないように、「獲物」にならないように、哀れな警部補を二マイル引きずり回した。そして私は、最後には彼から逃れるために二度馬車に乗らなければならなかった。(21)

警察が指導者やフィーニアンの集合場所を監視するようになったのは、一八六四年八月になってからである。報告書をみてみると、軍事訓練のおこなわれていた場所やパブなどの集合場所がじつに注意深く観察されていたことがよくわかる。警視はフィーニアンが会合を開いているという情報を入手すると、直ちに部下をその場所に派遣し警戒の目を光らせたのだった。とくに重視された場所は、フィーニアン指導者が立ち寄る『アイリッシュ・ピープル』事務所で、ここにはつねに二名の刑事が昼夜を問わず張り付けられた。[22]

このような執拗な警察による監視のため、一八六六年二月に人身保護法の適用が停止され、警察が不審者を自由に逮捕できるようになると、逮捕を恐れたフィーニアンたちはより慎重な態度をとるようになり、大人数が集まるようなパブでの集会を開かず、その代わりにメンバーの自宅や戸外で会うようになっていった。[23] じっさい、フィーニアンが二、三名で市の郊外で密会し、非常に短い会話しかかわしていないということが観察されている。だが、六六年後半になると、すでにみたようにパワー博士らの活躍によってダブリンの組織は復活し、彼らがパブで集会を開くようになった。[24] しかし、またもや警察の手が入り、こうした集会は中止に追い込まれていったのである。[25]

ダブリン首都警察の監視体制は徹底的なものだったので、指導者や集会に参加するフィーニアンはつねに逮捕の危険にさらされ、その行動の範囲は徐々に狭められていく。こうした監視体制が、情報の収集とともに、フィーニアンたちをしだいに追い詰めていったことを記憶しておかねばならない。

2　警察のスパイ

信頼できる情報とは

ダブリン首都警察はスパイへの謝礼を予算のなかに計上していたので、スパイはみずからが提供した情報の質に応じて、ライアン警視から金銭を受け取っていた。警視は、一八六五年一一月から七一年三月までのスパイへの支払い金額を報告しているが、それは週当たり平均約二八ポンドにおよんでいる。[26] この当時の熟練工の週賃金は一ポンドが平均であったことを考えれば、かなりの額といえよう。とりわけ、六六年一二月から六七年五月までの期間に、それ以前とは比較にならないほど多額の金銭が支払われている。これは六六年一二月に警察が多数の指導者を逮捕したことや、六七年三月に決行された蜂起にかんする情報の収集に忙殺されたことと関連している。スパイの氏名とそれぞれが受け取った金額については、警察が極力隠したので残念ながら不明である。

警視のもとには、金銭目当てに情報を提供する者たちが集まってきた。彼らは噂にすぎない情報や誇張された情報を平気で伝え、できるだけ多額の金銭をせびろうとした。次にあげる情報は明らかにそのような性格のものだった。

　六〇〇〇丁の後装銃と八門の大砲で武装した三〇〇〇名のフィーニアンが、コーク州の海岸に上陸することに成功し、そしてアメリカの様々な港から、一隻当たり五〇〇名から五五〇名を乗せた二五隻の船が現在アイルランドに向かっている。[27]

こうした情報をライアン警視は識別する必要があり、とくにはじめての情報提供者にたいしては念入りな身元調査がおこなわれた。たとえば、身元不明のA・フォスターなる人物が情報を提供したとき、警視は内密の調査をした結果、彼がアルコール中毒であることが判明すると、その情報をいっさい無視している。[28]

身元の確認がおこなえない匿名の情報は信頼性に欠ける傾向があったとはいえ、警察にとって捨てがたい有益なものもそのなかには紛れ込んでいた。そのため、警視はこの手の情報を無視せずに、次に述べるような慎重な態度をとりながら扱った。

一般的にいって、匿名の情報にもとづいて行動するには、細心の注意を払う必要がある。その情報に現実性がなかったり、そこに示されたグループや場所が初耳だった場合には、私は性急な行動をとることはない。[29]

こうしてライアン警視は細心の注意を払いながら、情報の収集につとめていった。

誰がスパイだったのか

通説によれば、警察はＩＲＢ内部にスパイを潜入させ、情報を自由に手に入れていたという。じっさい、ライアン警視は多数のダブリンのセンター、アメリカ人将校、イギリスからやってきたフィーニアンを逮捕し、フィーニアン運動に効果的に対処したようにみえる。だが、こうした逮捕は警察のたゆまぬ監視活動に多くを負っており、けっしてスパイからの情報がすべてではなかった。通説に反して、ＩＲＢの指導層のなかにスパイは潜入できず、ダブリンのセンターのなかから警察に情報を流した者はいなかったのである。[30]

警視が情報不足のため適切な行動がとれなかった例はいくらでもある。たとえば、いままで述べてきたようにスティーブンスはフィーニアン指導者たちと蜂起決行を巡って重要な会合をたびたび開いてきたにもかかわらず、警視はこうした会合について何も知ることができなかった。まさしくこのことは指導層にスパイが潜入できなかったことの確固たる証拠である。この他にも、センターの会合が開かれるという情報を入手しながらもその場所を特定することができなかったり、[31]一八六六年秋にダブリンの組織が急速に復活したとき、警察はしばらくのあいだその具体的な証拠を入手していないなど枚挙にいとまがない。[32]

これらの失敗は、警視の能力が劣っていたというよりも、繰り返しになるが、ＩＲＢの指導層に警察のスパイが入り込めず、スパイの多くが指導的立場にない一般のメンバーだったことが原因である。見方を変えれば、ＩＲＢ

が警察に情報が流れることを効果的に阻止したともいえる。どのようにフィーニアンが情報の漏洩を防ごうとしたのかについては、後ほど述べることにする。

あらためていうまでもないが、もっとも有能なスパイというものは、組織の機密事項を知る立場にありながらも、仲間にはスパイであることがまったく気づかれていない者である。そのため警視がダブリンの組織のなかで、なんとしてでもスパイとして確保したかったのは、センターの地位にあるフィーニアンだった。ところが、ダブリンのセンターのなかで警察のスパイとなった者はいない。(33)スパイのなかで組織においてもっとも高い地位にあったのはセンターに次ぐBで、二名のBがスパイだったことがわかっている。それは、以下に述べるパワー博士のサークルで活動していた身元を特定できなかった者と、W・シーディーのサークルのJ・ウィルソンである。警察の報告書にはスパイの氏名が記載されていないので、彼らを特定することはきわめて難しい作業なのである。

まず、パワー博士のサークルで暗躍していたスパイをみてみよう。一八六六年一二月、警察はフィーニアン指導者の逮捕に乗り出したが、博士のサークルへの弾圧はとくに厳しいものであった。一二月はじめに博士が逮捕され、それから一カ月以内に、スタンリー、クランシー、キャッシュマンという彼の三名の後継者たちがつぎつぎに逮捕されていった。サークルのメンバーは、自分たちのなかに警察と通じている者がいると確信していたが、誰がスパイであるかを最後まで突き止めることはできなかった。(34)史料からもこのスパイを特定することは不可能だが、彼がBたちの会合にかんする重要な情報を提供していたことから考えて、その会合に出席できる地位にある人物、つまりサークルのBだったと推定できる。いずれにせよ彼がいたからこそ警察はパワー博士のサークルを解体へと追い込むことができたのである。

このようにサークルの上層部の者しか知りえない情報が警察に漏れるということが、一八六六年五月にシーディーのサークルですでに起こっていた。逮捕されたシーディーに代わってB・ギブニーが後継のセンターとして選出されるやいなや、彼はすぐさま逮捕されたのである。パワー博士のサークルに侵入したスパイと違って、このスパイは特定できる。それは、サークルのＢであるウィルソンである。[35]だが、こうしたサークル内部で高位にあったフィーニアンがライアン警視のスパイになったのは異例であることに注意しておきたい。スパイの多くはＣやＤの地位にある者で、後にみるように彼らは警察が喉から手の出るほど欲しかった指導者の会合や武器などの情報を提供できなかったのである。

すでに紹介したように、一八六五年おわりに多数のフィーニアンがイギリスから派遣されたが、彼らの動向についても警視は情報をつかんでいた。彼の情報源は、この一団のなかにいたＷ・ゲイナーである。すぐに蜂起が決行されると信じてアイルランドにやってきたにもかかわらず、蜂起の命令がいつまでたっても下されないことに苛立ちを覚え、この苛立ちが蜂起の決断をしかねている指導部にたいする幻滅に変じ、警察に情報を提供するようになったのである。とはいえ、金銭が目的だったことも否定できない。

ゲイナーは、イギリスからやってきたフィーニアンの人数、自分たちの受けた命令、滞在場所などの情報を、定期的にライアン警視に流した。だが、ゲイナーもまた指導的地位にあるフィーニアンではなかったので、その情報にも限界があった。ゲイナーは一八六六年三月にイギリスに帰国しプレストンに住むことになるが、そこからイギリスにおけるフィーニアンの活動情報を警視に提供し続けた。[36]彼の情報はイギリスの組織に限定され、あまり重要なものではなかったが、警視のスパイ網はダブリンだけでなく、イギリスにも張り巡らされていたのである。[37]

ダブリンの組織の指導層にスパイが入り込めなかったにもかかわらず、なぜ警察のスパイがＩＲＢの情報を自由に入手していたという解釈が広く信じられているのだろうか。通説の根拠となったのは、Ｐ・ネーゲルとＪ・コリドンという二人のスパイの存在である。二人はフィーニアン裁判で検察側の証人として姿を現したため、彼らがスパイとして活動していたことが世間に広く知れわたった。はたして彼らは「優秀な」スパイだったのだろうか。まずネーゲルからみてみよう。

ネーゲルははじめ国民学校の教師をしていたが、その過激な政治的言動から解雇され、一八六四年三月から『アイリッシュ・ピープル』事務所で働くようになった。彼は指導的な地位にあるフィーニアンではなく、一般メンバーにすぎなかった。彼は警察によって密かにIRBに送り込まれたのではなく、みずからすすんでスパイになることを志願してきた。彼がライアン警視と最初に面会したのは六四年四月三日のことで、これ以降、彼は郵便で情報を書き送ったり、G部門の刑事と密かに街頭で会ったりして情報を伝えた。情報の提供料として彼が受け取った金額は六四年五月から六五年七月までの一五カ月間に全部で四一ポンドにのぼる。[38] スパイになったのがまさに事務所で働きはじめたのと同時であったことを考えると、ネーゲルの目的はまさに金銭にあったことがよくわかる。

ネーゲルが六五年おわりにダブリンで開催された裁判で検察側の証人として出廷し、スパイであることが公になったとき、フィーニアンたちに衝撃が走った。だが、フィーニアンのなかには彼を徹底的に嫌っていた者がおり、デヴォイなどは彼の猫なで声で人に取り入るような態度をとくに嫌悪していたので、彼がスパイだったことに驚かなかった。[39]

アイルランド国立公文書館には、ネーゲルが六四年六月一日から六五年九月五日までに警察に書き送った三一通の手紙が所蔵されている。[40] これらをみると、もっとも注意を払ったのはスティーブンスの動向についてだったことがわかり、このことについての手紙の数は一九通にのぼる。また、『アイリッシュ・ピープル』事務所で働いているという点をいかして、ここを訪れるフィーニアン指導者たちの行動を観察し、それを逐一報告していた。ダブリンの組織の指導者についても情報を流し、六四年一〇月、ダブリン市に住む五八名とキングスタウンに住む一六名のフィーニアンの氏名を明らかにしている。ちなみにそのなかでセンターであった者は三名だった。[41]

ネーゲルによる一連の情報は、フィーニアン運動の情報を収集しはじめた当時の警察にとっては、すべてが刮目に値する貴重な情報に思われた。じっさい、ライアン警視は警視総監宛の報告書のなかでその情報の重要性をたびたび指摘している(42)。だが、それは警視が情報収集を開始した初期の段階にのみいえることであって、彼の情報網が拡大し、他のスパイから情報が入ってくるにつれて、ネーゲルの情報は「漠然としていて、何も特定されていない」(43)とみなされるようになった。さらに、警視がもっとも知りたかった、武器やアメリカ人将校の行動といった情報を彼は伝えることができなかったので、その信頼性はしだいに低下していく。もっとも一般メンバーにすぎなかった彼に、武器などの重要事項について情報を流すことを期待するのがどだい無理な話だったのであるが。

結局、一八六五年七月にライアン警視は、「彼［ネーゲル］をいますぐ捨てることは賢明ではないが、多額の金銭を与えることは、軽はずみな行為である」(44)と考えるにいたり、このとき以来、ネーゲルに多額の金銭を支払うことはなくなった。彼がフィーニアン裁判の証人になったのは六五年のおわりであるが、このときまでには、もはや役に立つスパイではなく、証人として姿を現しても警察にとって不都合ではなかったのであろう。

その後の彼の人生は悲惨である。妻や兄弟は、フィーニアンから危害を加えられることを恐れて、けっして彼に近づこうとはしなかった。命を狙われる危険があるアイルランドにもはや住むことはできず、政府から週二ポンドもらいながらロンドンに住むという「逃亡の身」となる。六六年七月、彼は政府にたいして金もなく友人もいない自分の境遇を嘆く手紙を書き送っている。これを最後に消息はわからなくなるが、政府は約束した生活費を送り続けることがなかったようで、彼が幸せな人生を送ったとはとても思われない(45)。

ここまでみてきたように、ネーゲルはライアン警視がＩＲＢについての情報収集を開始したときには、様々な情報を提供し警察にとって「優秀なスパイ」と思われていた。しかし、第3項「情報の質について」で詳しく検討するように、じつは情報自体はそれほど正確なものではなく、警察は彼からダブリンの組織にかんする機密情報を入手していたとはいえないのである。したがって、彼の存在をもってしても、フィーニアンの情報が警察に筒抜けになっていたという結論を導き出すことはできない。

ネーゲルの情報とは比較にならないほど重要な情報を警察に流したのが、アメリカ人将校J・コリドンである。彼は、蜂起直前にＩＲＢの指導者しか接近できない性格の情報を警察に知らせ、例外的に「最高の働き」をしたスパイだった。ここではコリドンが警察に流した情報を大まかにみておくだけにとどめ、詳しくは第6章で述べることにする。

コリドンは一八三八年生まれで、六五年にアメリカから派遣されたアメリカ人将校のひとりである。(46) 髪と髭は赤く、背の高さは中ぐらいで、やせ型ながらも頑丈な体つきであった彼は、身のこなしがいつも軽やかで、フロック・コートのボタンをいつも一番上までしめるという几帳面な性格でもあった。(47) 彼は六六年三月までダブリンにとどまり、その後逮捕を免れるためにリヴァプールに渡るが、彼がスパイとなったのは、この年の秋になってからだった。彼が警察に情報を流したのもやはり金銭目的である。ＩＲＢはイギリスに渡ったアメリカ人将校に週五ポンドを支払う約束をしていたにもかかわらず、支払いが滞っていたため、リヴァプールに駐在するアイルランド警察の警官に情報を提供しはじめ金を受け取った。彼からの情報は何ひとつ包み隠さずアイルランド警察からライアン警視のもとに伝えられている。

史料から知りうるかぎりでは、コリドンによる情報の提供は一八六六年一一月一二日から翌六七年二月おわりまでおこなわれ（六七年一月一日から二月一日までは病気のために中断している）、合わせて一七通の手紙が残っている。(48) このうちの一三通が蜂起直前の二月に集中しており、スパイとしてもっとも活躍したのは、この二月だったことがわかる。まさに蜂起が決行される直前の緊迫した時期に情報を流していたのである。彼は蜂起後に開かれたフィーニアン裁判で検事側の証人として証言した後、身の安全をはかるためロンドンに移住するが、フィーニアンに暗殺されるのではないかという恐怖のなかで生活することになる。(49) スパイの末路はじつに哀れなものである。

スパイとしてのコリドンの功績は二つある。ひとつは、一八六七年二月一一日に、イギリスのフィーニアンが計画した、チェスターの兵器庫からの武器強奪計画を、治安当局に事前に通報したことである。彼の時宜を得た密告によって、この計画は見事に挫折させられてしまった。もうひとつは、次章でみるように、蜂起の決行日と作戦計画を治安当局に通報したことである。この情報は治安当局がどのようにフィーニアン蜂起に対応すべきかという基本戦略を立てるうえでじつに貴重だった。コリドンはアメリカ人将校という蜂起を指導する立場にあったので、重要な情報に接することができたわけである。

彼はフィーニアン運動史上もっとも優秀な警察のスパイだった。だから、こうした彼の活躍によって、警察はフィーニアンの情報を思いのままに入手したという印象を持ったとしても一向に不思議ではない。しかし、いくら優秀なスパイであったとはいっても、やはりそこには限界がある。まず彼がスパイとして活躍したのは一八六六年一一月から蜂起直前の六七年二月までという比較的短期間だったことに注目しておきたい。つまり、アメリカから渡ってきた六五年から六六年一〇月まで情報をいっさい流してはいない。この時期IRBのなかには、彼に匹敵するほどの地位を組織のなかに持つフィーニアンはスパイにならなかったのである。[50] さらに、ダブリンの組織のメンバーではなかったので、ダブリンの組織にかんする情報を知る立場になく、後に述べるように、ダブリンの蜂起の詳細までは提供することはできなかった。

IRBのなかで指導的地位にあったフィーニアンでスパイになったのは、彼ひとりであったことからすると、組織のなかに自由にスパイが出入りしたとはいえない。そして、ダブリンの組織の指導層に潜入するのは容易ではなかったという、先に導き出した結論を修正する必要はないであろう。このようにスパイがIRBの指導層に潜入することの難しさからすると、警察が情報収集に困難をきわめたことが推察できよう。はたして事実はどうであったのか。スパイがもたらした情報を個々に分析することによってさらに検討をすすめよう。

3　情報の質について

警察が収集に精力をもっとも費やした情報は蜂起にかんしてだったが、これについては次章で明らかにすることとし、ここではそれ以外のライアン警視が入手した情報を、⑴スティーブンスの動向、⑵武器、⑶軍事訓練、⑷アメリカ人将校たち、⑸イギリスからのフィーニアンたち、⑹フィーニアン兵士組織、という六つの項目に分けて、情報の確度を分析してみる。これらの情報はいずれも蜂起との関連できわめて重要で、警察が血眼になって入手しようとしたものである。したがって、これらをひとつひとつひもとくことが、警察の情報収集能力がどの程度のものであったかを知ることにつながる。

⑴スティーブンスの動向

ダブリン首都警察は、ＩＲＢのなかで絶対的な権力を持っていたスティーブンスの動向に特別の関心を払っていた。ライアン警視が、スティーブンスがＩＲＢの最高指導者であることをつかんだのは一八六四年四月のことで、スパイとして活動をはじめたばかりのネーゲルが流してきた情報からだった。彼は早速ネーゲルにスティーブンスの動きを探るよう命じた模様で、四月だけでじつに九つの様々な情報が提供されてきた。[51] このときスティーブンスは、フィーニアン・ブラザーフッドから援助を引き出すためアメリカに渡っていたので、警察の関心は彼がいつアメリカから帰国するかに焦点が絞られていた。結局この月のおわりに帰国したが、これ以降ネーゲルはつねに彼の動向に注目し、情報を流し続けることになる。

ライアン警視はネーゲルにダブリン市内のスティーブンスの隠れ家を見つけるよう指令を出したが、彼にはそれができなかった。どのような経緯でライアン警視が彼の隠れ家を発見したのかは不明であるが、彼の追跡をはじめてから一年がたとうとした一八六五年三月、ようやくそれまで謎であったダブリン市内の潜伏先を突き止め、監視をおこなうようになる。[52] 三月二八日、スティーブンスがダブリンを離れるという情報を突如入手した警視は、その行方を見失うことを恐れて監視を強化した。それから数日後、彼がアイルランド南部のコークに向かうと、二名の警官がそのあとを追った。[53] 警視はスティーブンスの行動を異様な執念をもって追いかけたが、その後彼を見失い、一八六五年九月に『アイリッシュ・ピープル』事務所を捜索しフィーニアン指導者を捕えたとき、彼の姿は逮捕者のなかにはなかった。

スティーブンスを取り逃がしみずからの捜査能力を疑われることになった警視は、スティーブンスを逮捕するためにスパイを暗躍させたが、彼らからは居所をつかむことはできなかった。スティーブンスはフィーニアン指導者とは会合を持ち続けていたのだから、もし指導者のなかに警察に通じるスパイがいれば、彼の所在を簡単に知ることができたはずである。その所在を特定することができなかったということから、この指導層のなかに警察のスパイがいなかったという事実が浮かび上がってくる。

行方をくらましていたスティーブンスについての情報は意外なところから得られた。『アイリッシュ・ピープル』事務所の捜索から二カ月ほどたった六五年一一月九日、ライアン警視は、それまで一度も情報を提供されたことのないある紳士から、スティーブンスらしき人物がダブリン市の南にあるサンディーマウントに妻とともに隠れ住んでいる、と知らされたのだった。その家はいまでも残っているが、周囲を塀でおおわれ、側を小川が流れるという閑静な住宅地にあって、彼の好みにあっていたといわれる。[54] 一一日早朝、警察はこの場所を急襲し、逮捕することに成功した。[55] 捜査の結果わかったことは、彼はこの家にハーバートという偽名を使って七月一日から住んでいたということだった。ということは、七月一日の時点で警視は彼の所在を見失っており、『アイリッシュ・ピープル』

事務所の捜索のさいに彼を逮捕することができなかったことも納得がいく。

第1章でみたように、スティーブンスは逮捕から二週間もたたない一一月二四日には刑務所から劇的に救出され、ふたたび警視の前から姿を消した。この脱獄事件は治安当局の威信を著しく傷つけ、その回復のために警察がいかに所在を突き止めるために全力を尽くしたかはいうまでもない。治安当局は、彼を捕まえた者には一〇〇〇ポンド、逮捕につながる情報の提供者には三〇〇ポンドという法外な報酬を与えることを決定し、その威信をかけて行方を追った。ライアン警視は一二月には六つの情報を入手したが、どれも逮捕には結びついていない(56)。この時期スティーブンスはダブリン市内に身を隠し、アメリカ人将校たちや、ダブリンと地方のセンターたちとしばしば会っていたのだが、フィーニアン指導者たちはこのような高額な賞金にもかかわらず、彼の居場所について固く口をつぐんでいた。

脱走から四カ月ほどたった一八六五年三月半ばになって、スティーブンスは国内をすでに脱出してしまったという、警察を呆然自失とさせるような情報がライアン警視のもとに飛び込んできた。この情報によれば、三月五日にリヴァプール経由でアメリカに向けてすでに出発してしまったという(57)。だが、警視はスティーブンスは依然としてイギリス国内にとどまっているに違いないと気を取り直し、部下をグラスゴーに派遣するが、彼の消息をつかむことはできなかった(58)。

そうこうするうちに、スティーブンスが三月二三日以来パリに滞在しているというかなり確度の高い情報が、四月はじめ頃にフランスの警察から伝えられた。警視はすぐに部下をパリに派遣し、その人物がスティーブンスであることを確認した。フランス国内で逮捕する権限をもたないアイルランドの警察は手出しできず、あれほど再逮捕したかった彼を目の前にして、なすすべがなかったライアン警視たちの無念さは容易に想像がつこう。スティーブンスがどのような経路で警察の監視をくぐりぬけてフランスへ脱出したのかを説明しておくと、彼はまず船でスコットランドにいき、そこからロンドンへ、そしてドーヴァー海峡を渡ってフランスに入ったのである。[59] このように警視は、スティーブンスが脱獄した一八六五年一一月おわりから六六年四月はじめまで、彼の所在をまったく明らかにすることができなかった。結局警察の追跡をうまくかわし、六六年五月無事アメリカに到着したのである。

アメリカに渡ったスティーブンスは、フィーニアン・ブラザーフッドの集会に堂々と姿を現し、アイルランド国内のように隠れ家に潜伏するようなことはなかった。アイルランドの警察にはアメリカにおいても逮捕する権限がなかったので、彼らにできたことといえば、彼の動きをただ観察するだけだった。ニューヨークにはアイルランド警察の警官がすでに常駐しフィーニアン・ブラザーフッドの動きを監視していたが、これに加えて一八六六年九月、ダブリン首都警察の二名の刑事がスティーブンスの動向を探るためにわざわざニューヨークにまで派遣された。彼らはスティーブンスにかんする詳細な報告書を書き送っている。たとえば、九月半ばの報告書によれば、しばらく見ないあいだに彼の髪や髭が長く伸びているとか、一一月の報告書には彼の姿を二、三日見なかったとあるように、こまごまとしたことを書き送っている。[60] このような執拗な監視体制のもとで、彼は一八六六年の夏から秋にかけて、年内に蜂起を決行するためにアイルランドに帰国する予定であることを、多くの集会で公然と宣言していた。[61] 彼の帰国は蜂起の決行を意味していたので、治安当局にとっていつアイルランドに帰国するかが大問題となった。

蜂起が決行されるのではないかと考えられた一八六六年一二月から翌六七年一月にかけて、ライアン警視はスティーブンスの帰国にかんする情報を必死になって集めた。一二月、二つの情報を入手したが、どちらも彼がすでにアメリカを出発したとし、そのうちのひとつは、ダブリンに潜伏しているとまで断定していた。[62] ダブリンでは警戒体制が強化され、警察は到着する汽車と汽船にスティーブンスらしき人物は乗っていないかと絶えず目を光らせた。それとともに彼は愛妻家として知られていたので、帰国したさいには妻に会いにいくに違いないと睨んだ警視

は、夫人の行動も監視することにしたが、彼女を一月はじめに見失ってしまったのである。(63)

こうしたスティーブンスの行方を追う昼夜を問わない捜査にもかかわらず、警視が一八六七年一月に提出した六通の報告書をみると、いずれも彼の所在を正確につかんでいなかったことがわかる。一月一八日、ライアン警視はスティーブンスの行方を探る難しさを次のように警視総監に訴えている。

私［ライアン警視］が知るかぎり、スティーブンスの現在の居場所を知っている者はほとんどいません。私がときどき情報を得ているグループは、彼の居場所以外ならなんらかの情報を持っていますが、この件についての彼らの意見は推測の域を出ないのです。(64)

それではスティーブンスはどこにいたのだろうか。彼は一月末までアメリカに滞在し、その後フランスに向けて出発したのであった。こうしてライアン警視は彼の所在を突き止めることができず、六七年一月が過ぎていった。

警視はスティーブンスを最重要視していたのだが、じつはこのときまでに彼はもはや蜂起を指揮する立場にはなかったのである。というのは、彼は一八六六年にアイルランドで蜂起を決行すると公約していたにもかかわらず、第6章でみるように一二月になって突然蜂起の延期を口にしたため、アメリカのフィーニアン・ブラザーフッドの最高指導者の地位から無理やり引きずり降ろされ、さらにＩＲＢにおけるいままで保持してきた絶対的な権力を失いつつあった。とすると、しばらくのあいだ警察は組織の権力構造の変化を知らず、彼の帰国にかんする情報を集めるという無意味なことをやっていたことになる。彼が最高指導者の地位にないことを警察が知ったのは、おそらく一八六七年二月半ば頃のことだと考えられる。というのも、この時期ライアン警視が、「すべての権力はいまや軍人［アメリカ人将校］の掌中にあり、一般の指導者たちは彼らにとって代わられた」(65)と警視総監に報告しているからだ。そして同じ報告書のなかで、スティーブンスがフランスにいるという情報を入手していたことも明らかにされているが、もはや彼は警察にとってどうでもよい人物だった。(66)

このように警視は、一八六七年二月にいたるまでスティーブンスにかんする正確な情報を入手することができず、誤った情報に踊らされた。何度も強調するように警察のスパイは、スティーブンスの動向を知ることが可能なほど高い地位をＩＲＢのなかで持っていなかったのである。

(2)武　器

フィーニアンが蜂起を決行しないように、あるいは、万が一蜂起が決行されたとしてもその規模を最小限に抑えるために、ダブリン首都警察は彼らの武装化を可能なかぎり阻止しようとした。そこで警察は彼らの武器にかんする情報をできるだけ収集し、イギリスからの武器の密輸を未然に防ごうとしたり、すでに密輸され隠されている武器を押収しようと懸命な努力を重ねた。

武器についての最初の情報は、一八六四年九月にネーゲルからもたらされた。このとき彼は、ブロフィーが三五シリングでシェフィールドからライフル銃を購入したことを知らせてきたのである。(67)この情報にもかかわらず、ブロフィーは密輸に当たって細心の注意を払ったとみえ、警察はそのライフル銃を押収することはできなかった。こうした情報がスパイから伝えられてくるので、警察は武器がフィーニアンの手に渡る前に摘発しようとしたが、うまくはいかなかった。第3章でみたように、一八六五年おわり、マクドネルが密輸しようとした五丁のライフル銃を税関がたまたま発見し、それらが彼のもとに届けられることを阻止したが、じつはこれは武器密輸を水際で食い止めた唯一のものだった。フィーニアンたちがどれほど情報を外部に漏らさないように注意していたかが、うかがい知れよう。とにかく、警察が集めた武器の密輸についての情報は当てにならなかったのである。

表 5-2　ダブリン首都警察に押収された武器，1865年9月-67年9月

		ライフル銃	リヴォルヴァー	ピストル	ガン	槍	短剣
1865年	9月	0	0	2	0	0	0
	10月	1	1	0	0	0	0
	11月	0	3	0	0	0	0
1866年	1月	1	0	6	2	306	1
	2月	4	4	1	0	257	0
	3月	9	0	0	0	0	0
	4月	0	5	0	0	1	2
	5月	8	2	1	0	1	0
	6月	1	0	0	0	0	0
	9月	2	8	0	2	0	0
	12月	13	6	0	4	61	1
1867年	2月	0	3	0	0	0	0
	3月	0	5	0	0	0	0
合計		39	37	10	8	626	4

出典） CP Lake to US, 7 Oct. 1867（CSO, RP 1867/17625 on 1868/263）より作成.

武器の捜索

次にフィーニアンの手にすでに渡ってしまった武器を警察はどの程度押収できたのかを追跡してみよう。治安当局が「武器取締法」を施行した一八六六年一月から、武器の捜索は本格的に開始され、一月二〇日、ダブリン市内の一一ものパブと一軒のフィーニアンの家が同時に捜索された。だが、警察は武器を発見することはできなかった。「われわれの捜索の開始は遅きに失したが、正確な場所にいき当たったことを示す明らかな証拠が十分にあった」(68)とライアン警視が述べているから、警察の動向をいち早く察知したフィーニアンが隠し場所を移した可能性がある。

表5-2は、ダブリン首都警察の刑事部門によって、一八六五年九月から六七年九月までに押収された武器の数を示したものである。この表をみると、六六年一月から三月にかけて一四丁のライフル銃と五六三個の槍の穂先が押収されているが、他の時期に比べて、もっとも捜索の成果が上がったことがわかる。だが、第3章で述べたようにダブリンのフィーニアンが約八〇〇丁のライフル銃を所持していたことを考えると、成果は微々たるものであった。じじつ、ダブリン首都警察の警視総監は、この時期の武器の捜索を「すべての可能性がある場所でおこなったが、期待していたほどの成功は収めなかった」(69)と率直に述べ、失望感を隠せないでいる。このことは、ライアン警視が六六年一月から三月に入手した武器の情報が正確なものではなく、さらに、蜂起前の警察の武器捜査が成功していなかったことの証明である。

ところで蜂起前に警察は二六件にのぼる武器の押収をおこなったが、スパイからの情報にもとづくものは、わずか六件（計二二丁のライフル銃、一八四個の槍の穂先、三丁のリヴォルヴァー）だけで、その他の二〇件については、家宅捜索をおこなったさいに武器を偶然発見したにすぎなかった。(70)またスパイが関係した先の六件のうち、武器の押収につながる情報を流したスパイを特定できるのは二件だけである。(71)

フィーニアンが蜂起するのではないかという情報が真実味を帯びていた、一八六六年おわりから六七年三月の蜂起が決行されるまでのあいだ、警察は厳重な警戒体制をとり、武器の捜索も積極的におこなった。だが、結局フィーニアンの隠し持っていた大量の武器を発見することはできなかった。六六年一二月、警察は一一名のダブリンのセンターを逮捕し、組織に大打撃を与えたとはいえ、この月に警察が押収できたライフル銃の数は一三丁にすぎなかった。そして翌六七年一月と二月にいたっても、警察は大量の武器を探し出すことはできず、ついに蜂起の日がやってきたのである。

このようにライアン警視は武器を押収することにたいした成果をあげていない。なぜかといえば、武器についての情報は一部の指導者たちのあいだで機密事項とされ、一般のフィーニアンはその詳細について知るすべがなかったからである。ダブリンの組織の指導層にスパイを潜入させられなかった警察は、武器についての確実な情報を手に入れることができなかった。

(3)軍事訓練

一八六四年一〇月、ネーゲルはダブリン市で軍事訓練がおこなわれていることを警察に報告したが、これがライアン警視が入手した最初の情報だった。[72] フィーニアン運動の情報収集をはじめた当初の警視にとって、ネーゲルがどれほど重要なスパイであったか、あらためて理解できよう。先にみたように、すでに六一年一一月には一一のグループがダブリンで軍事訓練をおこない、六三年にはいくつかの訓練所がダブリンにあるといわれていた。つまり六四年一〇月以前に、フィーニアンは警察に悟られないように軍事訓練をすることに成功していたことになる。

ところで、ネーゲルはダブリンで軍事訓練がおこなわれていることを知ったものの、それ以上の詳しい情報を手に入れることはできなかった。そこで彼は、確実な情報を得るために訓練場所に何くわぬ顔をしてわざわざ出かけていった。そこがホールストン通り四番地である。[73] この事実を知らされた警察は、慌てて六四年一一月一四日からこの場所を見張りはじめた。ところが、フィーニアンたちは数日たって警察の動きに感づき、ここでの軍事訓練を即座に中止し、別の場所に移動していった。結局、ホールストン通りの監視は一一月二一日までのわずか一週間ほどだった。

フィーニアンがホールストン通りに代わって、新たに訓練をおこなったのはアイランド通りの家だったが、警察がこの場所を発見するのに時間はかからなかった。それというのもネーゲルがまたもや情報を流したからである。早速警察はこの場所を監視しはじめ、報告書には一一月二四日から一二月一三日までここに出入りした人数が克明に記録されている。だが、またしても監視に気づいたフィーニアンたちは、さらに訓練場所を移動している。[74] フィーニアンらは監視から懸命に逃れようとするが、警察は彼らを執拗に追跡するという、いたちごっこが繰り返されたのである。[75]

一八六六年二月に人身保護法の適用が停止されてから同年八月まで、警察は軍事訓練についての情報をまったく入手していない。ライアン警視は、「ダブリン市では人身保護法の適用が停止されて以来、軍事訓練がおこなわれているという証拠を私は知りません。それ以前は広範囲にわたっておこなわれていたというのが、私の意見です」[76] と警視総監に報告している。ところが六六年秋になって、フィーニアンの軍事訓練にかんする情報が警察のもとに突如として届いた。不審者たちがダブリン市の郊外に集合しているというのである。だが、警察にはこの情報の裏付けをとることはできなかった。[77] ヒューズ警視代理は、このことを次のように警視総監に報告している。

フィーニアンとみられている者が、現在軍事訓練をおこない、集会を開き、お互いに情報を交換しているといわれていますが、すくなくともダブリン市では訓練についての確証できるような情報は、警察には届いていません。[78]

この報告書が示すように、一八六六年後半の時点では警察は軍事訓練にかんする情報を収集することができないでいた。警察がその動かぬ証拠をつかんだのは、第3章でみたようにパワー博士、ウォルシュ、オコンナーの三名のダブリンのセンターたちを逮捕した同年一二月はじめになってからのことである。彼らの家には広い部屋があったが、そこには家具がないという不自然さで、訓練がおこなわれていた形跡があったのだ。(79)

軍事訓練の情報が警察にとって比較的入手しやすかったのは、ネーゲルのような一般メンバーが参加し、それを知らせることができたからである。この点が指導者だけが知る武器の情報とは決定的に違っている。もし警察のスパイがダブリンのすべてのサークルに潜入していれば、すべての軍事訓練の場所をおさえることができたはずである。だが、それはできなかった。つまり警察はＩＲＢのなかにスパイ網を張り巡らせていたが、それはすべてのサークルを覆うものではなかったのである。ダブリンの組織のＣやＤといった指導者でないフィーニアンのなかにスパイを持っていたが、その人数もそれほど多くはなかったのかもしれない。

(4)アメリカ人将校たち

アメリカ南北戦争の終了後に、アメリカ軍を退役したアイルランド系アメリカ人が蜂起のためにアイルランドへ派遣されたことは、すでに述べたとおりである。一八六六年二月に人身保護法の適用が停止される以前には、約五〇名のアメリカ人将校たちがダブリンの街に潜伏していた。彼らにかんする情報は他の情報に比べて極端に少なく、その確度もかなり劣っている。

ライアン警視の注意を引いた最初のアメリカ人将校は、一八六五年四月にＩＲＢを調査するため派遣されたケリー大佐である。彼がアイルランドに到着したことを知ったライアン警視は、アイルランドの治安を維持する者にとって将来最大の脅威になるであろうことをすぐさま察知した。(80)そのため多数のアメリカ人将校がアイルランドにやってくることに神経をとがらせる。

将校たちが六五年八月以降、アイルランドにぞくぞくやってきたことはすでに紹介したが、警察は彼らの動きを探ろうと必死になった。にもかかわらず、ようやくつかんだ情報の内容はほとんどが漠然としたものだった。なぜかといえば、その理由は簡単で、彼らのあいだにスパイを侵入させることができなかったからである。そうではあっても、警察は彼らの行動を徹底的に監視し、六六年二月に人身保護法の適用が停止されたときには、ダブリンに潜伏していた多数の将校を逮捕することができた。これは情報不足による不備を徹底的な監視によって補おうとした警察の勝利といえるかもしれない。

しかし、そのなかにはハルピン将軍とケリー大佐という二人の重要人物が含まれていなかった。(81)この二人を取り逃がしたことは、ライアン警視がアメリカ人将校の行動を完全に掌握していなかった証拠である。だが、逆にいえば、ハルピン将軍とケリー大佐の方でも警察の追跡をかわす懸命な努力をしていたともいえ、じっさいケリー大佐などは七カ月のあいだに隠れ家を八回も代えている。(82)

アメリカ人将校のなかで警察のスパイに寝返ったのは、ただひとりだけだった。それは先にみたコリドンである。だが、彼がスパイになったのは一八六六年おわりになってからのことだったことに注目したい。つまり六五年八月に多数のアメリカ人将校がアイルランドに到着するようになってから、一年以上にわたってアメリカ人将校のなかには警察に情報を漏らす者はひとりもいなかったのである。結局、警察はアメリカ人将校の監視を徹底的におこなうことによって、情報の不備を補うしか方法がなかった。

(5) イギリスからやってきたフィーニアンたち

一八六五年おわりから六六年はじめにかけてと、六七年二月の二回にわたって、イギリスから多数のフィーニアンが渡ってきたのは、第3章で述べたとおりである。いずれの場合も、彼らがダブリンに現れることをライアン警視はあらかじめ知らされていた。一八六五年一二月、身元を特定することはできないが、ロンドンに住むあるフィーニアンから「ダブリンに集合せよという命令を受けたので、これからそちらへ向かう」との知らせが、警視のもとに突然舞い込んできた。この情報を裏付けるかのように、アシュトン・アンダー・ラインの警察署長は、フィーニアンとおぼしき二四名の若者がダブリンに向けて出発したことを知らせてきた。(83)いよいよ多数のフィーニアンがイギリスから渡ってきたのである。彼らを監視し、かつその情報を収集するという重要な仕事が警視の任務に加わり、彼には休まるときはなかった。

ダブリンに到着したフィーニアンの情報を収集するさいに重要な役割を果たしたのが、先にみたゲイナーである。彼は、自分たちの人数、受けた命令、宿泊場所、集会の方法などの情報を警察に事細かに知らせていたので、警察はイギリスからやってきた者たちの行動を大体においておさえていた。(84)だからこそ、人身保護法の適用が停止され、不審者の逮捕が可能となったときには、警察は一〇〇名以上を逮捕することができたのだった。ひとまずイギリスからやってきた多数のフィーニアンを逮捕したが、これ以後ダブリンの船着き場で不審者が入ってくることに常時目を光らせていく。

警戒体制をいっそう強化しなければならない事態が一八六七年二月一一日に起こった。多数のフィーニアンが乗船した船がイギリスを出航し、ダブリンに向かっている、という緊急事態を知らせる電報がつぎつぎとライアン警視のもとに届いたのである。それらを発信したのは、アイルランド警察のリヴァプール駐在の警官、イギリスの警察、沿岸警備隊、ボルトン市長だった。ダブリン行の船に乗船していたのは、すでにふれたようにチェスターの兵器庫から武器を強奪する計画をあきらめ、アイルランドでのきたるべき蜂起に参加しようと目的を変更したフィーニアンの一団である。

彼らは自分たちの動きが治安当局によって把握されているとは夢にも思わず、翌一二日にダブリンに到着する。万難を排して船着場で待ち受けていた警察は彼らを一網打尽にし、六三名を逮捕した。その後もぞくぞくと渡ってきたので、一九日までに合わせて一七五名が逮捕された。[85] この日を最後にしてフィーニアンらしき人物はダブリンの船着き場で逮捕されなくなり、イギリスからの流れはようやく止まった。この日から二週間ほどで蜂起が決行されるが、蜂起のためにイギリスから渡ってくる者はもはやおらず、警察は彼らの意図を見事に挫くことができたといえる。

ＩＲＢはアイルランドを超えてイギリスにも広がったが、アイルランドとイギリスの治安当局はお互いに密接な協力関係をもってことに冷静に対処し、イギリスからやってきたフィーニアンの取り締まりに成功を収めたといえる。だが、見方をかえていえば、イギリスから多数のフィーニアンを動員するという彼らの計画そのものが無謀だったといえるかもしれない。

(6)フィーニアン兵士組織

イギリス軍内部にフィーニアン運動が浸透したことを、治安当局に最初に知らせたのは、またもやネーゲルであった。[86] 情報を収集した初期の段階で、彼がどれほど重要な役割を果たしたかは、いくら強調してもしすぎることはないであろう。ネーゲルの情報がライアン警視のもとに届いたのは、一八六四年六月のことで、フィーニアン兵士の組織化がはじめられてから半年ほどたったときである。警視はこの年のおわりまでに、フィーニアンが数名のイギリス軍兵士と、ダブリン市内の特定のパブで接触していることをつかんでいた。[87] 第4章で検討したように、ストラートネアン卿がイギリス軍のアイルランド最高司令官に就くまで、明らかに警察の方がイギリス軍当局よりもフィーニアン兵士組織にかんする情報を「豊富に」持っていたのである。

ところが、警視の得た情報を詳しく分析してみると、「デヴォイは数日前にパブで開かれていた集会に参加していた」[88]といった類の、フィーニアン兵士組織を摘発するうえでそれほど有益とは思われないものが多く、とても満足のいくものとはいえなかった。そのため、同じように情報不足に悩んでいたストラートネアン卿から、警察の情報はつねに信用できるとはかぎらない、といわれる有様だった。[89]警察があいかわらず正確な情報が入手できなかった一方、一八六六年に入ってイギリス軍当局はフィーニアン兵士の逮捕に乗り出し、逮捕者から情報を収集するようになって警察よりも格段優れ、具体的かつ正確な情報を入手するようになった。[90]

結局、ライアン警視はフィーニアン兵士組織にかんして軍当局にさきんじてその情報をつかんだものの、その内容は十分なものではなかった。なぜかといえば、彼はフィーニアン兵士のなかにスパイを確保できなかったからである。警視のスパイはあくまでも一般組織のメンバーに限定され、フィーニアン兵士組織についての情報に接近する手立てを持っていなかったのである。

以上、警視の入手した情報を六つの項目に分けて検討したが、明らかになったのは、これらのＩＲＢの機密事項にかんする情報を警察が入手できなかったということである。こうした警察の失敗は、スパイが組織の指導者層に侵入できなかったという事実にもとづいており、情報の分析能力にたけた警視ですら、しばしば情報の欠如に悩まされなければならなかったのである。このことを翻って考えれば、フィーニアンは自分たちの情報が流出することを防いだのである。それでは、どのようにしてフィーニアンは機密情報が警察に漏れるのを阻止しようとしたのか、すなわち防諜活動について次にみてみよう。

4　スパイを探せ

シューティング・サークル

フィーニアンは組織内から警察に情報が流れることを極度に恐れ、スパイを口封じのために暗殺するという「シューティング・サークル」という特殊なサークルを一八六五年に創設した。フィーニアン指導者のなかには、イギリスと正々堂々と戦おうとした自分たちが、暗殺という卑劣な手段などとるはずがないではないかと、このサークルの存在を真っ向から否定する者もある。[91] 彼らがこうした事実を知りながら否定したのか、それともたんに知らなかったのかはわからないが、シューティング・サークルの設立に抵抗を覚えたフィーニアンがいたことはたしかである。じつは、このサークルを作ることを提唱したのはアメリカ人将校ケリー大佐で、南北戦争で血みどろの戦いをした彼であればこその発想だったかもしれない。だが、ケリー大佐もむやみに暗殺という手段をとることに危険を感じており、誰を暗殺すべきかを調査し決定する「警戒委員会」も合わせて作るという慎重な態度を示している。[92]

設立当初のシューティング・サークルについての情報はきわめて乏しく、推察するしかない。このサークルにかんする詳しい情報が得られるのは、ようやく一八六七年一一月になってからで、ライアン警視は次のように説明している。

> 警察に情報を流したり、その疑いのある人物たちを監視し、必要とあらば彼らを暗殺する、三〇名のメンバーからなる特殊なサークルがある。このメンバーは交替で夜間の警戒に当たり、任務のあいだは拳銃で武装し、一晩当たり六シリング六ペンスの報酬を得ている。[93]

シューティング・サークルの最初のセンターはM・コッディで、彼はケリー大佐の指揮に従いながら任務を遂行した。[94]コッディは警官にときどきなぐりかかるといったいわば「乱暴者」だったので、組織にたいする裏切り者を暗殺することにそれほどの違和感を覚えなかったに違いない。[95]彼らが最初におこなった「仕事」は、警察に情報を流しているという疑惑が持たれていたJ・クラークを六六年二月に射殺したことである。だが、警察はクラークのスパイ説を強く否定しており、彼には気の毒であったが、誤った情報のために殺されてしまった模様である。[96]シューティング・サークルの活動はその後も続き、同年四月にフィーニアン兵士組織に潜りこんだスパイだったJ・マー（第4章を参照）を撃った。[97]この事件以降六七年一〇月まで一年半以上にわたって、スパイの暗殺を企てた形跡がないので、この期間サークルは解散していた可能性もあるが、詳しいことは謎である。

一八六七年一〇月、シューティング・サークルはふたたび活動を開始し、フィーニアン裁判で検察側の証人に立ったG・ライリーを銃撃した。警察による捜査の結果、このサークルの犯行だったことがわかり、そのセンターだったT・フランシスを含む数名のメンバーが逮捕された。[98]これ以降警察の報告書にはこのサークルにかんする記述は表れないので、この逮捕をきっかけとして解散に追い込まれたかもしれない。ここまで述べてきたことからわかるように、じっさいに行動におよんだのは、クラーク、マー、ライリーの三名だけであった。しかし、このサークルに命を狙われることを恐れて、警察に情報を提供することを思いとどまったフィーニアンがいたことは想像にかたくない。ネーゲルやコリドンなどのスパイが命を狙われる恐怖にかられていたのも納得できよう。

次にシューティング・サークルは組織内のスパイを暗殺するだけでなく、スパイから情報を得ようとした警官の命をも狙ったのかを検討してみたい。なぜこのようなことを問題にするかといえば、警官のなかにフィーニアンによって殺害された者がいたからである。はたしてシューティング・サークルはフィーニアンの情報を収集しようとした警官を暗殺したのだろうか。

警察が『アイリッシュ・ピープル』事務所の捜索にはじまるフィーニアン指導者の逮捕に乗り出してから二カ月ほどたった一八六五年一一月、G部門のE・ヒューズ警視代理とW・ドイルが命を失うほどの致命傷は負わなかったが、銃撃された。フィーニアンは組織の情報が外部に漏れることを防ぐためにこの二人の刑事を撃ったのだろうか。撃った犯人は、デヴォイの回想録のなかで名前をあげられており、それはT・フリスである。彼は、この月にスティーブンスが逮捕されたことへの復讐を果たすために、仲間が止めるのも聞かず、犯行におよんだという。[99]このことからわかるように、明らかにシューティング・サークルの犯行ではなかった。

この事件から半年ほどたった六六年四月、D部門のC・オニール巡査がピル・レイン近くで射殺されたが、この事件は犯人が逮捕されないまま迷宮入りとなった。[100]彼はフィーニアンにかんする情報収集に関係していたわけでなく、彼らを弾圧することに積極的な役割を果たしていたわけでもなかったので、当のフィーニアンたちのなかからもこの事件に驚きの声があがった。それでは、なぜ彼は射殺されたのだろうか。

じつは、この時期警官にたいする暴行事件がダブリンでは頻発していたのである。人身保護法の適用が停止され、警官が多数のフィーニアンを逮捕したので、彼らのあいだで、それまでくすぶっていた警官にたいする反感に一挙に火が付いていた。[101]さらに、蜂起の可能性が遠のき、目標を失った者たちが自暴自棄に陥り、そのなかから「フィーニアン運動の弾圧に関わった者を無差別に撃つことによって、世間に恐怖を引き起こそうとする」という者が現れたのである。[102]オニール巡査の射殺事件はこうした者の犯行とまず断定してもよく、シューティング・サークルの関与は考えにくい。同じことが、一八六七年一一月に起こったA部門のP・キーナ巡査の射殺事件にもいえ、彼もまたオニール巡査と同様に、IRBの弾圧で目立った活躍をしていたわけではなかった。

しかし、一八七一年七月に射殺されたアイルランド警察の巡査部長だったT・タルボットの場合は事情が少し違った。彼は、六〇年代にIRBに入り込んでいたスパイである。彼はダブリンの組織以外で情報の収集に当たっていたので、ここではその活動には立ち入らないでおく。タルボット巡査部長を射殺した犯人は逮捕されていないので、シューティング・サークルがこの事件を引き起こしたのか、どうかについてはわからない。(103)だが、彼は射殺された当時、アイルランド警察を退職しもはやスパイとして活動していなかったので、この事件もまたシューティング・サークルの犯行だった可能性は低い。ともかく、この事件が七〇年代におけるフィーニアンたちによる警官射殺の最後であった。

一連の警官の射殺事件――オニール巡査、キーナ巡査、タルボット元巡査部長――の犯人は特定できないでいるが、これらの事件にシューティング・サークルが関与したとは考えられない。オニール巡査とキーナ巡査はフィーニアンにかんする情報収集にとくに重要な役割を果たしたのではなく、タルボット元巡査部長はフィーニアン運動内でスパイとして活動した経験はあったが、射殺された当時は現役を退いていた。警官の射殺事件を詳しく検討してみると、シューティング・サークルは情報収集に携わる警官を暗殺することを目的とする「テロ集団」ではなかったことが明らかとなる。自分たちの情報が漏れていることを知りながら、警官を暗殺しようとはしなかったのである。

ライアン警視はＩＲＢの弾圧の先頭に立ち、その顔はフィーニアンに知られていたが、命を狙われることは一度としてなかった。フィーニアンたちはあくまでも蜂起の決行こそが自分たちの使命であると考え、警官を暗殺することによって無用な弾圧を招くことを避けようとしたのである。

警察を監視せよ

いままで述べてきたように、警察がフィーニアンの情報を入手しようと様々な苦労を重ねてきたが、彼らの方でも警察の追跡の手から逃れるため、その動きを監視したり、捜査情報の収集をおこなっていたのである。一八六六年五月に不可解な行動をとるフィーニアンが逮捕されたが、彼の行動をライアン警視は次のようにいっている。

彼は警察の動きを監視することに一生懸命であった。しばしば家の玄関や塀のそばに身を置き、警官が話をする人物が誰であるかを特定しようとし、さらにそこでかわされている話を盗み聞きしていた。(104)

彼こそが警察の動きを探るため、フィーニアンがとくに選抜して、G部門の刑事のように活動させていた「フィーニアン刑事」である。フィーニアン刑事は捜査の進展状況や、警官と接触する「裏切り者」を見つけ出そうとした。彼らのなかには、ダブリン首都警察の刑事部門の全員の顔だけでなく、他の部門の巡査部長以上の顔もすべて覚え、警察の動きを絶えず追っていた者もいた。(105)

フィーニアンは警察の動きを見張るだけでなく、ダブリン首都警察の警官を組織に引き込むことによって、捜査情報を聞き出し、有効な防御手段を講じようともした。デヴォイによれば、警察内に潜入している仲間からの警告で逮捕を免れたフィーニアンもいたという。(106) 先にみた警察の武器捜査の失敗もその一例であるかもしれず、警察の行動をあらかじめ知らされたフィーニアンが、武器を押収されないように密かに移動させたと考えられる。

ダブリン首都警察の幹部は、どの警官がフィーニアン側と通じていたのかについて内部調査をおこなわなかったので、その人数や人物を特定することは難しく、この件にかんして断片的な情報しか残っていない。たとえば、一八六五年五月にダブリン首都警察のある警官がフィーニアンと一緒にいたところを目撃されているという類のものである。(107) ところが、フィーニアン支持者が存在していたという確固たる証拠がひとつあり、それはフィーニアン運動との関係から逮捕されたひとりの警官によって明らかとなった。

ダブリンのセンターだったJ・キルウェンは蜂起後に逮捕されたが、蜂起のさいに受けた傷を治療するため特別に警官の見張りが付けられたまま病院に収容されていた。ところが、一八六七年四月、このキルウェンが逃亡したのである。そのとき、見張り役だったA部門のP・ケリー巡査がその逃亡を助けたという罪で取り調べを受け、彼はフィーニアンたちの集会に参加していたことが明らかになった。(108) 先にふれたフィーニアンといるところを目撃された警官とケリー巡査が同一人物だったかについては不明である。

ともかくこの一例は、ダブリン首都警察の警官のなかに、フィーニアンに情報を流していた者がいたという可能性を裏付ける貴重な証拠である。だが、イギリス軍当局がフィーニアン兵士を深刻に扱ったこととは逆に、警察が「フィーニアン警官」の問題に特別に注意を払わなかったことからして、この人数はきわめて少数であったといえるかもしれない。ところでフィーニアンにかんする情報を収集していたG部門の刑事のなかにフィーニアンと通じる者がいれば、ダブリン首都警察の捜査体制は破綻していたといえる。ところがG部門のなかにはそうした警官がいたという証拠はなく、ライアン警視の捜査は万全を期していた。

なぜ警官はイギリス軍兵士と異なり、フィーニアンにならなかったのかを考えてみると、警官はイギリス軍兵士に比べて俸給も高く生活も安定していたので、わざわざその生活を棒にふってまでフィーニアンと通じようとしなかったのであろう。

治安当局の動きを知るために、フィーニアンがスパイとして確保しようとしたのは警官だけではない。彼らは警察や政府機関の職員として働く仲間からも情報を手に入れていた。そのなかでももっとも有益な情報を知る立場にあったのは、おそらくM・ブレスリンであろう。彼は、ダブリン首都警察の警視事務所で事務員として働いていたので、刑事部門の動きを知ることができる絶好な場所におり、ライアン警視が書いた報告書も盗み見たかもしれない。彼の活動によってフィーニアンがどの程度助けられたのかは、史料では裏付けられないが、なんらかの有益な情報がフィーニアンのもとに届けられたと考えても問題はなかろう。この他にもアイルランド政府の軍需品部で働く仲間から政府の動きが報告されたり、電信会社で働くフィーニアンがアイルランドとイギリスのあいだを電報でやり取りされた情報をつかんでいた形跡もある。(109)

フィーニアンは治安当局の動向を探ろうとしたが、当局の方でも自分たちの情報がフィーニアンの側に漏れないよう細心の注意を払っていた。たとえば、ライアン警視は捜査情報が漏れる危険性に十分気づいており、彼の報告書にはスパイの氏名が徹頭徹尾隠され、報告書を読んだだけではそのものを特定することはできない。

ここまで述べてきたように、警察は情報を入手することができたとはいえ、警察のスパイとなったフィーニアンの多くは組織内で低い地位にあったので、彼らの情報には限界があった。なぜスパイはダブリンの組織の指導層に潜入できなかったのだろうか。まずいえることは、フィーニアンがスパイとなった理由は金銭目的だったが、フィーニアン指導者は金銭の誘惑に打ち勝つほどＩＲＢへの忠誠心が強固であったことである。そしてスパイを暗殺するシューティング・サークルの存在がもうひとつの解答となろう。このようなサークルはじっさいに行動を起こさずとも、存在するだけで大きな意味を持った。すなわち、フィーニアンたちは、情報を漏らすことは命を狙われる危険をともなうものだと胆に銘じたからである。

フィーニアン運動の研究史では、治安当局はフィーニアン運動内にスパイを潜入させ、自由に情報を手に入れていたとされている。だが、フィーニアンにかんする情報の獲得はそれほど容易な仕事ではなく、さらにいままでの研究史では重視されてこなかったが、フィーニアンは治安当局の動きを警察や政府機関で働く仲間からの情報をつかもうとするなど、両者のあいだには目に見えない情報戦が繰り広げられていたのである。だが、豊富な資金力を持つ治安当局が金にものをいわせてスパイを確保したので、フィーニアンよりも有利に戦いをすすめることができた。

次章ではいよいよ本書の主題である蜂起のじっさいの経過をたどるが、警察がどれほど蜂起についての情報収集に全力を尽くしたのか、そしてその情報は正確だったのかをあらためて検討してみたい。それでは、一八六七年三月五日についに武装蜂起したフィーニアンの姿を追うことにしよう。

第6章　蜂　起

1　蜂起へ

デヴォイの回想

三月五日の夕方、ダブリン市内から多数の馬車が出発し、大勢の者たちがその後を追うように歩いていた。この様子を目撃したクラムリン署の巡査部長は「ダブリンの通りという通りは、タラの方向へ向かう若者たちでごった返している」(1)と報告しており、その人数が尋常でないことがわかる。この報告書からもわかるように、彼らはダブリン市の南西の郊外にあるタラの方角へ向かっているところだった。彼らの目的地をより正確にいうと、市内から南西に一四、五キロほど離れた郊外の丘陵地帯にあるタラ・ヒルという丘だった。そこにはすでに集合地点が設定されており、じじつ六日午前一時に数発の花火が打ち上げられ、それを目指して前進するフィーニアンたちのグループが目撃されている。(2)

なぜフィーニアンたちは市内に立て籠り、バリケードを築くなどして戦おうとはせずに、郊外に出ていったのだろうか。彼らがこうした行動をとった理由については後で詳しく説明するが、一見したところ不可解とも思われる行動の裏には、彼らが考え出した作戦計画が隠されていた。ともかくフィーニアンたちは蜂起のために行動をはじめたのである。蜂起を計画した指導者たちは、多数のフィーニアンがタラ・ヒルに向かっていることを見て、すべてが順調にすすんでいると満足していたに違いない。

その一方で、このときフィーニアンの敗北を予想し、仲間の前途を悲観していた男がいた。フィーニアン兵士組織の最高組織者だったデヴォイである。すでにみたように、彼はこのときからさかのぼって一年前に逮捕されており、ダブリンにあるマウントジョイ刑務所に収監されていた。この夜のことを次のように回想する。

私が、斜めに開いていただけの独房の窓によじ登ってみると、雨、みぞれ、雪が絶えず降り続いていた。「神よ、オーバーや暖かい服を着ずに、今夜外にいる哀れな仲間を助けたまえ。彼らは、一体どんな武器をもって戦うというのか」と、私は仲間たちの前途を悲観した。はかり知れない困難、そして猛吹雪のなかで、彼らにはどのような戦いができるというのか。(3)

ここで注目したいのは、デヴォイがフィーニアンの敗北を予想していたことではなく、彼が書き残したこの夜の天候である。彼によれば、雨、みぞれ、雪が降り続く「猛吹雪」という非常な悪天候ということになっている。これまでの研究では、この記述がそのまま信用され、天候の悪さも蜂起が失敗した原因のひとつとされてきた。つまり、天候の悪さのためにフィーニアンは計画通りに行動がとれなかったと。しかし、警察の報告書や当時の新聞をみても、悪天候を裏付ける証拠を発見することができなかった。そうなると、デヴォイの記述が誤っていた可能性がある。たしかに彼の回想録が蜂起から半世紀近くたって書かれたことや、彼自身が蜂起にじっさいには加わっていなかったということを考えれば、こうした事態が生じても少しも不思議ではない。

それでは真実はどうだったのか。当時の天候は、ダブリン市郊外にあるフェニックス・パークにある観測所で克明に記録されていた。それによれば、その日の天候は、東の風が吹き、少し寒く、曇りで、五日の午後九時の気温は摂氏四・六度、六日の早朝には小雨が降っていた。[(4)] ということは、ダブリン市の天候は、デヴォイが描写しているほどドラマティックなものではなかったのである。そうであるといっても、丘陵地帯にあるフィーニアンの集合地点タラ・ヒルでは、天候は市内とは違っていた可能性がある。じっさい、六日早朝、イギリス軍とともにタラ・ヒルを行軍したある治安判事は、みぞれや激しい雨が降っていたと報告している。[(5)] そうであればこのようなみぞれや雨にたいしてこれといった装備をしていなかったフィーニアンにとっては、この夜の天候はさぞや不快であったに違いない。後にみるように、雨に濡れ、体が冷えたフィーニアンが、タラ・ヒルで自分たちの司令官からの命令を待ち続けることは、容易ではなかったはずだ。しかし、タラ・ヒルに雪が積もっていたという劇的な状況は存在しなかったことだけはたしかで、天候によってフィーニアンの動員が支障を来たすことはなかったのである。

いずれにせよ、デヴォイが書き残した天候の記述は、正確なものではなかった。彼のたんなる記憶違いのせいでこのような誤りが生じたかもしれないが、記述だけが独り歩きをはじめ、フィーニアンの蜂起をどのように解釈すべきかという点に大きな影響を与えた。それはどういうことかといえば、この記述のように蜂起の夜が悪天候であれば、先にも述べたように、ゆえに蜂起は計画通りにすすまなかったと、その失敗の原因を当日の天候状態にかぶせることができるのである。蜂起の夜が悪天候でなかったことがわかった以上、あらためて蜂起失敗の真の原因を探らなければならない。それでは、なぜフィーニアンの蜂起が失敗したのかを、そのじっさいに起こった経過を詳しく追いながら明らかにしてみたい。

アイルランド共和国臨時政府の樹立

まず、蜂起を決行することが決定されるまでの経緯を説明することから話をはじめるが、その舞台はアメリカである。すでに紹介したように、一八六六年五月にアメリカに渡ったスティーブンスは、フィーニアン・ブラザーフッドのオマハニー派の最高指導者の地位に就き、年内にアイルランドで蜂起を決行することを宣言した。そのため、アイルランド国内でも、彼の言葉が固く信じられ、蜂起へ向けての積極的な準備が着々となされていた。

ところが、蜂起決行の最終期限が迫りつつあった六六年一二月になってアメリカにいたスティーブンスは、アイルランド国内の蜂起の準備がまだ不十分であることを理由に、蜂起の延期を突然いい出したのである。この発言は、即座に蜂起することを日頃から主張していた、ケリー大佐をリーダーとするアメリカ人将校から猛烈な反発を買ったのである。これまでみてきたように、蜂起の決行をいく度ともなく延期してきた「前科者」に、ケリー大佐たちはもはや我慢がならなかった。彼らはスティーブンスに「臆病者」のレッテルを貼って、フィーニアン・ブラザーフッドの最高指導者の地位から追い落とすことに成功し、蜂起決行へと動き出した。大佐たちは大西洋を超えてアイルランドに渡ることになり、舞台はアメリカからアイルランドへと移るのである。

ところでアイルランド国内で蜂起にたいしてどれほどの準備がなされていたのかを考えてみると、スティーブンスによる蜂起の延期という決定の方が、より現実的であった。しかし、事態は、フィーニアン指導者が何らかの行動をとることで、みずからの誠実さを証明しなければ、蜂起を待ち望んでいた多くのメンバーの不満を押さえきれず、ひいてはＩＲＢそのものが崩壊するかもしれないという危機的状況にまできていたのである。一八六七年一月、ライアン警視はこの状況を次のように的確にとらえていた。

秘密結社［ＩＲＢ］の下位のメンバーたちは、ジェームズ・スティーブンスの誠実さに公然と疑問を投げかけ、彼らのなかには運動と完全に縁を切ろうとする者さえあった。しかし、主だったメンバーたちは、彼らを引き留めようとスティーブンスが約束を実行できなかったことにたいして懸命に釈明していた。(6)
アメリカ人将校が行動を起こしたことによって、ＩＲＢはひとまず崩壊を免れることになる。このことからすると、蜂起が成功するか、失敗するかはいっさい問題ではなく、その決行こそが重要だったという結論を導き出すことができるかもしれない。だが、蜂起を遂行しようとしたのが、南北戦争でそれなりの活躍をしたアメリカ人将校だったことを考えると、まったく「勝利」を度外視して蜂起決行に踏み切ったとはいえまい。

ケリー大佐を中心とするアメリカ人将校がまず最初におこなおうとしたことは、ＩＲＢを自分たちの統制のもとに再編成することであった。スティーブンスがフィーニアン・ブラザーフッドのオマハニー派の最高指導者を罷免されたことは先に述べたが、彼はいまだにＩＲＢの最高指導者という地位にあり、その同意なしに大佐たちはＩＲＢを自分たちの意思のもとに動かすことができなかったのである。そこで大佐らはこのＩＲＢの最高指導者という地位からもスティーブンスを引きずり降ろすために策略を練らなければならなかった。(7)

ＩＲＢの再編という目的を持ったケリー大佐はまずロンドンに向かった。イギリスでは人身保護法の適用が停止されておらず、逮捕を恐れることなく自由に行動できたので、蜂起の準備に都合がよかったからである。一月下旬に大佐と数名のアメリカ人将校がロンドンに到着したが、そこには彼らを驚愕させる事態が待っていた。彼らが知らないところで、イギリスに潜伏していたアメリカ人将校のグループが蜂起計画を独自に立て、それを実行に移そうとしていたのである。蜂起計画は、一八六七年二月一一日という具体的な決行日まで決定されており、アイルランドの各地の組織に指令がすでに出されていた。この計画をすすめていたアメリカ人将校は、第３章でふれたようにアメリカには帰還せずにイギリスへ渡り、アイルランドでの蜂起の機会をうかがっていたが、人身保護法の適用が停止された後、かがっていた一団である。彼らは蜂起を決行するため、「ディレクトリー」という指導機関を六七年一月おわりか、遅くとも二月のはじめまでには作り、ひとつの勢力としてまとまっていた。(8)

ケリー大佐はディレクトリーの蜂起計画ではフィーニアンが勝利する展望が開けないと考え、さらに自分の主導のもとで蜂起を決行したかったので、彼らに計画の実行を思いとどまらせるよう慌てて説得工作に乗り出した。これに失敗すれば、大佐にとってすべてが終わりである。彼の努力のかいがあって、二月一一日の蜂起はひとまず延期され、中止を知らせる使者がアイルランドに急遽派遣されることになった。この当時の大佐の課題は、いかにイギリス軍と戦うかではなく、いかにＩＲＢを再編するかにあり、敵は身内のなかにいたのである。

ディレクトリーの説得工作に成功した大佐は、いよいよＩＲＢの再編に乗り出すことになり、数名のフィーニアン指導者をアイルランドからロンドンに召集して会合を開いた。どのような議論がおこなわれたのか、詳しい内容はわからないが、ともかくフィーニアン指導者たちは、大佐の指揮下で蜂起を決行することに同意した。またこのとき、「アイルランド共和国臨時政府」が樹立されることになり、大佐はその議長に就任し、アメリカに置き去りにされたスティーブンスに代わってＩＲＢの「実質的な」最高指導者となった。組織を再編するという目的はひとまず達成されたのである。この臨時政府が設立されたのは、二月一〇日のことで、蜂起決行まで一カ月もなかった。

組織が順調に動き出したと思ったのも束の間、臨時政府が設立された翌一一日、ディレクトリーの一部のメンバー（Ｊ・マッカーファティー大尉とＪ・フラッド）がケリー大佐の命令に従わず、蜂起計画を続行しチェスターの兵器庫を襲撃しようとした。(9)この計画がコリドンの警察への密告によって中止に追い込まれ、多数のフィーニアンがダブリンに向かったのは、すでにみたとおりである。組織の再編はじつに難しい仕事だったといえよう。

臨時政府が設立されるとすぐに、ケリー大佐はＩＲＢの蜂起準備がどの程度できているのかを把握するため、アメリカ人将校G・マッセーをアイルランドに派遣した。彼は最初にダブリンの組織を調査することにし、二月一二日にダブリンのセンターたちを集め、蜂起の準備状況を査問した。[10] その後も彼は調査活動を続け、約二週間にわたりアイルランド各地を回って二四日にロンドンに戻った。

マッセーがアイルランドで各地の組織の状態を調べているあいだ、大佐たちは蜂起のための最終調整をおこなっており、蜂起を三月五日の真夜中に決行することを決定した。さらに、イギリス国内にもフィーニアン蜂起を支持する勢力を確保しようと、C・ブラッドローなどのイギリス急進主義者との連携に目を付け、その折衝にも励んでいた。この連携は実現しなかったけれども、イギリス政府に恐怖心を植え付けたことはたしかである。[11] こうしていよいよフィーニアンは三月五日に武装蜂起することになり、その指令を各地の組織に伝達するため、マッセーがふたたびアイルランドに派遣されることになった。まず二月二六日に、ダブリンのセンターの会合で蜂起にかんする指令を伝える。[12] じっさいの蜂起まで一週間もないという慌ただしさのなかで。

ゲリラ戦

フィーニアンに勝算はあったのであろうか。一八六七年三月、アイルランドは、二万名を超えるイギリス軍兵士によって強固に防御されていた。数のうえでは優るとはいえ、装備でははるかに劣るフィーニアンが、イギリス軍を正攻法で撃破することは不可能であり、彼ら自身もこのことを十分に理解していた。軍事委員会（第3章参照）の議長であり、「フィーニアン軍」の状態に精通していたミレン将軍は、「もしイギリスが外交上あるいは国内的苦境に巻き込まれる前に、われわれが戦闘を開始するならば、『踏みつぶされてしまう』[13]」と述べている。フィーニアンはイギリスが苦境に陥るのを待っていたが、それは現実のものとはならず、自力でイギリス軍に立ち向かわねばならなかった。

蜂起計画の考案者はアメリカ人将校ではなく、アイルランド独立闘争に共鳴したフランス人の軍人だった。彼の名をG・クリュズレという。ケリー大佐は北軍の参謀将校をつとめていたので、彼が立案してもよさそうなものであったが、クリュズレにその仕事は任された。彼は一八五九年から六〇年のイタリア統一戦争のさいにフランス軍に従軍し、アメリカ南北戦争では北軍側に参加した戦闘のヴェテランだった。南北戦争終了後に、フィーニアン・ブラザーフッドの指導者と出会い、アイルランド独立闘争への協力を約束したのである。[14] クリュズレは、フランス軍あるいは北軍で将軍の階級を持っていたのでフィーニアンはクリュズレ将軍と呼んだ。

フィーニアン指導者がクリュズレ将軍に蜂起計画の作成を依頼したのは一八六六年おわりのことで、このとき指導者は、武装した一万名のフィーニアンを蜂起に動員することができると伝えていた。将軍はこの人数をもとにして作戦計画を練る。二万名のイギリス軍にたいして、一万名では勝ち目がないのは明らかであるが、次のような基本構想を立案し、ある程度の勝算を持っていたようである。それは、武装した一万名のフィーニアンは「人びとの共感を隠れみのにし、船の乗り入れのための最重要地点や交通の要所を」確保することによってアイルランドに駐留するイギリス軍を打ち破る、というものであった。[15]

ところが、一万名の武装したメンバーというのは架空の話だった。ＩＲＢのメンバー数は五万名を超えていたが、そのうちライフル銃などの武器を持って蜂起に参加できる人数は五〇〇〇名にすぎなかったのである。フィーニアン指導者がこの真実を将軍に打ち明けたのは、蜂起の最終調整をおこなっていた二月になってからだった。計画の修正を早急に迫られた将軍は、戦略を一様は作り直してみたものの、これでは到底勝つ見込みがないと判断し、アイルランドで蜂起を指揮することを拒否して、二月一五日にパリに帰国してしまったのである。[16] フィーニアンは、蜂起計画の立案者が敗北を予想する戦略のもとで蜂起したのである。このことからわかるように、フィーニアン蜂起は成功を度外視した「無謀な試み」であったといえるかもしれない。しかし、それを強調することで蜂起が持っていた意味を過小評価すべきではなく、この点については後に検討したい。

さて、フィーニアンはどのような戦闘を展開しようとしたのだろうか。クリュズレ将軍は、蜂起を二段階に分けて戦おうと計画した。第一段階では戦略上の拠点を確保するために「ゲリラ戦」を展開し、第二段階で「正規戦」をはじめるというものであった。将軍の副官をつとめたイタリア人O・ファリオラがゲリラ戦の戦い方について具体的に明らかにしている(17)。

まず第一段階では、フィーニアンはイギリス軍の動きを阻止するために、鉄道と幹線道路を占拠することをもくろんだ。ファリオラは次のようにいう。

われわれの任務は、一五名多くても二〇名のきわめて小さな集団で蜂起をはじめることである。二つか三つの集団が共同で行動することが許されるのは、成功が確実であるという非常に限られたときだけであって、けっして最初からではない。これらの集団は、軍隊や警察と正面から戦ってはならない。それとは逆に、われわれは敵と対決することを避け、遭遇したときには、相手をかならず攪乱し、自分たちを追跡させるように仕向け、彼らをひたすら疲れさせねばならない。孤立した少人数の警官や兵士の集団が独自に行動しようとした場合には、待ち伏せ攻撃をかけねばならない。アイルランドという国を絶え間なく不安と不安定の状態に陥れるために、道路・鉄道・電信をすべて連日遮断し、われわれは相手に執拗に追跡されたときには機敏に集団を分散すべきである。各集団の責任者は、近くで活動する集団からは独立して行動し、自分の地区の軍事司令官からの命令にのみ従うこととする。ある程度時間を必要とする共通の目的のためにいくつかの集団が合同することができるのは、軍事司令官が命令したときである。しかし、すべての集団は隣接の集団と絶えず連絡をとり、それぞれの地区の集団は、共同行動をとるときに備えて、連絡網を確立しておかなければならない(18)（傍点引用者）。

ファリオラの証言のなかで、各集団は軍事司令官の命令にもとづいて行動せよという点が重要である。なぜなら、後にみるようにこのことが蜂起を失敗に導くことになったからである。ところで、クリュズレ将軍が立案したゲリラ戦はけっして誤った戦法ではなかった。一九一九年からの独立戦争はゲリラ戦というかたちで展開され、フィーニアンたちは勝利をつかんだのであるから。

作戦計画ではゲリラ戦に勝利したフィーニアンは第二段階の正規戦をはじめることになっていたが、この正規戦についてファリオラは完全に沈黙しており、その詳細は不明である。はたしてフィーニアンはゲリラ戦から正規戦に戦闘を展開し、さらに正規戦を勝利に導くことができると考えていたのだろうか。

将軍が蜂起の前途に絶望してパリに去ってしまったことを考えると、この段階の計画実行はむしろケリー大佐の無謀さに関係していたといえるかもしれない。じじつ、このことを裏付けるような記述を、大佐は残している。彼は、「われわれが成し遂げられる最大のことは、交戦国の国民として認められるまで、あるいはアメリカから支援がくるまで持ちこたえることであった」[19]と述べている。すくなくとも三カ月はゲリラ戦を展開することを大佐は期待していた。このことからすると、彼はゲリラ戦を戦い続けることだけを期待し、ひとたびアイルランドのフィーニアンが決起すれば、アイルランド系アメリカ人たちが援助に乗り出し、蜂起は成功するに違いないという楽観論を抱いていたことがよくわかる。

ここでケリー大佐の期待がかならずしも根拠のないものではなかったという事例を紹介しておきたい。フィーニアン・ブラザーフッドはすでに二派に分裂していたが、アイルランドでの蜂起を依然として援助していたオマハニー派が、五月に四〇名のメンバーからなる遠征隊をアイルランドに派遣したのである。[20]遠征隊が到着したのは、蜂起が終了して二カ月たってからという茶番劇を演じてしまったが、これには訳がある。オマハニーらは蜂起が失敗したという情報を得ていたが、それはイギリス政府の情報操作によるものだと信じ、いまだに戦闘が続いていると確信していたのだった。

さらに、蜂起後、アメリカの下院は自由のために蜂起したアイルランド人への支持を決議し、当時のアメリカ大統領A・ジョンソンもまた議会の動きと歩調を合わせていた。こうしたアメリカ政界の動きを『ザ・タイムズ』はアイルランド人票の欲しさゆえの行動だと非難している。(21)これ以上の動きはなかったけれども、もし蜂起が長期戦に持ち込まれれば、アイルランドの独立闘争にアメリカを巻き込んだ可能性もあったといえる。

話をふたたび蜂起計画に戻そう。第3章でみたように、二月中旬にイギリスからダブリンに渡ってきたアメリカ人将校たちは、蜂起を指揮する司令官として各地に出かけていったが、ダブリンのフィーニアンを率いた司令官はハルピン将軍である。軍事委員会のメンバーをつとめるなど、ケリー大佐に次ぐ重要なアメリカ人将校だったので、彼が蜂起の司令官に就任したことからして、ダブリンの蜂起をいかにケリー大佐が重視していたかがわかろう。

クリュズレ将軍が作成したゲリラ戦の計画はおおまかな戦略を示したにすぎず、各地の組織は個別に詳細な計画を立案する必要があった。ダブリンの蜂起計画はハルピン将軍が中心になって、次のように作成された。

まずダブリンのフィーニアンは、ダブリン市の南西の郊外にあるタラ・ヒルに集合し、そこを軍事基地としてゲリラ戦を開始し、市内を警護していたイギリス軍を誘い出す。イギリス軍はタラ・ヒルに集合したフィーニアンを逮捕するため、そこに向かうであろうから、ダブリン市内の警備は手薄になる。そこで市内に集合したフィーニアンのグループが市内の重要拠点を攻撃するというものだった。中心はあくまでダブリン市内の攻撃で、タラ・ヒルへの集合は軍を誘い出すための陽動作戦だった。本章の冒頭でみたフィーニアンたちは、あらかじめ計画された陽動作戦を展開するという意味のある目的をもって行動していたのである。フィーニアンは治安当局の裏をかいて、ゲリラ戦を展開するはずだった。

2　一八六七年三月五日

蜂起の情報

通説によれば、治安当局はフィーニアンの蜂起計画を完全に把握し、蜂起をなんなく鎮圧した、ということになっている。しかし、第5章で述べたように、警察がＩＲＢにスパイを潜入させることは容易ではなく、フィーニアンの情報はけっして筒抜けになっていたのではなかった。蜂起にかんする警察の情報収集にはつねに困難がともなっていたのである。

蜂起にかんする情報を収集するさいに、ライアン警視の頭をもっとも悩ましたのは、彼がフィーニアン運動の情報収集をはじめて以来、数えきれないほど多くのものが寄せられてきたということである。指導者はメンバーの意識を高揚させる必要もあって、蜂起の決行はまもなくであると部下に絶えずいい聞かせてきた。そのため警察には蜂起が決行されるという数多くの情報が流れ込み、それを見極めることがたいへん難しい仕事だったのである。

ライアン警視が最初に蜂起の情報を入手したのは、一八六五年四月のことであったが、情報源はまたしてもネーゲルである。(22) 彼は蜂起の決行が目前に迫っていると、これ以降たびたびライアン警視に警告してきた。翌五月にも、彼は夏に蜂起が決行されると通報してきた。(23) それ以降もネーゲルは蜂起がいますぐにでも決行されるという情報を流し続け、このことは、六五年九月に『アイリッシュ・ピープル』事務所の捜索にはじまるフィーニアン運動の弾圧に結びついている。第3章で紹介したように、フィーニアン指導者は六五年一二月の最後の週まで会合を開いて蜂起を決行する可能性を探って真剣に議論していたが、ライアン警視のもとにもフィーニアンがいまにでも決行するという情報がいくつも届いていた。たとえば、一二月二日に警視が報告している情報は、蜂起は一二月半ばに決行される予定で、武器・弾薬を積載した一四隻の甲鉄艦に二万名のアメリカのフィーニアンが乗り込んでアイルランドに向かっている、というものだった。[24]警視にはIRBの指導層に潜り込んだスパイがいなかったので、蜂起の決行を議論する会合の内容は最後まで知ることはできなかったが、決行されるかもしれないという「雰囲気」は十分つかんでいたのである。結局のところ、蜂起は延期され治安当局はことなきを得た。

六六年に入っても蜂起にかんする多数の情報が警察に寄せられてきたので、イギリス政府はさらなる弾圧手段として同年二月に人身保護法の適用を停止して、多数のフィーニアンたちを逮捕しIRBに大打撃を与えた。彼らは組織を立て直すことに追われ、蜂起を決行できる状態ではなかったし、決行しようともしなかったので、しばらくのあいだ警察のもとに蜂起にかんする情報はいっさい届かなかった。

警視の報告書のなかに、蜂起にかんする情報をふたたび見出すことができるのは、六六年一一月末になってからである。[25]それによれば、ダブリンで、時期は断定できないけれども、近い将来に決行されると噂されているということだった。先にみたように、アメリカにいたスティーブンスは年内に蜂起することを約束していたが、それに呼応してダブリンにおいて、フィーニアンが活発に活動しているという情報を警察はこのときまで入手できなかったのである。一二月に入って警察は多数のダブリンのセンターを逮捕し、組織に打撃を与えたにもかかわらず、年内に蜂起が決行されるという情報がつぎつぎと飛び込んできた。[26]年が明けてからも蜂起にかんする様々な情報が警視のもとに届いていたが、こうした状況のなかケリー大佐たちがアメリカから蜂起を決行するため戻ってきたのである。

ケリー大佐がアイルランド共和国臨時政府を樹立したのが、一八六七年二月一〇日だったことはすでに述べたが、このときから三月五日の蜂起当日まで警察はどのような情報をつかんでいたのだろうか。警察は、入手した蜂起にかんする多数の情報の真偽を巡って判断に苦しみ、過度の緊張を余儀なくされていた。ダブリンの蜂起にかんしていえば、情報の収集と分析という二つの大きな仕事が、ライアン警視の肩に重くのし掛かってきたのである。では、じっさいに三月五日に決行された蜂起の情報収集活動はどのようなものであったのかを、たどってみよう。

コリドンの情報

蜂起の正確な情報を治安当局に最初に伝えたのは、アメリカ人将校コリドンである。アメリカ人将校は軍事指導者として活躍を期待されていたので、彼は蜂起の情報を十二分に知る立場にあった。二月一一日にチェスターの兵器庫からの武器の強奪が計画されたが、これは彼からの密告によって頓挫させられたことはすでに述べたとおりである。この一件によって彼のスパイとしての信頼度がはかり知れないほど高まったことはいうまでもなかろう。アイルランド警察のスパイだったコリドンの情報は、ダブリン首都警察のライアン警視のもとにも逐一報告されていた。

この事件から数日たった一四日に、コリドンは蜂起が二月一八日に決行されることになったと警察に伝えてきた。絶対の信頼が寄せられるようになった彼からの情報だったがゆえに、警察には緊張が走った。一八日という特定の日に蜂起が決行されるという情報に真実味を加えたのは、「アメリカ人将校はアイルランドに集合せよ」という最終命令を受けた彼自身が、一六日にリヴァプールを出発しダブリンに向かったという事実である。だが、情報通りに蜂起は決行されなかった。コリドンが故意に誤った情報を流したと考えられないわけではないが、それよりもむしろこの時期フィーニアン指導部の内部でも蜂起決行にかんして混乱していたと理解すべきであろう。いずれにせよ、決行日の正確な情報を得ることができず、治安当局は偽りの情報に踊らされたのだった。

コリドンがダブリンにやってきたことで，情報収集の舞台はアイルランドに移った。彼は，蜂起計画が明らかにされた二月二六日のセンターの会合に出席しこの重大な情報をつかみ，翌二七日に早くも警察に通報した。[27] したがって，警察が蜂起の基本計画やその決行日を知ったのは，二月二七日，つまり決行の一週間ほど前のことだといえる。こうして三月五日に蜂起が決行されることを知らされた警察ではあったが，いくら彼の情報といっても全面的には信頼できないというのが，本音だったのではないだろうか。というのも，すぐにでもフィーニアンが蜂起するというような情報がいままで流されてきたにもかかわらず，じっさいにはそうならなかったという経緯がたびたびあったからである。

ところで，コリドンはダブリンの蜂起にかんして特別な情報も知らせていた。それによると，ダブリンだけは他の地域よりも蜂起の決行が一日か二日遅れ，市の数カ所に火が付けられるということだった。また，蜂起に動員できる人数が，武装した四〇〇〇名を含む七〇〇〇名と計算されていることも明らかにしている。[28] 彼はダブリン蜂起にかんしてこれ以上詳しい情報を入手できなかった。そうではあっても，この時期ライアン警視が長年にわたって作り上げてきたスパイ網からは，彼の情報に匹敵する価値を持つ情報はあがってこなかった。だが，警視のスパイたちは，蜂起の決行が迫ってくるにつれて，かなり信頼度の高い情報をしだいに入手するようになっていく。このことを次にみてみよう。

ライアン警視のスパイ情報

二月二六日の会合でダブリンのセンターは，三月五日の夜に蜂起を決行せよという指令を受けた。そのさい，「決行の二四時間前まで蜂起について，いっさい部下に伝達してはならない」という命令も合わせて出されていたので，蜂起についての決定事項は直前までダブリンの組織の上層部の胸の内におさめられていた。第5章で説明したようにライアン警視のスパイたちは、ダブリンの指導層に入り込めなかったので、蜂起についての正確な情報をなかなか流すことはできなかった。

警視は、二六日の会合直後に蜂起の情報を得ることができなかったとはいえ、会合前日の二五日までには独自の判断で何事かがあるに違いない、と確信するようになっていた。長年にわたりダブリンのフィーニアンの行動を観察し、さらに鋭敏な感覚を持つ彼だからこそのことである。二月二五日の報告書は次のようになっている。

秘密結社が広がっていく過程で、とくに過去一八カ月間に、蜂起を開始する日がしばしば決定されたが、何も起きなかった。したがって、フィーニアンがいつ蜂起するのかを正確に知ることや、その問題にかんするいま飛びかっている様々な情報の真偽を判断することは非常に難しい。……おそらく過去四、五年間を振り返ってもダブリンのフィーニアンたちがこれほどおとなしくしていたときはない。そして街頭での喧嘩、乱暴な行為、酔っぱらい、つまりじっさいに警察との衝突を起こすかもしれない事件の数は明らかに減っている。(29)

このようなライアン警視ではあっても、いつフィーニアンが蜂起するかという具体的な日を確定することはできず、極度の緊張を強いられた。結局のところ三月五日に蜂起が決行されるという結論を出したのは、コリドンの情報があったとはいえ、じつにその前日になってからである。ダブリン市のフィーニアンの動向を注意深く観察していたG部門の刑事たちからの三月四日の報告が決め手となった。警視は、「ダブリン市とキングスタウンのフィーニアンだと噂される者たちのあいだでは、五名から八名のグループが頻繁に通りで会うというような、きわめて人目を引くような活発な活動がみられ、何か重大なことが起こる兆しに違いありません」と警視総監に報告している。(30)このように多くの情報に振り回されてきた警視は、蜂起決行の前日になってようやく確信を得たのである。

次に治安当局が蜂起計画の内容をどの程度把握していたのかを明らかにしてみよう。一八六七年二月半ばに治安当局が入手した情報は、蜂起はアイルランドだけでなく、イギリス、とくにリヴァプールでも同時に決行されるという、アイルランド政府だけでなく、イギリス政府をも震撼させる内容だった。[31]だが、より詳しい情報はまだ待たねばならなかった。

ライアン警視がじっさいのダブリンの蜂起計画に近い情報を手に入れたのは、二月一九日のことだった。それは、フィーニアンたちが「ダブリン市の攻撃のために、市から二マイル（約三キロ）ほど離れた適当な場所に、多数で集結することを計画し」[32]、総督府があるダブリン城とイギリス軍の兵舎を攻撃しようとしているというものだった。現実にダブリンのフィーニアンの集合地点となったタラ・ヒルは市から一〇キロ以上離れていたが、多数が市外に一度集合し、それから市内を攻撃するという点において、この情報は正しかった。だが警視は、この時期にはまだフィーニアンがタラ・ヒルに集合し、ゲリラ戦をはじめるという計画の核心については知らず、ましてや三月五日に蜂起が決行されるなど知るよしもなかった。

蜂起が近づくにつれて、警視は、コリドンが伝えたよりも正確な情報を入手するようになった。とはいうものの、彼のスパイは指導層に潜入できなかったので、計画を完全にはつかんでいなかった。ある情報によると、フィーニアンはダブリン州の南部に隣接するウィックロー州に南下し、この州に住むフィーニアンと、さらにウェクスフォード州のフィーニアンとも合流して、ふたたびダブリン市に戻り、市内の主要な建物を攻撃するということだった。[33]このウィックロー州へ行進するという作戦は、もうひとつの信頼すべき情報源からのものと一致している。これを知らせてきたスパイは、ダブリン市の南東にあるダーキーに住むフィーニアンである。それによると、ダブリン市からイギリス軍を誘い出し、さらに市の防御を弱めるために、山沿いにウィックロー州に行進する計画だという。このスパイは、アメリカ人将校Ｊ・バイブル大佐からこの作戦を直接聞き、三月一日にライアン警視に通報してきた。

三月三日になると、じっさいの蜂起計画の核心に迫るような情報を警視は知ることとなる。この最新情報によれば、ダーキーやキングスタウン、ダブリン市郊外のフィーニアンたちが、タラ・ヒルに行進し、そこに市内からの五〇〇〇名の仲間たちが合流する。タラ・ヒルに集結した彼らは、市内のイギリス軍を誘い出す一方、市内の一万名が市への攻撃をはじめる、というものであった。(34) つまり、フィーニアンはダブリン市への攻撃を中心にすえ、タラ・ヒルのメンバーはそれを側面から支援するということである。この情報はじっさいの蜂起計画の全体象を伝えているように思われるが、後にみる警察バラックを攻略したキルウェンのグループについては何も語ってはいない。

フィーニアンがダブリン市をどのように攻撃しようと考えていたのかは、警視は最後まで知ることができなかった。だが、彼がこのときまで長年にわたって収集してきた情報のなかには、ダブリン市の攻撃計画にかんするものがいくつかある。おそらくフィーニアンは、日頃から計画を練っていたに違いない。ひとつは、一八六六年一月に、警察がフィーニアン指導者の家で押収したダブリン市攻撃を意図した地図である。(35) さらに、その年のおわりに、ダブリン市が四地域に分割され、それぞれに設定された地点に集合した四グループが、市の主要目標を同時攻撃する、という情報がある。(36) この市内への攻撃はじっさいの蜂起では計画されたものの、行動に移されることはなく、フィーニアンがどのような計画を作成していたのかについては謎のままである。

このようにして、治安当局は、ダブリン市のフィーニアンが、市からイギリス軍を誘い出すためにタラ・ヒルに集合するグループと、市を攻撃するグループとの二手に分かれるという基本戦略を知った。フィーニアンの戦略を完全に把握していたわけではなかったとはいえ、蜂起計画の情報は、治安当局が軍隊を配置するうえできわめて重要なものとなった。いうまでもなく治安当局は、フィーニアンの陽動作戦の裏をかくことができることになったからである。三月五日の夕方、アイルランド担当次官ラーコムは、アイルランド担当相宛の手紙のなかで治安当局が下すべき対応策を次のように述べている。

ダブリンのフィーニアンはタラ、グリーン・ヒルズに集結し、そこへ軍隊を市内から誘い出し、それによって市内の防御が弱体化した隙を突いて、市内に残ったフィーニアンが略奪をはじめるという作戦を立てました。しかし、軍隊はその手には乗りません。われわれは彼らの裏をかくつもりです。(37)

アイルランドのイギリス軍最高司令官ストラートネアン卿は、フィーニアンたちの攻撃から市を防衛する責任を一手に引き受け、高等裁判所（フォア・コーツ）、税関、証券取引所、ブロードストーンおよびアミアン通りの駅などの市内の全要所をみずからの監督下に置いた。(38)

このように治安当局はフィーニアンの裏をかき、市内の防衛を徹底する策に出た。そうとは知らないフィーニアンは、彼らの裏をかいたつもりで、タラ・ヒルの集結場所に行進していったのである。蜂起を巡る情報戦において、フィーニアンは完全に敗北し、出だしからつまずいたということになるが、治安当局の側もフィーニアンの行動をすべて把握していたわけではなかった。なお、後にみるように、情報戦における敗北が蜂起失敗にそのままつながったのではないことを一言つけ加えておきたい。

タラ・ヒルへ

三月五日の朝、G・コノリーのサークルの末端メンバーであるL・オトゥールは、サークルのBから突然の呼び出しを受け、ホイのパブに五時半に集合するようにいわれた。じっさい、そこに出かけてみると、今度はタラ・ヒ

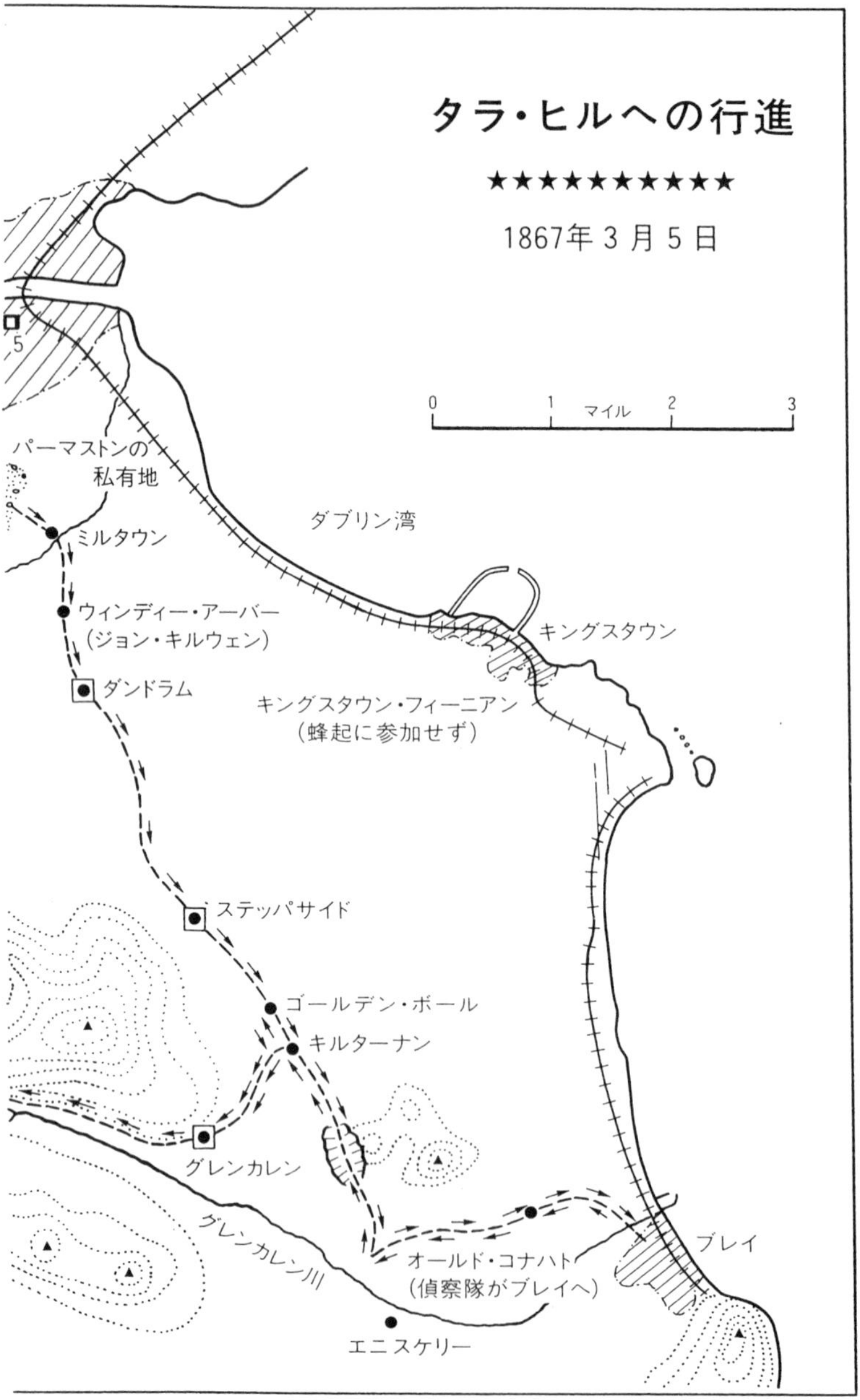
タラ・ヒルへの行進
★★★★★★★★★★★
1867年3月5日
0 1 マイル 2 3
パーマストンの
私有地
ミルタウン
ウィンディー・アーバー
(ジョン・キルウェン)
ダンドラム
ダブリン湾
キングスタウン
キングスタウン・フィーニアン
(蜂起に参加せず)
ステッパサイド
ゴールデン・ボール
キルターナン
グレンカレン
グレンカレン川
オールド・コナハト
(偵察隊がブレイへ)
ブレイ
エニスケリー
5

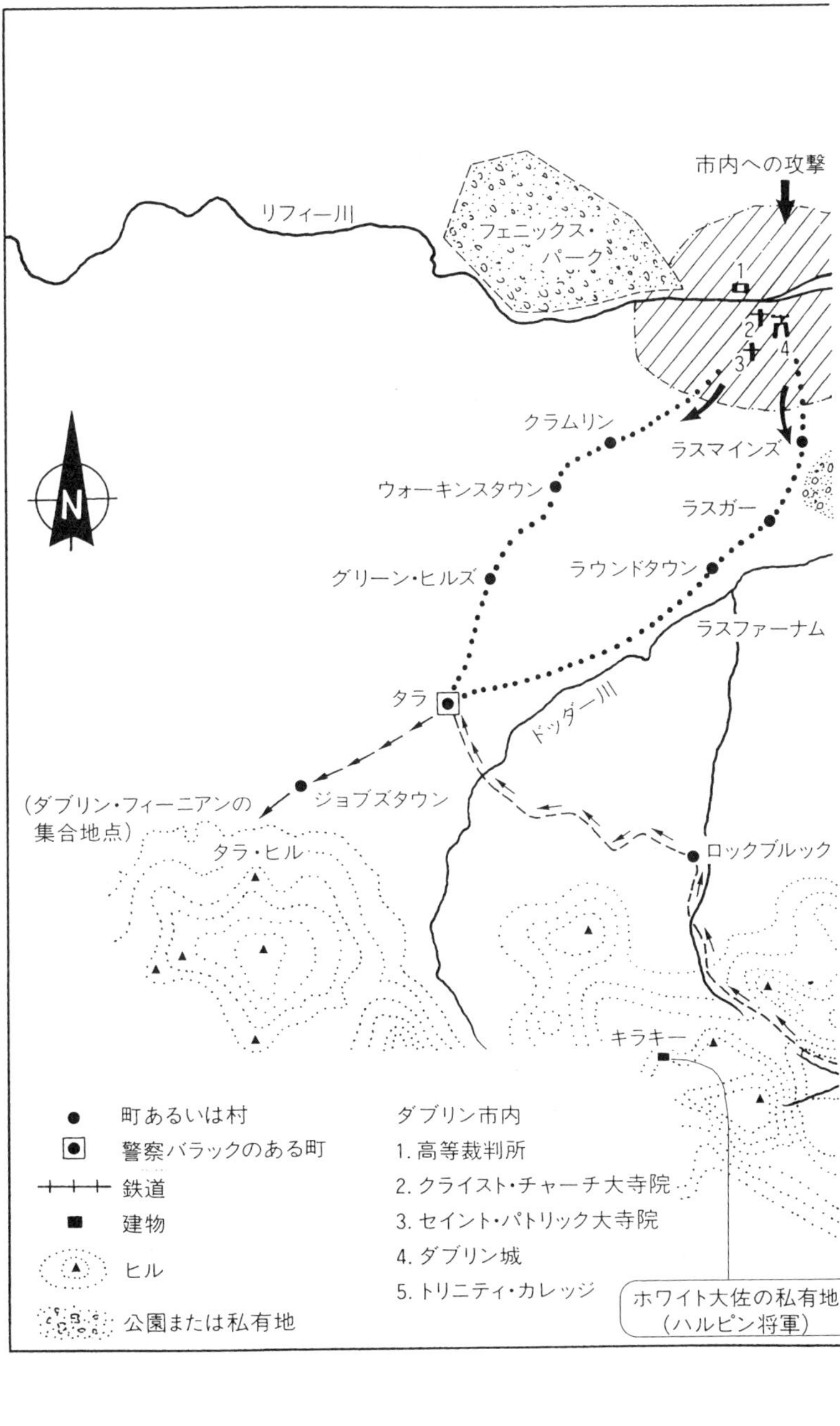
市内への攻撃
リフィー川
フェニックス・パーク
1
2
3
4
クラムリン
ラスマインズ
ウォーキンスタウン
ラスガー
グリーン・ヒルズ
ラウンドタウン
ラスファーナム
タラ
ドッダー川
ジョブズタウン
（ダブリン・フィーニアンの集合地点）
タラ・ヒル
ロックブルック
キラキー
町あるいは村
警察バラックのある町
鉄道
建物
ヒル
公園または私有地
ダブリン市内
1. 高等裁判所
2. クライスト・チャーチ大寺院
3. セイント・パトリック大寺院
4. ダブリン城
5. トリニティ・カレッジ
ホワイト大佐の私有地
（ハルピン将軍）

ルに行くようにとだけ命じられた。一般のメンバーは、蜂起直前までその決行を伝えられず、具体的な戦術さえもいっさい知らされぬまま行動を開始したのである。蜂起について詳しい内容を知らなかったがゆえに、彼らのあいだには勝利は容易であるという楽観的な見方が広がり、なかにはタラ・ヒルにはスティーブンスと二万名のフィーニアンが集合すると信じる者さえいた。[39] このように、蜂起における自分たちの役割をまったく理解していなかった一般のフィーニアンはひたすら勝利を信じてタラ・ヒルに向かっていったのである。[40]

ところで、ダブリンの組織は、一八六六年一二月にパワー博士をはじめとする一一名のセンターが逮捕され、大打撃を受けていたことを思い出してもらいたい。蜂起決行の六七年三月までのわずかのあいだに、組織が逮捕以前の状態には回復していなかったことは容易に想像がつく。ケリー大佐は、各地の司令官にアメリカ人将校を任命し、彼らを頂点とする新たな組織構造を作り上げようとした。この状況は警察の報告書のなかで次のように記述されている。

彼ら［フィーニアンたち］はアイルランドをいくつかの地域に分割し、一定数のアメリカ人将校たちを各地域に割り当てようとしているが、ダブリン市とその郊外は再組織化され、ひとりのセンターの指揮下に置かれようとしている。センターたちと彼らのサークルのメンバーは、警察による逮捕によって、多かれ少なかれ落胆し、意気消沈している。ひとりのアメリカ人将校が、ダブリンのすべてのセンターの指揮を掌握することが予定されている。[41]

ここで述べられているダブリンの組織を指揮するアメリカ人将校は、ハルピン将軍である。彼を頂点とするダブリンの組織の再編は、ケリー大佐が意図したようにはうまく運ばなかった。たとえば、キングスタウンのサークルは、武器が不十分であることを理由に、三月五日の夜になってもまったく行動を起こしてはいない。[42] このサークルはダブリンの組織の創成期から活動していただけに、彼らが参加を拒否したということは、組織の規律が緩んでいたことを示しているかもしれない。いずれにせよ、アメリカ人将校を頂点とする再編は、組織を立て直すどころか、その混乱に拍車をかけてしまったのである。このことがじっさいの蜂起のなかで明らかになっていく。

ハルピン将軍は三月五日の夜、タラ・ヒルに行くのでもなく、ダブリン市内に留まるのでもなく、多くのフィーニアンと同じ行動をとらなかった。彼の目的地は、市の南の郊外にあり、タラ・ヒルの東に位置するキラキーのホワイト大佐（イギリス貴族院議員を兄に持つイギリス軍将校で、フィーニアン運動とはまったく関係がない）の屋敷がある広大な私有地だった。[43] 彼はこの場所からダブリンのフィーニアンを指揮し、「鮮やかな勝利」をつかむはずだった。

キルウェンのグループ

この夜、不可解な行動をとったグループがあった。多数のフィーニアンがタラ・ヒルを目指して行動していたときに、ダブリン市内のラスマインズのパーマストンの広大な私有地に集合した大勢の男たちがいたのである。彼らを目撃した警官は次のように報告している。

私はパーマストンの広大な私有地で約五〇〇名の男たちを見た。彼らは群れをなしていた。そのなかのひとりが「担え、銃！」と大声で号令を掛けるのを私は聞いた。命令に従うかのように、直ちにやかましい音が聞こえた。[44]

そして彼らはミルタウン・ロードを行進していったが、その様子はまるで正規の軍隊のようで前哨隊と後衛隊が編成されていた。彼らを率いていたのは、南北戦争中に騎兵隊の兵卒だったP・レノンだった。[45]

レノンたちは三月六日午前零時、ミルタウンでダブリン首都警察E部門の四名の警官と遭遇し、たちまち彼らを捕虜とした。捕えられた警官によると、彼らはライフル銃、拳銃、槍、剣で武装していたという。それからフィーニアンたちはダンドラムの方向へ行進を続け、ウィンディー・アーバーでJ・キルウェンに率いられた一団と合流した。ここではじめてグループの全員が集合したことになり、レノンに代わってキルウェンが全体の指揮をとることになった。[46]このグループを率いたキルウェンは、イタリア統一戦争のときにローマ教皇の軍隊に軍曹として従軍し、かなりの軍事的知識を持ち合わせていた人物である。彼は常日頃からみずからサークルを軍事訓練し、さらに他のサークルに比較してより多くの武器を所有するという、いわばフィーニアンの「精鋭部隊」だった。[47]

P・レノン

キルウェンをリーダーとするグループは、ダブリン首都警察の管轄地区を超えてアイルランド警察の管轄地区内に入り、五名の警官が駐在するダンドラムの警察バラックに到着した。警察バラックといっても、外見上は普通の家とそれほど変わらない一軒屋で、アイルランド警察の警官は宿舎として常駐しなければならないという規則があり、彼らはここで寝泊りしていたわけである。この警官たちがどの程度攻撃に備えていたのかわからないが、フィーニアンは警察バラックに向かってつぎつぎと発砲し、さらに隣接する家々の窓をも壊し出したのである。[48]

ここで蜂起計画を思い出してもらいたい。フィーニアンはあくまでも警察や軍隊との衝突を避け、タラ・ヒルでゲリラ戦を展開することになっていたので、警察バラックを攻撃するということは、作戦計画と矛盾するのではないだろうか。それにもかかわらず、なぜキルウェンたちは攻撃したのだろうか。彼はフィーニアン指導者の命令に従わなかったのだろうか。この問いにたいする答えは、後で検討することにして、話を警察バラックの攻撃に戻そう。

攻撃を受けた警官たちは反撃をしたものの、それはフィーニアンを撃退するほど強力なものではなかった。彼らが攻撃を続けていれば、この警察バラックを攻略することは可能だったかもしれない。ところが、彼らは攻撃を突如として中断し、何事もなかったかのようにステッパサイドの方へふたたび行進を開始したのである。彼らは警察バラックを攻撃し、そしてまたなぜ途中で止めたのだろうか。謎は深まるばかりである。

この攻撃のさいキルウェンは負傷し、代わって副官レノンが全体の指揮をとることになったが、このグループの規律に乱れはなかった。[49]彼らは、六日の午前二時、ステッパサイドの警察バラックに到着したが、この少し前にレノンはライフル銃を装備する一六名に戦闘準備を命じていた。彼は警察バラックのドアをノックし、警官たちに「アイルランド共和国」の名のもとに降伏するよう要求した。ここに駐在していたアイルランド警察のマッケルウェイン巡査と四名の警官たちは、フィーニアンが蜂起することは事前に知らされていたが、自分たちのバラックがまさか攻撃されようとはまったく予想もしていなかったようで、十分な応戦体制をとっていなかった。[50]

マッケルウェイン巡査たちが降伏することを拒絶すると、フィーニアンはすぐさま銃撃を開始し、たいする警官たちも反撃に出た。だが、フィーニアンが窓を破り、大量のわらを押し込んで建物に火を付けようとしたため、巡査はもはや無条件で降伏するしか手立てがないと観念し、警察バラックを引き渡した。フィーニアンは五丁のライフル銃と弾薬を持って、すでに捕虜にしていたダブリン首都警察の四名とこの五名の新たな捕虜を引き連れて南東のブレイの方向へ行進していった。[51]治安当局は蜂起計画の全体像をつかんではいたが、キルウェンのグループの行動まではおさえることができず、警察バラックをフィーニアンに明け渡すという「不名誉」を被ったのである。責任者マッケルウェイン巡査は、バラックをフィーニアンに攻略された責任を追及され、後にアイルランド警察を辞職している。

この集団がオールド・コナハトに到着したとき、ブレイの警察バラックの状態を確かめるために偵察隊が派遣された。ブレイはダブリン市からみて南東の郊外に位置し、一方多数のフィーニアンが集合する予定のタラ・ヒルは南西にあるので、このグループがタラ・ヒルに向かって進軍していたのではないことが、いまや明らかになった。じじつ、キルウェンのグループの一員だったH・フィルゲイトの証言によれば、彼らの目的地は、ブレイからさらに南にあるウィックロー州アークロー近くであったという。フィルゲイトの証言は蜂起から数十年たってからのものであるとはいえ、十分に検討する価値がある。なぜなら、先にみたライアン警視が入手した情報を裏付けるものだからだ。すなわち、ライアン警視の得た情報によれば、ダーキーのフィーニアンはダブリン市内から軍隊を誘い出すことを目的として、ウィックロー州とその山沿いに前進することを命令されていたのだった。

そこでなぜキルウェンの率いるグループが、警察バラックを攻撃したのか、という先に出した問いに答えてみたい。理由としては二つのことが考えられる。ひとつは、作戦計画を無視し、独自の判断で攻撃をはじめたということである。すなわち警察バラックの攻略は容易であると考え、バラック内の武器を奪うために攻撃をいち早くはじめたということである。もうひとつは、彼らはあくまでもあらかじめ計画された作戦通りに行動したということである。その作戦として考えられるのは、イギリス軍を市内から誘い出すためにタラ・ヒルのフィーニアンたちが展開したのとは異なる別の陽動作戦をおこなうということである。もしかしたら、タラ・ヒルからも軍隊を誘い出そうと画策したのかもしれない。フィーニアンが二派に分かれて陽動作戦を展開すれば、それだけ治安当局の対応は難しくなっていく。

答えはおそらく後者であろう。キルウェンのグループの規律のとれた行動、タラ・ヒルのある南西ではなく南東の方角へ前進したことや、警察バラックへの攻撃を考え合わせてみると、ことはあらかじめ計画されており、彼らは何か明確な戦術的目的を与えられていたとしか考えられないからだ。後に述べるようなタラの警察バラックを衝動的ともいえる無規律さで攻撃したグループとは一線を画し、彼らの攻撃の目的はたんに警察バラックを攻略することにではなく、治安当局の関心を引くことにあったのだ。このように考えれば、彼らはバラックの攻撃に固執する必要などまったくなかったのである。また、さらに南下し後方[52]のバラックを攻撃しようとしたことから、軍隊をさらに遠方に誘い出そうとする作戦を持っていたのかもしれない。

キルウェンのグループの行動に話を戻そう。やがてブレイから偵察隊が戻ってきた。その報告によると、「ブレイ［のバラック］は強固に防御され、騎兵隊がダブリンから向かっている[53]」ということだった。この偵察報告で注目したいのは、ダブリンから騎兵隊が引き寄せられてきたということで、このように計画通りにまんまとイギリス軍が出動してきたということは、当初の目的を達成したといえる。

イギリス軍を市内から誘い出すことに満足したキルウェンたちは、攻略することが難しいと報告されたブレイのバラックをあえて攻撃する必要はないと判断し、ブレイに前進することを中止した。そこで彼らは、行軍[54]してきた道を戻り、「ダブリンの山々に行き、われわれが見つけることができるすべての警察バラックを攻撃する」ことを決定した。しかしこの段階で、キルウェンのグループは、今後も警察バラックを攻撃し続けるという役目を持った「主力部隊」のグループと、多数のフィーニアンの集合予定地タラ・ヒルに直接向かうグループの二つに分かれることになった。

主力部隊の方はキルターナンとゴールデン・ボール に前進し、グレンカレン・ロードに沿って行軍しはじめた。彼らが次の目的地グレンカレンの警察バラックに到着したのは、午前六時から七時のあいだであった。グレンカレンに近づくと、ライフル銃を装備した五〇名には最前列に出て攻撃するように、槍を持った者には後ろに下がるように、と命令が出された。レノンはバラックに到着すると、ドアをノックし、警官たちに穏やかな調子で降伏を促した。このバラック内にいたオブライエン巡査と四名の警官たちはフィーニアンの攻撃を警戒するよう指令されていたため、ドアと窓を厳重に閉めていた。フィーニアンは窓ガラスを破り、大きなハンマーのような重い武器で裏口のドアをたたき、バラック内に突入しようとした。それにたいして警官たちは発砲し、その抵抗は、ステッパサイドよりも激しいもので、銃撃戦は一時間ほど続いた。[55]

フィーニアンは彼らの抵抗に手こずり戦術を変更し、捕虜の命と交換にバラックの引き渡しを迫った。そこでステッパサイドで人質となったマッケルウェイン巡査は、レノンたちからバラック内の警官たちに降伏を説得するよう命じられ、「銃撃を止めなければ捕虜となった自分たちが射殺される」とオブライエン巡査に懇願した。オブライエン巡査は仕方なく降伏することに同意し、捕虜の釈放を条件にドアを開けるやいなや、フィーニアンは突入し武器と弾薬を奪った。そして捕虜にした警官たちと見張りだけをそこに残し、タラ・ヒルの方向へ出発していったのである。この警官たちは危害を加えられることもなく、午前九時前には無事釈放されている。[56]

捕虜と見張りを残し、キルウェンのグループはタラ・ヒルの方角へ行軍していったが、彼らはこれ以降警察バラックを攻撃することなく、自分たちの判断で解散してしまったのである。では、なぜ攻撃に成功したこの規律のとれた集団が、解散してしまったのであろうか。ここでいえるたしかなことは、三月六日の日中に警察・軍隊によるフィーニアンの逮捕が終了するまで、このグループのメンバーはダブリンの郊外に身を隠し、市内に戻る機会をうかがい、無事に家に戻ったということである。[57]であるから彼らは離散したのであって、けっして逃走したのではないということは確認しておきたい。この点が蜂起失敗の原因解明に役立つのである。

キルウェンの行動は、蜂起に参加したグループのなかでもっとも目的意識が明確だった。彼らは遠くオールド・

コナハトまでも前進し、整然と退去し、その過程でグレンカレンの警察バラックを攻略した。キルウェンがその夜の最初の攻撃で負傷し、リーダーの地位を引き渡したにもかかわらず、彼らは非常に統制のとれた集団を維持した。また同時に、キルウェンに代わってこのグループを統率したレノンの有能さも注目に値する。(58)

以上をまとめればキルウェンのグループの本来の役割は、イギリス軍を市内から誘き出すことにあった。彼らは三つの警察バラックを攻撃したが、そこを戦略上の拠点にし、立て籠ろうとする意図はまったく持ち合わせていなかったので、何事もなかったように行軍を続けたのである。こうしてみると、彼らの目的は警察バラックを攻撃することによって、治安当局の注目を引き、そこへ市内からイギリス軍を誘い出すことだったことがよくわかる。ハルピン将軍を中心とするダブリンのフィーニアン指導者は、タラ・ヒルに多数のフィーニアンを集結させ、イギリス軍を引き付けようとしたが、さらにキルウェンのグループには別動隊としてもうひとつの陽動作戦を展開させたのである。じつに周到な作戦計画を立案したといえる。キルウェンたちは忠実に任務を遂行し、作戦立案者の要求に十分答えたのである。

タラの警察バラックへの攻撃

キルウェンのグループの行動は、タラ・ヒルに集合したフィーニアンを側面から支援するものであったが、治安当局への攻撃という点からみるともっとも成果を上げた集団となり、蜂起の主役を演じることになってしまった。では、ゲリラ戦の中心であり、蜂起のなかで最大の動員人数を誇るタラ・ヒルに集結したフィーニアンたちは、動員された夜にどのような行動をとったのであろうか。

タラ・ヒルへのフィーニアンたちの集合は順調にすすんでいった。(59) 蜂起計画通り、多数のフィーニアンがタラ・ヒルに順調に到着しゲリラ戦を開始する準備が着々と整っていくかのようにみえた。しかし、ひとつのグループが、計画では禁じられていた警察への攻撃を実行してしまったのである。彼らはタラの警察バラックを攻撃し、いわゆる「大惨事」を引き起こしてしまう。後にこのグループの行動はキルウェンたちの行動とともに、この夜の蜂起を特徴づける話として語られるようになり、実態とは掛け離れた話が独り歩きすることになる。

ところで、こうなった原因のひとつは、次にみるデヴォイの回想録のなかで述べられている文章にあった。

数千名からなるが、十分に武装されていないフィーニアンの中核グループが、タラへの道を行進していた。真っ暗な夜に前哨隊も編成せず、何らの事前の対策もとらず、村の近くで六〇丁の警察のライフル銃から弾丸が彼らに向けて一斉に発射されたとき、オドノフーは殺され、数名が負傷し、……彼らは慌てて逃げ出し、混乱状態のなかでダブリンにできるだけ早く戻ろうとした。[60]（傍点引用者）

以下にみるように、デヴォイの記述にはいくつかの誤りがある。この誤りを修正することによってフィーニアン蜂起のイメージは大きく変わるのである。

タラ・ヒルにフィーニアンが集合することを事前につかんでいた治安当局は、タラの警察バラックへの攻撃に備えて、警官の数を五名から一五名に増強した。だが、数を増やしたとはいえ、これでは「数千名の」フィーニアンと直接対決するのに不十分なことは火を見るより明らかである。治安当局のとった作戦は、フィーニアンをタラ・ヒルに集結させ、無駄な戦闘はおこなわないということだった。五日午後二時、ラスファーナムの警察バラックに駐在するアイルランド警察のJ・ケネディ巡査は、D・F・バーク警部補から「タラの警察バラックの守りを強化せよ」という指令を受け、午後九時半、四名の警官とともに到着した。[61]バーク警部補自身も警官の指揮をとるため、午前零時には到着している。警部補が到着したのは、フィーニアンが蜂起計画に従って警察との衝突を避け、

タラの警察バラック

タラ・ヒルにぞくぞくと集合しているときだった。

午前零時から午前一時のあいだに警部補は、警官にバラックから出て道の反対側に整列するように命じた。[62] 彼の意図するところは、フィーニアンの行進を阻止するということだったようにみえる。警部補がこうした行動をとる前に、大多数のフィーニアンはすでにこの警察バラックを攻撃することもなく、ただ前を通り過ぎていったのであるから、なぜこの時点でバラックの外に出たのかについては疑問が残る。治安当局はフィーニアンの行進を阻止するようにという命令を出してはいなかった。また、キルウェンのグループはこのときまだ警察バラックを攻撃しておらず、タラの警察バラックが攻撃されるという確信もバーク警部補にはなかったわけである。このことからすると、警察バラックの外に出たのは彼の独自の判断であったといえる。だが、フィーニアンがバラックを攻撃することを予想して、あえて外に出ていったというなら、じつに沈着冷静かつ大胆な行動で、ステップサイドやグレンカレンの警官の行動とは対照的である。一五名という警官の人数を考えると、小さな建物のなかでフィーニアンに取り囲まれて攻撃されるよりも有効な防御体制だったといえる。

タラ・ヒルに前進途中の三つのグループが、この警部補らの警官隊に遭遇した。第一と第二のグループは、蜂起計画に忠実に従い警官隊との対決を避けた。彼らの目的は警官と戦闘を交えるのではなく、あくまでタラ・ヒルに到達することであったことがわかる。ところが、第三のグループだけは、対決を避けるという命令を無視し、攻撃されることを念頭において戦闘体制をとっていた警官を銃撃し、彼らの術中にはまってしまったのである。これら三つのグループの行動を詳しく説明してみよう。

まず、ラウンドタウンの方角から第一のグループがやってきた。警部補は前進するならば発砲すると告げたところ、彼らは攻撃的な行動をとろうともせずあっさり退却していった。[63] 彼にとってはフィーニアンのこの行動は意外だったかもしれない。第二のグループはグリーン・ヒルズの方角から行進してきた。三〇歩から四〇歩の距離にフィーニアンが近づいたとき、「女王陛下の名のもとに」降伏することを要求し、これ以上近づくならば発砲すると警告した。彼らは投石をおこなっただけで、もときた道をおとなしく引き返していった。[64]

六日午前一時頃、「大惨事」を引き起こした第三のグループがラウンドタウンの方角からやってきた。このグループがS・オドノフーのサークルであったことはデヴォイの回想録からわかっている。バーク警部補は降伏するよう命じたが、第一、第二のグループとは違い、彼らはその命令に従わず発砲しはじめたのである。警官が後に次のような証言をしている。

反乱者のなかで指揮官と思われるひとりが「今だ、同志。今だ、撃て！」と叫び、銃撃を命じた。彼らは一斉に五〇発あまりの弾丸をわれわれに発砲してきた。バーク警部補はわれわれに膝をつき応射するように命じ、その命令は実行に移された。[65]

警官たちによる反撃はフィーニアンを混乱させ、そのなかのひとりの元イギリス兵がふたたび隊列を整えさせようとしたが無駄であった。[66] この銃撃戦のなかで、センターのオドノフーとT・ファレルが重傷を負い、二人とも数日後死亡している。[67] ダブリンの蜂起で死亡したのはこの二名だけである。このグループこそが、デヴォイの回想録で「数千名からなるが、十分に武装されていないフィーニアンの中核グループ」として描かれているフィーニアンたちだった。

これまでの研究では、このオドノフーのグループは数千名ではなかったということはわかってきたが、彼らの正確な人数や行動については不明な点が多かった。筆者がアイルランド国立公文書館に所蔵されている警察史料を読んでいたところ、このグループの一員だったフィーニアンの書き残したメモが出てきた。[68] このフィーニアンの氏名

D・F・バーク警部補に率いられた警官とフィーニアンとの銃撃戦

こそ特定することはできないが、貴重な情報がそこに書かれていた。

このメモによれば、彼らの人数は一五〇名、そのなかで「銃の使い方をじっさいに知っている少数の者と、その使い方を知っていると自己申告した者」に二〇丁のライフル銃が与えられていたという。それ以外の大多数の者は、ひとたびタラ・ヒルにいけば、武器が全員に渡されると固く信じ、武器を持っていなかったという有様だった。センターのオドノフーは、警察バラックを攻撃することなく、タラ・ヒルに行進せよという命令を部下に与えていたにもかかわらず、このグループのなかにいた若者たちは、行進しているあいだずっとこの命令に異議を唱え、警察バラックを攻撃しようと口々に叫んでいた。そしていざタラの警察バラックに到着すると、オドノフーはもはや彼らを統率することができず、攻撃することになってしまったという。ところが、ひとたび警官からの反撃にあうと、一目散に逃走したのはこの若者たちだった。このグループは軍事訓練も満足に受けていなければ、武器も少なく、さらに規律もとれていないという、三拍子そろった一団だったのである。

それでは、このメモとデヴォイの回想録を比較してみよう。三つの誤りのあることが容易にわかる。第一に、オドノフーの指揮下にあったフィーニアンの人数は「数千名」ではなく、一五〇名からなるグループにすぎなかった。デヴォイは、この一五〇名をもって、タラ・ヒルに集合しようとしたフィーニアンのすべてを代表させるという過ちを犯しているのである。

第二に、タラの警察バラックに駐在していた一五名の警官では「六〇丁のライフル銃」を発射することは不可能である。つまり、このバラックはデヴォイが述べているほど多数の警官に守られていたわけではなかった。フィーニアンが蜂起のさいにタラ・ヒルに行進することを、事前に察知していたことはすでにみたとおりである。治安当局の戦略はフィーニアンをタラ・ヒルに自由に行かせ、彼らをその行進の途中で逮捕することではなかった。だからこそ多数の警官をあえてタラの警察バラックに集合させることはせず、わずか一五名を配置しただけであったのである。

第三に、デヴォイは、警官の反撃によって数千名のフィーニアンたちが逃亡したとし、すでに多数の者たちがタラ・ヒルに到達していたことにふれずに記述を終えている。蜂起計画のうえでタラ・ヒルに集合することは重要な作戦であり、じっさい、フィーニアンはこれに成功したのである。デヴォイが意図的に記述しなかったのか、あるいはこの事実を知らなかったのかは、断定することができない。だが、確実にいえることは、このとき彼は刑務所に収監されており、その記述はすべて伝聞にもとづくものだったので、疑いをもってみなければならないということである。

ここで問題としたいのは、多数のフィーニアンがタラ・ヒルに集合し、計画通りにゲリラ戦を展開しようとしたことである。そこでまず、何名のフィーニアンが結局タラ・ヒルに到達したのかを検討してみよう。蜂起の直後、アイルランド担当次官ラーコムは、蜂起に参加した人数を知ることは暗闇のために不可能であった、と率直に述べている。だから、人数を巡って複数の記録が残っている。三月七日付の『フリーマンズ・ジャーナル』は、四〇〇〇名から五〇〇〇名のフィーニアンがタラ・ヒルに到達したらしいと書いているが、翌日にはその人数を二〇〇〇名に修正している。新聞は、これらの情報を確実な情報源から入手しているわけではないので、全面的に信用してはならない。

警察は七〇〇〇名から八〇〇〇名が集合したと報告しているが、これが知りうる数値のなかで最大、かつ、もっとも信頼できるものである。蜂起の夜、任務に就いていた警官が、五日午後一〇時四五分から翌午前二時までのあいだに数千名のフィーニアンがタラ・ヒルに向かって行進している、と報告している。(69) また、蜂起の計画が発表された一八六七年二月の会合で、動員可能なダブリンのフィーニアンの総数は七〇〇〇名であるとされ、(70) じっさいこの七〇〇〇名がタラ・ヒルに集合した可能性があることを排除できない。したがって、警察の報告した人数がタラ・ヒルに到達することに成功したと推測しても誤りではないであろう。

多数のフィーニアンがタラ・ヒルに集合したことからもわかるように、蜂起は途中まで作戦通りに順調にすすんでいた。ところが、彼らは、蜂起計画にあるようにゲリラ戦をはじめることができず、解散してしまったのである。(71) 蜂起が失敗した原因は、デヴォイが主張しているようなタラの警察バラックでの警官との衝突ではなく、タラ・ヒルという蜂起の拠点に到達したフィーニアンを指導者が利用できなかったことにある。キルウェンのグループの作戦行動を無意味なものにしてしまったのも、このことが原因だった。指導者たちは、多数のメンバーを動員することに成功したにもかかわらず、彼らを指揮し、その士気を鼓舞し、維持するようなリーダーシップを確立することに失敗した。なぜこのような事態に陥ってしまったかについては、後に詳しく説明することにしよう。

3　治安当局の対応

イギリス軍のタラ・ヒルへの進軍

コリドンの情報やライアン警視などの情報収集活動によって、治安当局はフィーニアンが立てた作戦の裏をかくことができ、ダブリン市内の要所は攻撃に備えて完全に防衛されていた。当局は、フィーニアンがタラ・ヒルに行進することを許しはしたが、その夜の「反体制的」行動を黙認する意図は微塵もなかった。じじつ、市内が平穏であることを確認したストラートネアン卿は、市内の防衛を徹底するとともに、二つの遊撃隊をダブリンとニューブリッジの二方面からタラ・ヒルに派遣することを決定している。[72] さらに、多数のフィーニアン（キルウェンのグループ）がパーマストンの広大な私有地に集合したという情報がもたらされたので、そこには第九二連隊の一部を特別に派遣している。ちなみにこの部隊が到着したのは彼らが去った後であったが。

ここで注目しておきたいのは、ダブリン市内を攻撃する任務を持ったフィーニアンの存在である。蜂起計画ではイギリス軍をダブリン市内から誘い出したところで市内の要所への攻撃を開始することになっていたが、じっさいには何事も起こらなかった。計画を事前に察知していた治安当局が要所を固めていたために、攻撃がおこなわれなかったのだろうか。そうではない。攻撃の人数や計画にかんする詳しい史料は見つからないが、その一員だったデニーフの回想によると、ダブリンの司令官であったハルピン将軍からの命令を、彼らは一晩中待っていた。[73] しかし、将軍からの命令が届かず、彼らは行動を起こせなかったのである。ハルピン将軍の身の上に何が起こったのかについては、後で明らかにする。

ダブリンを出発した遊撃隊は、ストラートネアン卿自身が率いてタラに向かった。この遊撃隊は主として、第五二連隊と騎兵砲兵連隊から構成されていたが、いずれもフィーニアン兵士組織が侵入する心配のない、イングランド人やスコットランド人が中心の連隊であったことに注目しておきたい（第4章参照）。まず、遊撃隊はクラムリン・ロードを前進し、六日の午前二時にタラ・ヒルから数キロほど手前のクラムリンの村に到着した。そしてこの村に騎兵砲兵連隊の砲兵隊だけを残し、グリーン・ヒルズの方角へと前進しはじめた。ストラートネアン卿はタラ・ヒルでフィーニアンを逮捕しようとしていたのだが、タラから引き返してきたフィーニアンと思いがけず遭遇した。おそらくタラのバーク警部補たちと遭遇した後、退却してきた者たちであろう。この遊撃隊の前哨隊は彼らをなんの苦労もなく捕獲した。(74)

拘束したフィーニアンを引き連れて軍隊がタラに到着したときには、バーク警部補たちは付近をパトロールし、出会う者をつぎつぎに逮捕し、その数は約五〇名にのぼっていた。軍隊は、その場を警察にまかせるとともに、行軍中に逮捕したフィーニアンをタラの警察バラックに残し、あらためて多数のフィーニアンの集合地点タラ・ヒルに向けて行軍をはじめた。

軍隊がタラ・ヒルに到着すると、武器を捨てて逃走するフィーニアンの姿が目撃された。軍隊の出現は予想してはいたものの、フィーニアンたちは軍隊にいざ遭遇してみると、いいようもない恐怖感を抱いたに違いない。軍隊は彼らを捕獲しようとしたが、暗闇のなかで、さらに岩がごろごろしている丘陵地帯では逃走していく彼らを追うことはせず、数名を捕えただけだった。しかし、この段階でのイギリス軍の行動は、フィーニアンがその場に陣地を作ることを阻止した点からして決定的な意味を持った。とはいっても、彼らが果たした役割はそれだけだった。ストラートネアン卿たちは暗闇の丘陵地帯であえて多数のフィーニアンを逮捕するという危険を犯さずに、数名を逮捕しただけで、行動を中止した。(75) こうして多数のフィーニアンが集合していたタラ・ヒルでは、軍隊とのあいだに衝突はまったく起こらなかったのである。

このような状況からすると、タラ・ヒルでフィーニアンはゲリラ戦を展開することは可能だった。たとえ彼らが高地へ退却したとしても、軍隊は前進してこなかったのだから、暗闇のなかでふたたび集合し行動することができたかもしれないのだ。しかし、そうするには、フィーニアンがじっさいに受けた以上の軍事訓練と、的確な命令を下す軍事指導者の存在が必要であったことはいうまでもない。このように考えてみると、フィーニアンがふたたび集合しゲリラ戦をはじめることは、きわめて難しかったことがわかる。さらに、暗闇のなか、そして明け方にかけての視界の不良のなかで、ましてや治安判事が報告したように雨が降っていれば、地形を十分に把握していなければ行動できるはずはなかった。

ストラートネアン卿によると、彼の部隊はその夜、九三名のフィーニアンを拘束した。(76)平時には多すぎるほどの人数だが、数千名が蜂起に参加したのであるからごくわずかといってよく、タラ・ヒルに集合した多数のフィーニアンは逮捕を免れたのだ。逮捕者の数は、この九三名とタラの警察に拘束されていた者を合わせて一四〇名になり、彼らはアイルランド総督府のあるダブリン城に連行された。(77)六日早朝から警察もタラ・ヒルから市内に通じる道に見張りを立て、戻ってくるフィーニアンを逮捕し、午後までには、それまでの逮捕者と合わせて計二〇七名を数えた。(78)しかし、治安当局は蜂起に参加した大多数のフィーニアンを逮捕することはできず、これ以降人数は微増したにすぎない。タラ・ヒルに残っていたフィーニアンの多くは、警察が見張りを撤去するまで郊外で時間を稼ぎ、そして無事に帰宅したのである。(79)こうしてフィーニアン蜂起は終わったのだった。

結局、フィーニアンの唯一の成果といえば、キルウェンのグループがステッパサイドおよびグレンカレンの警察バラックを攻略したことだけである。だが、キルウェンらの目的はあくまでも市内からイギリス軍を誘い出すことで、警察バラックを占拠することは彼らの意図するところではなかったことを考えると、フィーニアンにとって成果とはいえないかもしれない。蜂起に参加したフィーニアンのうち死亡したのは、タラの警察バラックを攻撃し敗走したグループの二名だけで、負傷数は詳しくはわからないが、多くなかったことだけはたしかである。一方、治安当局の側に死亡した者はいなかった。

フィーニアン裁判

蜂起から一カ月ほどたった一八六七年四月八日から、蜂起に関わったとされる約二〇〇名のフィーニアンの特別裁判がダブリンで開かれた。当日、キルメイナム刑務所から裁判所まで犯人護送車を警護する騎兵隊はやじられ、裁判所付近の道は人びとであふれ返っていた[80]。そこにいたのは、治安当局にあからさまな敵意を示すフィーニアンとその支持者たちである。

個々のケースを審理してみると、逮捕されたフィーニアンの大多数が一般のメンバー《ランク・アンド・ファイル》で、彼らがおこなったことといえば、ただタラ・ヒルに集合したにすぎなかった[81]。これではとても彼らに重い刑を科すことなど無理な話で、裁判にかけられた者の八割以上が、五月末までに釈放あるいは保釈された。刑をじっさいに受けた者の多くも、武器の不法所持を問われたにすぎず、二八名が「武器取締法」違反から様々な期間の懲役・禁固刑が科せられ、その刑期は長くても二年といったところだった。

その一方で、P・ドーランとG・コノリーのふたりには大逆罪が適用された。ドーランは、ステッパサイドとグレンカレンの警察バラックを攻撃したキルウェンのグループの指揮官のひとりだったので、死刑が宣告され、コノリーの場合は蜂起の準備を積極的にすすめていたことが立証され、七年の懲役刑を受けることになった。ところで、ドーランの死刑判決は、フィーニアン運動にあれほど敵対していたカレン大司教を中心とするカトリック教会も加わる広範な減刑運動の高まりによって、終身懲役刑に減刑されている[82]。

アイルランド総督府のあるダブリン城に連行されたフィーニアンたち

4　蜂起失敗の原因

なぜダブリンの蜂起は失敗したのだろうか。たしかに、フィーニアンは武器を満足に所有しておらず、また治安当局は蜂起における彼らの動きの裏をかけるほどに情報を把握していた。しかし、失敗した決定的な原因は別のところに求められる。すなわち、ダブリンの蜂起の失敗は、タラ・ヒルにじっさい集結した七〇〇〇名から八〇〇〇名のフィーニアンが、タラ・ヒルに集合した以外の行動をとらずにその場から消え去ってしまったことにある。タラ・ヒルを集合地点にしたことは、軍事的観点からすると適切な選択であった。タラは市内に通じるいくつかの道が交差する地点であり、フィーニアンはタラに様々なルートから比較的容易に集結することができたからである。さらに、タラ・ヒルをはじめとしてダブリンの丘陵地帯にはイギリス軍は容易に入り込むことができずに、ゲリラ戦を展開するには絶好の場所であった。

それではここで蜂起失敗の謎解きをすることにしよう。失敗の原因を解く鍵は、蜂起に参加したデニーフと獄中にあったデヴォイがそれぞれ残した回想録のなかに隠されていた。三月五日の夜、デニーフはカムデン通りにあるパブで、フィーニアンを指揮する予定のハルピン将軍と会ったが、彼によると、将軍はそのときほど冷静で、落ち着きはらい、理性的であったことはないとしている。[83] ところが、翌日の将軍は落胆し意気消沈していたというのである。[84] 一体、ハルピン将軍の身の上に何が起こったのであろうか。

将軍は蜂起の失敗について終生多くを語らなかった。唯一の例外は、イギリスの刑務所でデヴォイに明らかにしたことだけである。[85] それによれば、五日から六日の夜にかけて、将軍は、ダブリンの南にあるキラキーのホワイト大佐の屋敷のある広大な私有地にN・ブレスリンと彼のサークルのメンバー約五〇名とともに向かった。つまりダブリン蜂起の司令官ハルピン将軍の存在からわかるように、ホワイト大佐の私有地にダブリンのフィーニアンの「司令部」が設置されたということになる。だからこのグループは蜂起に参加したフィーニアンを統率し、ゲリラ戦を指揮するという重要な任務を担っていたということになる。

ところが、ここで不都合なことが起こった。それは、ホワイト大佐の広大な私有地に集合する予定であったグループが現れなかったということであり、なぜ彼らが集合しなかったのか、あるいはできなかったのかは、残念ながらわからない。さらに、このグループの人数やリーダーの氏名、彼らが果たす役割について、将軍はデヴォイに何ひとつ語っていないので、すべてが謎に包まれている。だが、彼らが姿を見せなかったことによって計画に狂いが生じたと、ハルピン将軍はデヴォイに話しているのである。

将軍は、イギリス軍を市内から誘い出すためにタラ・ヒルでゲリラ戦を展開する「陽動ゲリラ部隊」ともいうべき七〇〇〇名から八〇〇〇名のフィーニアンに指令を発するはずであった。ところが、三月五日の夜にじっさい起こったことといえば、タラ・ヒルではゲリラ戦開始の命令をいまや遅しと待ち受けるグループが存在し、その命令を下そうとする司令官は市内とタラ・ヒルから離れた地点で孤立している、という絶望的な状況だった。つまり、ハルピン将軍と各グループとのあいだの指揮系統が断絶していたのだった。先にみたように、蜂起計画では、各グループはダブリンの司令官ハルピン将軍からだけ作戦指令を受けることになっており、彼ひとりの手に指揮系統が集中していた。そのため、この指揮系統にひとたび問題が生じると、もはや修復することができないという弱点をこの態勢は持っていたということになる。この弱点が蜂起のときに露呈してしまい、将軍からの命令を受けることができなかった各グループは行動を起こせなかったのである。このことからすると、ホワイト大佐の私有地に集合する計画にもかかわらず、姿を見せなかったグループは、ハルピン将軍とタラ・ヒルの仲間との連絡をとるという重要な役目を負う「伝令部隊」だったという結論を導き出すことができる。

ハルピン将軍がブレスリンたちとともに、集合予定のグループをじっと待ち続けているあいだに、夜は明けてしまった。この後の彼の行動でわかっていることは、キラキーにあるホワイト大佐の私有地をあとにして、そこからダブリン市内に数キロ戻ったラスファーナムのパブでビリヤードをしながら、警察が見張りを止めるまで待ち、その日のうちに無事に市内に帰還したということである。(86) もし六日早朝、将軍がタラ・ヒルに向かったとすれば、タラ・ヒルから市内に戻ろうとするフィーニアンの集団と出会い、一度は集合したフィーニアンが解散してしまったという状況を知らされたかもしれない。たとえ向かわなくとも、こうした情報は彼のもとに届いたに違いない。こうなっては彼にはなすすべが無かった。こうしてハルピン将軍は、周到に計画されたはずの作戦をまったく実行に移すことができずに、蜂起を終えねばならなかった。彼の無念さがいかほどのものであったか、それには想像を絶するものがある。彼は集合予定のグループを夜通し待ち続け、彼らが現れなかったことによって、憔悴しきってしまったのであろう。デニーフがいうように彼が落胆し、意気消沈していたのも十分に納得できる。

ところでタラ・ヒルに集合したフィーニアンはハルピン将軍の指令がなくても、ゲリラ戦をはじめることは可能だったのではないかという疑問が浮かぶ。しかし、このことが可能となるには、ダブリンの丘陵地帯の地形を熟知し、しかも多数のフィーニアンを即座に再編成するだけの技量を持った指導者が必要である。残念ながらフィーニアンにはこうした指揮官がいなかった。タラ・ヒルと、将軍がいたホワイト大佐の私有地があるキラキーは数キロしか離れていないとはいえ、丘陵地帯での、ましてや夜間において、命令の伝達は不可能であった。

ダンドラムなどの警察バラックの攻撃に成功した「陽動機動部隊」ともいえるキルウェンのグループも、計画の狂いのなかに巻き込まれていった。彼らは治安当局を撹乱させるため、あえて警察バラックを攻撃するという行動に出たが、治安当局は市内を防衛することを第一としたので、彼らの意図は達成されたとはいえない。キルウェンたちの最終目的地もやはりタラ・ヒルだったかもしれない。彼らがタラ・ヒルに近づいたときには、雨に濡れ寒さ

図 3　ダブリンの蜂起における役割分担

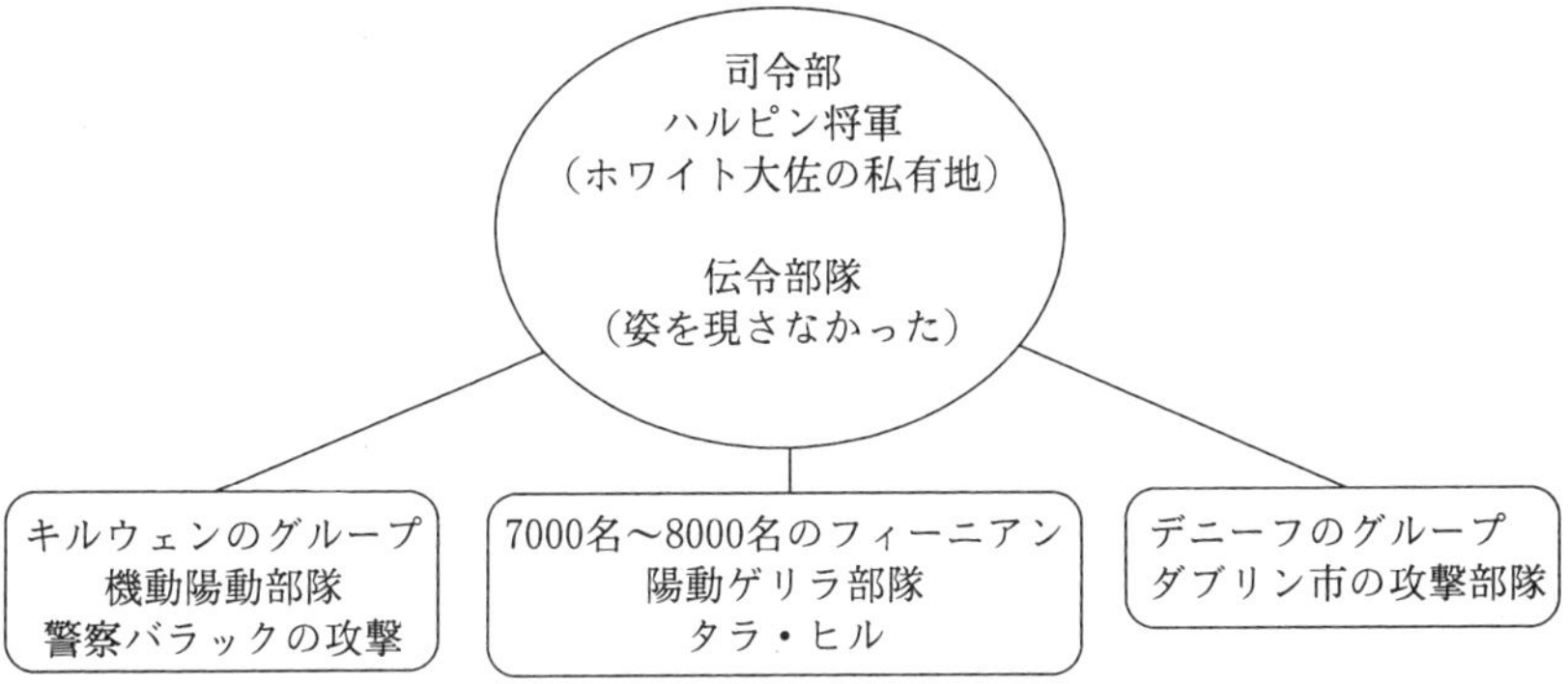

に震えながら、一晩中将軍から指令をひたすらむなしく待ち続けた仲間と出会ったに違いない。彼らはタラ・ヒルに軍隊が到着したことや、タラの警察バラックへの攻撃失敗の知らせを携さえていたに違いない。この時点でキルウェンたちは「蜂起は終わった」という結論をみずから引き出したのであろう。結局キルウェンのグループもまたタラ・ヒルの状況、つまりフィーニアンの動員計画に支障が来たしたことを知り、やむなく行動を中止し、解散していったのである。

ところで、市内を攻撃する予定だったグループ（「攻撃部隊」）はどうしたのだろうか。五日の夕方、カムデン通りでハルピン将軍とデニーフが会っているという事実からすると、デニーフがこのグループのリーダーに間違いないであろう。イギリス軍当局が市内が平穏であることを確認したうえで、タラ・ヒルに進軍していったように、市内では何事も起こらなかった。デニーフは、イギリス軍がフィーニアンの陽動作戦に引っ掛かり、市内の警護が手薄になることを予想していたに違いないが、事実はそうはならなかった。フィーニアンは治安当局に見事に裏をかかれたのである。しかし、フィーニアンは市内の警護が弱体化しなかったため、攻撃を思いとどまったのではない。

デニーフのグループが攻撃をはじめなかった理由は、ハルピン将軍からの攻撃命令がこなかったからである。おそらく将軍はゲリラ戦を開始し、戦いが有利に展開したうえで、市内を攻撃しようと考えたに違いなく、この点からするとデニーフのグループは、タラ・ヒルの部隊と協調行動をとる予定だったことがわかる。とすれば、ホワイト大佐の私有地に集合する計画であったにもかかわらず、現れなかったグループは将軍の命令をデニーフのグループに伝達する「伝令部隊」としての役割も期待されていたのではないだろうか。

こうしてホワイト大佐の私有地にフィーニアンが集合しなかったことが、すべての蜂起計画を狂わせてしまったのである。ダブリンの蜂起を失敗に導いた原因は、私有地で集合に失敗したフィーニアンにある。だが、彼らの失敗を致命傷にしてしまった背景には、ケリー大佐をはじめとするアメリカ人将校が、センターや個々のサークルの有能な指導者たちと十分に蜂起計画を討議することなく早急に作戦を立案したことがあった。つまり、指導者たちが詳細な軍事計画を立てずに蜂起を決行し、さらには、作戦指導を十分におこなわなかったのである。したがって、蜂起失敗の最終的な責任は、動員された一般のメンバーにあるのではなく、彼らに適切な指令を与えることができなかったアメリカ人将校たちにあったと結論づけることができる。

将校たちは「フィーニアン軍」を効果的に指揮することを期待された。ダブリンの蜂起にかんしていえば、アメリカ人将校ハルピン将軍は、蜂起の一週間前にダブリンの二〇を超えるサークルをひとつの大きな軍事組織に再編しようとした。どの程度成功したのかについては明確ではないが、軍事指導者としてのハルピン将軍は配属された組織との直接的な接触を欠いたまま、指導者の計画上にのみ存在した架空の組織の指揮をとることになったのである。三月六日、将軍はみずからの指揮するフィーニアンの部隊を捜し求め、一方タラ・ヒルに集結した部隊も自分たちを統率する指揮官を探し求め、結局のところ両者が出会うことはなかったのである。

従来の研究では、警察バラックへの攻撃がダブリン蜂起の中心に位置づけられてきた。すなわち、タラの警察バラックを攻撃し敗退したグループと、ステッパサイドおよびグレンカレンの警察バラックを攻略したグループに焦点が当てられ、フィーニアンの蜂起が語られてきたのである。しかし、ここで明らかにしたように、警察バラックへの攻撃は蜂起全体の一部分にすぎず、蜂起自体はより広く複雑な計画を持っていた。また、じっさい、複雑な展開過程を示したのである。歴史に「もし」は禁物であるが、仮にホワイト大佐の私有地に集合する予定だったグループが現れ、フィーニアンがタラ・ヒルでゲリラ戦を展開し、それがある程度長期間にわたって継続したならば、アメリカから強力な支援部隊が到着したかもしれず、さらにアイルランド独立問題がアメリカとイギリスの外交問題に発展するなど、アイルランド史のその後の展開は変わっていたかもしれない。フィーニアンたちはゲリラ戦を開始しようとしたが、この戦略自体は間違っておらず、その正しさは半世紀近くたって戦われた独立戦争で証明された。

ダブリンのフィーニアン蜂起は失敗に終わった。コーク、ティペラリー、リムリックといったアイルランドの主要都市でも蜂起は決行されたが、いずれも警察や軍隊との本格的な戦闘はおこなわれなかった。これは彼らが、軍隊・警察との正面対決を避けようという蜂起計画を忠実に実行した結果ともいえ、戦闘の規模から蜂起の重要性を過小評価してはならない。ところでこうした蜂起失敗によってフィーニアン運動それ自体が終わってしまったわけではない。彼らは新たな蜂起の機会を模索しながら、地下活動を続けるのである。フィーニアン運動が秘めている永続性には驚嘆すべきものがある。次章では蜂起失敗がフィーニアン運動にどのような影響を与え、その後の活動がどのような経過をたどったのかを明らかにしたい。

終　章　フィーニアンたちの遺産

1　蜂起失敗の影響

ライアン警視の不安

蜂起に動員されたフィーニアンの多くは三月六日の夜までには帰宅し、何事もなかったかのように日常生活に戻っていったが、その一方、ライアン警視は、逮捕したフィーニアンの罪状を明らかにするための情報を収集したり、指導者の行方を追うなど多忙をきわめていた。そうした彼のもとに一通の不気味な情報が三月九日に飛び込んできた。フィーニアンが翌一〇日か一一日にダブリン市を攻撃する計画を立てているというのだ。じっさい、第6章でみたように、数千名のダブリンのフィーニアンの多くは、六日の朝までにいかなる軍事行動をとることもなく解散していったので、彼らは武器を依然として所持し、ふたたび行動を起こすことは可能だったはずである。

警視自身こうした事実を十分に承知していたからこの情報を深刻に受け止め、次のようにいっている。

フィーニアンであることが判明している、リスペクタブルな商店員、事務員、熟練工たちが、水曜日の朝［三月六日」に逮捕された囚人たちのなかに見られなかった。もしフィーニアンたちが勇敢でその数が多いならば、重大なことが起こるかもしれない。(1)

警視の不安は杞憂に終わり、一〇日と一一日には何事も起こらなかった。しかし、彼のもとにはフィーニアンが蜂起するかもしれないという情報が引き続き届き、警戒を解くことができない緊張した日がしばらくのあいだ続く。(2)

そこで警察はこうした事態を打開するため、フィーニアン指導者の一斉検挙に乗り出し、四月はじめまでに七名ものダブリンのセンターを逮捕した。センターのなかにはイギリスやアメリカへ逃亡したり、自分のサークルを解散する者も出たので、ダブリンの組織が受けた打撃は逮捕者数が示す以上のものとなった。組織は混乱し、蜂起どころではなくなり、四月以降、警視のもとにフィーニアンが蜂起するという情報はいっさい伝わらなくなったのである。

この年の夏になってもダブリンの組織は混乱していた。警察のスパイはその様子を次のように報告している。(3)蜂起前に存在していた二三のサークルのうち、存在が確認できるサークルはわずか四つだけで、全体の半数を超える一二名のセンターが逮捕や逃亡などの理由からもはや活動していないという。この情報は、蜂起が失敗した直後には無傷だったダブリンの組織が、その後に警察の弾圧を受けしだいに追い詰められていった状況を如実に物語っている。だが、これですべてが終わったわけではなかった。

ダブリンのフィーニアンは組織を再建しはじめたのである。彼らにとって緊急になすべきことは、新しいメンバーを積極的に勧誘し組織を拡大することではなく、逮捕や逃亡によって生じたセンターの空白を埋めることだった。ここで活躍したのが質屋の店員たちで、彼らは病死したフィーニアンの葬儀を一八六七年五月に大規模に組織するなど、結束力の強い集団を維持していた。(4)ダブリンの組織の再建は彼らが中心になってすすめられ、夏に四つしか確認できなかったサークルがこの年の秋には一五にまで増加し、メンバー数にいたっては約四〇〇〇名にまで増えている。[5] センターの顔触れをみると、蜂起前とは完全に異なっており、まったく新しい指導層が出現したことがわかる。フィーニアンは蜂起の失敗や警察の弾圧が引き起こした混乱を克服し、メンバー数では劣るものの、一八六七年秋までに組織の再建にひとまず成功したといえる。これ以降組織は拡大し、一八七一年一二月にはメンバー数が七〇五〇名にも達している。[6]

ダブリンの組織のメンバー数はその後、蜂起前の水準にまで回復したのだろうか。一八七二年および七三年の組織の規模を示す史料は存在せず、この時期のメンバー数は不明である。その状態が史料的に裏付けられるのは、一八七四年九月の時点であり、このとき驚くべきことに組織は四名のセンターのもとに三〇〇名程度のメンバーを擁する、きわめて小さな集団に変わり果てていた。[7] すなわち、一八七一年の水準を維持するどころか、衰退していたのである。この衰退がいつはじまったのか、その時期を具体的に特定することはできないが、ともかくダブリンの組織が七二年から七四年九月までのあいだに急激にメンバーを失ってしまったということだけはたしかである。とすれば蜂起の失敗が組織の衰退を直接に引き起こしたとはいえない。七〇年代のメンバー数は七四年の水準でほぼ推移し、七九年はじめには五七六名だった。ＩＲＢの全体のメンバー数をみると、ダブリンの組織ほど減少は甚だしくはなかったが、それでもやはり蜂起前の五万名という人数が、七九年はじめまでに二万四〇〇〇名にまで減少している。[8] こうした衰退の原因は後に詳しく検討することとして、次に蜂起の失敗がＩＲＢの指導体制に与えた影響を述べることにする。

最高委員会による指導体制の確立

蜂起の中心人物だったケリー大佐は、蜂起を指揮するため、いったんはイギリスからアイルランドに渡ったが、蜂起が失敗するとふたたびイギリスに舞い戻り、ＩＲＢの再建をはかろうとした。彼はみずからとるべき蜂起失敗の責任を不問に付し、蜂起前に手に入れたＩＲＢの実質的な最高指導者の地位を手放す意図は微塵もなかった。(9)だが、彼のこうした意図を挫こうとする勢力が突然アメリカから現れた。フィーニアン・ブラザーフッドがアイルランドでの蜂起を重視するオマハニー派と、カナダに侵攻しイギリスに打撃を与えようとしたセネイト派に分裂していたことはすでに述べたが、オマハニー派が蜂起にさいして遠征軍を送ったのにたいして、セネイト派は事態の推移を静観していた。このセネイト派が蜂起後の混乱に乗じて、ＩＲＢを自分たちの支配下に置こうと暗躍しはじめたのである。彼らはいまやＷ・ロバーツを首領としていたので、ロバーツ派と呼ばれるようになっていた。

ロバーツ派はイギリスに潜伏していたケリー大佐のもとに使者を送り、ＩＲＢを共同で支配していくことを提案した。大佐はロバーツ派の介入をはじめは極度に嫌ったが、彼らが持つ豊富な資金の魅力には抗しきれず、資金の提供を受け入れる代わりに、自分が持っていたＩＲＢの指揮権の一部を譲ることにした。そこで両者はＩＲＢの意思決定の最高機関を創設し、双方からメンバーを出すことで合意し、この機関を「最高委員会」と名付けることにした。(10)ロバーツ派は最高委員会にメンバーを送り込みさえすれば、ＩＲＢの指揮権を手に入れることが可能になったわけである。ところが、両者の協力関係が作られてからまもなくして、大佐はロバーツ派との関係を一方的に破棄し、抗争をふたたび開始したのだった。(11)

Ｗ・ロバーツ

こうしたアメリカの勢力による主導権争いを苦々しく眺めていたアイルランドやイギリスのフィーニアンは、自分たちだけで組織を運営することを決断した。そこで彼らが目を付けたのは、最高委員会を通じてIRBの指揮権を掌握していくことだった。最高委員会は設立することで合意されていたとはいえ、大佐とロバーツ派の協力関係が反故にされたことによって、いまだに構想の段階にとどまっており、じっさいには機能していなかったのである。フィーニアンは最高委員会にメンバーを選出し、このメンバーは一八六八年二月に最初の会合を開き、今後の活動方針を話し合った。彼らは最高委員会の名で同年四月にIRBの全メンバーに向けて声明を発表した。このなかで、とくに注目したいのは、最高委員会がケリー大佐とロバーツ派のようなアメリカからの勢力のいずれの支配下にもなく、独立した最高機関であるとうたわれていることである。[12] つまり、この最高委員会は、蜂起を失敗に導いたようなアメリカの勢力の介入をきっぱりと否定したのである。メンバーが誰であったかなど、その多くが謎に包まれているが、七名のメンバー（アイルランドから四名、イギリスから三名）から構成されていたことだけはすくなくともわかっている。いずれにせよこれを頂点とする、新たな指導体制がここにようやく誕生し、この組織構造が長年にわたって維持されていくことになった。

最高委員会の初代のメンバーは選出されてから一年半ほどたって交替し、新しいメンバーは一八六九年八月に次のような規約を公布した。メンバー数を一一名とし、その内訳はアイルランドの各地方から四名（アルスター地方、レンスター地方、コナハト地方、マンスター地方）、イギリスから三名（イングランド北部、イングランド南部、スコットランド）、そしてこの七名の代表が新たに選出する四名ということだった。こうした手続きによって選ばれたメンバーは、自分たちのなかから議長、書記、会計からなる執行部を選挙で選び、委員会の効率的運営を目指した。[13] 設立されたときには七名だったメンバーが一一名に増員され、委員会の機能もいっそう充実したのである。

この委員会を中心とする集団指導体制が動き出したとはいえ、ＩＲＢのなかにはこの新体制をけっして容認しようとしないグループがつねに存在し、そのなかで最大のものが、蜂起の直前までＩＲＢの最高指導者の地位にあったスティーブンスを首領に仰ぐグループである。彼は蜂起を延期しようとしたため失脚し、フランスで亡命生活を送っていたが、最高指導者に返り咲く機会を絶えずうかがっていた。一八七〇年後半に彼が自分の陣営の勢力を伸ばすことができる好機が訪れた。それは、プロシアとの戦争に敗れたフランスで九月に、ナポレオン三世の帝国が瓦解し、共和主義政府が樹立されたということだった。

フランスのこうした政治状況をどのように利用したのかといえば、彼は自分が最高指導者であれば、フランス政府からＩＲＢへの支援を容易に引き出すことができると主張し、最高指導者への復帰の必要性を訴えたのである。呼びかけに応じて、多くのフィーニアンが彼のもとに再結集し、このことが最高委員会の支配体制に深刻な危機をもたらした。(14) じじつ、スティーブンス派のメンバー数はこの時期がもっとも多かった。しかし、彼がフランス政府との交渉に手間取っているあいだに、派が内部対立から自己崩壊したこともあって、最高委員会は一八七〇年一二月までにみずからの支持基盤をふたたび確固たるものにした。(15) とはいえ、スティーブンス派以外にも、最高委員会の勢力下に入ることをあくまでも拒否し続けるグループがあり、彼らの存在はＩＲＢが拡大していくことを阻止する要因となったことは、注目しておかねばならない。

2　ダブリンの組織の衰退理由

ここまで蜂起後のフィーニアンの活動を大まかに述べてきたが、次にダブリンの組織を衰退させた要因を考察することにしよう。通説では、ＩＲＢは蜂起に失敗したために衰退し、復活するのは半世紀近くたった一九一六年のイースター蜂起のときだとされ、蜂起の失敗と衰退の原因が短絡的に結び付けられている。[16] だが、いままでみてきたように、ダブリンの組織にかんするかぎり、蜂起の失敗によって引き起こされた混乱は、一八六七年秋までに収拾され、組織が衰退していったのは一八七二年以降、より厳密にいえば七二年から七四年九月までのあいだだった。ということは、衰退の原因を蜂起失敗に直接求めることはできず、通説は修正されねばならないということになる。ところで衰退の過程は七二年以降にはじまるが、この時期フィーニアンが大量に逮捕されたというような大事件は何ひとつ起きなかったので、衰退は様々な要因が重なり合って生じたとしか考えられない。そこで次に述べる五つの理由から、ダブリンの組織の衰退を説明してみることにする。

第一は、自治運動がフィーニアン運動に代わって、アイルランド民族運動の主流に位置するようになったということである。自治運動とは、武力闘争による独立を主張するフィーニアン運動とは異なり、イギリス議会に働きかけることによってアイルランドの自治を獲得しようとする合法的性格に特徴付けられる運動である。フィーニアンは自治運動にはじめは警戒しながら臨んでいたが、しだいに積極的に関わるようになり、最終的には協力関係を結ぶまでになる。[17] ところが、自治運動に参加していたメンバーがＩＲＢを脱退していき、自分たちのメンバー数が減少していくという思わぬ結果を招きはじめた。[18] 最高委員会はこうした事態をくい止めるため、自治運動との協力関係を破棄したが、すでに後の祭だった。フィーニアン運動は自治運動に吸収されていき、自治運動こそがアイルランド民族運動の主役に躍り出ることになったのである。一八六〇年代にはフィーニアン運動にしか興味を示さなかった労働者階級が、七〇年代に入るとしだいに自治運動の魅力に引き付けられていったのだった。

ところで自治運動が伸長した背景には、一八六八年の選挙法改正によって、それまでイギリス議会選挙の投票権が与えられていなかった労働者階級のなかにも、投票権を持つ者が現れたという事実がある。ダブリン市のような都市選挙区では、課税評価額四ポンド以上（以前は八ポンド以上）の物件所有者、そして借家人に新しく選挙権が与えられ、IRBにメンバーを供給していた階層の一部までもが投票に参加できるようになったのである。[19] こうした人びとがはじめて投票権を行使したのは、一八七〇年におこなわれたダブリン市におけるイギリス議会の補欠選挙だった。この選挙にかんして、警察は「新しく有権者となった借家人や熟練工たちは、投票によってグラッドストンの自由党政府を困惑させようとしている」と報告し、彼らが高い関心を示していることに注目している。[20] こうして議会選挙に参加することができるようになったフィーニアンのなかから、その有効性に気付きはじめ、武装蜂起という手段による独立の獲得に疑問を抱くようになっていった者がしだいに現れはじめたのである。

衰退の理由の第二は、イギリス首相グラッドストンがアイルランド問題の解決に乗り出し、その一連の懐柔政策がアイルランドのナショナリズムを沈静化させたことである。グラッドストンは、アイルランド問題の源泉は宗教と土地であると考え、一八六九年にアイルランド教会法、続いて七〇年には土地法を成立させ、さらにフィーニアンにも譲歩する姿勢を示し、一八六九年二月と七一年一月にはフィーニアン囚人を釈放した。これらの政策のうち、とくにアイルランド教会法は重要である。この法律は、アイルランドにおけるイギリス国教会の国教としての地位を廃止するという宗教問題の解決だけを目的としたものだったが、当時のアイルランド人は同法律の成立にそれ以上の意味を見出していた。つまり、グラッドストンの自由党政府は、イギリスによる併合を撤廃する道を開くような、より前進した譲歩を認めるのではないか、という印象を持ったのである。[21] これらの懐柔政策がアイルランド人の不満を抑えこむのに一定の効果を持ち、ひいてはフィーニアン運動への支持を失わせていった。こうした事実に気付いたフィーニアンのなかには、法案が議会を通過するのを防ぐためにも蜂起を決行すべきだと強硬に主張する者さえいた。[22]

衰退の第三の理由として、蜂起前と比べてIRBには強力で効果的な指導体制が確立されなかったことがあげられる。先にみたように、IRBは一八五八年の設立から六六年一二月まで、スティーブンスが最高指導者として君臨し、彼に反旗を翻す者はほとんどいなかった。ところが、蜂起失敗後は、アメリカの勢力（ケリー大佐を中心とするアメリカ人将校およびロバーツ派）、最高委員会、スティーブンスの三者が、IRBのヘゲモニーを獲得するために抗争を繰り広げたのだった。最終的には最高委員会が主導権を握ったが、IRBは六〇年代のように一枚岩ではなく、最高委員会の指導を覆そうとする不満分子を内部に抱え込んでいたのである。これらの主導権争いは、組織の拡大に著しい損害を与えたのだった。(23)

第四は、一八六〇年代後半から七〇年代はじめにかけてダブリン経済が好況を迎えたことである。たとえば、一八六〇年代に多くのフィーニアンを出した建築業の好況は六九年からはじまり、七二年にピークを迎え、八〇年までも続いている。(24)好景気に沸いていた一八七二年のダブリンの様子を『アイリッシュ・タイムズ』は、次のように描写している。

日用品の価格が高く、さらに金利が高いにもかかわらず、［ダブリン］市の製造業や商業はもっとも健全な状態にある。波止場では商取引が盛んにおこなわれている。工場は煙を高く出し、［市の］両側の郊外も同じような状態である。(25)

経済が好況だったので、多くの職種では高賃金を得ることができた。表7-1は、一八六七年と七二年のいくつかの職種の週賃金の増加を示したものである。おそらく賃金上昇がもたらした生活の向上は、労働者階級の政治的不満をそらし、フィーニアン運動のような革命的運動への興味を失わせたのであろう。

第五の理由は、フィーニアン運動の中心だった熟練工たちが、自己犠牲を強いる革命運動よりも個人の生活改善を目的とする労働組合運動に参加する道を選択したことである。ダブリンの労働者階級、とくに熟練工たちは技術

表 7-1　1867 年と 1872 年の週賃金の比較

職種	1867 年	1872 年	増加額
	£. s. d.	£. s. d.	£. s. d.
［汽船会社］			
運搬人夫	18. 0.	1. 7. 0.	9. 0.
穀物運搬人夫	1. 0. 0.	2. 0. 0.	1. 0. 0.
石炭運搬人夫	17. 0.	1. 0. 0.	3. 0.
石炭荷車夫	18. 0.	1. 2. 0.	4. 0.
［ガス会社］			
鍛冶工	1. 10. 0.	1. 16. 0.	6. 0.
大工	1. 10. 0.	1. 16. 0.	6. 0.
かまたき	1. 10. 0.	1. 13. 0.	3. 0.
コークス運搬人夫	18. 0.	1. 6. 0.	8. 0.
コークス冷却夫・注入夫	12. 0.	1. 1. 0.	9. 0.
火夫	1. 1. 0.	1. 1. 0.	0.
点燈夫	15. 0.	19. 6.	4. 6.
［上記の会社以外］			
大工	1. 8. 0.	1. 12. 0.	4. 0.
レンガ工	1. 8. 0.	1. 12. 0.	4. 0.
レンガ工の労働者	12. 0.	15. 0.	3. 0.

出典）　CSO, RP 1872/7794 より作成.

統制や徒弟制による人数制限によって、いわゆる「労働貴族」層を形成し、みずからの権益を守るためにも労働組合運動に積極的に参加していた。[26] 一八七〇年代は好況ということもあって、労働組合は雇主からより良い条件を引き出そうと積極的にストライキに打って出たのである。[27] じっさい、一八七〇年から七二年にかけて、ダブリンの労働者たちは、賃上げや労働時間の短縮という要求を掲げて数多くのストライキをおこない、たとえば七一年七月には一〇〇〇名もの大工がストライキに参加している。[28] 彼らは六〇年代ならば、まさにフィーニアンとして活動し軍事訓練などをおこなっていた者たちだった。

こうしてダブリンの組織は様々な要因が重なり合いながら衰退したが、しかしけっして消滅することはなかった。一八七四年九月に三〇〇名にまで縮小したダブリンの組織が、七九年には五七六名まで回復しているように、長期的衰退の過程のなかで、組織は絶えず再建が試みられ、懸命に維持されていった。たとえ数百名までメンバー数が減少しても、フィーニアンは活動を止めることはなかったのである。一八七〇年代おわりに、ダブリン首都警察の刑事部門の責任者だったマロン警視（ライアン警視の後継者）は次のようにいっている。

軍事訓練、さもなければ秘密運動をすすめるために、ダブリン市の特定の場所に集合しているグループがいる。彼らは最近の政治状況にはまったく影響されず不満を持ち続けているが、かといって自分たちの頭脳だけではこの国の平和を撹乱することなどできはしない。しかし、彼らは疑いもなく政府に忠誠を尽くす気などさらさらなく、非常にだまされやすく、ひとたび賢いならず者の手に掛かると社会にきわめて有害な存在となろう。(29)

彼らは、合法的運動や議会活動を断固として拒否し、あくまで武力闘争による独立の獲得というフィーニアンの原則に固執して密かに活動を続けたのである。

3　アイルランド社会への影響

一八六〇年代にピークを迎えたフィーニアン運動は一八七〇年代には衰退し、代わってC・S・パーネルを指導者とする自治運動が登場し、この合法的運動が一九一〇年代はじめまでアイルランド民族運動の主流となった。だが、自治運動が多くのアイルランド人の関心を引き付けているあいだも、少数派に転落したフィーニアンたちは軍事訓練や武器の密輸をおこなうなど蜂起準備につとめ、一九一六年になってイースター蜂起を決行する。このとき彼らは民族運動のなかでは傍流にすぎず、蜂起そのものは多くのアイルランド人の共感をまったくといっていいほど呼び起こさなかった。ところが、イギリス政府が蜂起指導者を処刑し、強硬な弾圧策をとったので、ナショナリズムに一気に火が付き、フィーニアン運動へ急速に支持が集まった。武力闘争というかたちで独立を獲得しようとする運動がふたたび民族運動の表舞台に現れたのである。

このようにアイルランドの民族運動は、武力闘争による運動と合法的運動とのあいだを絶えず振り子のように揺れ動き、政治的・経済的・社会的状況に応じて、あるときには武力闘争による運動が勢力を拡大し、あるときにはその逆が生じるのである。だから、合法的運動の支持者や、民族運動に関心をまったく持っていないようにみえる者であっても、いつ武力闘争支持者に変貌し、武器を持って立ち上がるのか、わからない。こうした事実を認識していた治安当局は一八六七年蜂起をうまく抑え込んだとはいえ、フィーニアン運動をつねに警戒し続けねばならなかった。「アイルランドは平和である」といった一八六〇年代はじめの警察の自己満足は、ふたたび繰り返されることがなく、刑事部門は政治事件に四六時中警戒の目を光らさざるをえなくなったのである。アイルランド人の精神的支柱であるカトリック教会もまた、フィーニアンに不安を感じ、それ以降秘密組織を批判し続けることになった。

「世界の工場」としての繁栄を享受し、大英帝国の威信を築きつつあったイギリスの足もとアイルランドでフィーニアンは蜂起し、一時はイギリスで蜂起する計画さえ立てた。フィーニアンの蜂起そのものは成功しなかったが、アイルランド社会に内在する不安定さを浮き彫りにさせると

C・S・パーネル

いう効果を持った。イギリスはアイルランドを支配したことによって、その内部にいつ爆発するかもしれない爆薬を抱え込んでしまったという事実がいまや明らかになったのである。そこでイギリスの政治家は、「アイルランドをどのように統治していくべきか」という困難な問題に早急に解答を出す必要に迫られた。一八六八年の総選挙で政権を獲得した自由党のグラッドストンは、フィーニアン運動を契機としてアイルランド問題の重要性を認めるようになったといわれ、先にみたように一八七〇年代にはアイルランドにたいして懐柔政策をとった。一八八〇年代になると彼はついにアイルランドに自治を与えることを真剣に考えはじめ、八六年に第一次自治法案、九三年に第二次自治法案を議会に提出した。[30] しかし、いずれの法案も議会の承認を得るには至らず、アイルランド問題の解決は先送りされたのである。結局、フィーニアンは一九一六年の蜂起を経て、一九一九年から独立戦争を戦い、流血の事態を引き起こしたのだった。

武力闘争によって独立を獲得したということは、アイルランドに「負の遺産」をもたらし、それが現在の北アイルランド紛争にも大きく影響している。武力闘争こそがアイルランド独立の唯一の方法であるというフィーニアンの主張は、IRAの活動を正当化する根拠となっている。IRAは、一九九八年に成立した「和平合意」の進展により現在は活動を一時的に停止してはいるが、武装闘争を最終的に放棄するまでに至ってはいない。[31] 現在の北アイルランド情勢をみると、振り子が完全に合法的運動の方向に振れていることがわかり、まるでフィーニアン運動が衰退し自治運動がその勢力を拡大していた一八七〇年代以降の状況のようである。とすれば、IRAのなかには現在の和平合意のプロセスを苦々しく思っている者たちがいることは容易に推察できよう。北アイルランドがイギリスから独立し南の共和国と統一するまで、北アイルランドでは武力闘争を志向するカトリックが、たとえ少数であっても存在し続け、彼らがいつ勢力を伸長させるか、予断を許さないのである。彼らは暴力によって和平合意を容易に崩壊させることができる不気味な存在である。

アイルランドの怪物
イギリス人がフィーニアン運動をどのようにみていたのかを示している

こうした負の遺産をアイルランドにもたらした根本的な原因は、やはりイギリスがアイルランドを植民地にしたことにある。この事実さえなければ、そもそもフィーニアン運動も北アイルランド問題も存在しなかったのである。フィーニアン指導者J・オリアリーは次のようにいう。

もし、イングランド人がアイルランドを植民地にしなければ、そしてアイルランドに居座り続け、いまおこなわれているような悪事をやらなければ、フィーニアン運動など生まれはしなかった。(32)

ある民族が他の民族を武力で征服し統治するという、植民地支配ほど愚かな行為はないのである。

あとがき

本書は、一九九〇年にダブリン大学トリニティ・カレッジより博士号を授与された'The Dublin Fenians, 1858-79'をもとにしている。L・M・カレン先生の丁寧で的確な指導がなければ、この博士論文を完成させることなどできなかったことを告白しておきたい。満足に英語を話したり書くこともできない私を見捨てずに、五年近くにわたって指導してくださったカレン先生に厚くお礼を申しあげたい。

私をアイルランド史研究へと導いてくださったのが、松村高夫先生である。松村先生は学生をひとつの型にはめようとはせず、その一方で現地での史料収集や実証研究の重要さ、歴史研究の面白さを教えてくださった。私がなんのためらいもなくアイルランドに留学できたのも松村先生のおかげである。本書の作成過程においても貴重な助言をいただいた。心から感謝したいと思う。また、慶応義塾大学大学院での先輩・後輩から受けた学問的な刺激はじつに有益なものだった。

この他にも多くの方々にお世話になった。本書の草稿に目を通し有益なコメントをしてくれたのが、勝田俊輔氏、小関隆氏、武井章弘氏である。武井氏は経済史研究者であるにもかかわらず、その意見は軍事史の専門家であるかのようだった。「アイルランド史研究会」や「関西アイルランド史研究会」の方々からも様々な貴重な意見をいただいた。

本書は大阪産業大学から「研究成果刊行助成金」を受けている。また、経済学部の自由な雰囲気が本書の作成にどれだけ役立ったかわからない。感謝したいと思う。

最後に本書の編集を担当された張替英樹氏に感謝の言葉を述べておきたい。

長期にわたる留学を可能にさせてくれた両親、そして本書を準備する過程で私を支えてくれた妻と娘に本書を捧げたいと思う。

高神　信一

一九九九年六月

Maynooth, 1980.

(22)　Chief Supt Ryan to CP, 28 Jan. 1870 (NAI, F Papers, 5619R).

(23)　スティーブンスはフィーニアン運動の衰退の原因を指導体制の不備にもとめて，「成り上がりの指導者たちの野心によって悲惨な結果がもたらされた．その背後には［組織］の教えに忠実であり続けた多数の一般メンバーたちの誠実さ，熱意，愛国心があった」と述べている(Stephens, 'Fenianism Past and Present' (NLI, Stephens Papers, MS 10492)).

(24)　Daly, *Dublin*, pp. 55-7.

(25)　*Irish Times*, 5 Dec. 1872, quoted in Daly, *Dublin*, p. 57.

(26)　F. D'Arcy and K. Hannigan (eds.), *Workers in Union: documents and commentaries on the history of Irish labour*, Dublin, 1988, p. 97. 労働貴族については，T. Matsumura, *The Labour Aristocracy Revisited: the Victorian flint glass makers 1850-80*, Manchester, 1983, とくに Introduction を参照.

(27)　この当時のダブリンの労働組合は二種類に大別される．ひとつはダブリンで組織された労働組合であり，もうひとつは合同機械工組合や大工・指物師合同組合といったイングランドに本部を持つ組合であった．1863年にはいくつかの組合が「労働組合連合」をつくっている (J. W. Boyle, *The Irish Labor Movement in the Nineteenth Century*, Washington, 1988, Chapters 3, 5; D. Keogh, *The Rise of the Irish Working Class*, Belfast, 1982, pp. 20-1)．また，不熟練工のなかにも組合を結成する動きがあり，「合同不熟練工組合」が設立され，その最初の会合が72年4月に開かれている (*Irishman*, 13 Apr. 1872).

(28)　Chief Supt Ryan to CP, 14 July 1871 (CSO, RP 1871/13306). Daly, *Dublin*, pp. 68-9 を参照．そして3カ月後には，穀物運搬人夫たちが賃上げを要求しストライキを決行していた (Acting Supt Mallon to CP, 9 Oct. 1871 (CSO, RP 1871/17957 on 1871/18361))．また，労働組合連合を通じて，ストライキ中の熟練工たちは支援を受けた．たとえば，1872年9月，ストライキ中の製革工は，ロープ製造工たちから5ポンド，家具製造工たちから4ポンドの援助を受けている (*Irishman*, 7 Sept. 1872).

(29)　Supt Mallon to CP, 18 Dec. 1878 (NAI, A Files, A 573).

(30)　Lord Eversley, *Gladstone and Ireland*; J. L. Hammond, *Gladstone and the Irish Nation*; J. Loughlin, *Gladstone, Home Rule and the Ulster Question* を参照. 1886 (明治19) 年にグラッドストンが提出した「アイルランド自治法案」は，いち早く日本に紹介された．この当時，自由民権運動が高揚し国会開設が要求され，イギリス議会の動向に注意が向けられていたからである．アイルランド自治問題に関心を寄せていたのは，とくにイギリス流の漸進主義を採用する立憲改進党系の人びとであった．

(31)　拙稿「北アイルランドにおける和平合意について」『中央評論』, 50巻3号, 1998年11月.

(32)　O'Leary, *Fenians and Fenianism*, vol. i, p. 78.

Supreme Council', p. 314). そして同年11月，最高委員会はI・バットによって設立された「自治同盟」を支持することを決定したのである．これは，IRBの転換点であった．しかし，この協力関係は76年に終わった．自治運動については，森ありさ「アイルランドにおける自治運動の展開」『岩波講座 世界史　第18巻 工業化と国民形成』岩波書店，1998年を参照．

(18) 自治運動にたいするフィーニアンの関心の高まりを，ダブリン首都警察の警視総監は，「庶民院における最近の自治問題の議論以来，……ダブリンとその周辺の熟練工や下層階級は，フィーニアンのランデブーの場所として1864年と65年に悪名高かったパブのいくつかに集合している」と報告している（CP Lake to Under Secretary, 23 July 1874（NAI, F Papers, 9032R））．

(19) K. T. Hoppen, *Elections, Politics, and Society in Ireland,* p. 31. だが，これは選挙権の拡大よりも選挙区の区割りの変更によるものであったとされている．

(20) Chief Supt Ryan to CP, 26 Jan. 1870（NAI, F Papers, 5599R）．

(21) Comerford, *The Fenians in Context,* p. 164 ; Acting Supt James Ryan to CP, 29 July 1869（NAI, F Papers, 4446R on 4476R）．それにひきかえ，土地法の影響は複雑である．1870年の土地法の内容は小規模借地農に失望を与え，フィーニアン運動が農村に浸透するのに有利な状況を作り出したが，これとは対照的に，ダブリンのような都市に住むフィーニアンの関心をまったく引きつけなかった（Chief Supt Ryan to CP, 28 Feb. 1870（NAI, F Papers, 5857R））．1870年の土地法については，本多三郎「2つのアイルランド土地法」『大阪経大論集』45巻2号，1994年を参照．

1868年7月までに，人身保護法の適用停止のもとに裁判を受けずに拘留されていたフィーニアン囚人たちは釈放されたが，約100名のフィーニアンたちが依然として刑務所にとり残されていた．グラッドストンは，彼らに特赦を与えた．フィーニアン囚人の存在は，フィーニアン運動の拡大に有利に利用することができ，彼らの収監されていた状況（悲惨なものであった）を宣伝することによって，イギリス政府を非難しナショナリズムの高揚に結びつけたのであった．じっさい，フィーニアン運動とはまったく関係がないところから，彼らを救おうとしたアムネスティ運動が生まれている．

1869年2月までに，この運動はフィーニアン囚人たちの釈放を求める10万人の署名を集め，アイルランド社会の各層のあいだに広範な共感を引き起こした．フィーニアン運動に従来反対していたカトリックの司教たちでさえも署名しているのだった．1869年夏から秋に，アムネスティ協会は，フィーニアン囚人たちの釈放をイギリス政府に訴えることを目的として大衆的示威運動を組織した．ダブリンでは，9月と10月に大規模な集会が開催され，警察の報告によると前者の集会には3万5000名から4万名が，後者の集会には20万名が集合したといわれている．このような多数の人びとを動員することに成功したアムネスティ運動をフィーニアン運動は自分たちの活動自体のために利用したのであった．以下の史料を参照．Supt Ryan to CP, 26 Sept. 1869（NAI, F Papers, 4605R on 7622R）; Supt Ryan to CP, 10 Oct. 1869（NAI, F Papers, 4699R）; Johnson, 'The Fenian Amnesty Movement', M. A. thesis,

(10)　1867年4月おわりに，ロバーツ派は使者をアイルランドとイギリスに派遣し，蜂起後のフィーニアンの指導体制にかんしてケリー大佐らと交渉した．その結果，7月はじめにパリでロバーツがディレクトリーの代表者と会見することになったのである（Comerford, *The Fenians in Context*, pp. 156-7; *Irishman*, 29 Aug. 1868; R. Anderson, 'Fenianism: a narrative by one who knows', pp. 638-9）．

(11)　早くも条約締結の1カ月後，ケリー大佐はパリ条約を無効にし自分の支配を復活させるため，マンチェスターでディレクトリーによる代表者会議を開いた．その会議で彼はIRBの最高指導者の地位に就任することを一方的に宣言している．さらにIRBは，北アイルランド，南アイルランド，イングランド，ウェールズ，スコットランドに分割され，北アイルランド以外のそれぞれの地域の指導者にはアメリカ人将校が置かれることとなり，アメリカ人将校を中心とする支配体制を確立しようとしたのだった（Devoy, *Recollections*, pp. 238-9）．

だが，ここでケリー大佐の身の上に予期せぬ出来事が起こるのである．彼はマンチェスターの代表者会議閉会直後に逮捕されてしまった．1週間後に劇的にイングランドのフィーニアンにより救出されたが，3名のフィーニアンがそのさいに警官を殺害したという罪状で逮捕，処刑された．これがいわゆる「マンチェスターの殉教」である（P. Quinlivan and P. Rose, *The Fenians in England 1865-1872*, London, 1982, pp. 43-75）．この処刑はアイルランド人の感情に深く訴え，12月にはダブリンで衣料品店員，質屋店員，家具製造工などの「フィーニアン階級」が中心となった葬儀行列がおこなわれた（Supt Ryan to CP, 8 Dec. 1867（CSO, RP 1867/21363 on 5282R）; Comerford, *The Fenians in Context*, pp. 148-50を参照）．これ以後ケリー大佐は，フィーニアン運動の「災いのもと」とみなされ，組織のなかでの影響力を急速に失っていった（D. O'Sullivan to Colonel Roberts, 2 Jan. 1868（NAI, A Files, A 317））．

(12)　T. W. Moody and L. Ó Broin (eds.), 'The I. R. B. Supreme Council', *Irish Historical Studies*, xix, no. 75, 1975, p. 299.

(13)　1873年には修正規約を公布している（Comerford, *The Fenians in Context*, pp. 161, 166）．

(14)　Chief Supt Ryan to CP, 20 July 1870（NAI, F Papers, 6656R on 9088R）; Chief Supt Ryan to CP, 22 July 1870（CSO, RP 1870/14701 on 1870/20587）．この当時フィーニアンは最高委員会の勢力の他に，スティーブンス派とムレン神父派（その勢力はあまり大きくはなかった）があったが，スティーブンスはこれらを合同するという野心をもっていたのである．だが，最高委員会とムレン神父はスティーブンスとのいかなる妥協も拒否し，介入する機会をまったく与えなかった（TCD, Davitt Papers, 9659d/265）．

(15)　Chief Supt Ryan to CP, 7 Dec. 1870（NAI, F Papers, 7019R）．

(16)　F. S. L. Lyons, 'Fenianism, 1867-1916', in Moody (ed.), *The Fenian Movement*, p. 38.

(17)　この2つの異質な運動が協力することを正式に明らかにしたのは，1873年3月に最高委員会が修正規約を発表したことにはじまる．このなかで最高委員会は「アイルランドの独立を推進するあらゆる運動を援助する」としたのであった（Moody and Ó Broin (eds.), 'The I. R. B.

者とフィーニアン側の捕虜にされた10名の証言は，警察バラックへの攻撃を証明するためにとりわけ重要であった．これとは対照的に，他の証人は，フィーニアンらを逮捕したりタラ・ヒルへ行進するのを目撃しただけで，蜂起にかんして決定的な証言をする立場にはなかった．詳しくは，NAI, Fenian Briefs, 6(a)を参照．

(82)　NLI, MS 7517, p. 285; NAI, 'Fenianism, Index of Names, 1866-71'. 警察バラックの攻撃に加わった4名は1年から2年の禁固刑を科せられ，22名が武器の不法所持で3カ月から2年間投獄されることとなった（NAI, Fenian Briefs, 6(a), pp. 20, 58-9, 163, 165, 177)．この裁判が開かれた時点では，ダブリンのフィーニアンを指揮するはずだったハルピン将軍は逮捕されていなかった．彼が逮捕されたのは1867年7月のことで，10月に開かれた裁判で15年の懲役刑に処せられている（NAI, F Papers, F 4092, 5246 R)．

(83)　Denieffe, *A Personal Narrative*, p. 136.

(84)　*Ibid*., p. 137.

(85)　Devoy, *Recollections*, p. 203.

(86)　*Ibid*., p. 204.

終　章

(1)　Supt Ryan to CP, 9 Mar. 1867 (CSO, RP 1867/3999). 蜂起後のフィーニアン運動については，拙稿「蜂起後のダブリンのフィーニアンたち，1867-79年」『大阪産業大学論集社会科学編』104号，1997年を参照．

(2)　Supt Ryan to CP, 13 Mar. 1867 (CSO, RP 1867/4420); NAI, Fenian Briefs, 6(a), pp. 161-2.

(3)　NAI, Fenian Briefs, 8.

(4)　Supt Ryan to CP, 20 May 1867 (CSO, RP 1867/8894).

(5)　NAI, Fenian Briefs, 8.

(6)　CP Lake to Under Secretary, 21 Dec. 1871 (NAI, F Papers, 7931R). この事実は，フィーニアン指導者そして商店のセールスマンとしてアルスター地方を除いて組織を調査する機会を持ったJ・F・X・オブライエンが，フィーニアンたちは1871年まで活発に活動していたと述べていることに裏付けられる（NLI, J. F. X. O'Brien Papers, MS 16695, p. 217)．

(7)　Stephens to E. Walsh, 19 Nov. 1874 (NLI, Stephens Papers, MS 10492).

(8)　NLI, Devoy Papers, MS 18036. この人数は最高委員会派に属するメンバーであり，ダブリンにはスティーブンス派に属するグループも存在したが，その人数はとるに足らないものであった．

(9)　ケリー大佐は臨時政府を廃止し，みずからの権限をより強固にするために，蜂起を決行した翌月にロンドンに新たな機関「ディレクトリー」を設立しその議長に就任した（NAI, Fenian Briefs, 8)．このディレクトリーは蜂起決行直前にアメリカ人将校が作ったものとは関係がない．

(61)　NAI, Fenian Briefs, 6(a), pp. 3, 36.

(62)　*Ibid*., p. 36.

(63)　*Ibid*., p. 68.

(64)　*Ibid*., pp. 36, 41.

(65)　*Ibid*.

(66)　Devoy, *Recollections*, p. 204.

(67)　*Irishman*, 9 Mar. 1867 を参照.

(68)　Supt Ryan to CP, 31 Dec. 1867 (CSO, RP 1867/22667 on 2103R).

(69)　Supt Ryan to CP, 6 Mar. 1867 (CSO, RP 1867/3750).

(70)　Brownrigg to -, 28 Feb. 1867 (NLI, Larcom Papers, MS 7593).

(71)　ケリー大佐が蜂起の夜どこにいたのかはわからない. だが, 彼はその1週間後にダブリンにおり, ハルピン将軍に手紙を出しているのだが, そのなかで蜂起は指示どおりに戦われたと述べている (Colonel Kelly to General Halpin, Mar. 12 1867, in Denieffe, *A Personal Narrative,* p. 278).

(72)　Lord Strathnairn to -, 7 Mar. 1867 (NAE, HO 45, 7799/195).

(73)　Denieffe, *A Personal Narrative*, pp. 136-7.

(74)　Magistrate Carte to Chief Secretary, 8 Mar. 1867 (CSO, RP 1867/3829) ; NAI, Fenian Briefs, 6(a), pp. 12, 14 ; *Freeman's Journal,* 7 Mar. 1867 ; *Irishman*, 9 Mar. 1867.

(75)　Magistrate Carte to Chief Secretary, 8 Mar. 1867 (CSO, RP 1867/3829).

(76)　Lord Strathnairn to -, 7 Mar. 1867 (NAE, HO 45, 7799/195).

(77)　Magistrate Carte to Chief Secretary, 8 Mar. 1867 (CSO, RP 1867/3829).

(78)　*Irishman,* 19 Mar. 1867. タラ・ヒルから市内に戻ってくるフィーニアンを逮捕するために, ポートベロ橋, アイランド橋, グリフィス橋という運河にかかった橋に警察が見張りをおいた. 6日朝には20名を逮捕した (NAI, Fenian Briefs, 6(a), pp. 74, 103-4, 106, 116).

(79)　蜂起後, 警察は蜂起に参加したフィーニアンたちを逮捕することと, 収監されているフィーニアンたちについての情報を収集することに全力を注いだ. 3月9日には, 政府は彼らの逮捕に結びつく情報の提供者には100ポンド, 囚人たちを有罪とする情報の提供者には50ポンドの報償金を支払うことを発表している (CSO, RP 1867/14141).

(80)　Chief Supt Campbell, 2 May 1867 (NLI, Larcom Papers, MS 7594) ; CP Lake to Under Secretary, 6 May (CSO, RP 1867/8113) ; Inspector Kelly to Chief Supt Campbell, 9 May 1867 (CSO, RP 1867/8524).

(81)　裁判ではダブリン以外の蜂起参加者もいっしょに審理されていたので, ダブリンの蜂起にかんして証言をおこなったのは, 140名の検察側証人のうち81名であった. この内訳は, 47名の警官, 15名のイギリス軍兵士, 1名の治安判事など体制側が大部分で, 仲間を裏切って検察に協力したフィーニアンの証言者は3名にすぎなかった. 検事側はフィーニアンを証人に立てることに失敗した. 警官のうち, タラ, ステッパサイド, グレンカレンの警察バラックの駐在

(52)　Devoy, *Recollections,* p. 200.

(53)　NAI, Fenian Briefs, 6(a), p. 98.

(54)　Devoy, *Recollections*, p. 200.

(55)　NAI, Fenian Briefs, 6(a), p. 155.

(56)　*Ibid.,* pp. 156, 167, 169.

(57)　Devoy, *Recollections*, p. 201.

(58)　これらの警察バラックを襲撃したキルウェンのグループが，何名のフィーニアンから構成されていたのだろうか．史料としては，捕虜となった警官たちの証言がある．だが，彼らは，みずからの降伏を正当化するためにフィーニアンの人数を誇張していた可能性があるので，これを全面的に信用することはできない．しかし確実なことは，グループの人数が，そのときどきに応じて変化したということである．つまり，パーマストンの私有地に集合したフィーニアンは，ウィンディー・アーバーでキルウェンらと合流し，ダンドラムとステッパサイドの警察バラックを攻撃した．そしてグレンカレンに到着する前に，このグループからタラ・ヒルに向かう一団が分離している．だから，ステッパサイドの警察バラックを攻撃したときにこのグループの人数は最大になっている．警官たちの証言によれば，すくなくとも500名以上のフィーニアンが警察バラックを攻撃したことはたしかで，なかには1,000名のフィーニアンだったという証言さえある．

パーマストンの私有地でこのグループを目撃した警官の証言によると，500名の男たちが集合していた．彼らは，ウィンディー・アーバーでキルウェンのグループが合流する前に，ミルタウン・ロードで2名の警官たちに目撃されている．そのうちのひとりは，人数を300名あるいは400名とし，もうひとりは800名から900名と報告している．ステッパサイドのバラックに駐在していたマッケルウェイン巡査は，1,000名のフィーニアンが攻撃に加わったと語っていたが，後にその数を500名に修正している（NAI, Fenian Briefs, 6(a), pp. 93, 97, 155).
タラ・ヒルに前進するグループが分離した後，フィーニアンたちはグレンカレンの警察バラックを攻撃したが，そのときの人数については二つの証言がある．そのひとつは，この警察バラックにいた警官の証言であるが，約600名のフィーニアンたちに攻撃されたと語っている (Constable O'Brien to Sub-Inspector Burke, 6 Mar. 1867 (NAI, F Papers, F 2694))．もうひとつは，このグループがグレンカレン方向へ行進している様子をゴールデン・ボールで目撃されたときの証言で，それによると200名のフィーニアンが捕虜の警官とともに行進していた(Supt Ryan to CP, 6 Mar. 1867 (CSO, RP 1867/3750))．これら2つの証言にみられる数字は明らかに食い違っている．しかし，ステッパサイドの警察バラック襲撃後，一部はタラ・ヒルに向けて出発しており，フィーニアンたちの人数が減少したという点では一致している．

(59)　タラ・ヒルの麓にある村に集合するフィーニアンの一団もあったが，大多数は直接タラ・ヒルに集合した（Denieffe, *A Personal Narrative*, p. 141).

(60)　Devoy, *Recollections*, pp. 203-4.

(36)　Supt Ryan to CP, 5 Dec. 1866 (CSO, RP 1867/15695).

(37)　NLI, Mayo Papers, MS 11191, quoted in Ó Broin, *Fenian Fever*, pp. 147-8.

(38)　Lord Strathnairn to -, 7 Mar. 1867 (PRO, HO 45, 7799/195); Ó Broin, *Fenian Fever*, p. 152.

(39)　NAI, Fenian Briefs, 6(a), p. 60. 5日の朝，彼らのなかには翌日仕事を休むことをあらかじめ職場に伝えておいた者もいた．兄弟の結婚式という者もいれば，伯母の葬式，あるいは父親が病気だとか，様々な理由をいっていた (Devoy, *Recollections*, p. 209).

(40)　フィーニアンが市内から10キロ以上離れたタラ・ヒルへ向かう主要なルートは二つあった．ひとつはクラムリン，ウォーキンスタウン，グリーンヒルズを通るルート，もうひとつはラスマインズ，ラスガー，ラウンドタウン（テレニュア）を通るルートであった．サークルのなかには市内に集合場所を設定し，タラ・ヒルにサークル単位で向かうものもあった．たとえば，ライフル銃で武装した600名～700名からなるサークルが，クラムリン・ロードにあるドイルの鍛冶工場からウォーキンスタウン・ロードのカヴァナーの鍛冶工場にかけての場所に集合しているのが目撃されている (Supt Donovan to CP, 6 Mar. 1867 (CSO, RP 1867/3821)). その一方，先にみたコノリーのサークルのように個々のメンバーに直接タラ・ヒルに行くことを命令したサークルもあった (Supt Ryan to CP, 6 Mar. 1867 (CSO, RP 1867/3750); NAI, Fenian Briefs, 6(a), pp. 60, 92, 94). このように2名から5名からなる多数のグループが，タラ・ヒルへ歩いていった．また，彼らのなかには，脅しや説得によって不本意ながら蜂起に参加した者たちがいたことも，その後の裁判で明らかになっている（たとえば，NAI, Fenian Briefs, 6(a), p. 128).

(41)　Supt Ryan to CP, 18 Feb. 1867 (CSO, RP 1867/2767).

(42)　Supt Ryan to CP, 1 Apr. 1867 (CSO, RP 1867/5820).

(43)　Devoy, *Recollections*, pp. 203-4. S. Takagami, 'The Dublin Fenians, 1858-79' では，ホワイト大佐の私有地をクロンシラとしたが，本書では S. Courtney 氏の情報によりその所在地をキラキーと訂正する．

(44)　NAI, Fenian Briefs, 6(a), p. 93.

(45)　Devoy, *Recollections*, p. 199.

(46)　Supt Donovan to CP, 6 Mar. 1867 (CSO, RP 1867/3819); Supt Ryan to CP, 2 Apr. 1867 (CSO, RP 1867/5841 on F 3637); NAI, Fenian Briefs, 6(a), pp. 97, 165; Devoy, *Recollections*, p. 200.

(47)　CSO, RP 1867/7199; Devoy, *Recollections*, pp. 197, 218.

(48)　*Freeman's Journal*, 7 Mar. 1867.

(49)　Devoy, *Recollections*, p. 200.

(50)　NAI, Fenian Briefs, 6(a), pp. 21, 55.

(51)　Constable M'Ilwaine to Sub-Inspector Burke, 7 Mar. 1867 (NAI, F Papers, F 2694); NAI, Fenian Briefs, 6(a), p. 95; Devoy, *Recollections*, p. 200.

動につきものであったコレラが発生した．それは不景気と同じく，ロンドンではとくに厳しいものであった．そうしているうちに，エイアー知事を告訴しようとするジャマイカ委員会の試み，フィーニアンたちの活動，シェフィールドでの『機械打ちこわし』と殺人事件の結果として，政治的暴力への関心が著しく高まっていった．」（R. Harrison, *Before the Socialists: studies in labour and politics 1861-1881*, London, 1965, p. 85）フィーニアン運動はイギリスのアイルランド人が歌ったバラッドのなかで生き続けた（P. Joyce, *Visions of the People*, Cambridge, 1991, p. 243）.

（12） NLI, MS 7517; NAI, Fenian Briefs, 6(c), pp. 21-3.

（13） *Nation*, 22 Dec. 1866. また NLI, MS 5964, pp. 35-6 を参照.

（14） D'Arcy, *Fenian Movement in U. S.*, p. 240.

（15） G. Cluseret, 'My Connection with Fenianism', *Frazer's Magazine*, July 1872, p. 35.

（16） *Ibid.*, pp. 57-9; *Irishman*, 12 Sept. 1868.

（17） 彼はベルギー系イタリア人で，南北戦争では北軍に大佐として従軍した（Ó Broin, *Fenian Fever*, pp. 144, 200）.

（18） *Irishman*, 12 Sept. 1868.

（19） Colonel Kelly to -, 19 Mar. 1867, quoted in D'Arcy, *Fenian Movement in U. S.*, p. 240.

（20） Devoy, *Recollections*, pp. 235-6.

（21） M. G. Walker, *The Fenian Movement*, Colorado, 1969, pp. 141-2.

（22） Supt Ryan to CP, 10 Apr. 1865（NAI, FPR 140）.

（23） Supt Ryan to CP, 6 May 1865（NAI, FPR 154）; Supt Ryan to CP, 31 July 1865（CSO, RP 1865/7576）; Supt Ryan to CP, 5 Sept. 1865（NAI, FPR 217）.

（24） Supt Ryan to CP, 2 Dec. 1865（CSO, RP 1865/13342）.

（25） Supt Ryan to CP, 27 Nov. 1866（CSO, RP 1866/21564）.

（26） たとえば, Supt Ryan to CP, 11 Dec. 1866（CSO, RP 1866/22328）.

（27） Brownrigg to -, 27 Feb. 1867（NLI, Larcom Papers, MS 7593）.

（28） Brownrigg to -, 28 Feb. 1867（*Ibid.*）.

（29） Supt Ryan to CP, 25 Feb. 1867（CSO, RP 1867/6352）.

（30） 5日の朝に受け取った匿名の手紙には，フィーニアンがその夜蜂起を計画していると書かれてあった（Supt Ryan to CP, 5 Mar. 1867（CSO, RP 1867/3820））.

（31） Head Constable McHale to IGP, 7 Feb. 1867（CSO, RP 1867/1375 on 1867/3178）; Supt Ryan to CP, 12 Feb. 1867（CSO, RP 1867/2642）.

（32） Supt Ryan to CP, 19 Feb. 1867（CSO, RP 1867/6341）.

（33） Supt Ryan to CP, 3 Mar. 1867（CSO, RP 1867/3813）; Supt Ryan to CP, 4 Mar. 1867（CSO, RP 1867/6338）.

（34） *Ibid.*

（35） Acting Supt Hughes to CP, 6 Oct. 1866（CSO, RP 1866/18364）.

Studies, xxix, no. 115, 1995をもとに新たに書き直したものである．拙稿「ダブリンにおけるフィニアンの蜂起」では，ダブリンのフィーニアンたちの結集地点をタラ・ヒルズとしたが，本書ではタラ・ヒルと訂正する．

(2)　NAI, Fenian Briefs, 6(a), p. 166.

(3)　Devoy, *Recollections*, p. 193. デヴォイの回想録の問題点については，拙稿「フィーニアン蜂起（1867年）とJ・デヴォイの回想録」『三田学会雑誌』86巻3号，1993年を参照．

(4)　この情報を提供してくださったアイルランド共和国の観光・運輸省の気象サーヴィスに謝意を表したい．

(5)　Magistrate Carte to Chief Secretary, 8 Mar. 1867 (CSO, RP 1867/3829).

(6)　Supt Ryan to CP, 1 Jan. 1867 (CSO, RP 1867/307 on 1867/12894).

(7)　フィーニアンは慢性的に資金不足に陥っていたが，蜂起のさいには十分な資金が手元にあったのだろうか．アイルランドでは，1866年おわりから蜂起の直前にかけて警察の監視が厳しく，自由な資金調達はきわめて難しかった．それとは対照的にイギリスでは，フィーニアンが積極的に資金を集めていた（Supt Ryan to CP, 11 Feb. 1867 (CSO, RP 1867/2427 on 1867/2597)）．そのじっさいの資金額は詳しくはわからないが，1867年1月に，ライアン警視は「アメリカよりもイギリスで多くのフィーニアンの資金が集められている．というのは，マンチェスターの全メンバーは，現在毎週6シリングから8.5シリングを寄付し，さらに毎週2，3回のコンサートが開かれ，富くじがおこなわれているからだ」と警視総監に報告している（Supt Ryan to CP, 3 Jan. 1867 (CSO, RP 1867/242 on 1867/1456)）．

蜂起直前の1867年1月には，スティーブンスの代理をつとめていたダッフィーは，資金が枯渇していたためにメンバーの要請に応じて資金を与えることがまったくできなかった（Supt Ryan to CP, 18 Jan. 1867 (CSO, RP 1867/1153)）．ケリー大佐はこうした状況を打開することができないまま，蜂起の決行の指令を出し，じっさいに蜂起のために準備された費用が1500ポンドにすぎなかったことをみずから明らかにしている（Colonel Kelly to General Halpin, 12 Mar. 1867, quoted in Denieffe, *A Personal Narrative,* pp. 278-80）．

(8)　NLI, MS 7517, p. 233; NAI, Fenian Briefs, 6(c), p. 44.「ディレクトリー」は，8名のアメリカ人将校たちと7名の一般のフィーニアンから構成されていた（CSO, RP 1867/3178）．

(9)　2月11日朝，マンチェスターやリヴァプールなどから合わせて1200名ほどのフィーニアンが集まり，攻撃の合図を待っていた．しかし，コリドンから事前に情報を流されていた治安当局が兵器庫の警備を強化し，さらに攻撃を指揮するマッカファティー大尉がその場に現れなかったので，襲撃を強行することはあきらめらた．ケリー州には蜂起を中止する旨の連絡が伝わらず，単独でフィーニアンが13日に蜂起し失敗している（NLI, MS 7517, p. 236; NAI, Fenian Briefs, 6(a), p. 45; *Irishman*, 12 Sept. 1868）．

(10)　第3章を参照．

(11)　この当時の状況をイギリス史家R・ハリソンは次のように述べている。

「1866年おわりと翌年はじめの特徴は経済不況であり，数万人が失業した．これまで政治的騒

(88)　Supt Ryan to CP, 16 Feb. 1866 (CSO, RP 1866/4376).

(89)　Lord Strathnairn to Duke of Cambridge, 24 Sept. 1865 (BL, Sir Hugh Rose Papers, MS 42821).

(90)　Acting Supt Hughes to CP, 15 Oct. 1866 (CSO, RP 1866/18757 on 1866/20075).

(91)　Ryan, *Fenian Chief,* pp. 297-8.

(92)　Supt Ryan to CP, 16 Feb. 1866 (CSO, RP 1866/4376); Supt Ryan to CP, 18 May 1866 (CSO, RP 1866/10014 on 1866/16868).

(93)　Supt Ryan to CP, 4 Nov. 1867 (CSO, RP 1867/19348 on 1867/19481).

(94)　NAI, Fenian Briefs, 6(a), p. 237.

(95)　Devoy, *Recollections,* p. 80.

(96)　CP O'Ferrall, Lake to Under Secretary, 23 Jan. 1867 (CSO, RP 1867/1316).

(97)　Acting Supt Hughes to CP, 22 Apr. 1866 (CSO, RP 1866/7918 on 1866/16249). スパイたちは自分たちが警察に情報を流しているという嫌疑をなんとか晴らそうとして，そのなかにはみずからすすんで警察に逮捕され，疑惑を解こうとした者たちもいた.

(98)　Acting Supt James Ryan to CP, 21 Oct. 1867 (CSO, RP 1867/10480 on 1867/19068); Acting Supt James Ryan to CP, 30 Oct. 1867 (CSO, RP 1867/19068).

(99)　Devoy, *Recollections,* pp . 74-5.

(100)　Supt Ryan to CP, 30 Apr. 1866 (CSO, RP 1866/20388).

(101)　たとえば，Chief Supt Campbell to CP, 5 Mar. 1866 (CSO, RP 1866/4380) を参照.

(102)　Supt Ryan to CP, 1 May 1866 (CSO, RP 1866/8701 on 1867/17148).

(103)　Chief Supt Ryan to CP, 12 July 1871 (CSO, RP 1871/13098 on 1871/14460).

(104)　Supt Ryan to CP, 8 May 1866 (CSO, RP 1866/9217 on 1866/15026).

(105)　Devoy, *Recollections*, p. 93.

(106)　*Ibid.*, p. 98.

(107)　Supt Ryan to CP, 16 May 1865 (NAI, FPR 161); Supt Ryan to CP, 8 Jan. 1866 (CSO, RP 1866/1089). アイルランド警察の警官訓練所の教官のなかにフィーニアンがいたといわれる (Devoy, *Recollections,* p. 64).

(108)　Supt Ryan to CP, 12 Apr. 1867 (CSO, RP 1867/6522 on 1867/8813); Supt Ryan to CP, 13 Apr. 1867 (CSO, RP 1867/6691 on 1867/7200).

(109)　Devoy, *Recollections,* pp. 77-8; Supt Ryan to CP, 3 Apr. 1867 (CSO, RP 1867/6483); Supt Ryan to CP, 19 June 1866 (CSO, RP 1866/11821 on 1867/10278).

第6章

(1)　CP O'Ferrall to Under Secretary, 5 Mar. 1867 (NLI, Larcom Papers, MS 7594). この章は，拙稿「ダブリンにおけるフィニアンの蜂起（1867年）」『三田学会雑誌』84巻3号，1992年およびS. Takagami, 'The Fenian Rising in Dublin, March 1867', *Irish Historical*

ト・ブリテン通り204番地で発見された（Supt Ryan to CP, 10 Jan. 1866（CSO, RP 1866/516 on 1866/517）; Supt Ryan to CP, 2 Feb. 1866（CSO, RP 1866/2198 on 1866/4882）; Supt Ryan to CP, 9 Feb. 1866（CSO, RP 1866/2488））. これら大量の槍の穂先と柄の押収は，ライアン警視が収集した情報にもとづくものではなく，警察がフィーニアンの行動を注意深く監視した成果だった．なぜブラックホール・ロウで警察が槍の穂先を発見できたかというと，そこは武器の密輸に積極的に関与していたトレイシーの仕事場で，彼を逮捕するさいに捜索したからであった．ライアン警視はこのとき押収した槍の柄をみたとき，ひとつの事実に気がついたが，それはこれらの柄が特定の製材所でつくられた製材を使っていることだった．彼はその製材所を突き止め，監視をはじめたところ，フィーニアンがこの製材所で作られた製材をロングフォード・レインに持ち去るのを目撃した．その後を密かにつけていった警官が，大量の穂先と柄を発見したのだった（Supt Ryan to CP, 2 Feb. 1866（CSO, RP 1866/2198 on 1866/4882）; Chief Supt Ryan to CP, 9 Apr. 1872（CSO, RP 1872/5459））.

(72)　Supt Ryan to CP, 15 Oct. 1864（NAI, FPR 73）.

(73)　Supt Ryan to CP, 26 Oct. 1864（NAI, FPR 76）.

(74)　Supt Ryan to CP, 24 Nov. 1864（NAI, FPR 84）; Supt Ryan to CP, 28 Nov. 1864（NAI, FPR 86）; Supt Ryan to CP, 2 Dec. 1864（NAI, FPR 87）; Supt Ryan to CP, 14 Dec. 1864（CSO, RP 1866/22616）; Acting Inspector Fox to CP, 29 Dec. 1864（NAI, FPR 96）.

(75)　このように警察は軍事訓練のおこなわれている場所の発見に全力を尽くし，それはある程度の成功は収めたものの，もちろんすべてを発見できたわけではない．たとえば，1866年2月にライアン警視は，ロングフォード・レインでの武器の捜索後，その場所でブロフィーのサークルが軍事訓練をおこなっていた形跡を偶然に見つけている（Supt Ryan to CP, 2 Feb. 1866（CSO, RP 1866/2198 on 1866/4882））.

(76)　Supt Ryan to CP, 24 Aug. 1866（CSO, RP 1866/15981 on 1866/19660）.

(77)　Acting Supt Hughes to CP, 4 Sept. 1866（CSO, RP 1866/16579）.

(78)　Acting Supt Hughes to CP, 19 Sept. 1866（CSO, RP 1866/17449 on 1867/450）.

(79)　Supt Ryan to CP, 5 Dec. 1866（CSO, RP 1866/15695）.

(80)　Supt Ryan to CP, 10 Apr. 1865（NAI, FPR 140）.

(81)　Supt Ryan to CP, 3 Apr. 1866（CSO, RP 1866/6539）.

(82)　Ó Broin, *Fenian Fever*, p. 23.

(83)　Supt Ryan to CP, 2 Dec. 1865（CSO, RP 1865/13342）; Supt Ryan to CP, 17 Dec. 1865（CSO, RP 1866/666）; Supt Ryan to CP, 24 Jan. 1866（CSO, RP 1866/1473）.

(84)　Supt Ryan to CP, 23 Jan. 1868（NAI, F Papers, 696R on 755R）.

(85)　Supt Ryan to CP, 12 Feb. 1867（CSO, RP 1867/2642）.

(86)　Supt Ryan to CP, 1 June 1864（NAI, FPR 22）.

(87)　Supt Ryan to CP, 20 Sept. 1864（NAI, FPR 61）; Supt Ryan to CP, 21 Sept. 1864（NAI, FPR 62）.

い．だが，ミレン将軍は65年後半にアイルランドを去っており，情報を提供したときには，IRBのなかで重要な地位を占めてはいなかった．

(51)　Supt Ryan to CP, 23 Aug. 1864 (NAI, FPR 45).

(52)　Supt Ryan to CP, 29 Mar. 1865 (NAI, FPR 126).

(53)　Supt Ryan to CP, 1 Apr. 1865 (NAI, FPR 135).

(54)　Denieffe, *A Personal Narrative*, p. 84.

(55)　Supt Ryan to CP, 12 Nov. 1865 (NAI, FPR 340).

(56)　たとえば，Supt Ryan to CP, 20 Dec. 1865 (NAI, FPR 393).

(57)　Supt Ryan to CP, 15 Mar. 1866 (CSO, RP 1866/5205).

(58)　Supt Ryan to CP, 19 Mar. 1866 (CSO, RP 1866/5556).

(59)　Supt Ryan to CP, 13 Apr. 1866 (CSO, RP 1866/7293).

(60)　Ó Broin, *Fenian Fever*, p. 87.

(61)　D'Arcy, *Fenian Movement in U. S.*, pp. 191-2.

(62)　Supt Ryan to CP, 3 Dec. 1866 (CSO, RP 1866/21728); Supt Ryan to CP, 19 Feb. 1866 (CSO, RP 1866/22893 on NAI, F Papers, F 2135).

(63)　スティーブンスは1863年に39歳のときに結婚したが，多くのメンバーは運動の妨げになるといって結婚には反対だった．夫妻は終生仲が良く，スティーブンスが度重なる逃亡生活を送っていたために2人が一緒に生活する期間は短かったが，その分頻繁な手紙のやり取りがおこなわれていた（Ryan, *Fenian Chief,* p. 181).

(64)　Supt Ryan to CP, 18 Jan. 1867 (CSO, RP 1867/1153).

(65)　Supt Ryan to CP, 22 Feb. 1867 (CSO, RP 1867/3086).

(66)　*Ibid.*

(67)　Supt Ryan to CP, 7 Sept. 1864 (NAI, FPR 32).

(68)　Supt Ryan to CP, 24 Jan. 1866 (CSO, RP 1866/1472).

(69)　CP O'Ferrall to Under Secretary, 20 Mar. 1866 (CSO, RP 1866/5738).

(70)　たとえば，Supt Ryan to CP, 5 Feb. 1866 (CSO, RP 1866/2138) を参照．

(71)　どちらの場合も，武器の密輸を積極的におしすすめていたフィーニアンに協力していた者たちであった．そのひとりトレイシーは，武器を密輸する中心人物だったブロフィーの信任を得て，ライフル銃の密輸に携わっていた．トレイシーは逮捕された後に警察に情報を漏らし，それによればテンプル通りに建築中の家の天井に9丁のライフル銃の入った箱が隠されているということであった（Supt Ryan to CP, 29 Mar. 1866 (CSO, RP 1866/6632 on 1866/6322)).

もう一件はD・ギレスピーからの情報によるもので，9丁のライフル銃が発見された．彼は，1866年後半に密輸をおこなっていたパワー博士が武器を配るために雇った，荷馬車の御者だった（Supt Ryan to CP, 22 Dec. 1866 (CSO, RP 1866/23152 on 1867/1665)).

1866年1月に306個の槍の穂先と29本の柄がブラックホール・ロウで，1カ月後には161個の穂先と227本の柄がロングフォード・レインで発見され，さらに66個の穂先がグレー

CP, 12 Jan. 1867 (CSO, RP 1867/764).

(35) Supt Ryan to CP, 29 May 1866 (CSO, RP 1866/10634 on 1867/10278); Supt Ryan to CP, 29 June 1866 (CSO, RP 1866/12428 on 1866/13223).

(36) Supt Ryan to CP, 15 Mar. 1866 (CSO, RP 1866/5205).

(37) たとえば, Supt Ryan to CP, 8 Sept. 1865 (CSO, RP 1865/2276 on 1869/7551) を参照. ライアン警視は，フィーニアンのなかにスパイを潜入させるだけでなく，一般市民からも情報を得ていた. とくにダブリンの熟練工たちには，フィーニアンの仲間が多数いたので，彼らはしばしば重要な情報源である (たとえば, Supt Ryan to CP, 1 May 1866 (CSO, RP 1866/8701 on 1866/17148) を参照). さらにパブ店主やホテル経営者はフィーニアンやその仲間の熟練工と接触する機会が多かったため，警察にたびたび有益な情報を流している (Acting Supt James Ryan to CP, 29 June 1867 (CSO, RP 1867/11247 on 1867/16553)). また，ジェントルマンなどの直接フィーニアンと接触する機会を持たないような階層も，ときには有益な情報を提供している (Acting Supt Hughes to CP, 12 Oct. 1866 (CSO, RP 1866/18622)).

(38) Supt Ryan to CP, 31 July 1865 (CSO, RP 1865/7576); *Report of Dublin Special Commission for the Trial of T. C. Luby, 1865,* pp. 953-4.

(39) *Report of Dublin Special Commission for the Trial of T. C. Luby, 1865,* pp. 140, 385, 420; Devoy, *Recollections*, p. 69.

(40) たとえば, NAI, FPR 22 を参照.

(41) Supt Ryan to CP, 14 Oct. 1864 (NAI, FPR 72).

(42) Supt Ryan to CP, 1 June 1864 (NAI, FPR 22).

(43) Supt Ryan to CP, 4 Aug. 1864 (NAI, FPR 40).

(44) Supt Ryan to CP, 30 July 1865 (CSO, RP 1865/7576).

(45) Ó Broin, *Fenian Fever,* p. 16.

(46) NAI, Fenian Briefs, 6(c), pp. 38, 42-3, 182; Moody, *Davitt*, pp. 91-2. 南北戦争がはじまると第63ニューヨーク義勇軍に参加し，1863年にフィーニアン・ブラザーフッドのメンバーになっている.

(47) Ryan, *Phoenix Flame*, p. 147.

(48) たとえば, NAI, F Papers, F 1454 を参照.

(49) Ó Broin, *Fenian Fever*, pp. 190-1.

(50) イギリス内務省は，IRBの軍事委員会の議長ミレン将軍の情報をライアン警視に伝えた (NAI, A Files, A 124; NLI, MS 5964). ミレン将軍は，アメリカ人将校から構成された軍事委員会の議長として，フィーニアン運動の状態に精通していた. その彼が，フィーニアンのサークルの一連のリスト，すなわちセンターの氏名，サークルの人数，武器数，軍事訓練の状態などや，みずからが書いたIRBの内部事情を，1866年後半に内務省に提出していたのである. 彼の情報はIRBの細部にわたるものではなく，スティーブンスなどのフィーニアン指導者の動向に限られたものではあったが，ライアン警視にとって有益であったことに疑問の余地はな

(27)　Supt Ryan to CP, 13 Mar. 1867 (CSO, RP 1867/4420).

(28)　Supt Ryan to CP, 14 Jan. 1867 (NAI, F Papers, 376R on 457R).

(29)　Supt Ryan to CP, 6 Jan. 1867 (CSO, RP 1867/378).

(30)　オールダムのセンターだったD・ジョンストンはオールダム警察署長を通じて1865年10月，ライアン警視に情報を流している (Supt Ryan to CP, 19 Oct. 1865 (CSO, RP 1865/11296). 蜂起以後のスパイの代表的な人物だったA・アイルワードとW・カヴァナーについてもふれておこう．アイルワードはイタリアの統一戦争ではガリバルディの軍に加わり，帰国後に弁護士事務所の事務員として働きながらフィーニアンとして活動していた (Bussy, *Irish Conspiracy,* p. 26)．アイルワードによる情報は，1867年のダブリンの組織のセンターやBなどの，指導者層にかんするものであった (NAI, Fenian Briefs, 8)．またカヴァナーは，IRBの指導部のなかに入りこんだスパイである．彼がスパイとして活動したのは1870年代に入ってからのことだが，71年9月に，ダブリンでサークルをつくることを依頼されてそのセンターに就任し，さらには，後にみる「最高委員会」のメンバーにもなっている (CP Lake to Under Secretary, 22 Sept. 1871 (CSO, RP 1881/6856)；CP Lake to Under Secretary, 12 Oct. 1871 (NAI, F Papers, 7735R on 7808R)；CP Lake to Under Secretary, 16 Dec. 1871 (NAI, F Papers, 7916R))．アイルランド国立公文書館には，カヴァナーによる37通の情報が所蔵され，それらは71年7月から73年2月までに書かれたものであった (たとえば，CSO, RP 1871/13772 を参照)．

(31)　Supt Ryan to CP, 3 Dec. 1866 (CSO, RP 1866/21728).

(32)　Supt Ryan to CP, 27 Nov. 1866 (CSO, RP 1866/21564). ダブリンの組織が復活した9月と10月に，ライアン警視は休暇をとっていたか，あるいは病気であったのか，詳しいことはわからないが，フィーニアンにかんする報告を1通も書いていない．

(33)　J・P・マクドネルとD・キャッシュマンというセンターは警察に情報を流したことがわかっているが，2人とも情報を提供したのは，逮捕後のことで，さらにその情報もニセ情報だった．マクドネルは，1866年3月に獄中から7通の手紙を治安当局に書いているが，彼は先にみたようにブロフィーが逮捕された後に武器を密輸する中心的人物であったにもかかわらず，彼からの情報は武器の発見にまったく結びついていないのである (CSO, RP 1866/16868)．しかし，逮捕されたフィーニアンの情報は役に立たないということにも例外はある．それは，後に詳しくみるようにT・トレイシーからの情報であり，警察は1866年3月に9丁のライフル銃を押収することができた (Supt Ryan to CP, 29 Mar. 1866 (CSO, RP 1866/6032 on 6322))．また，少数ではあるが，逮捕されたフィーニアンが釈放された後に警察のスパイとなりながら組織の活動を再開した場合がある．67年1月，ライアン警視は，「人身保護法の適用が停止されたことによって収監され，その後のフィーニアン運動との関係からすると明らかに有益な情報を知る機会に恵まれている」者たちと接触している (Supt Ryan to CP, 11 Jan. 1867 (CSO, RP 1867/779))．

(34)　Supt Ryan to CP, 24 Dec. 1866 (CSO, RP 1866/23380 on 1866/23381)；Supt Ryan to

(19)　Supt Ryan to CP, 31 May 1866 (NAI, F Papers, F1127). しかし，アイルランド政府がライアン警視の見解を採用しないこともあった．イングランドから来たフィーニアンを釈放しはじめた7月になっても，ライアン警視はアメリカ人将校たちの釈放には断固として反対していた．彼は，「アイルランド系アメリカ人たちやフィーニアンの陰謀で積極的な役割を果たしたことがよく知られている者を，留置することができるかぎり，釈放すべきではない」と述べている（Supt Ryan to CP, 10 July 1866 (CSO, RP 1866/13222 on 1866/18863)).

(20)　たとえば，Supt Ryan to CP, 30 Aug. 1866 (CSO, RP 1866/16353 on 1867/1624) を参照.

(21)　Colonel Kelly's Report, 21 June 1865, quoted in D'Arcy, *Fenian Movement in U. S.*, p. 54.

(22)　Supt Ryan to CP, 23 Aug. 1864 (NAI, FPR 45); Supt Ryan to CP, 11 Sept. 1865 (NAI, FPR 137).

(23)　ライアン警視は次のような情報の提供を受けている．「これからはフィーニアンの集会はパブではなく，メンバーが所有する部屋やフェニックス・パークや市内などの人びとがあまり集まらないところで開くことが，センターの会合で決定された」(Supt Ryan to CP, 19 May 1866 (CSO, RP 1866/5470 on 1866/5916)).

(24)　Acting Supt Hughes to CP, 19 Sept. 1866 (CSO, RP 1866/1749 on 1867/450). だが1866年後半になり，フィーニアン運動が活力を取り戻すにつれて，ふたたびパブで集会が開かれるようになった．J・フィーラン（マルボロー通り97番地）とD・オローク（ハイ通り13番地）のパブで彼らが集会を開き，フィーランのパブはウォールポール・ウェッブ＆ビューリィーの造船所の労働者の溜り場であることが発見された（Supt Ryan to CP, 1 Jan. 1867 (CSO, RP 1867/307 on 1867/12894); Supt Ryan to CP, 20 Dec. 1866 (CSO, RP 1866/23083)). 1866年12月はじめに，治安当局がフィーニアンの指導者を逮捕するにおよんで，みずからの安全を確保しようとしたパブの店主は，集会を自分の店で開くことを拒否するようになった (Supt Ryan to CP, 18 Dec. 1866 (CSO, RP 1866/22894); Supt Ryan to CP, 20 Dec. 1866 (CSO, RP 1866/23083)). それにもかかわらず，少数の指導者たちに限定した会合を店で開くことを許可していたフィーランが，翌67年1月11日に逮捕され(Supt Ryan to CP, 20 Dec. 1866 (CSO, RP 1866/23083); Supt Ryan to CP, 12 Jan. 1867 (CSO, RP 1867/1165)), この逮捕はフィーニアンたちに衝撃を与えたとみえ，パブでの集会を完全に中止せざるをえなくなった．

(25)　蜂起直前の1867年2月，フィーニアンたちは，パブでけっして集会を開くことはなかった．ライアン警視は，「彼ら［フィーニアンたち］は警察の注意を引かないように，自分たちの仕事の話をしているようによそおって，5名，6名，あるいは7名といった人数でお互いの部屋で会合している」と警視総監に報告している(Supt Ryan to CP, 25 Feb. 1867 (CSO, RP 1867/6352)).

(26)　たとえば，CSO, RP 1865/12518 を参照.

な武装警察が一般的なのである．つまりアイルランド警察は植民地警察のモデルだった．じっさい，1907年からアイルランド警察のダブリンの訓練所で植民地警察の警官が訓練を受けなければならないことになっていた（R. Hawkins, 'The Irish model and the empire: a case for reassessment', in D. M. Anderson and D. Killingray (eds.), *Policing the Empire: the government, authority and control, 1830-1940*, Manchester, 1991; K. Jeffery (ed,), *'An Irish Empire?'*, Manchester, 1996).

(5) 1860年代の警官数は不明であるものの，1872年には1名の警視，1名の警部補，13名の警部補代理，4名の巡査部長，6名の巡査部長補，19名の巡査の計44名から構成されていた（CP Lake to Under Secretary, 28 May 1872 (CSO, RP 1872/7794)).

(6) Palmer, *Police and Protest*, p. 405.

(7) 1867年に人員は増加したものの，G部門には40名ほどの警官がいたのにたいしてロンドン首都警察の刑事部門には16名を数えるだけであった（B. Porter, *The Origins of the Vigilant State: the London Metropolitan Police special branch before the first world war*, London, 1987, p. 5).

(8) これ以後フィーニアン対策のためにイギリス政府はロンドン首都警察を改革することなしに内務省のなかに秘密警察のようなものを作りあげていくが，この中心人物がアンダーソンであり，そのまわりにはアイルランドやインドなどの植民地からその人材を集めた（Porter, *The Origins of the Vigilant State*, p. 17; Ó Broin, *Fenian Fever*, pp. 212-3).

(9) CP Lake to Under Secretary, 26 Mar. 1872 (CSO, RP 1872/4765 on 1872/7794). 1870年代に入ると，給与の低さから警官のあいだに不満が噴出し，「一人前の警官になるために十分な2年か，3年の勤務の後に，ロンドン，リヴァプールなどの他の警察に行ってしまう」（CP Lake to Under Secretary, 26 Mar. 1872 (CSO, RP 1872/4765 on 1872/7794)）とダブリン首都警察の警視総監は嘆いていた．だが，これは1860年代にはみられない傾向であった．

(10) Palmer, *Police and Protest*, p. 404.

(11) B. Griffin, 'Such Vermin: the Dublin Metropolitan Police and the public, 1838-1913', *Irish Studies Review*, no. 13, 1995/1996.

(12) F. M. Bussy, *Irish Conspiracies: recollections of John Mallon (the great Irish detective) and other reminiscences*, London, 1901, pp. 12-3.

(13) Supt Ryan to CP, 23 Dec. 1863 (CSO, RP 1863/11941).

(14) 1869年にライアン警視は警視正に昇進している．(Chief Supt Ryan to CP, 25 May 1871 (CSO, RP 1871/10239 on 1871/10632); Bussy, *Irish Conspiracies*, p. 13).

(15) Bussy, *Irish Conspiracies*, p. 14.

(16) Supt Ryan to CP, 7 Jan. 1867 (CSO, RP 1867/379).

(17) Supt Ryan to CP, 23 Jan. 1868 (NAI, F Papers, 690R on 755R).

(18) Supt Ryan to CP, 30 Apr. 1866 (CSO, RP 1866/8564 on 1866/9950).

(81) Smyth to Under Secretary, 3 Apr. 1867 (NLI, MS 51059).

(82) Devoy, *Recollections,* p. 62.

(83) Supt Ryan to CP, 10 Oct. 1864 (NAI, FPR 71); Supt Ryan to CP, 5 Apr. 1865 (NAI, FPR 137a); Supt Ryan to CP, 8 May 1865 (NAI, FPR 157); Supt Ryan to CP, 5 Sept. 1865 (NAI, FPR 218).

(84) Spiers, *The Army and Society,* Chapter 2.

(85) Devoy, *Recollections,* p. 63.

(86) たとえば，*Freeman's Journal*, 18 Aug. 1866 を参照.

(87) Devoy, *Recollections*, p. 141.

(88) Lord Strathnairn to Duke of Cambridge, 16 Mar. 1867 (BL, Sir Hugh Rose Papers, MS 42823).

(89) Lord Strathnairn to Lord Grey, 12 Oct. 1866 (*Ibid,,* MS 42822).

(90) 蜂起が失敗した後，フィーニアン指導者は運動を拡大するために個人がイギリス軍に入隊することについては異論がないとしながらも，イギリス軍兵士を勧誘しない旨の指令を出した (Supt Ryan to CP, 18 June 1867 (CSO, RP 1867/474 on 1867/21886)).

(91) 1870年1月は，ライアン警視はフィーニアンがイギリス軍兵士の勧誘を放棄したと報告している (Chief Supt Ryan to CP, 13 Jan. 1870 (NAI, F Papers, 5528R)). この報告の通り，1870年代にはイギリス軍兵士を組織化する試みはふたたびおこなわれず，また軍内部におけるフィーニアンの活動にかんする情報も警察の報告書にはまったくあらわれなくなる.

第5章

(1) G部門の任務は特殊なものであり，1872年の議会委員会でなされたG部門の警官の証言によると，それは次のようなものであった.「刑事部門の警官は，私服で任務をおこない，その任務は通常の警官のものよりも好ましいものではない. たとえば，刑事は摘発するのが多少なりとも難しい犯罪を犯す者たちを扱い，対決しなければならない. というように，普通の警官よりも事実 (fact) を必要とする. われわれは犯罪とくに重罪の摘発に専心している. さらに，われわれは特別措置により釈放された有罪人たち，そして1871年の犯罪防止法により警察の監督を受けるという条件のもとで釈放された，首都警察の管轄地域に居住するものを監督している. さらに，われわれは質屋を監督し，すべての公共の輸送機関，運転者・車掌の監督も刑事部門の仕事なのである」(*Reports from the commissioners to inquire into the condition of the civil service in Ireland on the Dublin Metropolitan Police,* H. C. 1873 (C788), xii, p. 10).

(2) イギリスの警察制度については，わが国では内藤弘『スコットランド・ヤード物語』晶文社，1996年を参照.

(3) S. H. Palmer, *Police and Protest in England and Ireland 1780-1850*, Cambridge, 1988, pp. 404-5.

(4) ひとたびイギリスの植民地に設置された警察に目を向けてみると，アイルランド警察のよう

(65) Lord Strathnairn to M. G. Cunnyngham, 4 June 1866 (BL, Sir Hugh Rose Papers, MS 42822).

(66) 'Distribution of the Army in Great Britain and Ireland' (NAE, WO 73/6).

(67) 1866年1月，ストラートネアン卿は，スコットランドの連隊をアイルランドに移動させるという軍当局からの提案を支持し，それと同時にアイルランド人兵士の多い連隊をアイルランドから引きあげるという提案をみずからおこなっている．詳しくは以下を参照．Lord Strathnairn to Duke of Cambridge, 3 Jan. 1866 (BL, Sir Hugh Rose Papers, MS 42821); Lord Strathnairn to Duke of Cambridge, 4 May 1866 (*Ibid.*, MS 42822).

(68) 裁判でパワー博士が第85連隊のセンターの任命権をもち，フィーニアン兵士の二人のリーダーたちに資金を手渡したことが証言されている (NAI, Fenian Briefs, 4(a), p. 6).

(69) *Ibid.*, p. 43.

(70) パワー博士の特殊活動家は，E・オリーガンを除いてそれまでフィーニアン兵士組織と関係をまったくもたない者たちであった．オリーガンはパワー博士のサークルのBであったが，デヴォイのもとでもダブリンで活発に活動していた (NAI, Fenian Briefs, 4(b), 'Edmund O'Regan, Dublin City Commission, 8th April 1867').

(71) Supt Ryan to CP, 12 Dec. 1866 (CSO, RP 1866/22550); Acting Supt J. Ryan to CP, 29 June 1867 (CSO, RP 1867/11246 on 1867/15695); NAI, Fenian Briefs, 4(a).

(72) これらのパブは，ハープ・サルーン（グラフトン通り），トゥー・ソルジャーズ・タヴァーン（アシャーズ・キー），クロー（バラック通り），エニスキレン・ドラグーン（エリス・キー），ケアリー（コーク・ヒル），ボッシェル（アラン・キー），マーフィー（ブリッジフット通り），モデル・タヴァーン（クラムプトン・コート）である (Supt Ryan to CP, 11 Dec. 1866 (CSO, RP 1866/22385); Supt Ryan to CP, 12 Dec. 1866 (CSO, RP 1866/22550); NAI, Fenian Briefs, 4(a), pp. 39, 43; *Irish Times*, Jan. 1867).

(73) Supt Ryan to CP, 7 Dec. 1866 (CSO, RP 1866/22064); Supt Ryan to CP, 11 Dec. 1866 (CSO, RP 1866/22385).

(74) Supt Ryan to CP, 11 Dec. 1866 (CSO, RP 1866/22385).

(75) *Irish Times*, 8 Jan. 1867.

(76) *Daily Express*, 13 Feb. 1867.

(77) Supt Ryan to CP, 18 Feb. 1867 (CSO, RP 1867/2767).

(78) 1867年2月13日，ケリー州だけでフィーニアンが蜂起した．デヴォイによれば，このとき対峙した第73連隊には300名のフィーニアン兵士が存在していたが，彼らは蜂起には参加せず，フィーニアンたちを捕らえることもなく見逃がしたのだった (Devoy, *Recollections*, p. 191).

(79) *Ibid.*, pp. 205-6.

(80) Lord Strathnairn to Duke of Cambridge, 16 Mar. 1867 (BL, Sir Hugh Rose Papers, MS 42823).

(45)　Lord Strathnairn to Duke of Cambridge, 15 Feb. 1866 (BL, Sir Hugh Rose Papers, MS 42822).

(46)　Devoy, *Recollections*, pp. 88-9.

(47)　NAI, Fenian Briefs, 4(a), p. 49.

(48)　CSO, RP 1866/5005.

(49)　Supt Ryan to CP, 23 Feb. 1866 (CSO, RP 1866/3493 on 1866/11639); Devoy, *Recollections*, p. 184.

(50)　Ó Broin, *Fenian Fever*, p. 80.

(51)　Acting Supt Hughes to CP, 15 Oct. 1866 (CSO, RP 1866/18757 on 1866/20075).

(52)　Supt Ryan to CP, 15 Aug. 1866 (CSO, RP 1866/16101).

(53)　Inspector Entwissle to Supt Ryan, 19 Apr. 1866 (CSO, RP 1866/7917 on 1866/8878).

(54)　Acting Supt Hughes to CP, 14 Apr. 1866 (CSO, RP 1866/7373 on 1867/450); Supt Ryan to CP, 14 Apr. 1866 (CSO, RP1866/8189 on 1866/16249).

(55)　Supt Ryan to CP, 4 May 1866 (CSO, RP 1866/8878).

(56)　NAE, WO 35/31.

(57)　*Ibid.*, 91/44, 45.

(58)　Devoy, *Recollections*, p. 156. 大部分の証人たちは明らかにフィーニアンであるにもかかわらず，運動との関係を全面的に否定した．証人のひとりである第 10 軽騎兵隊のある兵士は，フィーニアン兵士の集会に定期的に出席し非常に活発な活動をしていたにもかかわらず，自分はフィーニアンではないと主張している．ストラートネアン卿は，これらの証人を含めてフィーニアン兵士組織にかんする情報を提供した兵士に危害が加えられることを懸念し，彼らの駐留地をアイルランドからイギリスや海外に変更させるという配慮をしている．

(59)　Lord Strathnairn to Duke of Cambridge, 6 Dec. 1865 (BL, Sir Hugh Rose Papers, MS 42821). 軍法会議にはフィーニアン兵士組織に直接関与していなかった数名の兵士もかけられており，そのために彼らは重い刑を受けていない．第 9 旅団砲兵連隊の J・フラッドという同一の名前をもつ 2 名の兵士，第 1 バットの J・マルヴェヒルの罪状は反逆的な言動によるものであって，直接フィーニアン兵士組織に関連したものではない．砲兵連隊の P・キリーンと J・フォーリー，軍需品輸送連隊の W・レオナードは，1865 年おわりに，フィーニアンの特殊活動家に誘われて連隊から脱走した者たちである．また第 86 連隊の 3 名の兵士は，1867 年 12 月の「マンチェスターの殉教」の行列に参加したため軍法会議にかけられたのであった．

(60)　Devoy, *Recollections*, p. 68.

(61)　Military Secretary to Under Secretary, 19 Apr. 1865 (NLI, MS 1058).

(62)　A. J. Semple, 'The Fenian Infiltration of the British Army in Ireland 1864-7', M. Litt thesis, TCD, 1971.

(63)　'Lord Strathnairn's Annual Confidential Report' (NLI, Mayo Papers, MS 11188).

(64)　E. M. Spiers, *The Army and Society: 1815-1914*, London, 1980, p. 134.

(30)　*Ibid.*, pp. 146-7. スティーブンスは，デヴォイに6名の一般のフィーニアンと2名のフィーニアン兵士からなる8名の特殊活動家を任命する権限を与えたが，デヴォイがじっさいに任命したのはすべて一般のフィーニアンであった．

(31)　Supt Ryan to CP, 23 Feb. 1866 (CSO, RP 1866/3493 on 1866/11639); Supt Ryan to CP, 5 June 1866 (CSO, RP 1866/11004 on 1866/17700). これらの特殊活動家のうち，ベインズはオリアリー，ローントリー，デヴォイの3名の組織者のもとで働いたただひとりの特殊活動家だった．リンド，クローミアン，オコンナーはオリアリーとローントリーのもとで働いたが，デヴォイのもとでは働かなかった．ローントリーとデヴォイを補佐したのはマレンひとりである．ここにローントリーとデヴォイの組織が断絶していたことをみてとれる．デヴォイは，ローントリーのもとで働いていなかったセイントクレアー，オケリー，ダッガン，バーン，オニール，ハンプソンの6名をみずからの特殊活動家として選択したのである．このことは，1865年9月の『アイリッシュ・ピープル』事務所の捜索にはじまるフィーニアン運動の弾圧のさいに，リンドが逮捕され，クローミアンとオコンナーが逮捕を免れるために国外逃亡したことに示されるような，運動内の混乱によって説明することができる．

(32)　*Irish Times*, 28, 29 Aug. 1866; Devoy, *Recollections*, pp. 148-50.

(33)　1865年後半にミレン将軍がスティーブンスに提出した計画は，ダブリンにあるピジョン・ハウス・フォート，マガズィーン・フォート，ポートベロ・バラックスというイギリス軍の兵舎を攻撃し，ダブリンを占拠するというものであり，この後でアイルランド全土で決起することが考えられた．この計画を実現させるためには，イギリス軍兵舎内にいるフィーニアン兵士の協力が不可欠であったことはいうまでもない (NLI, MS 5964, pp. 61, 118-21).

(34)　Devoy, *Recollections*, pp. 109-11.

(35)　*Ibid.*, pp. 108-10, 130, 150.

(36)　BL, Sir Hugh Rose Papers, MS 42821.

(37)　*Freeman's Journal*, 18 Aug. 1866; Devoy, *Recollections*, p. 110. この連隊にいた軍当局のスパイだったフォーリーは，100名の兵士がフィーニアン運動と関係していると述べている (CSO, RP 1866/5005).

(38)　フォーリーは第61連隊の500名がフィーニアン兵士だと述べているが，デヴォイがあげている600名という人数を大幅に下回るということはない (*Daily Express*, 21 June 1866).

(39)　Devoy, *Recollections*, pp. 62, 190.

(40)　*Dictionary of National Biography*, vol. xvii, pp. 233-40. 1866年7月にはストラートネアン男爵として貴族の列に叙せられている．

(41)　Curzon to Under Secretary, 13 July 1865 (NLI, Kilmainham Papers, MS 1305).

(42)　Lord Strathnairn to Lord Spencer, 26 Dec. 1869 (BL, Sir Hugh Rose Papers MS 42826).

(43)　Lord Strathnairn to Duke of Cambridge, 6 Mar. 1866 (*Ibid*, MS 42822).

(44)　G. Hay to -, 23 Oct. 1866 (NAE, WO 35/31).

え，その地のフィーニアン兵士組織の面倒をみていた.

(11)　『アイリッシュ・ピープル』のスタッフたち，オリアリー，第5騎兵連隊のセンターのモンタギューがよく訪れていた（Supt Ryan to CP, 7 Mar. 1866（CSO, RP 1866/4660 on 1866/10105）; Supt Ryan to CP, 13 Mar. 1866（CSO, RP 1866/5355 on 1866/10105））. この他にトマス通りのバーギン，コーク・ヒルのモーラン（Supt Ryan to CP, 30 Supt. 1864（NAI, FPR 65）; Supt Ryan to CP, 10 Oct. 1864（NAI, FPR 71）），ストランド通りのファレルのパブ（CP Lake to Under Secretary, 6 June 1864（NAI, F Papers, 982R on 8992R））があった.

(12)　Supt Ryan to CP, 13 Mar. 1866（CSO, RP 1866/5355 on 1866/10105).

(13)　Devoy, *Recollections*, p. 137.

(14)　オリアリーは，IRBのメンバーになることに同意した兵士を，パブの人目につかない裏庭や二階の部屋へひとりずつ連れ出し，そこでフィーニアンの宣誓をおこなわせた（NAI, Fenian Briefs, 4(a), p. 37; *Irish Times*, 13 Aug., 20 June 1866).

(15)　たとえば，第61連隊のセンターT・チェンバーズは，各中隊から一名はかならず集会に出席し，指導部に情報を与えるようにと命じている（*Daily Express*, 21 June 1866).

(16)　Supt Ryan to CP, 10 Oct. 1864（NAI, FPR 71).

(17)　Devoy, *Recollections*, p. 138.

(18)　*Ibid.*, p. 142.

(19)　*Ibid.*, p. 143.

(20)　*Irish Times*, 24 Jan. 1866. ちなみにローントリーは先にみたオリアリーのパブを使用している（たとえば, Supt Ryan to CP, 5 Apr. 1865（NAI, FPR 137a）を参照).

(21)　Supt Ryan to CP, 5 Apr. 1865（NAI, FPR 137a）; *Irish Times*, 24 Jan. 1866; Devoy, *Recollections*, p. 142.

(22)　D. Ryan, *The Phoenix Flame*, p. 75.

(23)　*Ibid.*, p. 81.

(24)　Devoy, *Recollections*, pp. 63, 146.

(25)　*Ibid.*, p. 63.

(26)　*Ibid.*, pp. 60, 63.

(27)　それらは以下のパブである．ホイ（ブリッジフット通り），ピルスワース（ジェームズ通り），ワード（フィシャムブル通り），カナル・タヴァーン，ウォー，カラン（クレアー・レイン），タリー，フォーチュン（ゴールデン・レイン），ドイル，ドーラン（ケイパル通り），バークレイ（ジェームズ通り），ブルーラム，ウォルシュ，キルメイナム・タヴァーン（CSO, RP 1866/5005; NAI, Fenian Briefs, 4(a), pp. 22, 40-1, 49; *Daily Express*, 30 June 1866; *Irish Times*, 20, 22, 28 June, 22 Aug. 1866).

(28)　Devoy, *Recollections*, p. 99.

(29)　*Ibid.*, p. 101.

コンキーの衣料品店のある部門の仕入れ係P・ティアが，バーミンガムから4丁のライフル銃を受け取った，という情報を警視総監に報告している（Supt Ryan to CP, 8 May 1867 (NAI, FPR 157)).

(81) Supt Ryan to CP, 18 May 1866 (CSO, RP 1866/10014 on 1866/16868).

(82) Supt Ryan to CP, 14 Dec. 1866 (CSO, RP 1866/22625).

(83) Supt Ryan to CP, 10 Jan. 1866 (CSO, RP 1866/506 on 1866/517); Supt Ryan to CP, 2 Feb. 1866 (CSO, RP 1866/2198 on 1866/4082); Supt Ryan to CP, 9 Feb. 1866 (CSO, RP 1866/2488); CP O'Ferrall to Under Secretary, 14 Mar. 1866 (CSO, RP 1866/5442).

(84) Devoy, *Recollections*, p. 50.

(85) *Ibid*., p. 107.

(86) この当時のイギリス軍はエンフィールド・ライフル銃を使用し，アメリカ軍はスプリングフィールド・ライフル銃を使用していたが，後者にも前者の弾薬をつかうことができた(Devoy, *Recollections*, pp. 363-4).

(87) Supt Ryan to CP, 18 June 1867 (CSO, RP 1867/474 on 1867/21886).

(88) NAI, A Files, A 124.

(89) NAI, Fenian Briefs, 6(c), p. 22.

(90) Devoy, *Recollections*, p. 107.

(91) CP Lake to Under Secretary, 21 Dec. 1871 (NAI, F Papers, 7931R).

第4章

(1) E. M. Spiers, 'Army Organisation and Society in the Nineteenth Century', in T. Bartlett and K. Jeffery (eds.), *A Military History of Ireland*, Cambridge, 1996; V. Crossman, 'The Army and Law and Order in the Nineteenth Century', in *ibid*; 大久保圭子「軍隊と社会」井野瀬久美恵編『イギリス文化史入門』昭和堂，1994年.

(2) Devoy, *Recollections*, p. 128.

(3) NAI, Fenian Briefs, 4(a), 'Edward Power, John Devoy and 12 Others, Dublin City Commission Court, February 1867' (以下，Fenian Briefs, 4(a)), pp. 35, 42.

(4) Devoy, *Recollections*, p. 140. だが，オリアリーがイギリス軍兵士の組織化をはじめる前から，すでにイギリス軍が駐屯している町のフィーニアンがイギリス軍兵士を少数ながら仲間に引き入れていた.

(5) Devoy, *Recollections*, pp. 138-9.

(6) *Ibid*., pp. 134-5.

(7) *Irish Times*, 24 Jan. 1866; Devoy, *Recollections*, pp. 143, 166.

(8) Devoy, *Recollections*, pp. 146-7.

(9) *Ibid*., pp. 140-1.

(10) カラの野営地では，カンティーンで働くJ・バーンがフィーニアン兵士に手当とビールを与いたことを，警察は報告している（CSO, RP 1866/4852).

(61) *Ibid.* また，オクロヒシーのサークルはローワー・エクスチェインジ通りにある家を，ブロフィーのサークルはロングフォード・レインにある家を借りて訓練をおこなっていた（Supt Ryan to CP, 5 Sept. 1865 (NAI, FPR 218); CP Lake to Under Secretary, 3 July 1874 (NAI, F Papers, 9013R); Supt Ryan to CP, 2 Feb. 1866 (CSO, RP 1866/2198 on 1866/4882)).

(62) 警察がR・マッキオーンを逮捕したとき，彼の家では軍事訓練がおこなわれていた形跡が認められている（NAI, Fenian Briefs, 6(a), p. 126; Supt Ryan to CP, 26 June 1866 (CSO, RP 1866/12289 on 1867/1524)).

(63) Supt Ryan to CP, 5 Sept. 1865 (NAI, FPR 216).

(64) Supt Ryan to CP, 24 Nov. 1864 (NAI, FPR 73).

(65) Supt Ryan to CP, 27 Apr. 1869 (NAI, F Papers, 4062R on 4170R).

(66) Inspector Kelly to Supt Donovan, 10 Sept. 1865 (NAI, FPR 239); CSO, RP 1866/7199.

(67) NAI, Fenian Briefs, 6(a), pp. 126-7.

(68) CSO, RP 1867/7199.

(69) Supt Ryan to CP, 18 May 1866 (CSO, RP 1866/9914).

(70) Acting Supt Hughes to CP, 4 Sept. 1866 (CSO, RP 1866/16579); Acting Supt Hughes to CP, 2 Oct. 1866 (CSO, RP 1866/1819 on 1866/18403).

(71) Supt Ryan to CP, 5 Dec. 1866 (CSO, RP 1867/15695). センターであるブラッケンみずからが自分のサークルを訓練し，さらに，ルーク通りとフィーランのパブでイギリス軍の脱走兵がスタンリー（パワー博士のB，後にセンターとなる）とそのグループを訓練していた，という情報が警察に届いた（Supt Ryan to CP, 31 Dec. 1866 (CSO, RP 1867/77 on 1867/969)).

(72) たとえば，Archibald to Russell, 27 Dec. 1864 (NAI, A Files, A 5) を参照.

(73) NLI, MS 7517, p. 137.

(74) Supt Ryan to CP, 15 Oct. 1864 (NAI, FPR 73).

(75) Comerford, *The Fenians in Context*, pp. 125-6.

(76) Supt Ryan to CP, 3 Mar. 1865 (NAI, FPR 109).

(77) NLI, MS 5964, p. 43; Supt Ryan to CP, 7 Sept. 1864 (NAI, FPR 52); Supt Ryan to CP, 15 Oct. 1864 (NAI, FPR 73). ところでブロフィーが35シリングでライフル銃を購入していたが，1865年4月に南北戦争が終わると武器の需要が減ったために，25シリングでライフル銃が買えるようになっている（Comerford, *Fenians in Context*, p. 127).

(78) Devoy, *Recollections*, p. 349.

(79) Moody, *Davitt*, pp. 68-9.

(80) アイルランド警察はこのことを十分に把握していた（IGP to Under Secretary, 10 Dec. 1866 (NLI, Mayo Papers, MS 11189)). ライアン警視は，デイム通りにあるブラウン&マッ

(42)　*Ibid.*, p. 147,

(43)　Supt Ryan to CP, 22 Feb. 1866 (CSO, RP 1866/3454 on 1866/13851).

(44)　CP O'Ferrall, Lake to Chief Secretary, 23 Jan. 1867 (CSO, RP 1867/1316); Supt Ryan to CP, 22 Feb. 1866 (CSO, RP 1866/3454 on 1866/13851) を参照.

(45)　Supt Ryan to CP, 5 May 1866 (CSO, RP 1866/9091).

(46)　1866年1月おわり,「青いパイロット・ジャケットと布の帽子」を身に着けた者たち（イギリスからのフィーニアンと推定できる）が，公園に集合していたことを警察は目撃している (Supt Ryan to CP, 29 Jan. 1866 (CSO, RP 1866/1758)).

(47)　Supt Ryan to CP, 19 Dec. 1866 (CSO, RP 1866/22930).

(48)　NLI, MS 7517, p. 169; CP O'Ferrall, Lake to Chief Secretary, 23 Jan. 1867 (CSO, RP 1867/1316); Devoy, *Recollections*, p. 113.

(49)　Supt Ryan to CP, 12 Feb. 1867 (CSO, RP 1867/2642); Supt Ryan to CP, 13 Feb. 1867 (CSO, RP 1867/2644 on 1867/2937); Supt Ryan to CP, 14 Feb. 1867 (CSO, RP 1867/2423); Supt Ryan to CP, 15 Feb. 1867 (CSO, RP 1867/2499); Supt Ryan to CP, 16 Feb. 1867 (CSO, RP 1867/2679); Supt Ryan to CP, 18 Feb. 1867 (CSO, RP 1867/2641); Supt Ryan to CP, 20 Feb. 1867 (CSO, RP 1867/2790).

(50)　逮捕された175名のうち，2月28日の時点でなお拘留されていたのは，わずか14名にすぎず，その他はイングランドに強制送還されたか，あるいはフィーニアンでないことがわかったためにダブリンで釈放された (Supt Ryan to CP, 28 Feb. 1867 (CSO, RP 1867/3871)).

(51)　CSO, RP 1866/4852.

(52)　1866年にロンドンからやってきたフィーニアンは10名だったが，67年に逮捕されたのは1名だけであった.

(53)　CSO, RP 1866/4852.

(54)　Supt Ryan to CP, 13 Feb. 1867 (CSO, RP 1867/2644 on 1867/2937).

(55)　P. Bailey, *Leisure and Class in Victorian England: rational recreation and the contest for control, 1830-1885,* London; in paperback, London, 1987, p. 73.

(56)　*Report from the select committee on the sale of liquors on Sunday (Ireland) Bill,* H. C. 1867-8 (280), xiv.

(57)　NLI, MS 331, p. 6.

(58)　'The Story of the F. B. by Nobody At All' (NLI, Larcom Papers, MS 7687).

(59)　Supt Ryan to CP, 16 May 1865 (NAI, FPR 161); Supt Ryan to CP, 5 Sept. 1865 (NAI, FPR 216). フェニックス・パークで約20名のメンバーに軍事訓練を指導していたT・ファレルは，民兵だった (Supt Ryan to CP, 24 Aug. 1866 (CSO, RP 1866/15981 on 1866/19660)). フィーニアンたちのなかに民兵を探すことは容易であり，1865年を例にとれば1600名の民兵がダブリンにいたのである.

(60)　ブロフィーのサークルがクリアリーのパブやクローミアンのパブでも軍事訓練をおこなって

(18) Supt Ryan to CP, 18 Nov. 1865 (NAI, FPR 346).

(19) NLI, MS 5964, p. 78.

(20) *Ibid.*, pp. 72-3, 90, 99.

(21) Denieffe, *A Personal Narrative*, pp. 126-7.

(22) Devoy, *Recollections*, pp. 91-5.

(23) *Ibid.*, p. 99.

(24) NAI, A Files, A 124.

(25) Devoy, *Recollections*, pp. 102-3, 109-11.

(26) *Ibid.*, p. 108.

(27) Archibald to Russell, 26 Sept. 1865 (NAI, A Files, A 28).

(28) CSO, RP 1866/16868.

(29) このうち120名がアメリカに戻ったとしている(NAI, A Files, A 124).

(30) Devoy, *Recollections*, p. 92.

(31) Supt Ryan to CP, 18 May 1866 (CSO, RP 1866/9931 on 1866/15373).

(32) CSO, RP 1867/15695; J. Denvir, *The Life Story of An Old Rebel*, p. 79.

(33) Thomas to IGP, 29 Oct. 1866 (NAI, A Files, A 200); D'Arcy, *Fenian Movement in U. S.*, pp. 191-2. この年の11月に入ると，スティーブンスの副官ケリー大佐がアイルランドでの蜂起に参加する志願兵を募集しはじめたが，このときダブリンの警察は，アメリカ人将校が1週間に40名から60名の割合でイギリスに到着し，バーケンヘッド，リヴァプール，チェスター，マンチェスター，シェフィールド，バーミンガムに住み着いている，という未確認の情報を入手している (Supt Ryan to CP, 5 Nov. 1866 (CSO, RP 1866/2003 on 1866/20574)). ダブリンでも彼らの姿が目撃されるようになったが，その人数はこの情報よりもはるかに少なく，とても1週間に40名から60名の割合ではなかった (CP O'Ferrall, Lake to Chief Secretary, 23 Jan, 1867 (CSO, RP 1867/1316)). また，先にみたように，警察は12月に入ってすぐに多くのセンターを含むダブリンのフィーニアンを逮捕したが，そのなかにアメリカ人将校はいなかった．これらのことからすると，1866年おわりに多くのアメリカ人将校がダブリンに滞在していたとは考えられない．

(34) Supt Ryan to CP, 7 Jan. 1867 (CSO, RP 1867/574 on 1867/12894).

(35) Head Constable McHale to IGP, 15 Feb. 1867 (NAI, F Papers, F 2401 on CSO, RP 1867/3004).

(36) Supt Ryan to CP, 18 Feb. 1867 (CSO, RP 1867/2767).

(37) Supt Ryan to CP, 25 Feb. 1867 (CSO, RP 1867/6352).

(38) *Irish Times,* 15 Feb. 1868.

(39) T. W. Moody, *Davitt*, 1981.

(40) *Ibid.*, pp. 21-2.

(41) Devoy, *Recollections*, p. 114.

(62)　Supt Ryan to CP, 11 Dec. 1866 (CSO, RP 1866/22303).

第3章

(1)　フィーニアン・ブラザーフッドからIRBへの送金額を具体的にみてみよう（K. Quigely, ‘American Financing of Fenianism in Ireland, 1858-1867’, M. A. thesis, Maynooth, 1983, pp. 142, 145). 1858年にIRBが設立されてから1867年3月の蜂起までに合計4万3000ポンドが送金されたが，これは1年当たり約4800ポンドで月額400ポンドになっている．したがって，フィーニアン・ブラザーフッドはスティーブンスとの当初の約束を守ったといえるかもしれない．だが，この送金の約7割にあたる3万1000ポンドが64年から66年4月に集中している．その一方で，1858年から1863年という組織設立のためにスティーブンスたちが悪戦苦闘していた時期の送金額は1596ポンドで，この期間の毎年の平均送金額は約320ポンド，月ごとに計算すると約27ポンドにすぎなかった．

(2)　スティーブンスは，IRBが設立されるときに月80ポンドから100ポンドの活動資金の送金を約束されていた（Stephens to M. Doheny, 1 Jan. 1858, quoted in Denieffe, *A Personal Narrative*, pp. 159-60).

(3)　Supt Ryan to CP, 20 Apr. 1866 (CSO, RP 1866/7792 on 1866/15128). この当時の状況を，スティーブンスは「国内不況のために，私［スティーブンス］は必要な資金を調達することができない」とオマハニーに書き送っている（Stephens to O'Mahony, 13 Mar. 1863, quoted in Denieffe, *A Personal Narrative*, p. 182).

(4)　J. H. Hernon, *Celts, Catholics and Copperheads: Ireland views the American Civil War*, Ohio, 1968, p. 11.

(5)　Denieffe, *A Personal Narrative*, p. 91.

(6)　*Ibid.*, p. 91; Devoy, *Recollections*, p. 57.

(7)　Ō Broin, *Fenian Fever*, p. 19.

(8)　Devoy, *Recollections*, p. 203.

(9)　R. Anderson, ‘Fenianism: a narrative by one who knows’, *Contemporary Review*, xix, 1872, p. 308; D'Arcy, *Fenian Movement* in U. S., p. 70.

(10)　Archibald to Russell, 15 Aug. 1865 (NAI, A Files, A 17).

(11)　Supt Ryan to CP, 5 Sept. 1865 (NAI, FPR 217).

(12)　1866年2月の警察の逮捕者リストによると，逮捕者41名のアメリカ人将校のうち26名の階級が判明し，9名が将校ではなかったという事実と対応している（CSO, RP 1866/4852).

(13)　Denieffe, *A Personal Narrative*, p. 78.

(14)　NLI, MS 5964, p. 78.

(15)　Devoy, *Recollections*, p. 66.

(16)　NAI, Fenian Briefs, 6(c), pp. 40-1を参照.

(17)　Supt Ryan to CP, 25 Oct. 1865 (CSO, RP 1865/11699).

の名があげられており，イギリス軍兵士はそこに出入りすることを禁じられた（G. Hay to M. G. Cunnyngham, 17 Feb. 1866 (NAE, WO 35/31)). この5店は，先にみた11店のなかに含まれると考えても問題はないであろう.

(47)　以下，エクスチェインジ通り（5名），ジェームズ通り（5名），バック・レイン（4名），ブラバーゾン通り（4名），カムデン通り（4名），コーク・ヒル（4名），ミース通り（4名），パトリック通り（4名），プランケット通り（4名），トリニティ・プレイス（4名）などの順となっている.

(48)　Supt Ryan to CP, 29 May 1866 (CSO, RP 1866/10634 on 1866/10278) ; Supt Ryan to CP, 16 Mar. 1867 (CSO, RP 1867/4715).

(49)　Supt Ryan to CP, 29 July 1867 (CSO, RP 1867/13282 on 1867/13604).

(50)　NLI, Larcom Papers, MS 7687.

(51)　*Thom's Directory*, 1867.

(52)　*Report from the select committee on sale of intoxicating liquors on Sunday (Ireland) Bill*, H. C. 1877 (198), xvi, p. 126.

(53)　テネメントは，トマス通り，パトリック通り，ザ・クームに囲まれた地域に集中していた. テネメントの占める割合が高い通りは，プランケット通り（82%），ブラバーゾン通り（68%），バック・レイン（41%），ミース通り（36%）と続いている.

(54)　Supt Ryan to CP, 1 May 1866 (CSO, RP 1866/9626 on 1866/10105).

(55)　Devoy, *Recollections*, p. 100.

(56)　Supt Ryan to CP, 6 Dec. 1866 (CSO, RP 1866/21924 on 1866/23382).

(57)　チャーチ通りには5つの鉄鋳造所，ケイパル通りには8つの金物屋があった（*Thom's Directory*, 1867). この他にケイパル通り，チャーチ通り，ブラックホール・プレイスにも金属産業の仕事場があった.

(58)　この他には，ケイパル通り（5名），ノース・キング通り（5名），ムーア通り（5名），タイ通り（5名），アッパー・アビィー通り（4名），ジェルヴィス通り（4名），マリーズ・レイン（4名），ピル・レイン（4名），クィーンズ通り（4名）などである. 通りに占めるテネメントの割合はジェルヴィス通りの43%が最高であり，以下，チャーチ通り（37%），タイ通り（30%），アビィー通り（29%）となっている. この地域でもまたテネメントにフィーニアンの多くが住んでいたことがわかる.

(59)　Supt Ryan to CP, 24 Dec. 1866 (CSO, RP 1866/23380 on 1866/23381) ; Supt Ryan to CP, 12 Jan. 1867 (CSO, RP 1867/1165).

(60)　Daly, *Dublin*, p. 176.

(61)　彼らはパーマストンの私有地に集合し，ウィンディー・アーバーで増員され，このパーマストンの私有地に集合したのが，ラスマインズに住むフィーニアンたちであった. また，ウィンディー・アーバーに集合したのは，ラスマインズの南にあるダンドラム，キャリックマインズに住むフィーニアンたちである.

（37）1851年から91年のセンサスをみると，ダブリン市の男子就業人口のうち，製造業に従事していた者の割合が28.5%から22.8%へと減少し，その一方輸送業に従事する者の割合は，9.19%から91年の14.3%へと増加している（M. Daly, *Dublin the Deposed City: a social and economic history, 1860-1914,* Cork, 1984, pp. 18, 50).

（38）アイルランドの製造業のなかにもミシンを導入した会社もあり，このミシンの導入は男子熟練工を不熟練工や女子労働者に置き換えることとなった（Daly, *Dublin,* p. 15).

（39）リネン工業については，斎藤英里「19世紀アイルランドの農村社会と麻工業」『社会経済史学』50巻3号，1985年；武井章弘「アイルランドの工業化と企業者行動」『経営史学』28巻3号，1993年；A. Takei, 'The First Irish Linen Mills, 1800-1824', *Irish Economic and Social History,* xxi, 1994を参照.

（40）拙稿「アイルランドの大飢饉，1845-52年」.

（41）L. M. Cullen, *An Economic History of Ireland since 1660,* London, 1971, pp. 137-8. この時期，銀行預金量が増加している.

（42）ダブリンとはアイルランド語で「黒い水たまり」という意味で，リフィー川の色が黒いことにちなんでいる．ダブリン市の原型を作りあげたのは，スカンディナヴィア地方からやってきたヴァイキングで，彼らは10世紀に貿易の拠点としてリフィー川の南側に城壁で囲まれた都市を建設した．詳しくは，F. H. A. Aalen and K. Whelan (eds.), *Dublin: city and county,* Dublin, 1992を参照.

（43）M. E. Daly, *Dublin,* Chapter 2.

（44）北側をサックヴィル通り，フレデリック通りで東西に，南側をウエストモーランド通り，グラフトン通り，ハーコート通りで東西に分割する．サックヴィル通り，フレデリック通りは北西地域に，ウェストモーランド通り，グラフトン通り，ハーコート通りは南西地域に含むこととする.

（45）Supt Ryan to CP, 16 Mar. 1867 (CSO, RP 1867/4715).

（46）早くも1864年10月には，J・バーギン（トマス通り65番地）とモーラン（コーク・ヒル10番地）の2店のパブが，フィーニアンが出入りしていたことから警察の注意を引いた．これ以後，警察はこの2店をつねに監視するようになる（たとえば，Supt Ryan to CP, 10 Oct. 1864 (NAI, FPR 71) を参照)．1866年1月に警察は武器捜索のために11店のパブを一斉に立入り調査したが，警察はこれらをフィーニアンが集まるパブであるとみなしていた．この武器捜査の過程で名前が判明するのはバーギンとスラッタリー（コーク・ヒル7番地）の2店だけであり，他のパブについては不明である（Supt Ryan to CP, 24 Jan. 1866 (CSO, RP 1866/1472)).

残りのパブを特定するのに役立つ史料がある．それは1866年2月に，アイルランドのイギリス軍当局がイギリス軍兵士にたいして出した通達である．このなかには，J・バーギン，J・ベリー（別名トリニティー・タヴァン，トリニティ通り14番地），J・クローミアン（サウス・ジョージ通り57番地），R・パーカー（トマス通り86番地），スラッタリーの5店のパブ

Cambridge, 1966, p. 179.

(19)　Devoy, *Recollections*, p. 27.

(20)　NAI, Fenian Briefs, 6(c), pp. 58-9.

(21)　たとえば, Supt Ryan to CP, 16 May 1865 (NAI, FPR 161) を参照. また, 彼らはこのような集会の他に, レクリエーションを目的とした集会も開き, そこでは歌を歌い, ダンスをしている(CSO, RP 1867/7199).

(22)　O'Leary, *Fenians and Fenianism*, vol. i, pp. 30-1.

(23)　NAI, F Papers, 5477R.

(24)　Comerford, 'Patriotism as Pastime : the appeal of Fenianism in the mid-1860s'.

(25)　NAI, 'Habeas Corpus Suspension Act, Abstracts of Cases, 1866-8' ; 'Fenianism, Index of Names, 1866-71' ; 'Dublin Special Commission, April 1867 : alphabetical list of prisoners arrested for complicity in the Fenian Conspiracy'.

(26)　Supt Ryan to CP, 12 Dec. 1866 (CSO, RP 1866/22550).

(27)　Supt Ryan to CP, 5 May 1866 (CSO, RP 1866/9079 on 1866/13546).

(28)　'Dublin Special Commission, April 1867 : alphabetical list of prisoners arrested for Complicity in the Fenian Conspiracy'.

(29)　Devoy, *Recollections,* p. 26.

(30)　CP O'Ferrall, Lake to Chief Secretary, 23 Jan. 1867 (CSO, RP 1867/1316).

(31)　S・ブラディーは大工の現場監督, J・ヒッキーはレンガ工の現場監督, D・クローミアンはジョーンズ・レインにある教会の修復工事の現場監督であった.

(32)　Supt Ryan to CP, 24 Nov. 1866 (CSO, RP 1866/21177).

(33)　ダブリンにあるフィーニアンのパブの店主たちのうちセンターの地位にあったものはいないが, たとえメンバーではないにしても, 運動の強い支持者だったりなんらかの関係をもっていた. たとえば, J・クローミアンはダブリンのセンターだったクローミアンの兄弟であった(CSO, RP 1866/4852 ; Supt Ryan to CP, 24 Aug. 1866 (CSO, RP 1866/15981) ; Acting Supt Hughes to CP, 14 Apr. 1866 (CSO, RP 1866/7373 on 1867/450) ; Supt Ryan to CP, 13 Mar. 1866 (CSO, RP 1866/5355 on 1866/10105)).

(34)　Supt Ryan to CP, 24 Aug. 1866 (CSO, RP 1866/15974 on 1866/19357).

(35)　Supt Ryan to CP, 13 Mar. 1866 (CSO, RP 1866/5355 on 1866/10105) ; Supt Ryan to CP, 31 Mar. 1866 (*Ibid.*) ; Supt Ryan to CP, 31 Mar. 1866 (CSO, RP 1866/6365).

(36)　M. Daly, *Social and Economic History of Ireland since 1800,* Dublin, 1981, p. 27 ; J. Lee, *The Modernisation of Irish Society 1848-1928*, Dublin, 1973, p. 10. 1825年以降イギリスとアイルランドのあいだには自由貿易がおこなわれていたが, しばらくのあいだ高額な輸送コストがアイルランド製品をイギリスとの競争から保護していてくれた. だが, 19世紀半ばになると輸送コストが下がり, アイルランドの製品はもはや価格などの面で対抗できず市場から駆逐されていった.

(2) Supt Ryan to CP, 15 May 1867 (CSO, RP 1867/8624).

(3) K. T. Hoppen, *Elections, Politics and Society in Ireland 1832-1885,* Oxford, 1984, pp. 40-1.

(4) T. Garvin, 'Great Hatred, Little Room: social background and political sentiment among revolutionary activists in Ireland, 1890-1920', in D. G. Boyce (ed.), *The Revolution in Ireland, 1879-1923,* Dublin, 1988, p. 11.

(5) E. Holt, *Protest under Arms: the Irish troubles, 1916-23,* London, 1960, p. 258.

(6) O. MacDonagh, *States of Mind: a study of Anglo-Irish conflict 1780-1980,* London, 1983 を参照.

(7) L. M. Cullen, *The Emergence of Modern Ireland 1600-1900,* London, 1981, p. 238.

(8) カトリック教会とプロテスタント教会も自分たちの信仰にもとづく学校を開いていたにもかかわらず，国民学校制度は順調に発展した．国民学校の数は1833年の789校から1860年の5632校へと，生徒数も10万名から80万名へと増加した（J. Coolahan, *Irish Education: its history and structure*, Dublin, 1981, pp. 8, 19)．1871年センサスによると，ダブリン市には257校の初等学校があり，そのうち98校が国民学校で，1万2000人（就学者数の48.6%）を収容していた．

(9) Comerford, *The Fenians in Context,* p. 48.

(10) フィーニアン運動に参加していた熟練工たちの多くは，労働組合のメンバーであった．1867年の蜂起後のダブリンで開かれた裁判で，フィーニアンだったL・オトゥールが，検察側の証人に立ったとき，仕立工である彼の父親は，労働組合の手当をすべて剥奪された（Supt Fitzpatrick to CP, 2 Apr. 1867 (CSO, RP 1867/5799 on 1867/11625)．労働組合はその公式の集会で政治問題を議論しなかったが，同職種の熟練工が結集する場を提供した．

(11) CP O'Ferrall to Under Secretary, 20 Mar. 1866 (CSO, RP 1866/5738).

(12) プロテスタント労働者はフィーニアンの世界に属さず，イギリスへの帰属を望んでいた独特な存在であった．1871年センサスから職種別の宗派構造を調べてみると，プロテスタントの占める割合が多い職種は，真鍮工(47%)，時計工(44%)，銃工(43%)，印刷工(33%）となっている．彼らはじっさいフィーニアンの逮捕者リストのなかにほとんどあらわれないのである．フィーニアン運動はカトリック教会の政治への介入を批判するなど，宗派間の対立を乗り越えようとし，宗派にとらわれない運動を展開しようとしたが，プロテスタント労働者の支持を得ることは容易ではなかったのである．

(13) Acting Supt E. Hughes to CP, 25 Apr. 1866 (CSO, RP 1866/8191 on 1866/10790); Supt Ryan to CP, 1 Apr. 1867 (CSO, RP 1867/5820).

(14) Supt Ryan to CP, 16 May 1867 (CSO, RP 1867/8697).

(15) Supt Ryan to CP, 14 Dec. 1866 (CSO, RP 1866/22625).

(16) Supt Ryan to CP, 21 Sept. 1869 (NAI, F Papers 4583 R).

(17) Supt Ryan to CP, 10 May 1867 (CSO, RP 1867/8317).

(18) P. Lynch and J. Vaizey, *Guinness's Brewery in the Irish Economy, 1759-1876,*

(94) NLI, MS 331, p. 6.

(95) *Ibid*., p. 31.

(96) *Ibid*., pp. 26-31.

(97) *Ibid*., pp. 32, 40.

(98) Devoy, *Recollections*, p. 26.

(99) NAI, A Files, A 124.

(100) 名前を確定できない6名のセンターたちのうち，5名はおそらくS・クランペット，J・マッケイベ，S・オドノフー，J・トムキンスであろう（CSO, RP 1867/7199; Supt Ryan to CP, 29 Nov. 1869 (NAI, F Papers, 5086R on 5174R)).

(101) NAI, Fenian Briefs, 6(c), 'Q. v. Thomas Burke and Patrick Doran, Dublin Co. Special Commission, 26 April, 1 May 1867'（以下，Fenian Briefs, 6(c) と略す), p. 22.

(102) このとき逮捕されたのは，ヒッキー，ウォルシュ，R・ブラッケン，ブラディー，J・バーン，W・コノリー，P・オコンナー，E・パワー博士，J・ケリー，W・クランシー，M・スタンリーだった．

(103) NAI, Fenian Briefs, 6(a), 'Q. v. Thomas Burke, John McCafferty and Others Dublin City and Co. Special Commission, April, 1867'（以下，Fenian Briefs, 6(a) と略す), p. 127.

(104) Supt Ryan to CP, 13 Mar. 1866 (CSO, RP 1866/5355 on 1866/10105).

(105) Supt Ryan to CP, 29 May 1866 (CSO, RP 1866/10634 on 1866/10278); Supt Ryan to CP, 9 July 1866 (1866/13126 on 1866/10278). なおギブニーの後継者が誰であったのかを示す史料は存在しない．

(106) Supt Ryan to CP, 8 Dec. 1866 (CSO, RP 1866/22177).

(107) Supt Ryan to CP, 24 Dec. 1866 (CSO, RP 1866/23380 on 1866/23381).

(108) Devoy, *Recollections*, p. 26.

(109) ブロフィー，ブラディーらはその好例である．Supt Ryan to CP, 29 May 1866 (CSO, RP 1866/6322); Supt Ryan to CP, 1 May 1866 (CSO, RP 1866/8701 on 1866/17148); Acting Supt Hughes to CP, 25 Apr. 1866 (CSO, RP 1866/8191 on 1866/10190); Denieffe, *A Personal Narrative*, p. 85.

(110) Supt Ryan to CP, 2 May 1867 (CSO, RP 1867/3393 on 1867/14714); Supt Ryan to CP, 20 May 1867 (CSO, RP 1867/8894).

(111) NAI, Fenian Briefs, 6(c), p. 126.

(112) CSO, RP 1867/7199; Supt Ryan to CP, 19 July 1867 (CSO, RP 1867/13282 on 1867/13604); Supt Ryan to CP, 29 Nov. 1866 (CSO, RP 1866/22293).

(113) Supt Ryan to CP, 30 Aug. 1866 (CSO, RP 1866/16353 on 1867/1624).

第2章

(1) Supt Ryan to CP, 16 May 1867 (CSO, RP 1867/8697).

(87)　第3章を参照.

(88)　『アイリッシュ・ピープル』事務所の捜索にはじまる治安当局の弾圧は，スティーブンスの組織運営に変化をもたらした. それまでのスティーブンスは各地方のセンターに直接会って指令を下していたが，これでは接触する人数が多く逮捕される危険が高すぎた. そのため，スティーブンスは，ブロフィー，キッカム，ダッフィーという信頼できる部下を選び，彼らとともにダブリン市内に潜伏し，この3人にそれぞれ権限を委譲しみずからが部下に会うことを避けるようにした（Stephens to -, 23 Oct. 1865 (TCD, Davitt Papers, 9659d/15)).

スティーブンスは，アイルランドを東部・西部・南部・北部に分割し，ダッフィーを西部に，キッカムを南部に，ブロフィーを北部の責任者に割り当てた. 東部地方については，スティーブンスが統轄していたようであり，じっさいダブリンの組織はみずからの支配下に置いていた. だが，ダブリンのセンターとも会うことはなく，彼らとの連絡はもっぱらJ・ノーランを通じておこなわれた（NLI, MS 5964, pp. 70-2). ここで注目すべきことは，アイルランド北部地方を統轄することになったブロフィーの存在である. というのは，ブロフィーのようなダブリンのセンターの地位にある人物がこのような中央機関に参加したことは，かつてなかったからである.

このようにしてスティーブンスはみずから接触する人物を限定し，逮捕の可能性を最小限に抑えようとしていたのである. この体制は，11月11日にスティーブンス，キッカム，ブロフィー，ダッフィーの4名が逮捕されるまで続いた. この4名のうちスティーブンスだけが逮捕から約2週間後に刑務所から劇的に救出された.「現場」に復帰したスティーブンスはキッカムらの逮捕によって空白となった部署に新しい責任者を補充し，指導体制の立て直しをはかった. ノーランが北部地方，M・モイナハンとD・マーフィーの2人で南部地方を統轄することとなったが，ダッフィーの後継者として誰が西部地方の責任者となったかについては不明である（CSO, RP1867/15695). ダブリンの組織は，スティーブンスが依然として直接命令していたが，彼とダブリンのセンターとのあいだの連絡係には，新たにアメリカ人将校ケリー大佐が任命された.

(89)　1866年4月からおそらく10月はじめまで，ダッフィーはスティーブンスから一通の手紙も資金も受け取っておらず，ただ一度，210ポンドが同封された6月1日付のケリー大佐からの手紙が届いただけであった（Duffy to Stephens, 1 Aug. 1866 (TCD, Davitt Papers, 9659d/97)；Duffy to -, 9 Aug. 1866 (*Ibid.*, 9659d/98)；Duffy to -, 15 Oct. 1866 (*Ibid.*, 9659d/101)).

(90)　Duffy to Stephens, 1 Aug. 1866 (*Ibid.*, 9659d/97).

(91)　たとえば, Supt Ryan to CP, 24 Dec. 1866 (CSO, RP 1866/23380 on 1866/23381) を参照.

(92)　D'Arcy, *Fenian Movement in U. S.*, p. 151.

(93)　マルクスのエンゲルス宛，1866年12月17日付書簡『マルクス＝エンゲルス全集』大月書店，31巻，p. 225.

(64) *Ibid.*, p. 70.

(65) Wodehouse to Russell, 10 Dec. 1865 (NAE, Russell Papers, 30/22/15), quoted in Larkin, *The Consolidation*, pp. 411-2.

(66) Ó Broin, *Fenian Fever*, p. 43.

(67) *29 Vict, c. 4*. Devoy, *Recollections*, p. 89.

(68) Supt Ryan to CP, 18 Feb. 1866 (CSO, RP 1866/3129 on 1866/14381).

(69) CSO, RP 1866/4852; CP O'Ferrall to Under Secretary, 20 Mar. 1866 (CSO, RP 1866/5738). ダブリンでの逮捕者数は，2月17日から3月1日までに合計165名（イギリスから94名，アメリカから45名，カナダから1名，イギリス軍の脱走兵2名などを含む）である.

(70) このとき囚人への差し入れや弁護士費用を捻出するために，フィーニアン指導者の妻や姉妹が中心となって「女性委員会」が作られるなど，様々な方面から運動は支援されている (Devoy, *Recollections*, p. 113).

(71) NAI, 'Habeas Corpus Suspension Act, Abstracts of Cases, 1866-8'.

(72) CP Lake, O'Ferrall to Chief Secretary, 23 Jan. 1867 (CSO, RP 1867/1316).

(73) たとえば, Supt Ryan to CP, 13 July 1866 (CSO, RP 1866/13407 on 1866/15376) を参照.

(74) Supt Ryan to CP, 8 Aug. 1866 (CSO, RP 1866/14958 on 1866/17277).

(75) Acting Supt Hughes to CP, 26 Sept. 1866 (CSO, RP 1866/17811 on 1866/20045).

(76) CP Lake, O'Ferrall to Chief Secretary, 23 Jan. 1867 (CSO, RP 1867/1316).

(77) Ó Broin, *Fenian Fever*, Chapter 7.

(78) NAI, 'Habeas Corpus Suspension Act, Abstracts of Cases, 1866-8'. これらの逮捕はとくにパワー博士のサークルに大きな打撃を与え，彼の後継者だったM・スタンリーとL・クランシーは2人ともセンター就任後1カ月以内に逮捕され，4名のB（ひとりのセンターには9名のBがいた）たちもあいつぎ逮捕されている (Supt Ryan to CP, 12 Dec. 1866 (CSO, RP 1866/22550)).

(79) CP Lake, O'Ferrall to Chief Secretary, 23 Jan. 1867 (CSO, RP 1867/1316).

(80) NAI, Fenian Briefs, 8.

(81) Supt Ryan to CP, 1 Apr. 1865 (NAI, FPR 135).

(82) NLI, MS 5964, p. 49.

(83) 1861年にはスティーブンスがアイルランドを不在にするときには，組織運営のための「協議会」を設立すべきであることを提言した (NLI, MS 331, p. 38).

(84) *Report of Dublin Special Commission for the Trial of T. C. Luby, 1865*, p. 98.

(85) Devoy, *Recollections*, p. 48.

(86) メンバーは，オリアリー，キッカム，ルービー，オドノヴァン＝ロッサ，D・ベル，アメリカ人将校ミレン将軍（アメリカ人将校については第3章を参照）である (NLI, MS 333, pp. 46-7; MS 6964, pp. 56, 69-70).

に送られている，とされている（Supt Ryan to CP, 7 Mar. 1864（CSO, RP 1864/1301））.

（46）たとえば，ダブリン在住のある若者は，「私は，あなたがたの助言を支持します．軍事訓練をおこない，それが正しい行為であることを証明するためにダブリンの若者が立ち上がることを主張します」という手紙を編集者宛に書いている（NAI, Fenian Briefs, no. 2, Envelope 3）．フィーニアンの主張がそのまま受け入れられていることが読みとれよう．

（47）NLI, MS 331, p. 1; O'Leary, *Fenians and Fenianism*, vol. ii, p. 235. それぞれの地域で活発な組織化をすすめた人物がいたことを忘れてはならない．コナハト地方を組織したのはE・ダッフィーであり，ロングフォード，キャヴァン，ウエストミースまで組織を拡大させた（NLI, MS 331, pp. 156, 340; Comerford, *The Fenians in Context*, p. 118）．アルスター地方では，ベルファストの衣料品店で働いていたJ・ノーランが，F・ルーニィやJ・ライスなどの有能な協力者をえて組織の基礎を築いた（NLI, MS 331, p. 155; Rooney, *Frank Rooney*, pp. 57-8, 62; B. MacGiolla Choille, 'Fenians, Rice and Ribbonmen in County Monaghan 1864-67', pp. 221-52）.

（48）ナショナル・ブラザーフッド・オブ・聖パトリックの組織はイギリスにも存在し，その支部は「フィーニアン化」されている（Comerford, *The Fenians in Context*, pp. 71, 82, 83; Denvir, *The Irish in Britain*, p. 179）.

（49）Stephens to O'Mahony, O'Mahony Papers, quoted in W. D'Arcy, *The Fenian Movement in U. S.*, p. 60.

（50）Comerford, *The Fenians in Context*, p. 109.

（51）O'Leary, *Fenians and Fenianism*, vol. ii, p. 1.

（52）NLI, MS 333, p. 91.

（53）Devoy, *Recollections*, p. 42.

（54）Denieffe, *A Personal Narrative*, pp. 83-4.

（55）1865年9月に『アイリッシュ・ピープル』事務所が捜索される直前には，警察はルービー，オリアリー，オドノヴァン＝ロッサというフィーニアン指導者の動向を注意深く観察していた（Supt Ryan to CP, 11 Sept. 1865（NAI, FPR 237））.

（56）NLI, MS 331, p. 339.

（57）'Summary of the Progress of Fenianism up to 1868'（NLI, Larcom Papers, MS 7517）, p. 139.

（58）NAE, Russell Papers, 30/22/28, quoted in Larkin, *The Consolidation*, pp. 400-1.

（59）Supt Ryan to CP, 16 Sept. 1865（CSO, RP 1865/14664）.

（60）*Freeman's Journal*, 4 Oct. 1865.

（61）15名のセンターのうち，M・ムーア，J・オクロヒシー，J・オコンナーの3名が逮捕された（*Ibid.*, 22 Sept. 1865）.

（62）NLI, MS 5964, pp. 103-4; Devoy, *Recollections*, pp. 77-87.

（63）Devoy, *Recollections*, p. 302. ルービーは懲役20年の判決を受けた.

運動を非難するなかで，IRB を非難する四旬節のカレン大司教の教書が出されたとき，多数のフィーニアンたちが運動から脱退しようとした．しかし，仲間のフィーニアンたちが思いとどまらせたという（Chief Supt Ryan to CP, 30 Mar. 1870（NAI, F Papers, 6091R））.

(33) Comerford, *The Fenians in Context,* pp. 100-1, 107. 1864 年 1 月には「アイルランド国民同盟」が結成されている．

(34) 行動をおこさないことを仲間から批判されていたスティーブンスは，1863 年はじめダブリンのセンターを集めて会合を開き，フィーニアン運動の停滞の原因は，活動資金を送らないフィーニアン・ブラザーフッドにあるとし，彼への批判は不当であると弁明した．そこで 1863 年 2 月，スティーブンスはフィーニアン・ブラザーフッドからの資金援助を活発化させるために，ルービーをアメリカに派遣した．彼はニューヨーク，シカゴ，ボストンなどの都市を回り，アメリカでの旅は 9000 マイルにおよんだ（Denieffe, *A Personal Narrative*, pp. 77-8). 同年 7 月にルービーは帰国したが，事態は出発前と変わらず，ダブリンのフィーニアンは，スティーブンスが活動しないことが組織の停滞の原因であるとし，相変わらず彼に不満をいだいたままであった（NLI, MS 331, pp. 328-9).

(35) *Report of the proceedings at the first sitting of the special commission for the county of the city of Dublin held at Green Street, Dublin, for the trial of Thomas Clarke Luby and others for treason-felony, the Fenian Conspiracy', commencing on November 27, 1865,* Dublin, 1866（以下 *Report of Dublin Special Commission for the Trial of T. C. Luby, 1865* と略す), p. 1079.

(36) Denieffe, *A Personal Narrative*, p. 82.

(37) Devoy, *Recollections*, pp. 280-3.

(38) *Ibid.*, p. 306.

(39) *Ibid.*, p. 293.

(40) O'Leary, *Fenians and Fenianism*, vol. ii, p. 17.

(41) たとえば, *Irish People,* 12 Dec. 1863; 13 Aug. 1864; 2 Sept. 1865. また，日本に言及した次のような記事もある.「イギリスの貪欲さは，いまや中国と日本を自国の領土にしようとしている．貪欲さのために自らに迫っている危機に気づいていない．このような貪欲さは，他の要因とともにすべての偉大な帝国をおそかれはやかれ破滅に導くのだ」(17 Feb. 1864).

(42) *Ibid.*, 19 Dec. 1863; 11 Feb. 1865; 15 July 1865.

(43) *Ibid.*, 4 June 1864; 30 July 1864.

(44) Comerford, *Charles J. Kickham*, pp. 69-76.

(45) 警察のスパイだったP・ネーゲルは，8000 部が発行されたと答えている（*Report of Dublin Special Commission for the Trial of T. C. Luby, 1865,* p. 903). この他にもいくつかの情報がある. 1864 年の警察の報告によると，最初 1 万部が発行されたが，その後 5,000 部まで減少し，64 年 2 月には 6,000 部にまで増加した(Supt Ryan to CP, 23 Feb. 1864（CSO, RP 1864/12808)). また，同年 3 月の警察の報告には，7,000 部が発行され，5,000 部がアメリカこの地方の組織化がおこなわれたのは，南部につづいてであったが，それはちょうどスキバリーンでのメンバーの逮捕によって打撃を受けた南部をふたたび組織化するのと同時である．1861年，パリから戻ったスティーブンスはルービーとともに，レンスター地方と南部マンスター地方を旅したが，これはたいへんな成功を収めている（NLI, MS 331, pp. 31-2; Denieffe, *A Personal Narrative*, p. 62)．ダブリンの組織が拡大していくにつれて，ダブリンのセンターのなかにも，みずからのサークルを運営するだけではなく，ドロハダ，ウェクスフォードなどの近隣地域へ組織を広げる者も出てきた（たとえば，NLI, MS 331, p. 154; O'Clohissey to -, 29 Apr. 1865（TCD, Davitt Papers, 9659d/203）などを参照)．こうして1863年おわりから64年はじめまでにはレンスター地方とマンスター地方はほぼ組織化が達成されることになる．

(21) Comerford, *The Fenians in Context*, pp. 71, 74; Denieffe, *A Personal Narrative*, p. 56. しかし，ダブリンではフィーニアン指導者のひとりであるJ・P・マクドネルが，ナショナル・ブラザーフッド・オブ・聖パトリックの中央会議の書記に就任している．1864年に，スティーブンスはフィーニアンたちにナショナル・ブラザーフッド・オブ・聖パトリックから脱退するように命令し，同年末にはマクドネルは書記を辞任している．65年はじめには組織の活動は終わった（Supt Ryan to CP, 25 July 1864（NAI, FPR 36)；Comerford, *The Fenians in Context*, p. 81; S. Daly, *Ireland and the First International*, Cork, 1984, pp. 33, 58-9).

(22) NLI, MS 331, pp. 107-10; Comerford, *The Fenians in Context*, pp. 75, 77.

(23) A. M. Sullivan, *New Ireland*, p. 246.

(24) NLI, MS 331, p. 143.

(25) たとえば，ダブリンのセンターだったH・ブロフィーは，スティーブンスが怠惰であり，組織のために活動していないとまで，この当時いいきっていた（*Ibid.*, p. 160).

(26) Kirby Papers, quoted in E. Larkin, *The Consolidation of the Roman Catholic Church in Ireland, 1860-1870*, Dublin, 1987, p. 88.

(27) この当時カレン大司教はIRBの存在自体を知らず，彼が非難の対象としたのはナショナル・ブラザーフッド・オブ・聖パトリックだった．詳しくは以下を参照．E. Larkin, *The Consolidation*, pp. 65, 86; E. Norman, *The Catholic Church and Ireland in the Age of Rebellion 1859-1873*, London, 1965, p. 94.

(28) P. Moran (ed.), *The Pastoral Letters and Other Writings of Cardinal Cullen*, Dublin, 1882, 2: pp. 248-51.

(29) Larkin, *The Consolidation*, pp. 109-10.

(30) NLI, MS 331, p. 144.

(31) Comerford, *The Fenians in Context*, p. 80; Norman, *The Catholic Church*, pp. 111-2. ラヴェル神父については，G. Moran, *A Radical Priest in Mayo: Father Patrick Lavelle*, Dublin, 1994 を参照．

(32) NLI, MS 331, p. 213. 話は数年後のことになるが，1870年，ローマ教皇庁がフィーニアン

(2)　Devoy, *Recollections,* p. 272.

(3)　フィーニアンの宣誓には聖書が必要だったので，メンバーを獲得しようとする者は胸のポケットに入るような小さな聖書を絶えずもち歩くことになる（*Ibid.,* p. 64）．フィーニアンのあいだでは特別の暗号やサインを決めてはいなかったが，仲間であると確認することができた．髭をはやしていることと，顔を合わせたときにニコリともせずにきびしい顔つきをすることだった（NAI, Fenian Police Report, 44A）．

(4)　Devoy, *Recollections,* p. 272 ; O'Donovan Rossa, *Rossa's Recollections,* p. 94.

(5)　Ryan, *Fenian Chief,* p. 216.

(6)　*Ibid.,* pp. 40, 51.

(7)　Devoy, *Recollections,* pp. 288-94. ルービーは帰国するとJ・フィンタン・ローラーの小さな革命組織に参加していた．だが，ローラーは1853年に亡くなり，この組織は彼の死とともに消滅した．

(8)　Devoy, *Recollections*, pp. 266-8 ; O'Leary, *Recollections,* vol. i, pp. 103-4.

(9)　NAI, A Files, A 124. また，Comerford, *The Fenians in Context*, p. 119 を参照.

(10)　NLI, MS 331, pp. 5-6, 31 ; Denieffe, *A Personal Narrative,* pp. 26-7, 58.

(11)　Denieffe, *A Personal Narrative,* pp. 25-6, 36.

(12)　Devoy, *Recollections,* pp. 319-32 ; O'Donovan Rossa, *Irish Rebels,* p. 73.

(13)　NLI, MS 331, pp. 41-6 ; Denieffe, *A Personal Narrative,* p. 26 ; O'Donovan Rossa, *Rossa's Recollections*, pp. 149-50.

(14)　Comerford, *The Fenians in Context,* p. 50.

(15)　NLI, MS 331, p. 24 ; Denieffe, *A Personal Narrative*, p. 27.

(16)　Denieffe, *A Personal Narrative,* p. 5. そこで1858年10月スティーブンス自身が，フィーニアン・ブラザーフッドの資金援助を得るために，アメリカに渡った．その後スティーブンスはアメリカから直接アイルランドに戻らず，パリに向かい，そこで1859年3月から1860年末までの時期を過ごしている（Comerford, *The Fenians in Context*, p. 53 ; Denieffe, *A Personal Narrative,* p. 47 ; O'Leary, *Recollections,* vol. i, p. 134）．

(17)　Stephens to O'Mahony, 5 Mar. 1860, quoted in Denieffe, *A Personal Narrative,* p. 161.

(18)　NLI, MS 331, pp. 26-9.

(19)　*Ibid.,* p. 40. Comerford, *The Fenians in Context,* pp. 63-5. この時期オキャラハンは，アイルランド語を習得するために，「アイルランド語促進協会」（1858年夏に設立）に集まった人びとのなかから，多くのメンバーを獲得した（Devoy, *Recollections,* p. 66）．オキャラハン自身アイルランド語を学ぶつもりなどまったくなく，メンバーを勧誘する目的で顔を出していたのだった．彼は物事を誇張して語るのがうまく，このような性質がリクルーターとして彼を成功させたのであろう．

(20)　先にみたダブリンの組織の発展に大きな貢献をした「若者たち」は，1861年の国民請願運動が終わった後，レンスター地方の町に運動を拡大しはじめた（Devoy, *Recollections,* p. 2.

指摘しているけれども，グラッドストンはフィーニアンの活動以前からアイルランド問題の重要性を認識し，さらに財政面からもその解決の必要性を考えていたことを強調している（Foster, *Modern Ireland*, pp. 395-6 ; do., *Paddy & Mr Punch : connections in Irish and English history*, London, 1993, p. 96）.

（29）修正主義学派の歴史解釈の特徴を以下の三点にまとめておこう．まず第一に，修正主義学派は北アイルランドの武装組織がおこなう暴力活動を非難するため，フィーニアン運動のような武力闘争という手段をとる民族運動がアイルランド独立に貢献したことを否定し，それに代わって合法的な民族運動を評価するのである．第二に，修正主義学派の歴史観は，独立以前の支配層であった「イギリス系アイルランド人」のそれと重なりあう．つまり，彼らはある意味ではアイルランドが独立したことを嘆いていると指摘できるかもしれない．第三に，修正主義学派はアイルランドにおける文化の多様性に注目し歴史を記述した．彼らは，イギリス文化，イギリス系アイルランド文化，北部アルスター地方のプレスビテリアンの文化の存在にも注意を促した．ここで現在の北アイルランド問題にたいする彼らの政治的態度が明らかになる．つまり，民族主義史解釈に共感をもつ者がゲール文化にもとづく南北アイルランドの統一を主張することにたいして，修正主義学派は文化の多様性を認めることによって南北アイルランドの分離を是認するのである．

（30）次のフィーニアン指導者たちが回想録を書いている．M. Davitt, *The Fall of Feudalism in Ireland*, London, 1904 ; J. Denieffe, *A Personal Narrative of the Irish Revolutionary Brotherhood*, New York, 1906 ; J. Denvir, *The Irish in Britain from the Earliest Times to the Fall and Death of Parnell*, London, 1894 ; J. Denvir, *The Life Story of An Old Rebel*, Dublin, 1910 ; J. Devoy, *Recollections of an Irish Rebel*, New York, 1929 ; T. C. Luby, NLI, MS 331 ; J. F. X. O' Brien, NLI, MS 16695-6 ; J. O'Donovan Rossa, *Irish Rebels in English Prisons*, New York, 1880 ; J. O'Donovan Rossa, *Rossa's Recollections, 1838 to 1898*, New York, 1898 ; J. O'Leary, *Recollections of Fenians and Fenianism*, London, 1896; F. Rooney, *Irish Rebel and California Labour Leader*, ed. by I. Cross, Berkeley, 1931 ; M. Ryan, *Fenian Memories*, Dublin, 1945 ; J. Savage, *Fenian Heroes and Martyrs*, Boston, 1868.

（31）B. MacGiolla Choille, 'Fenian Documents in the State Paper Office', *Irish Historical Studies*, xvi, no. 63, 1968-9. 登録文書の数は各年ごとに異なり，「問題の多い年」ほどその数が多いのである．ちなみに，フィーニアンが蜂起を決行した 1867 年は 22,693 通もの文書が存在し，これとは対照的に，彼らの活動が顕在化していなかった年，たとえば 1861 年の文書数は 67 年の半分以下の 10,341 通だった．

第1章

（1）Denieffe, *A Personal Narrative*, p. 25.

で第一インターナショナルを生み出したヨーロッパ労働者階級の心臓の鼓動に反応したアイルランド人の心臓のそれなのである」と述べている（J. Connolly, *Labour in Irish History,* Dublin, 1910, p. 209）.

（20） Foster, *Modern Ireland*, p. 395.

（21） *Ibid.*, p. 394.

（22） R. V. Comerford, *The Fenians in Context: Irish politics and society 1848-82,* Dublin, 1985, pp. 111-2. この解釈は後にみるように，J. ニュージンガーによって批判される（J. Newsinger, 'Fenianism Revisited: pastime or revolutionary movement?', *Saothar*, 17, 1992; do., *Fenianism in Mid-Victorian Britain*, London, 1994, Chapter 6）. レジャー活動としてのフィーニアン運動にかんしては，R. V. Comerford, 'Patriotism as Pastime: the appeal of Fenianism in mid-1860s', *Irish Historical Studies,* xxii, no. 87, 1981 を参照. カマフォードの研究には以下のようなものがある. *Charles J. Kickham (1828-1882): a study in Irish nationalism and literature,* Dublin, 1979; 'Anglo-French Tension and the Origins of Fenianism' in F. S. L. Lyons and R. A. Hawkins (eds.), *Ireland under the Union Varieties of Tension,* Oxford, 1980; 'Conspiring Brotherhood and Contending Elites, 1857-63', in W. E. Vaughan (ed.), *A New History of Ireland;* 'Comprehending the Fenians', *Saothar*, 17, 1992.

（23） Comerford, 'Conspiring Brotherhood and Contending Elites, 1857-63', p. 418.

（24） Comerford, *The Fenians in Context*, p. 127.

（25） Newsinger, 'Fenianism Revisited: pastime or revolutionary movement?'.

（26） L. Ó Broin, *Fenian Fever: an Anglo-American dilemma,* New York, 1971; R. Kee, *The Green Flag: a history of Irish nationalism*, London, 1972. また，以下の文献を参照. M. Seoighe, 'The Fenian Attack on Kilmallock Police Barracks', *North Munster Antiquarian Journal,* 10, 1966-7, pp. 157-68; W. McGrath, 'The Fenian Rising in Cork', *Irish Sword,* viii, no. 33, 1968, pp. 322-35; P. Nolan, 'Fariola, Massey and the Fenian Rising', *Journal of the Cork Historical and Archaeological Society,* vol. lxxv, no. 221, 1970, pp. 1-11. ケリーのフィーニアンたちは 1867 年 2 月に単独で蜂起した（S. O'Luing, 'Aspects of the Fenian Rising in Kerry', *Journal of Kerry Archaeological and Historical Society,* vol. 3, 1970, pp. 131-53; vol. 4, 1971, pp. 139-64; vol. 5, 1972, pp. 103-32; vol. 6, 1973, pp. 172-94; vol. 7, 1974, pp. 107-33）.

（27） Lord Eversley, *Gladstone and Ireland*, London, 1912; J. L. Hammond, *Gladstone and the Irish Nation*, London, 1938; J. Loughlin, *Gladstone, Home Rule and the Ulster Question 1882-93*, Dublin, 1986 を参照.

（28） R. V. Comerford, *The Fenians in Context,* p. 153; do., 'Gladstone's First Irish Enterprise, 1864-70', in Vaughan (ed.), *A New History of Ireland,* pp. 441-2. フォスターは，フィーニアンの活動がグラッドストンのアイルランド問題への取り組みを促したことを

てこなかった．修正主義学派はこうした点を補うことを期待されたが，長期的にみるとそれほどの成果をあげることはできなかった（L. M. Cullen, 'Historical Revisionism'（1993年度法政大学での講義））．

北アイルランド問題については,松尾太郎『アイルランド問題の史的構造』論創社，1980年；堀越智『北アイルランド紛争の歴史』論創社，1983年；堀越智「北アイルランド問題の意味するもの」青山吉信編『実像のイギリス』有斐閣，1984年；松尾太郎『アイルランド民族のロマンと反逆』論創社，1994年を参照．

(13)　ムーディーたちが『アイルランド歴史学研究』を創刊し，「科学的な歴史」を提唱しはじめた当時のアイルランドは「平和な時代」だった．1937年には「主権をもった独立の民主国家」と宣言した新憲法が採択され，翌38年にはイギリスとの経済戦争も終わっている．また，この当時北アイルランド紛争は表面化していなかった．このようなアイルランドの状況は，歴史家に現実の政治・社会問題に関わろうとする必要性を感じさせず，「科学的な」歴史を記述することにのみ専念することを可能とさせたのである．じじつ，『アイルランド歴史学研究』の創刊当時においては，史料の公開状況を理由にして1900年以降の事件を扱う論文は掲載されず，現実問題への意見を表明する場はなかった（R. Fanning, "The Great Enchantment': uses and abuses of modern Irish history', in Brady（ed.）, *Interpreting,* p. 149）．

(14)　Moody, 'Irish History and Irish Mythology', in Brady（ed.）, *Interpreting,* p. 85. ムーディーの目的はイギリスとの関係を維持することを強硬に主張する北アイルランドの「ロイヤリスト」と，南の民族主義者がそれぞれ作り出した「神話」をアイルランド史から排除することにあった．北アイルランド紛争が修正主義史家に与えた影響にかんしては，D. G. Boyce, 'Revisionism and the Northern Ireland Troubles', in Boyce and O'Day（eds.）, *The Making*を参照．

(15)　Moody, 'Irish History and Irish Mythology', pp. 84-5.

(16)　また，ムーディーは，ダヴィットが合法的運動との結束を唱えた点も強調している（*Davitt and Irish Revolution, 1846-82,* Oxford, 1981）．ダヴィットの社会主義者としての側面を研究しているのが，安川悦子（『アイルランド問題と社会主義』御茶の水書房，1993年）である．

(17)　K. O'Neill, 'Revisionist Milestone', in Brady（ed.）, *Interpreting,* p. 217. アイルランドではベストセラーとなり，その解釈は一般のアイルランド人に好意的に受けとめられている．この背景には，解決のみえない北アイルランド紛争にたいする苛立ち，EUへの統合のなかで「アイルランド人」から「ヨーロッパ人」へのアイデンティティを確立するさいに民族主義者が宣伝してきたナショナリズムにたいする疑問，さらに独立後のアイルランド共和国が抱える様々な問題からしてアイルランドは独立すべきであったのかという問いかけなどがあったと考えられる．

(18)　Foster, *Modern Ireland,* p. 393.

(19)　（マルクスのエンゲルス宛，1869年12月10日付書簡（『マルクス＝エンゲルス全集』大月書店，32巻，p. 336）．アイルランドのマルクス主義者コノリーは「フィーニアン運動は，他の国

Irish History: revisionism and the revisionist controversy, London, 1996；ルイ・マイケル・カレン「アイルランド史研究における最近の動向と諸問題」『社会経済史学』51巻5号，1985年；勝田俊輔「『共同体の記憶』と『修正主義の歴史学』：新しいアイルランド史像の構築に向けて」『史学雑誌』107編，9号，1998年.

(5)　ところでムーディーやフォスターをとくに修正主義史家と呼ぶことは，民族主義史解釈に共感を示している論者のなかにはじめは多かった．しかし，近年では修正主義学派の解釈があまりに「歴史的事実」から乖離しているという理由から，実証的な研究をしている歴史家からも批判を込めて彼らを修正主義学派と呼ぶようになっている．歴史家は新しい研究方法や史料の発見によって，それまでの歴史を絶えず修正していくことが仕事であるから，ムーディーたちが民族主義史観を「修正」したとはいえ，彼らを修正主義史家ととりたてて呼ぶのは不当かもしれない．じっさい，フォスターは，歴史家は過去を書きかえていくのだからすべて修正主義者であると主張している（R. F. Foster, 'Interview', *History Ireland,* vol. 1, no. 3, 1993).

(6)　H. Butterfield, *The Whig Interpretation of History,* London, 1931.

(7)　この放送は1967年10月から12月におこなわれ，翌年に *The Fenian Movement* として一冊の本にまとめられている．これは4本の論文と4本のフィーニアン指導者たちの簡単な伝記からなっている.

(8)　フィーニアン指導者ルービーは自己犠牲をしいられた生涯を送らなければならなかったとはいえ，それに喜んで耐え，けっして後悔することはなかったとライアンは述べている（D. Ryan, 'James Stephens and Thomas Clark Luby', in Moody (ed.), *The Fenian Movement,* p. 61)．ライアンは，フィーニアン指導者J・デヴォイ（*The Phoenix Flame: a study of Fenianism and John Devoy,* London, 1937）とJ・スティーブンス（*The Fenian Chief: a biography of James Stephens,* Dublin, 1967）の伝記を著わしたが，フィーニアンを賞賛するという態度は明らかで，デヴォイの伝記では逮捕された指導者が法廷で示した高潔な態度が「不死鳥の炎が鮮やかに燃えている」という章で描かれている.

(9)　O・マクドノーはアイルランドの革命家たちを英雄視することは，T. D. Sullivan, *Speeches from the Dock,* Dublin, 1867で確立されたと指摘している（O. MacDonagh, 'Ambiguity in Nationalism: the case of Ireland', in Brady (ed.), *Interpreting,* p. 116).

(10)　このような観点からムーディはC・S・パーネルらの合法的な自治運動の重要性を指摘している（Moody, *The Fenian Movement,* p. 102)．フォスターもまたこのムーディーの主張に影響を受け，*Modern Ireland* ではフィーニアン運動と自治運動や土地戦争の関係に多くのページを割いている（Foster, *Modern Ireland,* Chapter 17).

(11)　Moody (ed.), *The Fenian Movement,* p. 111. また，F. S. L. Lyons, *Ireland since the Famine,* London, 1971, p. 136を参照.

(12)　修正主義学派の登場によってアイルランド史学は方法論的にみても多様化するはずであった．民族主義史観では，戦争や闘争といった政治史が中心となり，人びとがどのような仕事場で働き，どのような生活を送ったのかといった，社会史や経済史分析にはほとんど注意を払っ

Last Invasion of Canada, Toronto, 1991 ; G. Martin, *Britain and the Origins of Canadian Confederation 1837-67,* London, 1994 ; J. Ireland, 'A Preliminary Study of the Fenians and the Sea', *Eire-Ireland,* vol. 2, no. 2, 1967 ; A. Mitchell, 'The Fenian Movement in America', *Eire-Ireland,* vol. 2, no. 4, 1967 ; G. Duggan, 'The Fenians in Canada', *Irish Sword,* vol. 8, no. 31, 1967 ; B. O'Cathaoir, 'American Fenianism and Canada 1865-1871', *Irish Sword,* vol. 8, no. 31, 1967 を参照．またカナダにおける自治領の成立にかんしては，木村和男『連邦結成ーカナダの試練』日本放送協会，1991 年：W・L・モートン，木村和男訳『大陸横断国家の誕生』同文館，1993 年を参照．

1870 年代半ばにフィーニアンがオーストラリアで活動していたという記録がある．ところで 1868 年 3 月にシドニーでイギリスのアルフレッド王子がフィーニアンと名乗るアイルランド人に暗殺されかかったのだが，その後の取り調べでこの男は精神に異常をきたしており，IRB とは関係がないことがわかった．この事件をはじめとして，オーストラリア人はフィーニアンたちに恐怖心を抱いていた．詳しくは，K. Amos, *The Fenians in Australia 1865-1880,* Kensington, 1988 を参照．

(10)　1863 年 11 月に，シカゴでフィーニアン・ブラザーフッドの代表者会議が開催されたとき，5 名のメンバーからなる「中央会議」が設立され，オマハニーは重要事項にかんしてはこれに諮問することを要求された（W. D'Arcy, *Fenian Movement in U. S.,* pp. 36-7）．この中央会議は，後に「セネイト」と呼ばれるようになったが，フィーニアン・ブラザーフッドのなかでしだいに影響力を増大させ，1865 年 12 月には，オマハニーを組織の最高指導者としての地位から罷免するまでになった．このような事態に直面したオマハニーは，66 年 1 月ニューヨークで大会を招集して，自らの権威の正当性を主張し，セネイト派の存在を否定した（*Ibid.,* pp. 102-03, 107）．ここにいたってフィーニアン・ブラザーフッドは，オマハニー派とセネイト派の相対立する二派に分裂したのである．

序章

(1)　レッキーについては，D. McCartney, *W. E. H. Lecky: historian & politician 1838-1903,* Dublin, 1994 を参照．

(2)　拙稿「アイルランドの大飢饉，1845 - 52 年—文献史的エッセー」『大阪産業大学産業研究所所報』18 号，1995 年 ; C. Kinealy, 'Beyond Revisionism : reassessing the great Irish famine', *History Ireland,* vol. 3, no. 4, 1995 を参照．

(3)　F. T. Holohan, 'History Teaching in the Irish Free State 1922-1935', *History Ireland,* vol. 2, no. 4, 1994.

(4)　詳しくは拙稿「アイルランド民族運動史の研究動向—修正主義歴史家とフィーニアン運動—」『歴史学研究』709 号，1998 年を参照．アイルランド史における修正主義については以下の論文を参照されたい．C. Brady（ed.），*Interpreting Irish History: the debate on historical revisionism,* Dublin, 1994 ; D. G. Boyce and A. O'Day（eds.），*The Making of Modern*

イギリス諸島内のイングランドの拡大を人種・民族的な観点からアングロ・サクソンが「ケルト辺境」を征服していったとする見解がある．したがって，イングランドのアイルランド支配は，アングロ・サクソンによるケルトという異民族支配ということができるかもしれない．このことにかんしては，M. Hechter, *Internal Colonialism the Celtic Fringe in British National Development, 1536-1966,* London, 1975；木畑洋一「イギリス近代国家とスコットランド，ウェールズ」柴田三千雄他編『シリーズ世界史への問い 9　世界の構造化』岩波書店，1991年を参照．イギリスの帝国支配にかんしては，木畑洋一『支配の代償』東京大学出版，1987年を参照．

(2)　拙稿「フィーニアン」『講座世界史 3 民族と国家』東京大学出版会，1995年；「フィーニアン運動の研究動向」『大阪産業大学論集社会科学編』113号，1999年を参照．フィーニアンという言葉は現在でも北アイルランドでは通用しており，IRAのメンバーやカトリック教徒に向けて使われている．

(3)　W. D'Arcy, *Fenian Movement in the United States: 1858-1886*, Washington, 1947, p. 12.

(4)　アイルランド総督府について簡単に説明しておくと，ここには財政，警察，教育などの分野をあつかう20ほどの部局（時期によって数は異なる）があり，最高責任者は「アイルランド総督」だった．

(5)　フィーニアンが主張する武力闘争による独立という活動理念をアイルランド民族運動のなかにはじめて持ち込んだのが，1791年に結成された「ユナイテッド・アイリッシュメン」である．ユナイテッド・アイリッシュメンはフランスを後ろ楯にして1798年に蜂起した．蜂起は徹底的な弾圧を受け失敗し，治安当局に殺害された人数は3万人ともいわれ，その規模はアイルランド史上類をみないものであった．詳しくは以下を参照．J. Smyth, *The Men of No Property Irish Radicals and Popular Politics in the Late Eighteenth Century*, London, 1992；D. Dickson and D. Keogh (eds.), *The United Irishmen: republicanism, radicalism and rebellion,* Dublin, 1993.

(6)　ユナイテッド・アイリッシュメンだったR・エメットは，1803年7月，ダブリンで小規模な蜂起を決行した．

(7)　1840年代になると，カトリック解放法をイギリス政府から引き出したD・オコンネルが大衆を組織し，併合法の撤廃を目的とするリピール運動をすすめた．このリピール運動のなかからIRBに大きな影響を与えた「青年アイルランド」が生まれた．青年アイルランドは，1842年に創刊された新聞『ネイション』に結集した知識人の青年たちを中心にしたグループである．小関隆『1848年―チャーティズムとアイルランド・ナショナリズム』未来社，1993年；勝田俊輔「カトリック解放運動と民衆――1820年代のアイルランドにみる民衆政治の一様相」『史学雑誌』104編，8号，1995年を参照．

(8)　堀越智『アイルランド独立戦争 1919-21』論創社，1985年；堀越智『イースター蜂起 1916』論創社，1985年を参照．

(9)　W. S. Neidhardt, *Fenianism in North America,* University Park, 1975；H. Senior, *The*

[注　記]

略号一覧

BL ; British Library

CP ; Chief Commissioners of the Dublin Metropolitan Police

CSO, RP ; Chief Secretary's Office, Registered Papers

FPR ; Fenian Police Report

HO ; Home Office Papers

IGP ; Inspector General of the Irish Constabulary

NAE ; National Archives of England, Wales and the United Kingdom

NAI ; National Archives of Ireland

NLI ; National Library of Ireland

Supt ; Superintendent

TCD ; Trinity College Dublin

WO ; War Office Papers

はじめに

(1)　アイルランドの通史としては, T. W. Moody, F. X. Martin and F. J. Byrne (eds.), *A New History of Ireland: iii early modern Ireland 1534-1691*, Oxford, 1976; T. W. Moody and W. E. Vaughan (eds.), *A New History of Ireland: iv eighteenth century Ireland 1691-1800,* Oxford, 1986; W. E. Vaughan (ed.), *A New History of Ireland: v Ireland under the Union I 1801-1870,* Oxford, 1989; R. F. Foster, *Modern Ireland 1600-1972*, London, 1988; J. C. Beckett, *A Short History of Ireland*, London, 1966（藤森一明・高橋裕之訳『アイルランド史』八潮出版社, 1972年）; T. W. Moody and F. X. Martin (eds.), *The Course of Irish History*, Cork, 1967（堀越智監訳『アイルランドの風土と歴史』論創社, 1982年）; P. Ellis, *A History of the Irish Working Class*, London, 1972（堀越智・岩見寿子訳『アイルランド史［上, 下］民族と階級』論創社, 1991年）; T. M. Devine and D. Dickson (eds.), *Ireland and Scotland 1600-1850,* Edinburgh, 1983（津波古充文訳『アイルランドとスコットランド　比較社会経済史』論創社, 1992年）. わが国では, 堀越智『アイルランド民族運動の歴史』三省堂, 1979年; 上野格「イギリス史におけるアイルランド」青山吉信・今井宏編『概説イギリス史』有斐閣, 1982年; 堀越智編『アイルランドナショナリズムの歴史的研究』論創社, 1981年; 松尾太郎『アイルランドと日本』論創社, 1987年; 上野格「アイルランド」『イギリス現代史』山川出版社, 1992年; 松尾太郎『アイルランド民族のロマンと反逆』論創社, 1994年; 波多野祐造『物語アイルランドの歴史』中公新書, 1994年; 山本正「イギリス史におけるアイルランド」川北稔編『イギリス史』山川出版社, 1998年がある. 歴史紀行にかんしては, 高橋哲雄『アイルランド歴史紀行』筑摩書房, 1991年を参照.

山本正　「イギリス史におけるアイルランド」川北稔編『イギリス史』山川出版社，1998 年.

年.
高神信一 「ダブリンにおけるフィニアンの蜂起（1867年）」『三田学会雑誌』84巻3号，1992年.
高神信一 「フィーニアン蜂起（1867年）とJ・デヴォイの回想録」『三田学会雑誌』86巻3号，1993年.
高神信一 「フィーニアン」歴史学研究会編『講座世界史3　民族と国家』東京大学出版会，1995年.
高神信一 「アイルランドの大飢饉，1845-52年」『大阪産業大学産業研究所所報』18号，1995年.
高神信一 「蜂起後のダブリンのフィーニアンたち，1867-79年」『大阪産業大学論集社会科学編』104号，1997年.
高神信一 「フィーニアン」『三田評論』5月，1997年.
高神信一 「フィーニアン運動の拡大と蜂起の原因―1860年代のアイルランド民族運動の史的分析―」『社会経済史学』63巻3号，1997年.
高神信一 「アイルランド民族運動史の研究動向」『歴史学研究』709号，1998年.
高神信一 「北アイルランドにおける和平合意について」『中央評論』225，50巻3号，1998年.
高神信一 「フィーニアン運動の研究動向―1860年代を中心にして―」『大阪産業大学論集社会科学編』113号，1999年.
高神信一 「アイルランドにおける修正主義論争―修正主義史家とフィーニアン運動―」歴史学研究会編『シリーズ 歴史学の現在4 歴史における「修正主義」』青木書店，2000年.
高橋哲雄 『アイルランド歴史紀行』筑摩書房，1991年.
武井章弘 「アイルランドの工業化と企業者行動」『経営史学』28巻3号，1993年.
内藤弘 『スコットランド・ヤード物語』晶文社，1996年.
波多野祐造 『物語アイルランドの歴史』中公新書，1994年.
堀越智 「アイルランド革命組織の一断面」『エール』3号，1974年；4号，1975年.
堀越智 『アイルランド民族運動の歴史』三省堂，1979年.
堀越智編 『アイルランドナショナリズムの歴史的研究』論創社，1981年.
堀越智 『北アイルランド紛争の歴史』論創社，1983年.
堀越智 「北アイルランド問題が意味するもの」青山吉信編『実像のイギリス』有斐閣，1984年.
堀越智 『アイルランド独立戦争1919－21』論創社，1985年.
堀越智 『イースター蜂起』論創社，1985年.
本多三郎 「2つのアイルランド土地法」『大阪経大論集』45巻2号，1994年.
松尾太郎 『アイルランド問題の史的構造』論創社，1980年.
松尾太郎 『アイルランドと日本』論創社，1987年.
松尾太郎 『アイルランド民族のロマンと反逆』論創社，1994年.
森ありさ 「アイルランドにおける自治運動の展開」『岩波講座　世界史第18巻工業化と国民形成』岩波書店，1998年.
安川悦子 『アイルランド問題と社会主義』御茶の水書房，1993年.

115, 1995.
Takei, A., 'The First Irish Linen Mills, 1800-1824', *Irish Economic and Social History,* xxi, 1994.
Thornley, D., *Isaac Butt and Home Rule*, London, 1964.
Townshend, C., *Political Violence in Ireland: government and resistance since 1848*, Oxford, 1983.
Vaughan, W. E. (ed.), *A New History of Ireland: v Ireland under the union I 1801-1870,* Oxford, 1989.
Walker, M. G., *The Fenian Movement*, Colorado, 1969.
Williams, T. D., 'John Devoy and Jeremiah O'Donovan Rossa', in Moody (ed.), *The Fenian Movement*, 1968.
Williams, T. D. (ed.), *Secret Societies in Ireland*, Dublin, 1973.

和文引用・参考文献

上野格「イギリス史におけるアイルランド」青山吉信・今井宏編『概説イギリス史』有斐閣，1982年.
上野格「アイルランド」『イギリス現代史』山川出版社，1992年.
海老島均・山下理恵子編『アイルランドを知るための60章』明石書店，2004年.
大久保圭子「軍隊と社会」井野瀬久美恵編『イギリス文化史入門』昭和堂，1994年.
岡安寿子「19世紀アイルランドにおけるフィニアニズムの思想」『お茶の水史学』25号, 1982年.
ルイ・マイケル・カレン「アイルランド史研究における最近の動向と諸問題」『社会経済史学』51巻5号，1985年.
勝田俊輔「カトリック解放運動と民衆―1820年代のアイルランドにみる民衆政治の一様相」『史学雑誌』104編，8号，1995年.
勝田俊輔「『共同体の記憶』と『修正主義の歴史学』: 新しいアイルランド史像の構築に向けて」『史学雑誌』107編，9号，1998年.
木村和男『連邦結成―カナダの試練』日本放送出版協会，1991年.
木畑洋一『支配の代償』東京大学出版会，1987年.
木畑洋一「イギリス近代国家とスコットランド，ウェールズ」柴田三千雄他編『シリーズ世界史への問い9　世界の構造化』岩波書店，1991年.
小関隆『1848年―チャーティズムとアイルランド・ナショナリズム』未来社，1993年.
小関隆・勝田俊輔・高神信一・森ありさ「アイルランド近現代史におけるナショナリズムと共和主義の『伝統』」『歴史学研究』726号，1999年.
斎藤英里「19世紀アイルランドの農村社会と麻工業」『社会経済史学』50巻3号，1985年.
高神信一「フィニアン運動史研究の諸問題―1858年～1873年」『三田学会雑誌』78巻1号，1985

1973; vol. lxxix, no. 225, 1974; vol. lxxx, no. 226, 1975; vol. lxxxi, no. 227, 1976; vol. lxxxii, no. 228, 1975.

Porter, B., *The Origins of the Vigilant State: the London Metropolitan Police special branch before the first world war,* London, 1987.

Quigley, K., 'American Financing of Fenianism in Ireland 1858-1867', M. A. thesis, Maynooth, 1983.

Quinlivan, P. and Rose, P., *The Fenians in England 1865-1872,* London, 1982.

Rafferty, O. P., *The Church, the State and the Fenian Threat 1861-75,* London, 1999.

Roche, J. J., *Life of John Boyle O'Reilly,* New York, 1891.

Rose, P., *The Manchester Martyrs: the story of a Fenian tragedy,* London, 1970.

Ryan, D., *The Phoenix Flame: a study of Fenianism and John Devoy,* London, 1937.

Ryan, D., 'The Historians and Fenianism', *Irish Committee of Historical Sciences, Bulletin,* no. 79, 1957.

Ryan, D., *The Fenian Chief: a biography of James Stephens,* Dublin, 1967.

Ryan, D., 'James Stephens and Thomas Clark Luby', in Moody (ed.), *The Fenian Movement,* 1968.

Ryan, D., 'John O'Mahony', in Moody (ed.), *The Fenian Movement,* 1968.

Semple, A. J., 'The Fenian Infiltration of the British Army in Ireland 1864-7', M. Litt thesis, Trinity College Dublin, 1971.

Semple, A. J., 'The Fenian Infiltration of the British Army', *Journal of the Society for Army Historical Research,* 52, 1974.

Senior, H., *The Fenians in Canada,* Toronto, 1978.

Senior, H., *The Last Invasion of Canada,* Toronto, 1991.

Seoighe, M., 'The Fenian Attack on Kilmallock Police Barracks', *North Munster Antiquarian Journal,* 10, 1966-7.

Short, K. R. M., *The Dynamite War: Irish-American bombers in Victorian Britain,* Dublin, 1979.

Spiers, E. M., *The Army and Society: 1815-1914,* London, 1980.

Spiers, E. M., 'Army Organisation and Society in the Nineteenth Century', in Bartlett, T. and Jeffery, K (eds.), *A Military History of Ireland,* 1996.

Smyth, J., *The Men of No Property Irish Radicals and Popular Politics in the Late Eighteenth Century,* London, 1992.

Strauss, E., *Irish Nationalism and British Democracy,* London, 1951.

Takagami, S., 'The Dublin Fenians, 1858-79', Ph. D. thesis, Trinity College Dublin, 1990.

Takagami, S., 'The Dublin Fenians after the Rising, 1867-79', in Matsuo, T. (ed.), *Comparative Aspects of Irish and Japanese Economic and Social History,* Tokyo, 1993.

Takagami, S., 'The Fenian Rising in Dublin, March 1867', *Irish Historical Studies,* xxix, no.

Murphy, M., 'The Role of Organized Labour in the Political and Economic Life of Cork City, 1820-1899', Ph. D. thesis, University of Leicester, 1979.

Murphy, M., 'Fenianism and the Cork trades, 1860-1900', *Saothar*, 5, 1979.

Neidhardt, W. S., *Fenianism in North America*, University Park, 1975.

Newsinger, J., '"A Great Blow Must Be Struck in Ireland": Karl Marx and the Fenians', *Race and Class*, vol. xxiv, no. 2, 1982.

Newsinger, J., 'Old Chartists, Fenians and New Socialists', *Eire-Ireland,* vol. 17, no. 2, 1982.

Newsinger, J., 'Fenianism Revisited: pastime or revolutionary movement?', *Saothar*, 17, 1992.

Newsinger, J., *Fenianism in Mid-Victorian,* London, 1994.

Nolan, P., 'Fariola, Massey and the Fenian Rising', *Journal of the Cork Historical and Archaeological Society,* vol. lxxv, no. 221, 1970.

Norman, E. R., *The Catholic Church and Ireland in the Age of Rebellion, 1859-1873,* London, 1965.

Nowlan, K. B., 'The Fenian Rising of 1867', in Moody (ed.), *The Fenian Movement,* 1968.

Ó Broin, L., *Fenian Fever: an Anglo-American dilemma,* New York, 1971.

Ó Broin, L., *Revolutionary Underground: the story of the Irish Republican Brotherhood 1858-1924,* Dublin, 1976.

Ó Broin, L., 'Revolutionary Nationalism in Ireland: the I. R. B., 1858-1924', in Moody, T. W. (ed.), *Nationality and the Pursuit of National Independence,* Belfast, 1978.

O'Cathaoir, B., 'American Fenianism and Canada 1865-1871', *Irish Sword*, vol. 8, no. 31, 1967.

O'Farrell, P., *Ireland's English Question*, London, 1971.

O'Fiaich, T., 'The Clergy and Fenianism, 1860-1870', *Irish Ecclesiastical Record*, 109, 1968.

Ó Gráda, C., 'Fenianism and Socialism: the career of Joseph Patrick McDonnell', *Saothar*, 1, 1975.

O'Hegarty, P. S., *A History of Ireland under the Union: 1801 to 1922,* London, 1951.

O'Luing, S., 'A Contribution to A Study of Fenianism in Breifne', *Breifne*, vol. 3, no. 10, 1967-8.

O'Luing, S., 'The Phoenix Society, 1858-9', *Journal of Kerry Archaeological and Historical Society*, vol. 2, 1969.

O'Luing, S., 'Aspects of the Fenian Rising in Kerry', *Journal of Kerry Archaeological and Historical Society,* vol. 3, 1970; vol. 4, 1971; vol. 5, 1972; vol. 6, 1973; vol. 7, 1974.

O'Luing, S., *Ó Donnabhn Rosa,* 2 vols., Dublin, 1969 and 1979.

O'Neill, K., 'Revisionist Milestone', in Brady (ed.), *Interpreting,* 1994.

Palmer, S. H., *Police and Protest in England and Ireland 1780-1850,* Cambridge, 1988.

Pender, S., 'Fenian Papers in the Catholic University of America: a preliminary report', *Cork Historical and Archaeological Society Journal,* vol. lxxiv, no. 220, 1969; vol. lxxv, no. 221, 1970; vol. lxxvi, no. 222, 1971; vol. lxxvii, no. 223, 1972; vol. lxxviii, no. 224,

1994.

MacGiolla Choille, B., 'Mourning the Martyrs: a study of a demonstration in Limerick city, 8.12.1867', *North Munster Antiquarian Journal,* 10, 1966-7.

MacGiolla Choille, B., 'Fenians, Rice and Ribbonmen in County Monaghan, 1864-67', *Clogher Record*, vi, no. 2, 1967.

MacGiolla Choille, B., 'Fenian Documents in the State Paper Office', *Irish Historical Studies,* xvi, no. 63, 1968-9.

Mansergh, N., *The Irish Question, 1840-1921*, 3rd ed., Toronto, 1975.

Martin, G., *Britain and the Origins of Canadian Confederation 1837-67*, London, 1994.

Matsumura, T., *The Labour Aristocracy Revisited: the Victorian flint glass makers 1850-80,* Manchester, 1983.

McCartney, D., 'The Church and the Fenians' in Harmon, M. (ed.), *Fenians and Fenianism,* 1968.

McCartney, D., 'The Churches and Secret Societies' in Williams, T. D. (ed.), *Secret Societies,* Dublin, 1973.

McCartney, D., *The Dawning of Democracy: Ireland 1800-1870*, Dublin, 1987.

McCartney, D., *W. E. H. Lecky: historian & politician 1838-1903,* Dublin, 1994.

McCord, N., 'The Fenians and Public Opinion in Great Britain', *University Review,* vol. iv, no. 3, 1967.

McGrath, W., 'The Fenian Rising in Cork', *Irish Sword*, viii, no. 33, 1968.

Mitchell, A., 'The Fenian Movement in America', *Eire-Ireland*, vol. 2, no. 4, 1967.

Moloney, J., 'The National Brotherhood of St. Patrick and the Rise of Dublin Fenianism, 1858-1865', M. A. thesis, University College Galway, 1976.

Moody, T. W. (ed.), *The Fenian Movement,* Cork, 1968.

Moody, T. W., 'The Fenian Movement in Irish History', in Moody (ed.), *The Fenian Movement,* 1968.

Moody, T. W. and Martin, F. X. (eds.), *The Course of Irish History*, London, 1967 (堀越智監訳『アイルランドの風土と歴史』論創社, 1982 年).

Moody, T. W. and Ó Broin, L., 'The I. R. B. Supreme Council 1868-78', *Irish Historical Studies*, xix, no. 75, 1975.

Moody, T. W., *Davitt and Irish Revolution, 1846-82,* Oxford, 1981.

Moody, T. W., 'Irish History and Irish Mythology', in Brady, (ed.), *Interpreting,* 1994.

Moran, G, *A Radical Priest in Mayo: Father Patrick Lavelle,* Dublin, 1994.

Morton, W. L., *The Critical Years: the union of British North America 1857-1873,* Toronto, 1964 (木村和男訳『大陸横断国家の誕生　カナダ連邦結成史 1857-1873 年』同文館, 1993 年).

Moynihan, J., 'Fenian Prisoners in Western Australia', *Eire-Ireland,* vol. 4, no. 2, 1969.

Hawkins, R., 'The Irish model and the empire: a case for reassessment', in Anderson, D. M. and Killingray, D. (eds.), *Policing the Empire: the government, authority and control, 1830-1940,* Manchester, 1991.

Hecter, M., *Internal Colonialism the Celtic Fringe in British National Development, 1536-1966,* London, 1975.

Hernon, J. H. *Celts, Catholics and Copperheads: Ireland views the American Civil War,* Ohio, 1968.

Hill, J., 'The Role of Dublin in the Irish National Movement, 1840-48', Ph. D. thesis, University of Leeds, 1973.

Hill, J., 'Artisans, Sectarianism and Politics in Dublin, 1829-48', *Saothar,* 7, 1981.

Holohan, F. T., 'History Teaching in the Irish Free State 1922-1935', *History Ireland,* vol. 2, no. 4, 1944.

Holt, E., *Protest under Arms: the Irish troubles, 1916-23,* London, 1960.

Hoppen, K. T., *Elections, Politics and Society in Ireland 1832-1885,* Oxford, 1984.

Hurst, J., 'The Fenians: a biography', *Eire-Ireland,* vol. 4, no. 4, 1969.

Ireland, J., 'A Preliminary Study of the Fenians and the Sea', *Eire-Ireland,* vol. 2, no. 2, 1967.

Jeffery, K. (ed.), *An Irish Empire?: aspects of Ireland and the British empire,* Manchester, 1996.

Johnson, M., 'The Fenian Amnesty Movement, 1869-1879', M. A. thesis, Maynooth, 1980.

Joyce, P., *Visions of the People,* Cambridge, 1991.

Keane, E., 'Active Fenians in Co. Limerick as Listed in Crown Solicitor's Brief', *North Munster Antiquarian Journal,* 10, 1966-67.

Kee, R., *The Green Flag: a history of Irish nationalism,* London, 1972.

Keogh, D., *The Rise of the Irish Working Class,* Belfast, 1982.

Kinealy, C., 'Beyond Revisionism: reassessing the great Irish famine', *History Ireland,* vol. 3, no. 4, 1995.

Larkin, E., *The Consolidation of the Roman Catholic Church in Ireland, 1860-1870,* Dublin, 1987.

Lee, J., *The Modernisation of Irish Society 1848-1928,* Dublin, 1973.

Leo, M., 'The Influence of the Fenians and Their Press and Public Opinion in Ireland 1863-70', M.Litt thesis, Trinity College Dublin, 1976.

Loughlin, J., *Gladstone, Home Rule and the Ulster Question 1882-93,* Dublin, 1986.

Lynch, P. and Vaizey, J., *Guiness's Brewery in the Irish Economy, 1759-1876,* Cambridge, 1966.

Lyons, F. S. L., 'Fenianism, 1867-1916', in Moody (ed.), *The Fenian Movement,* 1968.

Lyons, F. S. L., *Ireland since the Famine,* London, 1971.

MacDonagh, O., *States of Mind: a study of Anglo-Irish conflict 1780-1980,* London, 1983.

MacDonagh, O., 'Ambiguity in Nationalism: the case of Ireland', in Brady (ed.), *Interpreting,*

Devine, T. M. and Dickson, D. (eds.), *Ireland and Scotland 1600-1850,* Edinburgh, 1983（津波古充文訳『アイルランドとスコットランド比較社会経済史』論創社，1992年）.

Dickson, D. and Keogh, D. (eds.), *The United Irishmen: republicanism, radicalism and rebellion,* Dublin, 1993.

Duggan, G., 'The Fenians in Canada', *Irish Sword,* vol. 8, no. 31, 1967.

Ellis, P. B., *A History of the Irish Working Class,* London, 1972（堀越智・岩見寿子訳『アイルランド史［上下］民族と階級』論創社、1991年）.

Ellis, P. B., 'Ridgeway, the Fenian Raids and the Making of Canada', in O'Driscoll, R. and Reynolds, L. (eds.), *The Untold Story: the Irish in Canada,* Toronto, 1988.

Lord Eversley, *Gladstone and Ireland,* London, 1912.

Fanning, R., "The Great Enchantment": uses and abuses of modern Irish history', in Brady (ed.), *Interpreting,* 1994.

Fitzsimon, R. D., 'The Irish Government and the Phoenix Society', M. A. thesis, University College Dublin, 1965.

Foster, R. F., *Modern Ireland 1600-1972,* London, 1988.

Foster, R. F., 'Interview', *History Ireland,* vol. 1, no. 3, 1993.

Foster, R. F., *Paddy & Mr Punch: connections in Irish and English history,* London, 1993.

Garvin, T., *The Evolution of Irish Nationalist Politics,* Dublin, 1981.

Garvin, T., *Nationalist Revolutionaries in Ireland 1858-1928,* Oxford, 1987.

Garvin, T., 'Great Hatred, Little Room: social background and political sentiment among revolutionary activists in Ireland, 1890-1920,' in Boyce, D. G. (ed.), *The Revolution in Ireland,* 1988.

Green, E. R. R., 'The Fenians', *History Today,* vii, 1958.

Green, E. R. R., 'The Beginnings of Fenianism', in Moody (ed.), *The Fenian Movement,* 1968.

Green, E. R. R., 'Charles Joseph Kickham and John O'Leary', in Moody (ed.), *The Fenian Movement,* 1968.

Griffin, B., 'The I. R. B. in Connacht and Leinster, 1858-1878', M. A. thesis, Maynooth, 1983.

Griffin, B., 'Social Aspects of Fenianism in Connacht and Leinster', *Eire-Ireland,* xxi, 1986.

Griffin, B., 'Such Vermin: the Dublin Metropolitan Police and the public, 1838-1913', *Irish Studies Review,* no. 13, 1995/1996.

Guptill, P., 'A Popular Biography of the Fenian Movement', *Eire-Ireland,* vol. 4, no. 2, 1969.

Hammond, J. L., *Gladstone and the Irish Nation,* London, 1938.

Harmon, M. (ed.), *Fenians and Fenianism: centenary essays,* Dublin, 1968.

Harrison, R., *Before the Socialists: studies in labour and politics 1861-1881,* London, 1965（田口富久治監訳『近代イギリス政治と労働運動，1860年～1970年』未来社，1976年のなかに一部分が訳出されている）.

Boyce, D. G., 'Revisionism and the Northern Ireland Troubles', in Boyce and O'Day (eds.), *The Making,* 1996.

Boyd, A., *The Rise of the Irish Trade Unions*, Tralee, 1972.

Boyle, J. W., *The Irish Labor Movement in the Nineteenth Century*, Washington, 1988.

Brady, C. (ed.), *Interpreting Irish History: the debate on historical revisionism*, Dublin, 1994.

Brennan, P. A., 'Aspects of the Fenian Movement in Kilkenny, 1858-70', M. A. thesis, Maynooth, 1979.

Butterfield, H., *The Whig Interpretation of History,* London, 1931.

Clark, S., *Social Origins of the Irish Land War*, Princeton, 1979.

Comerford, R.V., 'Irish Nationalist Politics, 1858-70', Ph. D. thesis, Trinity College Dublin, 1977.

Comerford, R. V., *Charles J. Kickham (1828-1882): a study in Irish nationalism and literature,* Dublin, 1979.

Comerford, R. V., 'Anglo-French Tension and the Origins of Fenianism' in Lyons, F. S. L. and Hawkins, R. A. (eds.), *Ireland under the Union Varieties of Tension*, Oxford, 1980.

Comerford, R. V., 'Patriotism as Pastime: the appeal of Fenianism in mid-1860s', *Irish Historical Studies*, xxii, no. 87, 1981.

Comerford, R. V., *The Fenians in Context: Irish politics and society 1848-82*, Dublin, 1985.

Comerford, R. V., 'Conspiring Brotherhood and Contending Elites, 1857-63', in Vaughan, W. E. (ed.), *A New History of Ireland,* 1989.

Comerford, R. V., 'Comprehending the Fenians', *Saothar,* 17, 1992.

Connolly, J., *Labour in Irish History*, Dublin, 1910.

Coolahan, J., *Irish Education: its history and structure,* Dublin, 1981.

Crossman, V., 'The Army and Law and Order in the Nineteenth Century' in Bartlett and Jeffery (eds.), *A Military History of Ireland,* 1996.

Corish, P. (ed.), *A History of Irish Catholicism*, Dublin, 1967-71.

Cullen, L. M., *An Economic History of Ireland since 1660,* London, 1971.

Cullen, L. M., *The Emergence of Modern Ireland 1600-1900,* London, 1981.

Daly, M., *Social and Economic History of Ireland since 1800*, Dublin, 1981.

Daly, M., *Dublin the Deposed City: a social and economic history, 1860-1914*, Cork, 1984.

Daly, S., *Ireland and the First International,* Cork, 1984.

D'Arcy, F., 'Dublin Artisan Activity, Opinion and Organisation, 1820-50', M. A. thesis, University College Dublin, 1968.

D'Arcy, W., *Fenian Movement in the United States: 1858-1886,* Washington, 1947.

D'Arcy, F. and Hannigan, K. (eds.), *Workers in Union: documents and commentaries on the history of Irish labour,* Dublin, 1988.

同時代人の著作

Anderson, R., 'Fenianism: a narrative by one who knows', *Contemporary Review,* xix, 1872.

Anderson, R., *Sidelights on the Home Rule Movement*, London, 1906.

Anderson, R., *The Lighter Side of My Official Life*, London, 1910.

Bussy, F. M., *Irish Conspiracies: recollections of John Mallon (the great Irish detective) and other reminiscences*, London, 1910.

Le Caron, H., *Twenty-five Years in the Secret Service,* London, 1892.

MacDonald, J. A., *Troubled Times in Canada: a history of the Fenian raids of 1866 and 1870,* Toronto, 1910.

Marx, K. and Engels, F., *Ireland and the Irish Question*, London, 1971.

Moran, P. F. (ed.), *The Pastoral Letters and Others Writings of Cardinal Cullen*, Dublin, 1882.

O'Brien, W. and Ryan, D. (ed.), *Devoy's Post Bag, 1871-1928*, 2 vols, Dublin, 1948 and 1953.

O'Donnell, F., 'Fenianism-Past and Present', *Contemporary Review*, xliii, 1883.

Pigott, R., *Recollections of an Irish National Journalist*, Dublin, 1882.

Rutherford, J., *The Secret History of the Fenian Conspiracy*, London, 1877.

Sullivan, A. M., *New Ireland*, London, 1877.

Sullivan, T. D., *Speeches from the Dock*, Dublin, 1867.

Sullivan, T. D., *Recollections of Troubled Times in Irish Politics,* Dublin, 1905.

二次史料

Aalen, F. H. A. and Whelan, K. (eds.), *Dublin: city and county,* Dublin, 1992.

Amos, K., *The Fenians in Australia 1865-1880,* Kensington, 1988.

Archibald, E. J., *Life and Letters of Sir Edward Mortimer Archibald,* Toronto, 1924.

Bailey, P., *Leisure and Class in Victorian England: rational recreation and the contest for control, 1830-1885,* London; in paperback, London, 1987.

Bartlett, T. and Jeffery, K. (eds.), *A Military History of Ireland,* Cambridge, 1996.

Bateman, R., 'Captain Timothy Deasy, Fenian', *Irish Sword*, vol. 8, no. 3, 1967.

Beckett, J. C., *The Making of Modern Ireland 1603-1923*, London, 1966.

Beckett, J. C., *A Short History of Ireland,* London, 1966 (藤森一明・高橋裕之訳『アイルランド史』八潮出版社、1972年).

Bew, P., *Land and the National Question in Ireland, 1858-82*, Dublin, 1978.

Bourke, M., *John O'Leary: a study in Irish separatism*, Tralee, 1967.

Boyce, D. G., *Nationalism in Ireland*, London, 1982.

Boyce, D. G. (ed.), *The Revolution in Ireland, 1879-1923,* Dublin, 1988.

Boyce, D. G. and O'Day, A. (eds.), *The Making of Modern Irish History: revisionism and the revisionist controversy,* London, 1996.

Report from the select committee on parliamentary and municipal elections, H. C. 1868-9 (352), viii.

Report of the commissioners appointed to inquire into the treatment of treason-felony convicts in English prisons, together with appendix and minutes of evidence, H. C. 1871 (319), xxxii.

Reports from commissioners to inquire into the condition of the civil service in Ireland on the Dublin Metropolitan Police, H. C. 1873 (C788), xii.

Returns in respect of each of the parliamentary boroughs in Ireland... (also) in respect of each of the counties in Ireland, exclusive of the boroughs or parts of boroughs contained therein, of the following particulars, viz:- area, valuation, population, H. C. 1874 (45), liii.

Report from the select committee on sale of intoxicating liquors on Sunday (Ireland) Bill, H. C. 1877 (198), xvi.

Special Commission Act 1888; reprint of the shorthand notes of the speeches, proceedings and evidence taken before the commissioners appointed under the above named Act, 12 vols., London, 1890.

新聞

Daily Express; Freeman's Journal; Irishman; Irish People; Irish Times.

フィーニアン指導者の回想録

Cluseret, G., 'My Connection with Fenianism', *Frazer's Magazine*, July, 1872.

Davitt, M., *The Fall of Feudalism in Ireland*, London, 1904.

Denieffe, J., *A Personal Narrative of the Irish Revolutionary Brotherhood*, New York, 1906.

Denvir, J., *The Irish in Britain from the Earliest Times to the Fall and Death of Parnell*, London, 1894.

Denvir, J., *The Life Story of An Old Rebel*, Dublin, 1910.

Devoy, J., *Recollections of An Irish Rebel*, New York, 1929.

Luby, T. C., National Library of Ireland, MS 331.

O'Brien, J. F. X., National Library of Ireland, MS 16695-6.

O'Donovan Rossa, J., *Irish Rebels in English Prisons: a record of prison life*, New York, 1880.

O'Donovan Rossa, J., *Rossa's Recollections, 1838 to 1898*, New York, 1898.

O'Leary, J., *Recollections of Fenians and Fenianism*, London, 1896.

Rooney, F., *Irish Rebel and California Labour Leader*, ed. by I. Cross, Berkeley, 1931.

Ryan, M., *Fenian Memories*, Dublin, 1945.

Savage, J., *Fenian Heroes and Martyrs*, Boston, 1868.

文献目録

一次史料

British Library

Sir Hugh Rose (Lord Strathnairn) Papers, MSS 42821-6

National Archives of Ireland

Chief Secretary's Office: Registered Papers.

Police and Crime Records, Fenian Papers:

F Papers, 1866-74.

Habeas Corpus Suspension Act, Abstracts of Cases, 1866-8.

Fenianism, Index of Names, 1866-71.

Fenian Briefs.

Fenian Police Reports, 1864-5.

A Files, 1864-8, 1877-83.

Fenian Suspects Photographs.

National Archives of England, Wales and the United Kingdom

Home Office Papers, HO 45.

War Office Papers, WO 35; 73; 91.

National Library of Ireland

Samuel Lee Anderson Papers, MS 5964.

John Devoy Papers, MSS 18025, 18036.

Kilmainham Papers, MSS 1240, 1305.

Sir Thomas Larcom Papers, MSS 7517, 7580, 7587-8, 7593-5, 7680-3, 7687-7705, 7771.

Earl of Mayo Papers, MSS 11188, 11189, 11191.

James Stephens Papers, MS 10492.

Trinity College Library, Dublin

Davitt Papers.

Report of the proceedings at the first sitting of the special commission for the county of the city of Dublin held at Green Street, Dublin, for the trial of Thomas Clarke Luby and others for treason-felony, 'The Fenian Conspiracy', commencing on November 17, 1865, Dublin, 1866.

Report of the commissioners appointed by the Home Department to inquire into the treatment of certain treason-felony convicts in the English convict prisons, H.C. 1867 (3880), xxxv.

Report from the select committee on the sale of liquors on Sunday (Ireland) bill, H.C. 1867-8 (280), xiv.

図表一覧

〔ラ　行〕

〔マ　行〕

〔サ　行〕

〔タ　行〕

〔ナ　行〕

〔ハ　行〕

人名索引

事項索引

著者略歴

高神信一（たかがみ・しんいち）

1959年　東京に生まれる

1983年　慶應義塾大学経済学部卒業

1994年　慶應義塾大学大学院経済学研究科博士課程修了

アイルランド・ダブリン大学トリニティ・カレッジより

Ph. D.（Modern History, 1990年）取得

現　在　大阪産業大学経済学部教授

主要論文

「フィーニアン」歴史学研究会編『講座世界史3　民族と国家』東京大学出版会，1995年；「フィーニアン運動の拡大と蜂起の原因―1860年代のアイルランド民族運動の史的分析―」『社会経済史学』63巻3号，1997年；'The Fenian Rising in Dublin, March 1867', *Irish Historical Studies*, xxix, no. 115, 1995.

平成11年7月24日　初　版　発　行

平成17年6月12日　第　二　版　発　行

令和3年4月30日　第二版5刷発行

《検印省略》

略称―帝国反乱（二）

大英帝国のなかの「反乱」（第二版）

アイルランドのフィーニアンたち

著　者　　高　神　信　一

発行者　　中　島　治　久

発行所　**同文舘出版株式会社**

東京都千代田区神田神保町1-41　〒101-0051

電話　営業（03）3294-1801　振替00100-8-42935

編集（03）3294-1803　http://www.dobunkan.co.jp

印刷：萩　原　印　刷

製本：萩　原　印　刷

ISBN 4-495-86442-4